Pferde richtig korrigieren

Pferde richtig korrigieren

Schwierigkeiten in der Pferdeausbildung erfolgreich lösen

von Jonny Birkhan

© 2003 by Cadmos Verlag, Lüneburg
Covergestaltung: Ravenstein + Partner, Verden
Titelfoto und Innenfotos: Marianne Lins
Druck: Westermann Druck, Zwickau
Alle Rechte vorbehalten.
Abdrucke oder Speicherung in elektronischen Medien nur
nach vorheriger schriftlicher Genehmigung durch den Verlag.

Printed in Germany

ISBN 3-86127-382-9

Inhalt

Pferde
richtig korrigieren

Probleme mit Pferden lösen

Wer wünscht sich nicht, sein Pferd mühelos in jeder Gangart und auf jeder Linie regulieren zu können, sicher ins Gelände zu gehen und vielleicht auch hier und dort einmal einen Sprung zu wagen? Mit dem Pferd eins zu werden und damit eine wahrhaft bewegte Harmonie zwischen seinem Pferd und sich zu erreichen ist wohl das höchste Glück in einem Reiterleben. Nicht umsonst heißt es: „Das Glück dieser Erde liegt auf dem Rücken der Pferde."

Doch der Weg dorthin ist nicht immer einfach. Schnell können in der Ausbildung des eigenen oder anvertrauten Pferdes Probleme auftreten, mit denen man nicht gerechnet hat und denen man nicht zu begegnen weiß.

Was versteht man in diesem Fall unter „Problemen"?

Wenn von Problemen in der Ausbildung eines Pferdes gesprochen wird, dann ist damit gemeint, dass das Pferd gegen eine Anweisung seines Reiters Widerstand leistet. Es nimmt gegebene Einwirkungen nicht an und im Falle des Reitens selbst bedeutet das, dass es undurchlässig gegenüber den Hilfen ist. Widerstand vermag das Pferd auf vielerlei Arten zu leisten, wie zum Beispiel dadurch, dass es sich auf den Zügel legt, steigt oder durchgeht, um nur einiges zu nennen.

Man nennt ein solches Pferd dann „wenig rittig" oder sogar „unrittig".

Das Ausmaß von Widerständen reicht von einem Missachten einer Einwirkung bis

hin zur direkten Abwehr mittels gefährlicher Verteidigungsmaßnahmen. Ganz gleich, wie die Widerstände ausfallen, sie sind immer ein Zeichen dafür, dass das Pferd die Situation, in der es sich gerade befindet, als unerträglich, bedrohlich oder sogar schmerzhaft empfindet.

Als Ursachen für Widerstände des Pferdes kommen Mängel in folgenden Bereichen in Frage: Haltung und Fütterung, Gesundheitszustand, Pflege, der Umgang mit ihm, die Passgenauigkeit der Ausrüstung sowie ihre korrekte Verwendung, Sitz, Hilfengebung und Trainingsmethode des Reiters.

Um Widerstände überwinden zu können, muss man zunächst ihre Ursachen erkennen. Dazu überprüft man die genannten Bereiche auf Mängel.

Wovon das Ziel der Rittigkeit und Harmonie zwischen Pferd und Reiter abhängt.

Das bedeutet zum Beispiel bei einfachen reiterlichen Problemen, dass man Zunge und Schleimhäute auf Verletzungen untersucht, wenn Anlehnungsprobleme auftreten, oder, wenn das Pferd seine Rückenmuskulatur nicht loslassen will, man den Rücken abtastet, um festzustellen, ob es dort Schmerzen hat.

Auf diese Weise muss man beginnen, die Ursachen für Widerstände zu erforschen, das heißt, sie zu erfühlen. Horchen Sie deshalb in Ihr Pferd und lassen Sie Missstände oder Unklarheiten über Ursachen von Widerständen nie auf sich beruhen. Sie müssen ein Gespür für die Situation und für das Empfinden Ihres Pferdes entwickeln. Nur dann können Sie die Ursachen für bestehende Probleme erkennen und nur dann haben Korrekturmaßnahmen Aussicht auf Erfolg.

Es nützt nichts, nur die Symptome eines Leidens zu behandeln, um den Leidenden davon zu befreien. Erst die Beseitigung der Ursache wird eine Heilung ermöglichen. Ganz genau so verhält es sich bei der Korrektur eines Pferdes.

Manchmal ist die Ursache für ein Problem nicht offensichtlich. Um es dennoch erkennen zu können, bedarf es eingehender Kenntnisse auf den Gebieten der Psychologie, Physiologie, Anatomie und Bewegungsmechanik des Pferdes. Dies verlangt natürlich, dass man sich intensiv mit allen Eigenschaften des Pferdes auseinander setzt, denn nur, wenn man das Pferd studiert, erhält man das Verständnis für seine Lebens- und Verhaltensweisen und für seine anatomischen und biomechanischen Eigenschaften. Daraus lassen sich die Anforderungen an alle Bereiche rund um das Pferd ableiten. Man kann so die Arbeitsbedingungen für das Pferd bestmöglich gestalten und die Leistungsbereitschaft und -fähigkeit seines Schützlings wiederherstellen.

Zum Studieren des Pferdes gehört nicht nur das Durcharbeiten von entsprechender Literatur, sondern ebenso das Beobachten von Pferden in allen möglichen Situationen. Es hilft sehr, wenn man sich dabei Notizen zu einzelnen Pferden oder Erlebnissen macht. So kann man Vergleiche anstellen oder nochmals über eine bestimmte Begebenheit nachdenken.

Leider ist es mit all diesen Bemühungen, das Pferd zu verstehen und Ursachen zu erkennen, noch nicht getan. Schließlich bleibt das Reiten eine praktische Sache, und alle bestehenden Mängel müssen zudem auch noch beseitigt werden. In Sachen Gesundheitszustand, Haltung und Fütterung, Pflege und Umgang mit dem Pferd, Passgenauigkeit der Ausrüstung sowie ihrer korrekten Verwendung lässt sich das noch verhältnismäßig leicht bewerkstelligen. Das Beheben von Mängeln in Sitz, Hilfengebung und Trainingsmethode ist dagegen weitaus schwieriger. Es setzt nicht nur das Verstehen der Reitlehre voraus, sondern es verlangt meistens auch die Änderung von eigenen fehlerhaften Angewohnheiten. Man darf sich in diesem Punkt nichts vormachen: Verantwortlich für Widerstände des Pferdes ist der Reiter. Verstünde er es, sich seinem Pferd verständlich zu machen, und passte er das Training seines Pferdes immer dessen Fähigkeiten an, dann würde sich sein Pferd niemals zu Abwehrmaßnahmen genötigt fühlen. Folglich muss der Reiter seine eigenen Fehler beheben, bevor er das Pferd korrigieren kann.

Manchmal genügt es schon, die fehlerhaften Einwirkungen oder Trainingsmethoden zu revidieren, um das Pferd wieder durchlässig zu machen. In vielen Fällen aber hat das Pferd durch das falsche Training Muskulatur entwickelt, wo sie sich hätte zurückbilden müssen. Der klassische Fall ist die starke Ausprägung des Unterhalsmuskels in Verbindung mit einem schwach bemuskelten Rücken und einer ebenso schwach bemuskelten Hinterhand. In solchen Fällen muss das Pferd durch ein entsprechendes sportliches Training umgeformt werden. Das wird einige Zeit in Anspruch nehmen!

Wenn es nur dabei bliebe! Denn der Reiter wird viel Zeit, noch mehr Geduld und eiserne Konsequenz bei der Anwendung nun korrekter Hilfen und Trainingsmethoden aufbringen müssen. Das liegt daran, dass das Pferd einen starken Hang zur Gewohnheit besitzt. Sehr schnell nimmt es fehlerhafte Verhaltensmuster oder Bewegungsformen an, weil sie ihm Erleichterung verschaffen. Deshalb wird es gerne rückfällig und möchte auch nicht gleich auf die korrigierten Hilfen und Trainingsmethoden eingehen. Die Kunst der Korrektur besteht deshalb darin, das Pferd zunächst zum Gehorsam zu bringen, ohne aber seine Abwehrmaßnahmen zu verstärken, sondern sie im Gegenteil noch zu reduzieren, um es dann systematisch gymnastizieren zu können.

Die Korrektur eines Pferdes stellt hohe Anforderungen an den Reiter. Und es ist nur allzu natürlich, dass man nach zwei Schritten vorwärts auch wieder einen zurückfällt, um daraufhin wieder zwei vorwärts zu kommen. Man darf von seinem Pferd und sich selbst nie einen glatten Verlauf der Arbeit erwarten. Es ist nur zu menschlich, oder sollte man besser sagen „pferdisch", dass es Höhepunkte und Tiefpunkte gibt. Aus diesem Grund sollten Sie nicht nur Verständnis und Gefühl für Ihr Pferd, sondern auch für sich selbst haben. Seien Sie aber mit sich selbst am strengsten.

Rufen Sie sich immer wieder in Erinnerung, dass Ihr Pferd ein Sportler ist. Es ist daher sehr nahe liegend und richtig, wenn Sie sich fragen, wie ein Turner trainiert und vor allem, mit welchen körperlichen Anstrengungen dieses Training für den Sportler verbunden ist. Wir alle, ob Pferd oder Mensch, haben neben körperlichen Schwächen auch den Hang zu Gewohnheiten. Reiten und Ausbilden bedeutet, dass wir das Pferd dazu anleiten, seinen Körper gänzlich zu beherrschen. Das setzt voraus, dass wir uns selbst beherrschen, körperlich und geistig. Wir müssen also nicht nur mit dem Pferd arbeiten, sondern ebenso an uns selbst.

In diesem Sinne hoffe ich, dass ich Ihnen mit meinem Buch helfen kann, der bewegten Harmonie zwischen Pferd und Mensch und damit dem Glück dieser Erde ein Stück näher zu kommen.

Ursachen erkennen

Werfen wir zunächst einen Blick auf ein praktisches Problem beim Reiten: Nehmen wir an, ein Pferd würde jedes Mal in der gleichen Situation scheuen. Dabei soll sein Scheuen derart heftig ausfallen, dass eine Gymnastizierung durch seinen Reiter nicht weiter möglich ist. Sicher kennen Sie solche Situationen.

Der Reiter stellt sich die Frage, wie er das Scheuen abstellen kann. Im Allgemeinen wird er zuerst versuchen, die Einwirkungen zu verstärken, um das Pferd wieder unter Kontrolle zu bringen. In unserem Falle mag das aber nicht ausreichen. Sehr oft erlebt man es dann, dass der Reiter zu Strafmaßnahmen greift, die aber nur eines bewirken, nämlich dass sich das Pferd bei jedem weiteren Scheuen auch noch vor der Strafe fürchtet. Dieses Verfahren führt stets zu einem verstärkten Scheuen. Leider bleibt es für manchen Reiter vorerst dabei. Irgendwann aber wird er sich vielleicht fragen, ob es nicht noch eine andere Möglichkeit gibt, das Scheuen in den Griff zu bekommen. Er versucht deshalb, dem Pferd Gelegenheit zu geben, sich mit der Situation, in der es bisher gescheut hat, vertraut zu machen. Merkwürdigerweise scheut das Pferd nicht, wenn es von seinem Reiter geführt wird.

Ratlos und unsicher beginnt der Reiter, die verschiedensten Ausbildungsmethoden auszuprobieren. Er hofft, dass sich bei einer dieser Methoden der ersehnte Erfolg einstellt. Bei diesem Ausprobieren bemerkt er, dass sein Pferd immer unwilliger arbei-

tet. Der Widerstand seines Pferdes scheint sogar noch zu wachsen. Es stellen sich bereits erste Abwehrmaßnahmen auch bei der übrigen Arbeit ein. Der Reiter fürchtet schon, dass sein Pferd für den Reitgebrauch nicht tauglich sei, weil keine der vielen Ausbildungsmethoden zum Ziel führt.

Aber hat der Reiter nicht etwas Entscheidendes übersehen? Bisher hat er nach dem Zufallsprinzip die verschiedenen Methoden ausprobiert, ohne einen einmal eingeschlagenen Weg bis zum Ende zu gehen. Denn stellte sich nicht umgehend der Erfolg ein, wechselte er die Methode. Er hat außerdem nicht nach der Ursache für das Scheuen gefragt und auch nicht danach, weshalb das Pferd seine Hilfen in dieser Situation ignorierte. Wenn er die Antworten auf diese Fragen finden würde, wüsste er genau, woran er zu arbeiten hätte und welchen Weg er unbeirrt fortsetzen müsste.

> Der erste Schritt zu einer erfolgreichen Korrektur besteht darin, sich die Frage zu stellen, warum das eigene Pferd gerade dieses oder jenes Problem macht.

Nun gut, stellen wir uns die Frage nach dem Warum: „Warum legt sich mein Pferd auf die Hand?" Das kann verschiedene Gründe haben. Zum einen … – aber halt, woher wissen wir eigentlich, welche Gründe dafür in Frage kommen?

Wir brauchen also Wissen; in diesem Fall Wissen, das uns sagt, in welcher Situation sich ein Pferd auf die Hand legen kann. Gehen wir davon aus, dass wir dieses Wissen haben. Es ist uns damit bekannt, dass sich ein Pferd deshalb auf die Hand legen kann,

- weil es eine Verletzung in der Mundhöhle hat, die ihm bei jedem Zügelanzug Schmerzen verursacht. Im Allgemeinen neigt das Pferd dazu, gegen einen Schmerz anzugehen, indem es einen Gegendruck aufbaut, auch wenn das den Schmerz verstärkt.

- weil es seinen ganzen Körper krampfhaft anspannt.
- weil es sich damit gegen harte Zügeleinwirkungen wehrt.
- weil es sehr stark mit der Hinterhand in die Bahn drängt, also schief geht.
- weil es eilt und mit den Hinterbeinen zu viel vorwärts schiebt.
- weil es die Zügelanzüge blockieren will, um einer Belastung der Hinterhand durch halbe Paraden, also durch Treiben, Auffangen und Leichterwerden zu entgehen.

Was jetzt? Es gibt gleich sechs Möglichkeiten. Doch das stört uns nicht, weil wir ganz wissenschaftlich nach dem Ausschlussprinzip vorgehen.

Wir überprüfen deshalb zuerst die Mundhöhle unseres Pferdes auf Verletzungen oder krankhafte Veränderungen. Leider können wir mit unseren beschränkten Mitteln nur den vorderen Bereich der Mundhöhle untersuchen. Für den Rest müssen wir einen Tierarzt um Hilfe bitten. Aber auch der kann nichts finden.

Gehen wir einen Schritt weiter: Spannt unser Pferd beim Reiten seinen ganzen Körper krampfhaft an? Wie stellen wir das fest? Ganz einfach: Wir bitten jemanden, dass er von uns eine Videoaufnahme anfertigt. Gesagt, getan. Aber woran erkennt man eigentlich, wann die gesamte Muskulatur eines Pferdes verkrampft ist?

Schon wieder benötigen wir zusätzliches Wissen.

Auch dieses haben wir uns erarbeitet: Man erkennt die krampfhafte Spannung der gesamten Muskulatur eines Pferdes
- an der fehlenden Maultätigkeit,
- an der verhärteten Muskulatur des Unterhalses,
- an den fehlenden Schwingungen der Rückenmuskeln,
- an den unelastischen Bewegungen,
- an der fehlenden Geschmeidigkeit in der Längsachse,
- am Zähneknirschen oder Schlauchgeräusch,
- an Schwebetritten.

Beim Ansehen des Videos fällt uns auf, dass jedes dieser Symptome zutrifft. Wir sind also fündig geworden.

Wir wissen damit, dass sich unser Pferd zumindest deshalb auf die Hand legt, weil es seine gesamte Muskulatur krampfhaft anspannt.

Warum aber tut es das?

Als Antworten kommen in Frage:
- Es leidet unter großer psychischer Anspannung, steht also unter Stress, der immer eine körperliche Verkrampfung zur Folge hat.
- Es ist krank.
- Es hat Schmerzen wegen eines drückenden Sattels.

Die beiden letzten Punkte lassen wir von einem Tierarzt und einem Sattlermeister überprüfen. Beide können keine Mängel feststellen.

Damit stellt sich die Frage nach der Ursache für den Stress des Pferdes. Ursachen können sein:

- keine artgerechte Haltung
- kein pferdegemäßer Umgang
- fehlerhafte Hilfengebung
- falscher Aufbau des Trainings

Nun beginnt das Ganze von vorne: Wir überprüfen die Haltung. Doch halt – wie sieht die artgerechte Haltung aus?

An dieser Stelle möchte ich abbrechen, weil das Entscheidende bereits deutlich geworden ist:

Korrigieren heißt, zuerst die Ursachen für ein Problem herauszufinden.

Dazu braucht man einiges an Wissen, und zwar über alle Eigenschaften des Pferdes. Das bedeutet, man muss die Psyche, die Physiologie, die Anatomie und die Biomechanik des Pferdes studieren. Das Studium der Pferdepsyche gibt Antworten auf die entscheidenden Fragen zum Thema Haltung und Umgang mit dem Pferd und zu seinem Lernverhalten. Die Physiologie verrät vor allem etwas über die Fütterung und die Art, wie ein sportliches Training des Pferdes aufgebaut sein sollte. Aus der Anatomie geht das Verständnis für das Anpassen und Anlegen der Ausrüstung und die Pflege des Pferdes hervor, aber auch für die Hintergründe von Sitz und Hilfengebung. Die Biomechanik vermittelt schließlich das Entscheidende für die reiterliche Arbeit, nämlich die Methodik der Ausbildung an sich, aber auch noch einmal für Sitz und Hilfengebung.

Die Ursachenforschung findet grundsätzlich nach dem Ausschlussprinzip statt, und zwar in folgenden Bereichen:
- Gesundheitszustand
- Haltung und Fütterung
- Umgang und Pflege des Pferdes
- Ausrüstung und ihre Verwendung
- Sitz und Hilfengebung
- Trainingsmethode

Mängel, die in diesen Bereichen auftreten, beeinflussen die Leistungsbereitschaft und -fähigkeit des Pferdes stets negativ. Sie sind als die Ursachen für die Widerstände eines Pferdes anzusehen und müssen unbedingt beseitigt werden, um das Pferd korrigieren zu können.

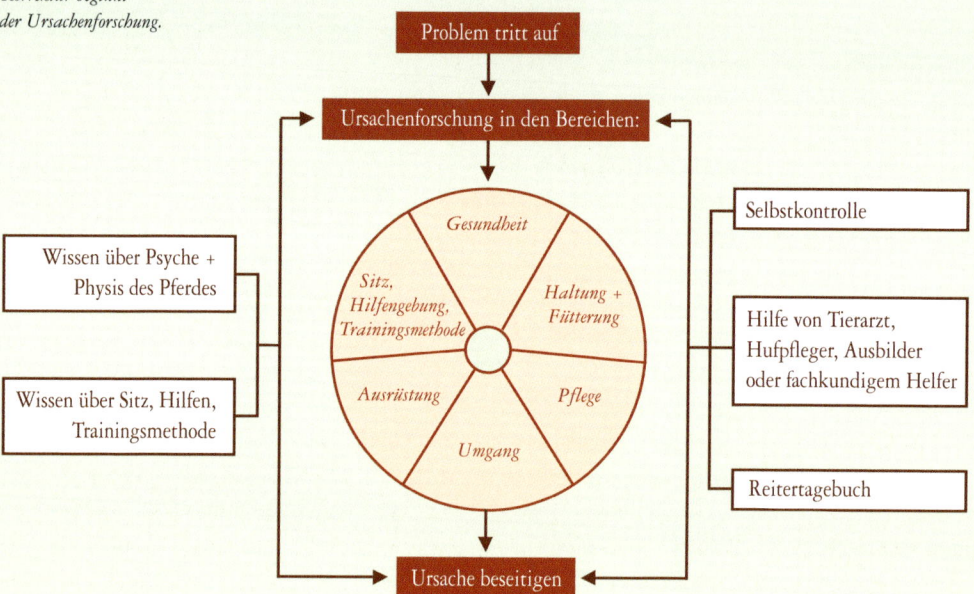

Das Pferd studieren heißt einerseits, geeignete Literatur zu den genannten Gebieten durchzuarbeiten. Es heißt aber auch, Pferde in allen möglichen Situationen zu beobachten und dadurch die aus der Literatur erarbeiteten Verhaltensweisen bestätigt zu bekommen. Erst die Praxis durch eigenes Beobachten und vielleicht auch Experimentieren ermöglicht es, die Bedeutung von erarbeitetem Wissen vollständig zu erfassen.

> Nehmen Sie sich Zeit für Ihr Pferd und beschränken Sie den Kontakt zu Ihrem Pferd nicht nur auf das Reiten, besonders dann nicht, wenn Sie Ihr Pferd korrigieren müssen.

Für die Ursachenforschung speziell bei reiterlichen Problemen möchte ich Ihnen noch folgende Hinweise geben:

Bilden Sie sich, so oft es möglich ist, ein eigenes Urteil über die Leistungen Ihres Pferdes und Ihre eigenen. Dazu sind Videoaufnahmen nötig.

Außerdem wäre es sinnvoll, wenn Sie einen wenigstens einigermaßen fachkundigen Helfer hätten, der Formmängel beim Reiten sofort beanstanden könnte. So könnten Sie leichter kontrollieren, ob bei einem positiven Reitgefühl auch zumindest alle äußeren Kriterien, die dazu nötig wären, erfüllt sind oder ob Sie von Ihrem Pferd getäuscht werden.

Noch besser wäre eine Anleitung durch einen erfahrenen Ausbilder oder Richter. Man sollte sich nicht scheuen, ein Turnier zu besuchen. Ein Turnier ist nicht nur Wettkampf, sondern man erhält dort die Möglichkeit, seine Ausbildungsarbeit durch die Richter kontrollieren zu lassen.

Ferner ist es sinnvoll, wenn Sie ein Reitertagebuch führen, in das Sie alles Erfahrene und Erfühlte eintragen, um so Vergleiche anstellen und daraus entsprechende Schlüsse über Ihre eigenen reiterlichen Leistungen und die Ihres Pferdes ziehen zu können.

Als Beispiel soll ein Protokoll gegeben werden, das ich bezüglich der Ausbildung meines eigenen Pferdes einmal verfasste.

„Bei der gestrigen Trabarbeit mit Felix ist mir sofort aufgefallen, dass er immer noch eine leichte Schiefe in sich nach rechts zeigt.

So hat er den rechten Zügel nicht einwandfrei annehmen wollen; er hat versucht, ihm auf der rechten Hand auszuweichen und sich auf der linken Hand nach außen zu stellen. Wollte ich das korrigieren, spürte ich, wie er versuchte, nach innen zu driften und gegen meinen inneren Schenkel zu gehen. Folglich weist seine Biegsamkeit nach links Mängel auf. Sowohl beim Rückwärtsrichten als auch beim Aufstellung-Nehmen möchte er mit dem rechten Hinterbein nach rechts ausweichen.

Folgerung:
Ein noch nicht völlig geschmeidiges und gerade gerichtetes Pferd
mit einer noch ungleichen Anlehnung.

Zielsetzung:
Vermehrte Anregung beider Hinterbeine zum verstärkten Vortre-
ten in Richtung unter die Körpermitte (Aufrichten, Bügeltritt
und Schenkeldruck als treibende Einwirkungen), dadurch Aus-
gleichen der Anlehnung an beide Zügel. Verbesserung der
Geschmeidigkeit und Geraderichtung durch gerade richtende Bie-
gearbeit.

Momentan in Frage kommende Übungen
zur gerade richtenden Biegearbeit:
Zirkel-Verkleinern und -Vergrößern; der Schwerpunkt liegt auf
dem Heraustreiben des Pferdes mit dem inneren Schenkel in den
äußeren Zügel.

Volten nach außen in den Ecken eines kleinen Quadrats; der
Schwerpunkt liegt auf dem Wechsel zwischen dem Biegen auf einer
Volte und dem darauf folgenden Geradestellen auf der Geraden
nach der Volte.

Seitengänge; der Schwerpunkt liegt darauf, die einmal erreichte
gleichmäßige Längsbiegung im Seitengang und die gewählte Linie,
auf der er geritten wird, konsequent beizubehalten."

Solche Notizen erleichtern es dem Reiter, Fehler zu erkennen und
zu korrigieren.

Auch wenn das reiterliche Gefühl noch nicht genügend geschult
ist, helfen solche Notizen, weil man sich nochmals mit dem voraus-
gegangenen Ritt auseinander setzt und nun auch über das Gefühlte
genauer nachdenken kann.

Konsequenz

Es ist Sonntagmorgen. Sie haben gerade mit Ihrem Pferd die leere
Reitbahn betreten und sind dabei, die morgendliche Ruhe und Frische mit Ihrem Pferd bei den ersten Schrittrunden zu genießen.

Nach den obligatorischen zehn Minuten Schritt nehmen Sie Ihr
Pferd auf, um es anzutraben. Aber schon beim Aufnehmen merken
Sie, dass Ihr Pferd nicht sofort im Genick nachgeben möchte. Sie verzeihen es Ihrem Pferd, weil Sie mit ihm noch am Anfang der Lösungs-
phase stehen. Jeder braucht einige Runden freiere Bewegung, um
die Steifheit der Nacht aus seinem Körper zu vertreiben. Im weiteren Verlauf der Arbeit merken Sie aber, dass sich der Widerstand
gegen die Hand nicht deutlich verringert. Auch das Aussitzen ist
nicht gerade angenehm. Sie haben das Gefühl, als würde Ihr Pferd
versuchen, Sie mit der Hinterhand nach oben zu werfen. In den Ecken

spüren Sie, wie das Pferd etwas gegen Ihren äußeren
Schenkel drückt. Dadurch entweicht die Hinterhand
nach außen und Sie haben einige Mühe, Ihr Pferd
kontrolliert auf kleinem Raum zu wenden. Da Sie
diese Probleme erfüllt haben, gehen Sie vermehrt
darauf ein. Es gelingt Ihnen bis zum Ende der
Übungsstunde, das Ausmaß der Probleme deutlich
zu reduzieren. Dafür haben Sie allerdings einige
Mühen auf sich nehmen müssen, vor allem um sich
selbst immer wieder zu korrekter Hilfengebung und
genauer Ausführung der gymnastischen Übungen
anzuhalten. Natürlich freuen Sie sich über diesen
Erfolg, aber tief im Innern Ihres Herzens hätten Sie
es sich für diesen Morgen gewünscht, vom ersten
Moment der Übungsstunde an mit Ihrem Pferd in
weichen Bewegungen verschmolzen zu sein und es
geschmeidig wenden und in allen Tempi widerstandslos regulieren zu können. Feinheit, Mühelosig-
keit und Geschmeidigkeit verbunden mit angenehmen Bewegungen wären von Anfang an Ihr Wunsch
gewesen.

Das heißt, Sie stellen einen ganz bestimmten Anspruch an das Reiten.

Er lässt sich folgendermaßen definieren:

Ziel aller Pferdeausbildung ist ein im Umgang
und beim Reiten gehorsames Pferd, das geschmei-
dig und wendig ist, sich in allen Grundgangar-
ten und Tempi widerstandslos regulieren lässt und
den Reiter durch angenehme und weiche Bewe-
gungen erfreut.

Um diesem Anspruch gerecht werden zu können,
muss sich das Pferd natürlich in einem entsprechenden
Trainingszustand befinden. Es muss losgelassen sein,
damit es weich sitzen lässt, es muss sich ausbalancieren,
um in einer Wendung im Gleichgewicht zu bleiben; es
muss über genügend Kraft und Kondition verfügen, um
Ihre Anforderungen erfüllen zu können.

Damit stellt die Ausbildung eines Pferdes, die diese
Ziele verfolgt, ein sportliches Training dar.

> Reitausbildung bedeutet für das Pferd, dass
> es einen Sportunterricht mitmachen muss.

Dabei lässt es sich nicht vermeiden, dass dieser
Sportunterricht zumindest zeitweise für das Pferd

anstrengend ist. Schließlich müssen trainingswirksame Reize erzeugt werden, ohne die sich der Trainingszustand des Pferdes nie verbessern würde.

Man unterscheidet hier zwischen „anstrengend" und „unerträglich". Wenn etwas anstrengt, muss es noch lange nicht unerträglich sein. Sicher würde man auch gerne das Anstrengende umgehen, aber es ist noch lange kein Grund davonzulaufen, was im Falle des Unerträglichen aber verständlich wäre. Um Anstrengungen zu entgehen, wird das Pferd versucht sein, die Einwirkungen des Reiters unwirksam zu machen. Gelingt ihm das mehrmals, wie zum Beispiel durch Aufliegen auf dem Zügel, Gehen über dem Zügel oder Triebigkeit, so lernt das Pferd daraus, dass es seinen Willen durchsetzen und sich gegen den Reiterwillen behaupten kann. Beginnt dann eine Korrekturarbeit, so wird der Widerstand gegen die Einwirkungen des Reiters, mit deren Hilfe der Widerstand eigentlich überwunden werden soll, im Allgemeinen anwachsen. Denn das Pferd hat bisher gelernt, dass es die Einwirkungen des Reiter neutralisieren kann; warum also nicht auch im Falle der Korrekturarbeit?

Dass mit einsetzender Korrekturarbeit der Widerstand des Pferdes gegen die Einwirkungen des Reiters anwachsen kann, ist also ein natürliches und durchaus verständliches Verhalten des Pferdes; schließlich spürt es am eigenen Leib, dass der Reiter es mit seiner Korrekturarbeit womöglich doch dazu bringt, gewisse anstrengende Leistungen zu vollbringen. Also erhöht es den Widerstand.

Es gilt dann, von beiden der größere Sturkopf zu bleiben und ganz nach dem Grundsatz „Steter Tropfen höhlt den Stein" die gymnastizierende Arbeit fortzusetzen. Dabei darf man sich keinesfalls zu harten Einwirkungen verleiten lassen.

Es verlangt ein gewisses Geschick, die Einwirkungen wenigstens so weit durchzusetzen, dass das Pferd die nötigen gymnastizierenden Übungen ausführt, ohne ihm die Arbeit unerträglich gemacht zu haben.

Der Erfolg der Korrekturarbeit hängt deshalb davon ab, inwieweit es gelingt, die beiden Extreme zu vereinen: Durchkommen, ohne es für das Pferd unerträglich zu machen!

Halten wir also fest, dass das Pferd zuerst auf die Einwirkungen gehorsam gemacht werden muss. Dann wird das Pferd durch die Wiederholung der gymnastischen Übungen zur Losgelassenheit gebracht und es wird ihm dabei die Geschicklichkeit verliehen, diese Übungen wesentlich müheloser auszuführen. Je leichter dem Pferd die Übungen fallen, umso mehr wird es seinen Widerstand aufgeben, bis er sich ganz verliert und die gewünschte Durchlässigkeit erreicht wird.

Dabei ist es von unbedingter Notwendigkeit, mit Konsequenz die korrekten Hilfen anzuwenden und die Grundsätze eines sportlichen Trainings und damit den methodischen Ausbildungsweg eines Pferdes einzuhalten.

Würde der Reiter nach jedem erfolglosen Versuch, das Pferd eine Übung korrekt ausführen zu lassen, die grundsätzliche Hilfengebung wechseln, so würde das Pferd nie dazu gebracht werden können, endlich auf eine Hilfe in gewünschter Weise zu reagieren, weil für keine Hilfe der Gehorsam durchgesetzt, sondern stattdessen die Hilfe gewechselt würde. Auch durch eine ständig variierende Methodik werden bestehende Widerstände nicht überwunden. Der Muskelapparat des Pferdes braucht Zeit, um sich so zu verändern, dass er den Anforderungen gerecht werden kann, die an seine Leistungen gestellt werden. Ständiges Ändern der Methodik führt zu einer sich ständig ändernden Belastung des Muskelapparates, auf die er sich nicht einstellen kann, weil ihm keine Zeit dazu gelassen wird. Deshalb ist es wichtig, an dieser Konsequenz bezüglich Hilfengebung und Methodik festzuhalten, auch wenn das am Anfang ein Mehr an Widerstand bedeuten und das Reitgefühl einiges zu wünschen übrig lassen sollte.

Es sei darauf hingewiesen, dass unter dem Begriff „Methodik" nicht ein Schema zu verstehen ist. Das, was als Reit- oder Dressurpferdeausbildung bezeichnet wird, beruht auf einem sportlichen Training, in dem es insbesondere um die Gymnastizierung des Pferdekörpers geht.

Die Methodik in der Reit- und Dressurpferdeausbildung ist also das sportliche Training und damit die Gymnastizierung des Pferdes. Wie sich die Methodik im Speziellen gestaltet, hängt vom Pferd ab.

In dem Augenblick aber, in dem man eine andere Methodik anwendet, weicht man von dem Konzept des sportlichen Trainings und der Gymnastizierung ab.

Es wird im Zuge der Korrekturarbeit nötig sein, den Widerstand von Seiten des Pferdes auszuhalten; etwa wenn sich das Pferd auf die Zügel legt oder die Kruppe hochwirft. Falsch wäre es dann, wenn dieser hohe Druck auf die Laden des Pferdes vom Reiter ausginge und wenn er sich nicht mehr lösen würde. Ebenfalls wäre es falsch, wenn man sich durch das Hochwerfen der Kruppe aus dem Sattel katapultieren lassen würde oder sogar glaubt, man müsste deshalb grundsätzlich in den Entlastungssitz gehen. Die Lösung des Problems liegt darin, die Hinterbeine des Pferdes zum verstärkten Vortreten anzuregen. Man arbeitet sich das Pferd von hinten her in die Hand, damit ein Zügelanzug belastend auf die Hinterbeine wirken kann.

Dies geschieht durch die treibenden Einwirkungen der Waden und des aufrechten Sitzes mit seinem nach vorne mitschwingenden Becken. In einem ausreichenden Maß können die treibenden Einwirkungen nur dann wirksam werden, wenn der Reiter aussitzt. Damit er das Pferd dabei nicht stört oder ihm schadet, muss er ein Tempo wählen, in dem er das Pferd aussitzen kann. Dies wird ein ruhiges Tempo sein. Entscheidend dabei ist, dass das Pferd zur Annahme der treibenden Einwirkungen gebracht wird.

Fühlen Sie selbst!

Man darf sich nicht täuschen lassen von der Behauptung mancher Reiter oder Reitlehrer, dass es für das Pferd leichter wäre, in der Weise zu gehen, wie das von ihm als Reitpferd verlangt wird. Es ist natürlich richtig, dass eine gewisse Durchlässigkeit und Versammlungsbereitschaft für jedes Pferd nötig ist, damit es der zusätzlichen Belastung durch das Reitergewicht, aber auch den stärkeren Belastungen seines Bewegungsapparates durch das Reiten selbst gewachsen ist und keinen Schaden nimmt. Es ist aber nicht richtig, dass es für ein korrekturbedürftiges Pferd angenehmer wäre, in der typischen Reitpferdehaltung zu gehen, also am Zügel stehend, über den Rücken schwingend und von hinten her an das Gebiss heranfedernd. Das Umformen seines Körpers mit Hilfe eines sportlichen Trainings ist für das Pferd genauso anstrengend, wie es für seinen Reiter anstrengend ist, schwierige Turnübungen am Reck oder am Boden auszuführen. Oder können Sie etwa auf Anhieb einen Flickflack mit anschließendem Landen im Spagat?

Wie schon im vorigen Abschnitt angeklungen ist, sollte man sein Pferd dazu anregen, mit den Hinterbeinen in Richtung unter die Körpermitte vorzutreten. Dies wird allgemein damit begründet, dass diese Art zu gehen eine Entlastung der Vorhand mit sich bringt. Gleichzeitig soll dabei die Hinterhand mehr Last aufnehmen. Gehen wir davon aus, dass dies richtig ist.

Nun möchte ich Sie bitten, folgendes Experiment durchzuführen, nachdem Sie diesen Abschnitt zu Ende gelesen haben: Begeben Sie sich, mit einer Stoppuhr oder einer herkömmlichen Uhr mit Sekundenzeiger bewaffnet, vor die Tür oder auf einen freien Platz, etwa die leere Reithalle. Dort ist es zunächst Ihre Aufgabe, in einem ruhigen und federnden Trab zu laufen, um sich aufzuwärmen, damit Sie sich später nicht verletzen. Das Experiment beginnt danach damit, dass Sie jeden Ihrer Trabtritte möglichst lange, am besten eine Sekunde lang, dauern lassen. Sie werden dann merken, dass Sie recht lange auf dem jeweils stützenden Bein balancieren müssen, um die eine Sekunde voll zu bekommen. Ihr Laufen wird dann mehr in ein stockendes Hüpfen ausarten. Da wir aber von unseren Pferden verlangen, in flüssigen Bewegungen zu laufen, dürfen auch Sie nicht stocken und müssen dafür sorgen, dass Sie in Ihrer Stützbeinphase eine ruhige, aber flüssige Vorwärtsbewegung beibehalten.

Nun sollen Sie das Tempo erhöhen, also eine Art Mitteltrab laufen. Dazu müssen Sie Ihre Trittlänge deutlich vergrößern. Auch dabei soll ein Trabtritt weiterhin eine Sekunde dauern. Um diese Bedingung zu erfüllen, werden Sie sich kräftig vom Boden absto-

Lange Stützphase, kurze Schwebephase

Kurze Stützphase, lange Schwebephase

ßen müssen, um lange genug zu fliegen. Andernfalls schaffen Sie es nicht, die Dauer eines Trittes im Mitteltrab bei einer Sekunde zu halten.

Danach versammeln Sie Ihr Tempo wieder und kehren zu den ursprünglichen kürzeren Tritten zurück, natürlich ohne den Takt zu verlieren. Jeder Tritt, ob kurz oder lang, soll eine Sekunde dauern.

Nach diesen Tempiwechseln, die Sie hoffentlich ohne einen Taktverlust ausführen konnten, werden Sie spüren, dass diese Art zu gehen Ihre Beinmuskulatur sehr anstrengt. Da wäre es Ihnen doch um einiges leichter gefallen, das Trabtempo dadurch zu erhöhen, dass Sie einfach schnellere Tritte gemacht hätten. Dadurch hätten Sie zwar den Takt verloren und hätten zu eilen begonnen, aber es wäre nicht so anstrengend gewesen. Ganz genauso geht es auch Ihrem Pferd, wenn Sie zum Beispiel im Wechsel versammelten Trab und Mitteltrab ohne einen Taktverlust reiten. Wenn das Pferd beim Verstärken zu eilen beginnt, dann versucht es dadurch der Anstrengung im Mitteltrab zu entgehen, wofür Sie spätestens nach dem Experiment Verständnis haben werden. Schon die von der Reitlehre als korrekt angesehenen Tempi stellen für das Pferd eine hohe Belastung und Anstrengung dar, die es verständlicherweise nur allzu gerne vermeiden möchte.

Nun wird aber von vielen Ausbildern gefordert, dass das Pferd in den versammelten Tritten nur kurze Zeit am Boden und dafür länger über der Erde schweben soll, also gerade andersherum, als Sie es in dem bisherigen Teil des Experiments getan haben.

Um ein Gefühl für die Belastungen zu bekommen, denen das Pferd ausgesetzt ist, wenn von ihm versammelte Tritte mit kurzer Stütz- und langer Schwebephase gefordert wird, führen Sie ein zweites Experiment durch.

Sie beginnen wieder mit den anfänglichen versammelten Tritten, die eine Sekunde lang dauern. Wie schon zu Anfang wird die Stützbeinphase deutlich länger ausfallen als die Schwebephase. Jetzt probieren Sie, das Ganze umzukehren. Sie versuchen, sich schnell und so stark vom Boden abzustoßen, dass Sie lange genug in der Luft bleiben, um den Tritt wieder eine Sekunde lang dauern zu lassen, ohne die Trittlänge vergrößert zu haben. Sollte es Ihnen überhaupt gelingen, dann nur in einer sehr hektischen und kurzen Stützbeinphase, in der Sie keine Zeit zum Federn Ihrer Gelenke haben werden. Entsprechend hoch und unangenehm werden die Kräfte unter Ihren Füßen sein. Von einem losgelassenen Gehen kann da keine Rede mehr sein.

Ein Pferd, das sich auf diese Weise versammeln soll, kann sich nicht mehr loslassen. Wer die Versammlung auf diese Weise definiert und verlangt, dass das Pferd dabei losgelassen bleibt, der stellt das Pferd vor eine unlösbare Aufgabe. Widerstände des Pferdes sind so vorprogrammiert.

Fassen wir an dieser Stelle zusammen:

In der Reitausbildung soll das Pferd unter anderem lernen, taktmäßig zu verstärken und danach im gleichen Takt versammelt zu gehen und beliebig eng zu wenden. Das verlangt vom Pferd die gleiche Körperkontrolle, das gleiche Gleichgewicht und die gleiche Fähigkeit, in den Hinterbeinen zu federn und sie vorher zu beugen, wie bei Ihnen im Experiment. Es ist für das Pferd wenigstens genauso, wenn nicht noch anstrengender, diesen Anforderungen zu genügen; vor allem dann, wenn es nicht gewöhnt ist, auf diese Art zu gehen, das heißt, wenn sein Körper für diese Belastung nicht trainiert ist.

Es darf deshalb für den Anfang der Korrekturarbeit nicht davon ausgegangen werden, dass sich das Pferd schlagartig pudelwohl fühlt.

Geduld

Die Umformung des Pferdekörpers durch ein sportliches Training stellt nicht die einzige Schwierigkeit bei der Korrektur eines Pferdes dar. Das Pferd besitzt wie der Mensch den Hang zur Gewohnheit. Es nimmt vor allem solche Gewohnheiten schnell an, die mit Arbeitserleichterungen verbunden sind. Eine Arbeitserleichterung ist es für das Pferd zum Beispiel, wenn es in kürzeren und matten Tritten vorwärts geht. Dabei tragen seine Vorderbeine den größeren Anteil seines Gesamtgewichts. Die Gelenke der Hinterbeine bleiben in der Stützphase nahe dem Hüftlot möglichst gestreckt. Auf diese Weise ermöglicht sich das Pferd ein Energie sparendes Gehen. Es neigt daher dazu, diese im reiterlichen Sinn fehlerhafte Art zu gehen anzunehmen und sie auf Dauer zur Gewohnheit werden zu lassen, wenn es nicht daran gehindert wird. Versäumt dies der Reiter, dann wird dem Pferd das Gehen auf der Vorhand zur zweiten Natur. Es läuft mit einsetzender Gewohnheit automatisch ab, und jeder Versuch, diesen Zustand zu ändern, stößt auf großen Widerstand.

Problementstehung

Problem aufgetreten → *Was nun?*

Ursachenforschung → *Beginn der Korrektur*

Ursache beseitigen

Konsequenz in Hilfengebung und Trainingsmethode

Gewohnheiten ändern

Gewöhnung des Pferdekörpers an neue Belastung → *Ende der Korrektur?*

Eine Korrektur braucht Zeit! — *Zeit*

Je länger sich ein Pferd in einer falschen Haltung bewegt, umso mehr wird es dem Pferd zur Gewohnheit, derartig zu gehen, und umso stärker entwickelt sich Muskulatur an falschen Stellen. Deshalb bedeutet das Korrigieren eines Pferdes nicht nur, dass man es gymnastisch umformen, sondern auch, dass man eine Gewohnheit ändern muss, die das Pferd vehement verteidigt.

An dieser Stelle versteht man, weshalb man das Pferd erst zum Gehorsam bringen muss, bevor man es gymnastizieren kann.

Dass die gymnastische Umformung des Pferdekörpers viel Zeit beanspruchen kann und im Allgemeinen auch wird, ist leicht an sich selbst nachzuvollziehen.

Das Ändern von Gewohnheiten dauert mindestens genauso lange. Das lässt sich einsehen, wenn man sich klar macht, was es bedeutet, Gewohnheiten zu ändern. Zunächst muss das automatisch ablaufende Verhaltensmuster bewusst gemacht werden. Dann ist es in der gewünschten Weise zu ändern. Durch das konsequente Aufrechterhalten des neuen Verhaltensmusters muss Gewöhnung an dieses eintreten, bis es zur zweiten Natur geworden ist. Ich habe dies so allgemein formuliert, weil es für das Pferd genauso wie für den Menschen gilt.

Will man fehlerhafte Einwirkungen beim Reiten an sich selbst korrigieren, dann müssen sie einem erst bewusst werden, man muss sie ändern, sie aufrechterhalten und sich über längere Zeit an die korrekte Einwirkungen gewöhnen. Ob man nun eigene Fehler oder die seines Pferdes korrigiert, Psyche und Physis gehören untrennbar zusammen.

Die Korrektur von Fehlern verlangt von Pferd und Mensch die Änderung von Gewohnheiten (Psyche) und die gymnastische Umformung des Körpers (Physis). Beides braucht Zeit, und es wird deutlich, dass das Ausbilden von Pferden von Gewöhnung und gymnastischem Training bestimmt wird.

Wie viel Zeit die Korrektur eines Fehlers in Anspruch nehmen wird, lässt sich nicht exakt in Tagen, Wochen, Monaten oder Jahren angeben. Es hängt davon ab, wie schwerwiegend das Problem ist, wie sehr sich das Pferd bereits daran gewöhnt hat und wie gut der Reiter einwirkt und trainiert. Eines kann aber mit Sicherheit gesagt werden: Eine Korrektur im Eilverfahren wird niemals von dauerhaftem Erfolg begleitet sein, weil die Umformung des Körpers und die Änderung von Gewohnheiten viel Zeit in Anspruch nehmen.

Deshalb nehmen Sie sich Zeit und lassen Sie sich auch dann nicht aus der Ruhe bringen, wenn sich mit dem Beginn einer Korrektur nicht gleich ein durchschlagender Erfolg einstellt. Nur wer einen kühlen Kopf bewahrt, kann überlegt handeln! Daher: Eile mit Weile!

Ohne Fleiß kein Preis

In der Vergangenheit ist als Reaktion auf häufig fragwürdige Ausbildungstechniken der Ruf nach mehr Leichtigkeit und Feinheit vor allen Dingen beim dressurmäßigen Reiten laut geworden. Es haben immer mehr Reitweisen Zulauf erhalten, die sich von den üblichen Dressurmethoden distanzierten und auf Feinheit und Leichtigkeit in der Hilfengebung und Ausbildungsmethodik setzten.

Dieses lobenswerte Bestreben hat aber auch dazu geführt, dass sich Reitlehren beziehungsweise Reittechniken entwickelt haben, die grundsätzlich jede Einwirkung ablehnen, zu der sich der Reiter über sein Normalmaß hinaus anstrengen, also durchaus auch eine Mehr an Kraft aufbringen muss. Denn wenn sich der Reiter mehr anstrengt, in dem Sinne, dass er mehr Kraft benötigt, so ist es nach Meinung dieser Lehren sofort eine von Kraft geprägte Reiterei. Also wird, in gewisser Weise auch verständlich, nach Wegen gesucht, auf denen der Reiter, egal bei welchen Problemen des Pferdes auch immer, am durchhängenden Zügel reiten und dabei fast nicht zu treiben, sondern das Gewünschte nur noch zu denken braucht, um das Pferd auszubilden.

Dabei scheint in Vergessenheit geraten zu sein, dass der Beherrschung des Pferdes die eigene vorangeht, und zwar psychisch wie auch physisch. Beides zu erreichen ist dabei nicht gerade leicht; so ziemlich jeder wird bei sich an Grenzen stoßen, die er überwinden muss, will er die zur Pferdeausbildung nötige Selbstbeherrschung je erreichen. Die Überwindung eben jener Grenzen kann den Einsatz aller physischen und psychischen Kräfte erfordern, was sicherlich anstrengend sein wird. Nehmen wir zum Beispiel einen sehr kräftigen Reiter mit recht straffer Muskulatur und nehmen wir einen zweiten eher hageren und körperlich schlaffen Reiter. Haben beide die Aufgabe, durch den Drehsitz das Pferd in das Schulterherein zu führen, so wird es für den kräftigen Reiter wegen seiner straffen Musku-

Es bedeutet mühevolle Arbeit an sich selbst, beispielsweise einen losen Stuhlsitz (a) oder steifen Spaltsitz (b) in die richtigen Bahnen (c) zu lenken.

a   b

latur und dem schwächeren Reiter der geringeren Muskelkräfte wegen schwer fallen, die Aufgabe zu erfüllen: Es wird beide anstrengen. So wie es für den kräftigen Reiter anstrengend sein wird, sich die nötige Elastizität zum Eingehen in Bewegungen des Pferdes abzuverlangen, so wird es für den körperlich schlaffen Reiter anstrengend sein, die Haltung zu bewahren, während er in die Bewegungen eingeht. Wenn es den beiden Reitern nun gelingt, die an sie gestellten Aufgaben zu erfüllen, dann bedeutet das für sie mühevolle Arbeit an sich selbst, mit der sie aber gerade das Maß an Einwirkung erreicht haben, wie es für das Pferd richtig ist.

Später natürlich, wenn beide ihre Grenzen überwunden haben, dann stellen diese Aufgaben keine Anstrengungen mehr da, und es ist für Reiter und Pferd ein Spiel mit Leichtigkeit und Feinheit.

Sicherlich könnte man nun entgegnen, dass es doch viel einfacher wäre, eine andere Ausbildungsmethodik zu wählen, die dem Reiter eben derartige Anstrengungen ersparen würde, sodass er praktisch von jetzt auf gleich mit Feinheit und Leichtigkeit reiten könnte, was auch dem Pferd zum Wohle gereichen würde. Denn machen wir uns nichts vor, solange der Reiter im Begriff ist, seine Grenzen zu überwinden, wirkt er natürlich nicht optimal auf sein Pferd ein und stört es durch seine noch ungeschickten Einwirkungen, womöglich auch noch in der falschen Stärke.

Das Problem bei diesen anderen Ausbildungsmethoden ist aber, dass sie zwar dem Reiter Mühen ersparen und dass sie vielleicht auch

dem Pferd eine bequemere Arbeit ermöglichen, aber in den allermeisten Fällen bleibt es bei dieser Bequemlichkeit, und man bekommt eine korrekte Versammlung nicht zu sehen. Wäre dem Pferd dann nicht besser gedient, wenn sein Reiter einmal in den sauren Apfel beißen und sich nur unter Zuhilfenahme der allereinfachsten Hilfsmittel und vor allen Dingen seiner selbst durchbeißen würde, selbst wenn das anfangs auch für das Pferd nicht immer leicht wäre? Dabei ist unter den allereinfachsten Hilfsmitteln eine Wassertrense, eine Gerte, vielleicht ein Paar stumpfe Radsporen und ein Sattel zu verstehen, der dem Reiter erlaubt, den Dressursitz einzunehmen. Hilfszügel bei der Arbeit unter dem Reiter sind strikt abzulehnen!

Man darf natürlich nicht vergessen, dass auch der Reiter über eine gewisse Sportlichkeit verfügen muss, um den an ihn gestellten Anforderungen als Ausbilder seines Pferdes gerecht werden zu können. Nur dann wird er die nötige Körperbeherrschung erlangen können, um durchzukommen, ohne es dem Pferd unerträglich zu machen.

> Man muss für sich selbst das gleiche Verständnis aufbringen wie für sein Pferd, das wir in Erfüllung seiner Aufgabe als Reit- oder Dressurpferd als Sportler erkannt haben.

Korrigieren heißt stets optimieren

Stellen Sie sich einmal folgende Situation vor: Die letzten beiden Monate sind Sie vor lauter Arbeit nicht mehr aus dem Büro gekommen. Berge von Akten türmen sich auf Ihrem Schreibtisch, deren Bearbeitung schon längst abgeschlossen sein müsste. Bei aller Hektik kommt dann auch noch Ihr Vorgesetzter in Ihr Büro und erinnert Sie auf eindeutige Weise an Ihren Verzug. Dann auch noch ein auswärtiger Termin. In aller Eile packen Sie alles Nötige und schultern die eigentlich viel zu tief auf dem Rücken hängende Tasche, die Zeit drängt.

Mit deshalb krummem Oberkörper eilen Sie zum Bahnhof; erst gestern haben Sie sich ein neues Paar Schuhe gekauft, sie drücken fürchterlich, sodass Sie

mehr von einem Bein auf andere hüpfen als laufen. Dann merken Sie, wie Ihr Backenzahn anfängt zu schmerzen. Ein nervöser Blick auf die Uhr: kaum noch Zeit bis zur Abfahrt. Da meldet sich Ihr Magen zu Wort. Schon seit Wochen haben Sie nichts Richtiges mehr gegessen, und wenn Sie etwas gegessen haben, dann mussten Sie es in der Eile hinunterschlingen. Endlich, Sie haben es doch noch geschafft. Auf der Zugtoilette, auf der Sie Ihre an Überdruck leidende Blase entleeren, werfen Sie einen Blick in den Spiegel: Ihre Augen sind unterlaufen und eingefallen. Ihre Leistungsfähigkeit hat ihren Tiefpunkt erreicht.

„Fiktion", denken Sie?

Für manches Pferd ist das leider eine sehr realistische Fiktion: Seit Jahren nun schon 23 Stunden des Tages in der Box, endlich naht der Reiter. In ängstlicher Vorahnung kommt Unruhe im Pferd auf. Die Boxentür öffnet sich. Der Reiter kommt herein. Er zieht das völlig angespannte Pferd aus der Boxenecke. Angebunden vor der Box beginnt die Putzprozedur. Kräftige Züge mit einer harten Bürste lassen das Pferd die gebürsteten Stellen krampfhaft zusammenziehen. Dann noch am Kopf, scheu schlägt es mit diesem nach oben.

Ein Stoß mit dem Ellbogen. Es fährt zurück und zerreißt den Strick, wenig verständnisvoll wird es eingefangen. Dann das Satteln: Unsanft wird der Sattel auf den Rücken fallen gelassen. Verkrampft drückt sich der Rücken nach unten durch. Mit aller Kraft wird angegurtet und der Sattel bohrt sich vorne und hinten in den Rücken, weil er nicht gleichmäßig aufliegt. Nun das Trensen: Hart schlägt das zu enge Gebiss einmal gegen die Zähne. Ein Ruck und das Genickstück ist über beide Ohren gezogen.

In der Reitbahn folgt das Aufsitzen. Unruhig tänzelt das Pferd herum, und noch ehe der Reiter im Sattel sitzt, stürmt es auch schon weg. Ein kräftiger Ruck mit den Zügeln soll es davon abhalten. Stattdessen schlägt das Pferd mit dem Kopf nach oben. Schon seit Wochen erhält es wegen seiner vermeintlichen Kernigkeit und Widersetzlichkeit nur noch die halbe Futterration. Die Rippen werden schon sichtbar.

Die Arbeit beginnt. Unelastisch und eher tippelnd trabt das Pferd an. Es scheint nicht richtig auftreten zu wollen. Kräftige Anzüge, auch mit der Kandare, sollen den Hals biegsamer machen. In den Seitengängen erfolgt kräftiger Sporeneinsatz wegen mangelnder Längsbiegung. Das Pferd wirft sich gegen den inneren Schenkel. Ein kräftiger Hieb mit der Gerte folgt sogleich. Es bäumt sich auf. An der Bauchwand wird ein Hämatom sichtbar und der Schaum an den Maulwinkeln verfärbt sich rot.

Endlich hat das Ganze ein Ende; halb ohnmächtig schwankt das Pferd in die Box, es läuft noch eine Stunde danach unruhig im Kreis.

„Fiktion", denken Sie wieder?

Dann ist eines schon einmal sicher: Ihrem Pferd geht es besser als dem obigen, dank Ihnen.

Dieser Fall ist leider keine Fiktion. Er ist tatsächlich passiert. Er lässt einmal mehr deutlich werden, vor allem im Vergleich mit der entsprechenden menschlichen Situation, dass die Leistungsbereitschaft und -fähigkeit des Pferdes von einer ganzen Reihe von Faktoren abhängt, also nicht nur von der Art des Reitens allein.

Wer demzufolge ein Pferd korrigieren möchte und somit dessen Leistungsbereitschaft und -fähigkeit verbessern will, der muss optimale Voraussetzungen für das Pferd schaffen.

Dazu gehörten die Sicherstellung der Gesundheit des Pferdes, eine artgerechte Haltung mit einem entsprechend artgerechten Umgang, eine auf den Bedarf des Pferdes abgestimmte Fütterung, die Verwendung einwandfrei angepasster und angelegter Ausrüstung sowie eine pferdegemäße Pflege.

> Werden Mängel, die in den Bereichen Gesundheitszustand, Haltung und Fütterung, Umgang, Ausrüstung und Pflege auftreten, nicht behoben, so wird auch die beste reiterliche Korrekturarbeit nicht zu befriedigenden Ergebnissen führen.

Eine Korrektur kann nur dann durchschlagenden Erfolg haben, wenn diese Voraussetzungen gegeben sind. Dies liegt daran, dass sich Mängel, die in diesen Bereichen auftreten, negativ auf die Psyche des Pferdes und damit auch auf seine Zwanglosigkeit beim Reiten auswirken. Die Zwanglosigkeit ist aber die Grundlage für das Entstehen der Losgelassenheit. Ohne Losgelassenheit ist es nicht möglich, ein durchlässiges Pferd auszubilden, weil von ihr Rückentätigkeit und Engagement der Hinterhand abhängen, zwei der entscheidenden Kriterien für die Durchlässigkeit.

Es ist daher von größter Bedeutung, dass rund um das Pferd optimale Voraussetzungen und damit bestmögliche Arbeitsbedingungen für das Tier geschaffen werden.

Das gesunde Pferd

gesunde Pferd

So ziemlich jeder weiß aus eigener Erfahrung, wie unangenehm es ist, krank zu sein. Ob es sich um eine Grippe oder nur um eine Verletzung handelt, stets wird man dadurch in seiner Leistungsbereitschaft und -fähigkeit eingeschränkt.

Es lässt sich deshalb gut nachvollziehen, wie es dem Pferd gehen muss, wenn es sich unwohl fühlt oder sogar krank ist. Niemand mag in diesem Zustand gerne seine Arbeit tun.

Als Ursachen für Widerstände eines Pferdes kommen immer auch Erkrankungen in Frage! Dabei muss zwischen psychischen und physischen Erkrankungen unterschieden werden.

Psychische Erkrankungen

Psychische Erkrankungen äußern sich in Verhaltensstörungen wie Aggressionen gegenüber Menschen und anderen Pferden, Apathie, übermäßiger Ängstlichkeit, Boxenlaufen, Koppen, Weben und auch in bewusst ausgeführten Abwehrmaßnahmen wie Steigen, Bocken, Durchgehen und Kopfschlagen, wenn diese aus einer Neurose des Pferdes hervorgegangen sind.

Sie entstehen durch eine nicht artgerechte Haltung und einen nicht pferdegemäßen Umgang. Damit trägt allein der Reiter die Verantwortung für das Aufkommen von Widerständen, die auf eine psychische Erkrankung zurückzuführen sind.

Physische Erkrankungen

Auch an einigen physischen Erkrankungen trägt im Allgemeinen der Reiter die Schuld. Es sind dies die typischen Reitpferdeerkrankungen wie Hufrollenentzündung, Spat, Zerrungen und Stauchungen, entzündliche Prozesse in der Rückenmuskulatur und am Skelett selbst. Mit diesen Erkrankung muss gerechnet werden, wenn ein Pferd nicht zum Schwingen kommt (Hufrollenentzündung), wenn es zu schnell dazu gebracht wird, mit den Hinterbeinen Last aufzunehmen, ohne dass diese dafür vorbereitet worden sind (Spat), wenn ein Pferd weiter gearbeitet wird, obwohl sich erste Anzeichen von Ermüdung einstellen, oder wenn harte Paraden ausgeführt werden (Zerrungen und Stauchungen), wenn das Pferd länger mit zu hoch aufgerichtetem Hals und mit durchgedrücktem Rücken gehen muss (Entzündungen der Rückenmuskulatur, Kissing Spines).

Hufrollenentzündung

„Unter Hufrollenentzündung sind krankhafte Veränderungen in der Hufrolle (Beugesehne, Schleimbeutel, Strahlbein) zu verstehen, die zu Lahmheit führen. Im Laufe der Erkrankung kommt es zu destruktiven Veränderungen am Strahlbein." (Aus: *Pferdekrankheiten im Überblick* von Lloyd S. McKibbin)

Spat

„Spat ist eine Kalkablagerung auf der Innenseite des Sprunggelenks infolge von Arthrose. ... Im frühen Stadium verliert sich die Lahmheit noch, wenn das Pferd sich einläuft." (Aus: *Pferdekrankheiten im Überblick* von Lloyd S. McKibbin)

Bei einem Pferd, das zu einer Belastung seiner Hinterhand angeregt wird, die seine momentane

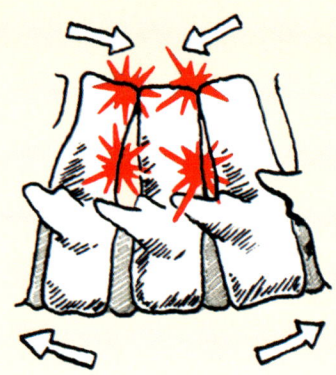

Leistungsfähigkeit übersteigt, konzentriert sich die aufgenommene Last auf die Sprunggelenke. Da den Hinterbeinen durch den Mangel an Beugefähigkeit der Federmechanismus geraubt ist, verschleißen die Sprunggelenke, und es entsteht im Laufe der Zeit eine Arthrose.

Rückenprobleme

Wenn ein Pferd über längere Zeit mit einem durchgedrückten Rücken gehen muss, beginnt sich die verkrampfte Rückenmuskulatur zu entzünden. Bleibt dieser Zustand bestehen, nähern sich allmählich die oberen Enden der Dornfortsätze der Rückenwirbel. Irgendwann werden sie sich berühren, Knochenhautentzündungen entstehen und sie beginnen zu verwachsen. Dies nennt man dann Kissing Spines, „sich berührende Dornfortsätze". Diese Erkrankungen sind meistens auf falsches Reiten zurückzuführen. Es wird zwar diskutiert, dass Hufrollenentzündung und Spat auch erblich bedingt sein können, sie sind aber in den meisten Fällen angeritten. Wenn diese Erkrankungen im frühen Stadium erkannt werden, können zumindest die entzündlichen Prozesse geheilt werden, sodass das Pferd weiterhin schmerzfrei gehen und belastet werden kann, wenn die Reitart entsprechend geändert wird.

Dies alles sind sehr schwerwiegende Erkrankungen, die den geregelten Bewegungsablauf des Pferdes stören. Es leuchtet ein, dass sich ein Pferd den Hilfen zu entziehen versucht, wenn ihm jeder Schritt, der aus ihm herausgetrieben wird, Schmerzen bereitet.

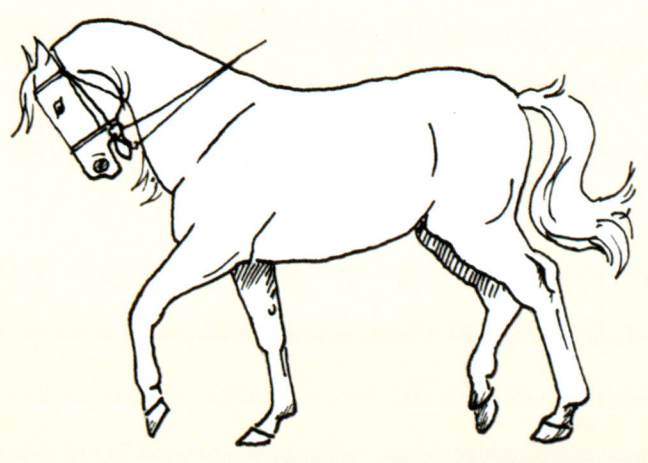

Kissing Spines (a) können die Folge sein, wenn ein Pferd langfristig mit einem durchgedrückten Rücken (b) geritten wird. Eine übermäßige Beizäumung (c), wie sie vielerorts praktiziert wird, kann das Problem des durchgedrückten Rückens nicht lösen, da das zur Rückentätigkeit nötige Engagement der Hinterhand weiterhin unterbunden bleibt.

Es gibt aber auch noch andere teils gleich schwerwiegende, teils weniger dramatische Erkrankungen, die das Pferd veranlassen können, Widerstand zu leisten.

So habe ich ein Pferd erlebt, dass ständig Schwierigkeiten machte, gelöst durchs Genick zu treten. Als es dann auch noch begann, mit den Vorderbeinen bedrohlich einzubrechen, wurde es genauer untersucht. Dabei stellte sich heraus, dass es irgendwann einmal einen Wirbelbruch dicht hinter dem Hinterhauptsbein hatte. Dieser Bruch war zwar geheilt, aber der Wirbelkörper begann, nach innen zu verwachsen. Der Wirbelkörper drohte deshalb, das Rückenmark einzuschnüren (Ataxie). In einem anderen Fall weigerte sich eine Stute, Sprünge ab einer bestimmten Höhe zu springen. Es stellte sich heraus, dass sie entzündete Eierstöcke hatte.

Möchte ein Pferd keine Anlehnung an die Reiterhand nehmen, kann dies beispielsweise mit einer Verletzung der Zunge oder den Schleimhäuten zusammenhängen. Aber auch scharfkantige Zähne können dafür verantwortlich sein.

Selbstverständlich muss eine Erkrankung des Pferdes nicht immer vom Reiter verschuldet sein. Es sei denn, er stellt sein Pferd verschwitzt in Zugluft (Infekt), arbeitet es nach einem Stehtag zu stark (Kreuzverschlag), entwurmt es nicht (Wurmbefall) oder Ähnliches (Kolik wegen zu viel oder verdorbenem Futter).

Kreuzverschlag

„Wird ein Pferd nach einem Ruhetag oder zwei bei vollem Futter plötzlich wieder bewegt, kann es zu einem partiellen Muskelkrampf kommen. Man nimmt an, dass dieser Krampf durch eine anomal hohe Menge Glykogen verursacht wird, das im Muskelgewebe abgelagert ist. Bei der Aufspaltung entsteht das Nebenprodukt Milchsäure. Die Milchsäure sammelt sich in den Muskeln an und verursacht eine Myositis (Muskelentzündung), die sich als partieller Muskelkrampf manifestiert. Eines der Symptome ist die dunkelrote bis schwarze Farbe des Urins."
(Aus: *Pferdekrankheiten im Überblick* von Lloyd S. McKibbin)

Parasitenbefall und -bekämpfung

„Es gibt sehr viele Mittel zur Wurm-(Dassellarven-)Bekämpfung, die aber alle nur auf die im Darmkanal befindlichen Würmer wirken. Die im Körper wandernden Larven werden davon nicht betroffen. Eine einzelne Wurmbehandlung führt nur zu einem Ersatz durch die im Körper befindlichen Larven. Wiederholte Wurmbehandlungen sind deshalb insbesondere bei jungen Pferden von größter Wichtigkeit. ... Um die Verseuchung der Weiden mit Larven so gering wie möglich zu halten, sollen die Pferde vor dem Weideaustrieb zweimal im Abstand von einem Monat entwurmt

worden sein. Auf der Weide sollte der Kot wöchentlich entfernt werden. Das Breitschleppen der Kotplätze ist zu vermeiden, da sonst die ganze Weide verseucht wird. ... Bei Stallhaltung ist durch regelmäßige Kotentfernung die Gefahr der ständigen, erneuten Infektion mit Wurmlarven gering zu halten."
(Aus: *Richtlinien für Reiten und Fahren Bd.4*, FN-Verlag)

Man darf nicht vergessen, dass die Präparate gegen Wurmbefall den Körper des Pferdes belasten. Deshalb sollte sehr sorgfältig geplant werden, wann man sein Pferd entwurmt. Außerdem sollte daran gedacht werden, den Wirkstoff zu wechseln, um Resistenzen der Parasiten vorzubeugen.

Ganz gleich wer nun für die Erkrankung eines Pferdes verantwortlich ist, lässt sich eines ganz gewiss sagen: Sie macht dem Pferd die Arbeit unangenehm oder sogar schmerzhaft. Um sich vor solchen Empfindungen zu schützen, wird das Pferd versuchen, sich zu schonen.

Dies wird der Reiter als Widerstand gegen seine Einwirkungen zu spüren bekommen. Es gibt immer einen Grund für das momentane Verhalten eines Pferdes, und den gilt es herauszufinden. Daher ist es völlig unangebracht, über sein Pferd verärgert zu sein, wenn Widerstände auftreten.

> Widerstände des Pferdes sind stets ein Zeichen dafür, dass etwas nicht stimmt. Kontrollieren Sie deshalb immer auch den Gesundheitszustand Ihres Pferdes, wenn sich Probleme in der Ausbildung zeigen.

Ich möchte Ihnen unbedingt empfehlen, bei Problemen einen Tierarzt hinzuzuziehen.

Gleichzeitig sollten Sie wenigstens so viel über die Gesundheit und Krankheiten von Pferden wissen, dass Sie die Ursachen für die häufigsten Leiden und deren Linderungs- beziehungsweise Heilungsmöglichkeiten kennen.

So ist es Ihnen möglich, erforderlichenfalls Erste-Hilfe-Maßnahmen für Ihr Pferd zu ergreifen, sollte es einmal erkrankt sein. Außerdem versetzt es Sie in die Lage zu erkennen, dass Sie vielleicht eine zweite Meinung eines anderen Tierarztes einholen sollten, wenn man Ihnen zum Beispiel mit einem Hufgeschwür als Grund für eine Hangbeinlahmheit kommt. Bei einem Hufgeschwür wird das Pferd versuchen, den Huf in der Stützphase, also beim Auffußen, zu schonen. Eine Hangbeinlahmheit äußert sich dagegen darin, dass das Pferd einen gestörten Bewegungsablauf beim Vorführen des gesamten Beines zeigt (zögerndes Vorführen, Schleifen der Zehe).

In der Folge sollen nun die wichtigsten Merkmale genannt werden, mit deren Hilfe man den Gesundheitszustand seines Pferdes einschätzen kann.

Diese Merkmale gliedern sich in die Bereiche:

- Stimmung (Gesichtsausdruck, Art von Haltung und Bewegung)
- äußere Erscheinung (Augen, Fell, Schleimhäute, Kot)
- PAT-Werte (Puls, Atmung, Temperatur)
- Futteraufnahme

Außerdem sollte man auch auf die Darmgeräusche achten. Fehlende Darmgeräusche oder solche, die sich anhören, als hätte sich eine riesige Blase im Darm gebildet, sind ein Zeichen für eine Kolik.

Die Stimmung eines gesunden Pferdes zeigt sich in einem grundsätzlich aufgeweckten und interessierten Verhalten, das mit einem entsprechenden Ohrenspiel und Gesichtsausdruck verbunden ist. Ein apathisches Verhalten, aber ebenfalls Unruhe bei angelegten Ohren, ständiges Umsehen nach bestimmten Körperstellen, Schweißausbrüche und heftiges Wälzen verraten, dass sich das Pferd unwohl fühlt oder sogar Schmerzen hat.

Auch eine schlaffe Haltung, mattes Gehen und eine plötzlich einsetzende Triebigkeit zeigen an, dass etwas nicht stimmt. Meistens ist es die Folge eines Infekts. Erkrankungen der Gliedmaßen können ebenfalls die Ursache für zögerliches Gehen sein. Mattigkeit kann auch im Zusammenhang mit Wurmbefall stehen. Außerdem verweise ich in Sachen „Haltung und Bewegung" auf die oben gegebenen Beispiele, bei denen bestimmte Widerstände die Folge von Erkrankungen gewesen sind.

Die äußere Erscheinung des gesunden Pferdes ist gekennzeichnet von klaren Augen, glänzendem Fell und von rosafarbenen Schleimhäuten. Die Beine, alle Sehnen und Gelenke sind klar abgegrenzt und nicht durch Ansammlungen von Gewebswasser aufgequollen. Das gesunde Pferd befindet sich in einem guten Futterzustand und ist in Flanken, Rücken und Hinterhand nicht eingefallen. Ein übel riechender Kot lässt eine Erkrankung vermuten. Nicht zerkleinerte Futterkörner im Kot sprechen für Erkrankungen der Zähne.

Der Puls wird allgemein an der Gesichtsarterie (*Arteria facialis*) gemessen, die sich am Unterkieferrand vor der Ganasche (in der *Incisura vasorum*) befindet. Er kann aber auch an der Innen- und Außenseite des Fesselgelenks im Bereich der Gleichbeine an allen Extremitäten gemessen werden. Verstärkt ist der Puls nach Belastung und bei feinhäutigen Pferden sowie im Falle akuter Entzündungen im Hufbereich, bei Phlegmonen (Entzündungen des Bindegewebes, verursacht durch bestimmte Erreger), bei Zerrungen und Verstauchungen von Gelenken und bei Frakturen. (Alle Angaben nach: Knickel/Wilczek/Jöst: *MemoVet*)

Die Temperatur wird im After gemessen. Es ist darauf zu achten, dass das Thermometer nicht in den Darm hineinrutscht. Am besten hält man es fest. Die Temperatur wird bei erregten oder erhitzten Pferden erhöht sein. Von Fieber als Folge einer Erkrankung spricht man ab einer Temperatur von 38,5 °C. Bei einer Temperatur von 41 °C besteht Lebensgefahr für das Pferd.

Im Weiteren möchte ich Ihnen eine Übersicht über mögliche Erkrankungen, ihre Symptome und das dazugehörige Verhalten des Pferdes geben. Sie entstammt dem Buch *Pferdepraxis* von Peter Rossdale und stellt nur einige Krankheiten und ihre möglichen Ursachen dar. Wenn ein Pferd ein oder mehrere angegebene Symptome zeigt, dann ist die Wahrscheinlichkeit groß, dass es an einer der aufgeführten Erkrankungen leidet.

Es ist aber nicht auszuschließen, dass es auch andere, seltenere Erkrankungen mit den gleichen Symptomen gibt. Ziehen Sie deshalb immer einen Tierarzt hinzu, sollte Ihr Pferd eines der Symptome zeigen.

Verhalten	Charakteristische Symptome	Mögliche Erkrankungen
Mattigkeit	geringe Reaktion auf äußere Reize Absonderung von der Herde Liegen über längere Zeiträume	kolikartige Schmerzen, Fieber Lahmheit (Rehe) schmerzhafte oder akute entzündliche Prozesse
Futteraufnahme	Verweigerung des Futters die auf der Weide gehaltenen Pferde verweigern den Hafer, die im Stall gehaltenen das Grünfutter	Kolik „Verstopfung" Fieber Schlundverstopfung
	Schwierigkeiten beim Kauen kleine Rollen des Futters sind in der Krippe oder auf dem Boden zu finden	kranke Zähne Schleimhautverletzungen in der Mundhöhle oder im Rachen
	Schluckbeschwerden übermäßiger Speichelfluss aus der Mundhöhle	Schlundkopflähmung Tetanus Schlundverstopfung
Erregbarkeit	Unruhe, Scharren, Schlagen mit der Hinterhand gegen den Bauch wiederholtes Aufstehen und Niedergehen, Wälzen, Rückenlage, Schweifschlagen	Kolik Geburt Stechfliegen schmerzhafte Verletzungen
Körperhaltung	Umsehen nach den Flanken	Kolik
	Vorsetzen der Vordergliedmaße	Schmerzen im Huf Hufrollenentzündung
	Vorstrecken des Kopfes Ohren aufrecht gestellt, Schweif leicht angehoben	Tetanus
	wiederholte oder besonders deutliche Stellung wie beim Harnabsatz (bei Hengst oder Wallach)	Blasensteine, Blasenentzündung
Bewegungen	Nicken mit dem Kopf, ungleiche Bewegung mit der Hinterhand	Lahmheit
	unkoordinierte Bewegungen	Nervenschädigung spinale Ataxie
	widerwillige Vorwärtsbewegungen, steifer Hals, Schwierigkeiten beim Aufstehen und Niederlegen	schmerzhafter Prozess (Abszess) am Hals oder Widerrist

Haltung und Fütterung

Was die Evolution mit sich bringt

Rund 50 Millionen Jahre hat es gedauert, bis sich aus dem vierzehigen Eohippus unser heutiges einzehiges Equus, zu Deutsch „Pferd", entwickelte.

Diese Evolution des Pferdes hat ihm drei grundlegende Eigenschaften angedeihen lassen:

- Das Pferd flieht bei Gefahr: Es ist ein Fluchttier.
- Es organisiert sich in Herden: Es ist ein Herdentier.
- Es lebt in der Steppe und ist daher zwecks Futtersuche ständig in Bewegung: Es ist ein Lauftier.

Dies hat einige Konsequenzen.

Der Fluchttrieb des Pferdes ist ein Schutzmechanismus vor Gefahren. Dabei legt das Pferd allein fest, was es als gefährlich einstuft. Oft genügt es schon, wenn dem Pferd eine Situation unbekannt ist, um den Fluchttrieb zu aktivieren. Deshalb ist die Vertrauensbildung vor allem zum Menschen wichtig.

Aus der Tatsache, dass sich das Pferd in freier Natur in Herden organisiert, geht das Bedürfnis des Pferdes nach Sozialkontakten zu anderen Artgenossen hervor.

Sozialkontakte sind für die Gesunderhaltung nötig.

> Das Bedürfnis nach Sozialkontakten stellt ein sehr tief gehendes Bedürfnis dar, das bei unzureichender Befriedigung zu Verhaltensstörungen führt.

Der ursprüngliche Lebensraum der kargen Steppe brachte es mit sich, dass das Pferd weite Strecken zurücklegen musste, um ausreichend Futter und Wasser zu sich nehmen zu können. Es hat sich somit ein ausgeprägtes Bewegungsbedürfnis entwickelt. Dabei steht dieses Bewegungsbedürfnis in direktem Zusammenhang mit einer die meiste Zeit des Tages in Anspruch nehmenden Futtersuche und -aufnahme.

Den Bedürfnissen nach Sozialkontakten, Bewegung und länger andauernder Futteraufnahme müssen die Haltung und Fütterung des Pferdes Rechnung tragen. Tun sie das nicht, sind über kurz oder lang Verhaltensstörungen und körperliche Schwächen zu erwarten, die zu Schwierigkeiten in der Ausbildung des Pferdes führen werden.

Leider ist die Boxenhaltung immer noch eine weit verbreite Haltungsform, obwohl sie den Bedürfnissen des Pferdes nicht gerecht werden kann. Selbst wenn man sich bemüht, die in den Richtlinien angegebenen Empfehlungen zum optimalen Stall einzuhalten, ist sie meiner Meinung nach grundsätzlich abzulehnen.

Nach den Richtlinien für Reiten und Fahren soll der optimale Stall folgende Eigenschaften haben:

Temperatur: ähnlich der Außentemperatur
Luftfeuchtigkeit: 60 bis 80 Prozent
Luftbewegung: ständige Frischluftzufuhr
Lichtbedarf: mindestens 1 Quadratmeter Fensterfläche pro Pferd
Schadgaskonzentration: Einstreu täglich wechseln
Luftraum: 28 bis 40 Kubikmeter pro Pferd
Boxengröße: doppelte Widerristhöhe zum Quadrat
Boxentür: Türhöhe: mindestens 2,50 Meter für Großpferde, 2 Meter für Ponys

Natürlich wird mit diesen Angaben versucht, möglichst optimale Bedingungen für das Pferd zu schaffen. Hat man aber erst einmal ein Korrekturpferd, dann sollte man wenigstens von der reinen Boxenhaltung absehen.

Eine weitaus bessere und empfehlenswerte Haltungsform stellt der Bewegungsstall dar:

„Aspekte zur Fütterungs- und Haltungstechnik von Pferden"

von I. Vervuert und M. Coenen

Die Konsequenzen einer eingeschränkten Bewegung, häufig in Kombination mit einer überhöhten Energieversorgung der Pferde, sind sehr vielfältig und reichen von Störungen des Bewegungs-, Atmungs- und Verdauungsapparates bis hin zu Stereotypien.

(Stereotypien sind Bewegungen, die oft über lange Zeit und immer in der gleichen Weise wiederholt beziehungsweise beibehalten werden, ohne eine der Situation angemessene Sinnhaftigkeit aufzuweisen: Koppen, Weben, Boxenlaufen.)

Statistiken von Versicherungsgesellschaften führen auf, dass Schäden am Bewegungsapparat die häufigste Abgangsursache, gefolgt von Erkrankungen des Atmungs- und des Verdauungsapparates, darstellen (Tabelle 1).

Bei der Interpretation solcher Statistiken muss natürlich die Nutzungsform der Pferde berücksichtigt werden, doch stellt gerade das hoch spezialisierte Sport- und Freizeitpferd einen besonderen Anspruch an eine artgerechte Haltungsform.

Die häufig praktizierte Boxenhaltung mit und ohne Auslauf führt zu gravierenden Problemen, da neben dem Bewegungsmangel auch ein unbefriedigendes Stallklima, ein nicht artgerechtes Fütterungsmanagement sowie ungenügende Sozialkontakte existieren.

Bewegungsmangel

Das Pferd ist als Lauftier an das Zurücklegen großer Strecken adaptiert; unter naturnahen Bedingungen bewegen sich Pferde täglich bis zu 16 Stunden (ZEEB 1984). Vergleicht man die durchschnittliche tägliche Zeitnutzung in Boxen, so verbringen die Pferde bei restriktiver Heufütterung (zirka 3 Kilogramm Heu/Tag) rund 65 Prozent der Zeit mit Stehen, die restliche Zeit wird mit Fressen (15 Prozent) und Liegen (15 Prozent) ausgefüllt (KILEY-WORTHINGTON 1990). Die Risiken eines solchen Bewegungsmangels sind hinlänglich bekannt und umfassen Störungen der Blutzirkulation, Elastizitätsverlust von Sehnen, Bändern und Gelenken sowie eine Abnahme der Knochendichte.

Stallklimatische Mängel

Das Pferd als Lauftier verfügt über einen hoch effizienten Atmungsapparat, der an das Stallklima in geschlossenen Stallungen besondere Ansprüche stellt. Neben den Erkrankungen des Bewegungsapparates zählen die Atemwegs- und Lungenaffektionen zu den wichtigsten Ursachen für die Nutzungseinschränkung beziehungsweise Untauglichkeit von Pferden. Die Gestaltung des

Pferde	Zeitraum	Bewegungsapparat	Atmungsapparat	Verdauungsapparat	Sonstiges
14.944	1950–1959	30	15	13	42
12.395	1956	35	13	12	40
738	1960–1964	41	13	14	32
220	1960–1964	39	10	12	39
1.375	1970–1975	45	19	5	31
6.406	1971–1974	30	17	5	48
1.154	1982	60	22	6	12
8.184	1980–1984	51	16	13	20
2.594	1990–1995	45,3	8,7	9,5	36,5

Tabelle 1: Abgangsursachen (Angaben in Prozent) von Pferden nach Versicherungsstatistiken (LINDNER und OFFENEY 1992, SEIDENSTICKER 1999)

Stallklimas sollte sich an den Leitlinien zur Beurteilung von Pferdehaltungen unter Tierschutzgesichtspunkten orientieren. Häufig werden in Reit- und Rennställen die geforderten Richtwerte nicht eingehalten, beanstandet werden vor allem die gleich bleibenden Temperaturen im Stallinneren, keine bis geringe Frischluftzufuhr sowie hohe Ammoniak- und Keimgehalte in der Luft (zitiert nach FLEEGE 1992).

Fütterungsfehler

Das Pferd ist aufgrund seiner ernährungsphysiologischen Besonderheiten an die kontinuierliche Futteraufnahme kleiner Mengen adaptiert. KRULL (1984) beschreibt für Pferde eine tägliche Grasungsdauer von zwölf bis 15 Stunden. Vergleicht man die Fütterungspraxis in Rennställen, so werden 23 Prozent der Pferde nur zwei Mal täglich gefüttert und immerhin 67 Prozent der Pferde erhalten drei Mal täglich eine Mahlzeit (ZMIJA 1991). Die Aufnahme großer Kraftfuttermengen (mehr als 0,5 Kilogramm pro 100 Kilogramm Körpermasse) stellt ein erhöhtes Risiko

Aktivität im Auslauf nach Stallhaltung in	Gruppe (min.)	Box (min.)	Ständer (min.)
Attraktive Sozialaktivität (zum Beispiel Spielen)	11	41	34
Kohäsive Sozialaktivität (zum Beispiel Hüten)	40	30	18
Repulsive Sozialaktivität (zum Beispiel Angriff)	5	8	13
Stehen	106	93	84
Fortbewegung	14	27	36

Tabelle 2: Gruppenaktivität im Auslauf (Beobachtungszeitraum zwei Stunden) nach Gruppen-, Box- und Ständerhaltung (REHM 1981)

für Koliken sowie Magenüberladungen und Magengeschwüre dar. Ebenso ist die geringe Raufutterzufuhr ein prädisponierender Faktor für Koliken und Indigestionen. Zur Befriedigung des Kaubedürfnisses und zur Schaffung optimaler Gärbedingungen im Dickdarm wird eine Mindestmenge von 0,5 bis 0,8 Kilogramm Heu pro 100 Kilogramm Körpermasse gefordert. Bei der Fütterung von Heu steht aber nicht nur der diätetische Aspekt im Vordergrund, sondern auch die kontinuierliche Beschäftigung der Pferde.

Ungenügende Sozialkontakte

Das Pferd lebt in der Wildnis in dauerhaften, nicht territorialen Familienverbänden, wobei sich unter den Gruppenmitgliedern eine feststehende Rangordnung ausbildet. Das Fehlen von Sozialkontakten steht neben dem Bewegungsmangel und Fütterungsfehlern im Zusammenhang mit dem Auftreten von Stereotypien und abnormalem Verhalten. REHM (1981) stellte fest, dass die soziale Aktivität beim Pferd eine größere Bedeutung hat als die Bewegungsaktivität (Tabelle 2), sodass die Sozialkontakte bei der Haltung von Pferden besonders berücksichtigt werden müssen.

Perspektiven der artgerechten Pferdehaltung: Bewegungsstall

Die Gruppenhaltung im Bewegungsstall stellt eine artgerechte Perspektive in der Pferdehaltung dar (PIOTROWSKI 1992, PIRKELMANN 1993,

ULLSTEIN 2000). Als Grundprinzip des Bewegungsstalles steht die Forderung der langen Wege für das Lauftier Pferd, welches durch die räumliche Trennung der Funktionsbereiche Fütterung, Tränke, Ruhe und Auslauf verwirklicht werden soll, das heißt Bewegungsaktion durch das Aufsuchen der einzelnen Bereiche.

Die Probleme, die im Zusammenhang mit der traditionellen Boxenhaltung in Verbindung stehen, veranlassen die Suche nach Alternativen in der Pferdehaltung. Als artgerechtes Haltungssystem wird der Bewegungsstall mit Trennung der Funktionsbereiche Futteraufnahme, Tränke, Ruhe und Auslauf angesehen. Die allgemeine Etablierung dieses Systems im Bereich der Freizeitpferdehaltung, aber auch bei Hochleistungspferden, scheint eine Frage der Zeit zu sein, da die Grundbedürfnisse Bewegung, kontinuierliche Futteraufnahme und Sozialkontakte für das Pferd in optimaler Weise erfüllt werden und einen wichtige Beitrag zur Gesundheit der Pferde liefert, welches eine Grundvoraussetzung für die Nutzung des Pferdes als Hobby-, Sport-, Zucht oder Arbeitspferd bildet.

Dieser letzten Aussage ist der folgende Hinweis hinzuzufügen:

Die Meinung, dass Sportpferde, die Weidegang haben, bei der reiterlichen Arbeit schlaff würden, entbehrt jeder vernünftigen Grundlage, wenn man sich einmal überlegt, dass ein Sportler außerhalb seiner Trainingszeiten auch nicht in eine Kiste gesperrt wird. Jede natürliche Bewegung hilft, die Sportlichkeit zu erhalten.

Abschließend muss noch etwas zur Aufbewahrung des Mischfutters und zur Wasserversorgung des Pferdes gesagt werden.

Grundsätzlich ist dafür Sorge zu tragen, dass das Mischfutter abgedeckt wird. So habe ich es erlebt, dass sich kleine Steine im Futter befanden. Zwar ist es richtig, dass Pferde in der Lage sind, kleine Steine auszusortieren, es ist aber vorgekommen, dass sich ein Pferd wegen eines Steines ein Stück eines Backenzahnes abgebrochen hat. Da diesem Pferd ungequetschte Gerste gefüttert wurde, die aus relativ großen und harten Körnern bestand, hatte es wohl nicht erwartet, einen Stein dazwischen zu haben. Auch habe ich den Fall erlebt, dass sich Katzenkot im Futter befand. Dass dies alles andere als hygienisch und gesund für das Pferd ist, versteht sich von selbst. Aber es muss erwähnt werden, damit klar wird, warum es wichtig ist, das Futter abzudecken.

Ein letztes kritisches Wort zur Wasserversorgung: Ein Pferd benötigt an einem Tag zwischen 5 und 12 Liter Wasser pro 100 Kilogramm Körpermasse. Es ist daher als Tierquälerei zu betrachten, wenn jungen Pferden das Wasser verweigert wird, um sie zu schwächen, damit sie bei der Arbeit ihren Reiter nicht mehr abwerfen. Eine Unterversorgung mit Wasser erhöht die Gefahr von Koliken erheblich.

Nicht weniger gefährlich ist es, wenn den Pferden wegen eingefrorener Tränken über Nacht kein Wasser gereicht wird. Das Problem mit dem Einfrieren der Selbsttränken lässt sich durch beheizbare Tränken lösen.

Sollten Sie feststellen, dass Ihr Pferd bei einem Beritt oder während der Ausbildung durch einen Bereiter solchen Gefahren absichtlich ausgesetzt wird, dann holen Sie es sofort zurück und schützen Sie es damit vor unsinnigen Verfahrensweisen.

Die Pflege des Pferdes

In ziemlich jedem Buch über Reitabzeichen und auch in den Richtlinien für Reiten und Fahren ist über die Pflege des Pferdes geschrieben worden. Man erfährt, mit welchen Putzgegenständen an welchen Stellen geputzt wird und wie geputzt wird; auch über das Einfetten und Teeren der Hufe wird geschrieben und über vieles andere mehr.

Dabei bleibt eines in den meisten Fällen unerwähnt, nämlich was das Pferd unter der Pflege seines Körpers versteht. Viele von Ihnen haben es sicher schon erlebt: Kaum hat man sein Pferd geputzt, schon wälzt es sich im nächsten Sandloch und fühlt sich pudelwohl. Beobachtet man frei lebende Pferde, dann zeigt sich, dass sie eine ganz andere Auffassung davon haben, wie sie gepflegt werden wollen.

> Jedes Pferd sollte ausreichend Gelegenheit erhalten, seine natürliche Vorstellung von Sauberkeit ausleben zu dürfen, auch wenn der Reiter danach eine Menge Arbeit vor sich hat. Sein Pferd wird es ihm danken.

Pferde würden sich in der freien Wildbahn niemals mit Fellglanz einsprühen, sich ständig mit einer Decke vor Schmutz schützen, einen großen Bogen um jedes herrlich weiche und schmutzige Sandloch machen oder ihre Hufe mit Fett oder schlimmer noch mit Teer einpinseln.

Ganz im Gegenteil. Die Natur hat ganz eigene Pflegevorgänge entwickelt, die scheinbar im Widerspruch zu unserer menschlichen Auffassung von Sauberkeit stehen. Für das Pferd sind sie aber normal, und es steht außer Frage, dass jede unnatürliche

Behandlung über kurz oder lang zu einem Verlust des Wohlbefindens führt.

Das heißt nicht, dass sich das Putzen im konventionellen Sinn erübrigt. Da wir das Pferd durch den Reitgebrauch einer Belastung aussetzen, die von der Natur nicht vorgesehen war, müssen wir dafür Sorge tragen, dass das Pferd keinen Schaden davonträgt. Dazu gehört selbstverständlich auch das Putzen. Denn nur so kann garantiert werden, dass keine Druck- oder Scheuerstellen entstehen. Dass das ganze Pferd, und nicht nur Sattellage und Kopf, geputzt werden muss, ist ebenso selbstverständlich, weil es zur Pflege der Reitkultur gehört. Aber nicht nur deshalb ist der Putzvorgang von Bedeutung: Durch das Putzen findet der Reiter einen zusätzlichen Zugang zur Psyche seines Pferdes. Die Beschäftigung mit dem Pferd fördert das gegenseitige Vertrauen.

Das Putzen

Das Putzen ist nicht nur ein Reinigungsvorgang, der zur Vermeidung von Scheuerstellen und der Ästhetik wegen vollzogen werden muss, sondern es gibt dem Reiter auch die Möglichkeit, das Wohlbefinden des Pferdes durch die Massage zu steigern und somit sein Vertrauen zu gewinnen. Das Putzen fördert damit die gesunde Beziehung zwischen Pferd und Mensch. Dies ist natürlich nur dann der Fall, wenn mit dem Pferd ruhig und freundlich umgegangen wird und wenn das Putzen selbst in weichen Bewegungen erfolgt. Von einem schnellen Wurzelbürsten-Putzen ist deshalb grundsätzlich abzuraten. Weil dem Putzen eine so hohe Bedeutung bezüglich sozialer Beziehungen zwischen Pferd und Mensch zukommt, sollte man sich dafür etwas mehr Zeit nehmen.

> Das richtig ausgeführte Putzen trägt zur psychischen Entspannung des Pferdes bei und darf insbesondere bei einem Korrekturpferd nicht unterschätzt werden, wenn es um die Sicherung der Zwanglosigkeit beim Reiten geht.

Wenn sich ein Pferd beim Putzen unruhig verhält, sich unnatürlich anspannt oder sich sogar gegen das Putzen durch Kopfschlagen und Beißen wehrt, dann kann die Ursache darin liegen, dass man an eine empfindliche Stelle geraten ist, dass man mit groben Bewegungen geputzt oder dass man das falsche Putzzeug verwendet hat. So ist die Wurzelbürste nur für das Putzen des unteren Beinbereiches, der Striegel nur zum Aufrauen des Fells an bemuskelten Stellen gedacht. Außerdem sollte zum Glätten des mit dem Striegel aufgerauten Fells eine weiche Kardätsche verwendet werden. Besonders bei empfindlichen Pferden ist auf weiche Putzbewegungen zu achten.

Die Verwendung von bestimmten synthetischen Borsten bei Bürsten kann besonders im Sommer zu elektrostatischer Aufladung führen. Vor einer eintretenden Entladung kann sich das Pferd sehr erschrecken. Daher sollte entweder solches Borstenmaterial gemieden werden oder die andere Hand während des Bürstens am Pferd bleiben, damit erst gar keine elektrostatische Aufladung zwischen Pferd und Mensch auftreten kann.

Es gibt Pferde, die sich gegen das Putzen im hinteren Bauchbereich bis hoch zu den Flanken wehren. In einem mir bekannten Fall war der Bauch des Pferdes durch übermäßige Raufuttergaben stark gespannt. Das Abwehrverhalten verschwand, sobald sich das Pferd vor dem Putzen bewegte. Mit der Reduzierung der Heugaben ging später dieser Heubauch zurück und mit ihm die Empfindlichkeit beim Putzen.

Die Hufpflege

Das alte englische Sprichwort hat Recht, wenn es sagt: „No hoof, no horse." Schließlich droht ein Haus, das auf einem wackligen Fundament steht, früher oder später einzustürzen. Für das Pferd sind die Hufe das Fundament. Wacklig wird das Fundament, wenn es falsch gepflegt wird. Zur Pflege des Fundaments zählt im Allgemeinen die tägliche Reinigung der Hufe mittels Hufkratzer, Wurzelbürste und Wasser, das Einfetten der Hufwand und das Einpinseln der Hufsohle mit Hufteer sowie die Hufzubereitung und eventuell der Beschlag durch einen Schmied. Diese Pflege soll der erhöhten Belastung Rechnung tragen, der die Hufe durch den Reitgebrauch ausgesetzt sind, und sie soll sicherstellen, dass die Bewegungen des Pferdes störungsfrei ablaufen können.

Allerdings ist es fraglich, ob diese Art der Pflege in jedem Punkt der natürlichen Hufpflege gerecht

wird, welche die Hufe eines wild lebenden Pferdes erhalten, wenn es sich rund um die Uhr auf mehr oder weniger verschieden harten und verschieden feuchten Böden bewegt. So werden die Hufe eines wild lebenden Pferdes weder gefettet oder geteert noch beschlagen. Die Natur hat den Huf so konstruiert, dass er den natürlichen Umweltbedingungen und den Belastungen in den verschiedenen Gangarten standhalten kann.

Es ist sicherlich richtig, dass das domestizierte Pferd anders gehalten wird und dass deshalb andere Umweltbedingungen für den Huf entstehen, auf die die Pflege der Hufe abgestimmt sein muss, damit die Hufe ihre Belastbarkeit möglichst behalten. Aber was sind das für andere Umweltbedingungen? Viele Pferde werden in der Box gehalten. Sie leben genau genommen in einem Wohnklo. Die Folge ist, dass die Hufe tagtäglich im Mist stehen. Die ammoniakhaltigen Dämpfe sowie die Keime im Mist greifen das Hufhorn an. Es beginnt zu faulen und wird spröde. Auch ein tägliches Fetten und wöchentliches Teeren können daran nichts ändern; vor allem wenn man bedenkt, dass Dunkelheit, Fett und Wärme gute Lebensbedingungen für Keime sind.

Es wird versucht, die natürliche Belastbarkeit des Hufes unter unnatürlichen Umweltbedingungen mit unnatürlichen Mitteln zu erhalten. Das ist vergleichbar mit der Situation, in der ein Mensch seine Beschwerden, die durch eine falsche Ernährung entstanden sind, mit Hilfe von Medikamenten bekämpft. Was er erreicht, ist nur eine symptomatische Behandlung der Beschwerden. Über kurz oder lang wird der Körper trotzdem ernsthaft erkranken. Das Problem kann nur dadurch gelöst werden, dass er die Ursache für die Beschwerden, also die falsche Ernährung, abstellt.

Richtige Hufpflege heißt also für natürliche Umweltbedingungen zu sorgen. Das bedeutet:
- keine Boxenhaltung
- kein Fetten oder Teeren
- möglichst kein Beschlagen
- genügend Auslauf auf verschiedenen harten und unterschiedlich feuchten Böden

Durch den Auslauf wird der Hufmechanismus angeregt und somit die Durchblutung sowie das Wachstum des Hufs gefördert. Außerdem kann die natürliche Feuchtigkeitsregulierung stattfinden, die die Festigkeit und gleichzeitig die Elastizität des Hufhorns sicherstellt.

Grundsätzlich sollte es langfristig möglich sein, jedes Pferd unbeschlagen gehen zu lassen. Natürlich muss die Umstellung von einem Beschlag auf das erstrebenswerte Barfußgehen mit der nötigen Vorsicht durchgeführt werden.

Ein Beschlagen der Hufe hat zur Folge, dass der Hufmechanismus stark eingeschränkt wird. Dadurch verschlechtert sich die Durchblutung und damit das Wachstum der Hufe. Der Organismus reagiert auf den Beschlag mit einer Verringerung der Horndicke und Hornqualität.

Das kann so weit gehen, dass die Nägel nicht mehr halten, weil das Horn weich wie Pappe geworden ist. In diesem Fall ist die Umstellung auf das Barfußgehen das einzig wirksame Mittel zur Heilung. Die Umstellung darf natürlich nicht von heute auf morgen erfolgen. Würde dies geschehen, so wären die Hufe binnen weniger Tage zu kurz und das Pferd ginge lahm.

Um die Hornwände der Hufe vor weiteren Zerstörungen durch das Nageln zu schützen, bleibt nur der alternative Hufschutz wie zum Beispiel Klebeeisen. Sie müssen so lange verwendet werden, bis die Hufe lang genug sind, um das Pferd erstmalig barfuß gehen zu lassen, ohne befürchten zu müssen, dass die Hufe innerhalb weniger Tage zu kurz werden. Es kann in der ersten Zeit des Barfußgehens vorkommen, dass sich die Hufe infolge der Belastungen durch das Reiten zu stark abnutzen. Dann muss man zwischenzeitlich wieder auf die Klebeeisen zurückgreifen. Das Zurückgreifen auf Klebeeisen kann man herauszögern oder sogar verhindern, indem man für längere Ritte oder Ausritte auf harten Böden verschnallbare Hufschuhe verwendet. Sie unterbinden einen übermäßigen Abrieb der Hufe.

Je nachdem, von welcher Horndicke und Hornqualität die Umstellung ausgeht, kann sie sich etwa über einen Zeitraum von zwei bis vier Jahren erstrecken. In dieser Zeit sollte das Hufwachstum durch die Gabe von Biotin unterstützt werden. Kurzfristig verabreicht hilft das Biotin nicht. Der Körper reagiert erst dann mit einem deutlich verbesserten Hufwachstum, wenn der „Biotinspiegel" lange genug erhöht bleibt.

> Im Allgemeinen erholen sich die Hufe durch das Barfußgehen mit der Zeit so weit, dass man auf die Klebeeisen oder die verschnallbaren Hufschuhe verzichten kann. Leider gilt das nur im Allgemeinen und es gibt Fälle, in denen man auf einen Hufschutz zumindest für längere Ausritte auf harten Böden angewiesen bleibt.

Selbstverständlich gibt es auch eine Vielzahl von Pferden, deren Horndicke und Hornqualität trotz dauerhaften Beschlagens ausreicht, um sie bei genügender Länge der Hufe ohne Komplikationen barfuß gehen zu lassen. Bei ihnen stellt sich die Frage, weshalb es nötig sein sollte, sie umzustellen. Schließlich haben ihre Hufe durch den Beschlag bisher keinen Schaden genommen.

Tatsache bleibt aber auch bei ihnen, dass die Hufeisen den Hufmechanismus einschränken. Dadurch verringert sich nicht nur die Durchblutung des Hufs, sondern auch die Stoßdämpfung der ganzen darüber befindlichen Gliedmaße. Der Hufmechanismus besteht darin, dass sich ein Huf im Ballenbereich ausdehnt, wenn er in der Stützphase belastet wird, und dass er sich wieder zusammenzieht, wenn er unbelastet vorgeführt wird. Der Huf federt also.

Der Organismus des Pferdes hat Federmechanismen geschaffen, um eine möglichst energiesparende Fortbewegung zu ermöglichen und um die Belastungen, die im Innern des Körpers entstehen, zu minimieren. Fallen Federmechanismen aus, ist ein höherer Verschleiß die Folge, der sich im Hufbereich besonders über die Hufrolle erstreckt.

Mit diesem Federmechanismus ist außerdem der Umstand verbunden, dass die Hufkapsel nach dem Auffußen des Hufs für eine bestimmte Zeit mit einer bestimmten Frequenz weiterschwingt. Bei einem beschlagenen Pferd (genagelte Eisen) liegen diese Schwingungen zum Beispiel im Trab etwa um das Fünffache höher als bei einem unbeschlagenen Pferd. Für derartige dauerhafte Belastungen ist der Huf nicht ausgelegt. Dies ist einer der Gründe, weshalb viele Pferde einen unreinen Gang zeigen.

Unter diesen Gesichtspunkten ist es zu befürworten, jedes Pferd barfuß gehen zu lassen. Es muss aber stets verständig abgewogen werden, inwieweit eine Umstellung auf das Barfußgehen unter den gegebenen Umständen realisierbar ist. Beraten Sie sich deshalb mit Ihrem Hufschmied oder Hufpfleger, um sich für ein sinnvolles Vorgehen zu entscheiden, mit dem Sie Ihrem Pferd hinsichtlich der Hufpflege am besten gerecht werden.

Hufstellung, Hufform und Hufschutz

Die Hufstellung hat Einfluss darauf, wie das Pferd seine Hufe vorführt und aufsetzt. Sie entscheidet außerdem darüber, ob das Pferd die Haltung und Bewegung seines Körpers mit möglichst geringem Kraftaufwand aufrechterhalten kann. Stehen die Hufe zu flach, dann muss das Pferd zusätzliche Kräfte aufbringen beziehungsweise zusätzlichen Belastungen standhalten, um im Gleichgewicht stehen oder gehen zu können. Würde es beispielsweise im Halten der Richtung der flachen Hufe folgen, müsste es sich

zurücklehnen. Sind die Hufe zu steil gestellt, bringen sie das Pferd nach vorne aus dem Gleichgewicht. Da das Pferd zusätzliche Kräfte aufbringen
und erhöhte Belastungen aushalten muss, um bei
fehlerhaft gestellten Hufen im Gleichgewicht zu
bleiben, entwickelt sich eine falsche Muskulatur,
die ein Durchkommen mit reiterlichen Hilfen
erschwert.

Damit hat die Hufstellung entscheidenden Einfluss auf den Ablauf der Bewegungen des Pferdes.
Ein störungsfreier Bewegungsablauf ist nur bei korrekter Hufstellung möglich. Diese korrekte Hufstellung sieht im Allgemeinen folgendermaßen aus:

Alle Hufe fußen plan auf. Es finden keine Verdre-
hungen in den Gelenken statt. Hat ein Pferd natürliche Fehlstellungen, so ist zu berücksichtigen, dass
man sie vor allem bei älteren Pferden kaum völlig
korrigieren kann. Deshalb wird man bei diesen nicht
verlangen können, dass sie plan auffußen. Auf keinen Fall dürfen die Fehlstellungen durch die Hufbe-
arbeitung zunehmen.

Von vorn betrachtet liegen die Mittellinien von
Vorderröhre, Fesselkopf, Fesselbein und Hufkapsel
auf einer Geraden, die senkrecht zum Boden steht.

Die Hufwinkelung muss von der Seite gesehen bei
allen vier Hufen so gehalten sein, dass eine gedachte
Linie durch die Mitte des Fesselkopfes, des Fessel-,
Kron- und Hufbeins parallel zur vorderen Hufwand
verläuft.

Die Vorderhufe sollten eine kreisrunde Form
haben, die Hinterhufe eine mehr ovale. Durch diese
runden Formen findet eine gleichmäßige Verteilung
der auf einen Huf wirkenden Kräfte statt, sodass keine
Risse oder Spalten entstehen.

Biegen sich die Hufwände bei barfuß gehenden
Pferden nach außen, so sind diese Beulen mit einer
Hufraspel durch Berunden des Tragrandes nach
Anleitung des Huforthopäden oder Schmiedes im
Zaum zu halten.

Wuchernde Eckstreben, die einen doppelten Boden
zu bilden drohen, sollten zurückgeschnitten werden,
damit keine Druckstellen entstehen.

Kürzen darf man den Huf des barfuß gehenden
Pferdes, wenn seine Länge zu stark zunimmt. Ansonsten führt das häufig durchgeführte Kürzen des Bar-

Die Hufwinkelung von der Seite gesehen

fußhufes, so wie es bei einem unter Beschlag stehenden Pferd vorgenommen wird, zu Druckempfindlichkeit oder sogar zur Lahmheit.

Sollte man gezwungen sein, einen Hufschutz zu verwenden, dann
ist darauf zu achten, dass bei Beschlägen die Nieten der Nägel möglichst in einer Linie etwa 2 bis 3 Zentimeter über dem Tragrand plat-
ziert sind. Die Verwendung von nur drei Nägeln auf jeder Seite eines
Eisens ist zu empfehlen, um den Hufmechanismus nicht unnötig zu
behindern. Die Nägel müssen natürlich durch die vorderen Löcher
des Eisens genagelt werden.

> Für jede Art des Hufschutzes gilt, dass er den zubereiteten
> Hufen angepasst werden muss.

Bei Klebeeisen werden Schablonen der zubereiteten Hufe ange-
fertigt, nach der die Eisen ihre Formen erhalten. Ein großer Fehler
ist es, wenn der Hufschutz zu eng gearbeitet ist. Dadurch wird der
Huf eingezwängt und der Hufmechanismus verringert sich umso
mehr. Ebenso fehlerhaft ist es, den Hufschutz nach hinten zu lang zu
bemessen. Einen zu weit nach hinten herausstehenden Hufschutz an
den Vorderhufen tritt sich ein Pferd leicht ab. Daher sollten die beiden hinteren Enden des Hufschutzes nicht über die Hälfte der Strecke
hinausragen, die zwischen dem hinteren Ende des Tragrandes und
dem Lot aus den Trachten liegt.

Grundsätzlich ist auch bei der Verwendung herkömmlicher Eisen
ein Kaltbeschlag zu empfehlen. Es ist nicht auszuschließen, dass das
Aufbrennen der Eisen zu einer Verschlechterung der Hornqualität
führt, vor allem wenn die Eisen lange aufgebrannt werden.

Der Umgang mit dem Pferd

Der Umgang mit dem Pferd

Auch das Pferd hat eine Meinung

Das Pferd besitzt, genau wie der Mensch, die Eigenschaft, seine gesamte Umwelt zu erfassen und zu bewerten. Aus dieser Wahrnehmung und Bewertung leitet es eine sein Überleben sichernde Verhaltensweise ab, die mit seinen Naturtrieben, Erfahrungen und momentanen Empfindungen konform geht. Es sind also im Wesentlichen von Trieben und von Empfindungen getragene Bewertungen, die aber für das Verhalten des Pferdes entscheidend sind. Es unterscheidet dabei hauptsächlich zwischen unangenehm und angenehm. Unangenehmes meidet es oder flieht davor, zum Angenehmen wird es hingezogen.

> Der Reiter muss akzeptieren, dass auch das Pferd eine Meinung beziehungsweise eine gefühlsgetragene Einstellung ihm und seiner Arbeit gegenüber hat. Diese Einstellung entscheidet mit über das Ge- oder Misslingen einer angestrebten Leistung.

Ein Pferd wird nie kooperativ sein und nie zur Gänze die Anforderungen des Menschen erfüllen, wenn es ihn als etwas ansieht, vor dem es fliehen muss, weil sich dieser zu etwas gemacht hat, was das Pferd als unangenehm oder sogar bedrohlich einstuft.

Beobachtet man eine Herde, so bestehen ihre Tätigkeiten im Wandern, Grasen, Ruhen, Wachen, im Herstellen von Rangordnungen, in der Ausübung von Sozialkontakten und in der Fortpflanzung. Das geschieht in völliger Ruhe, scheinbar fernab von allem anderen Treiben. Diese Ruhe wird nur bei Gefahr unterbrochen. Sobald die Gefahr gebannt ist, wird wieder zu ihr zurückgekehrt. Das Pferd ist von ruhigem und gutmütigem, aber auch temperamentvollem Charakter. Das Temperament macht es zu einem leistungsstarken Bewegungskünstler und die gutmütige

Ruhe sowie seine Eigenschaft, Rangordnungen festzulegen, gestatten dem Menschen, es zu reiten.

Ein Pferd ähnelt einem Kind, das friedlich, aber geschäftig seiner Sache nachgeht und das man einige Zeit für die Sache eines anderen begeistern kann. Solange sich das Kind für diese andere Sache interessiert, wird es sie genauso geschäftig verfolgen wie die seine vorher. Es ist so, als rufe ein Spielgefährte von einem Hügel mit voller Begeisterung dem spielenden Kind zu: „Komm schnell herauf und sieh dir das an!" Das Kind wendet sich voll Neugierde und Interesse von seiner Sache ab, um den Hügel hinaufzuklettern, den sein Spielgefährte bereits erklommen hat. Hat das Kind gesehen, was es zu sehen gab, so klettert es hinab, um wieder seiner eigenen Sache nachzugehen.

Genauso sollte es für das Pferd sein, wenn es von seinem Reiter gearbeitet wird. Sicher kann man dem Pferd nicht so ohne weiteres die Arbeit durch einen Zuruf auferlegen, denn das Kind folgt dem Zuruf ja auch nur aus Neugierde, vielleicht sogar Interesse. Natürlich verhält sich das beim Pferd nicht ganz so, schließlich soll es jeden Tag vielen Zurufen von uns folgen. Es ist sehr unwahrscheinlich, dass das Pferd die ganze Zeit aus Neugierde folgen wird, vor allem nicht, weil wir zum Teil recht Anstrengendes von ihm verlangen und sich außerdem viele Dinge wiederholen. Daher wird der Gehorsam des Pferdes ein anderer sein als der des Kindes gegenüber dem Zuruf seines Kameraden. Eines jedoch ist bei beiden gleich: die innere ausgeglichene Einstellung, aus der heraus sie eine andere Sache als die eigene tun.

Fluchttrieb als Schutzmechanismus

Um sein Leben vor Angriffen von Raubtieren zu schützen, entwickelte das Pferd im Laufe seiner Evolution einen ausgeprägten Fluchttrieb. Dieser Fluchttrieb beinhaltet auch die Scheu vor Unbekanntem und Ungewohntem. Deshalb neigt das Pferd dazu, vor Gegenständen, Situationen und Menschen zu fliehen, wenn es diese als bedrohlich einstuft oder nicht kennt.

Diesem Fluchttrieb tragen der Gehör- und Gesichtssinn Rechnung. Das Gehör des Pferdes vermag Töne wahrzunehmen, die in einem Frequenzbereich oberhalb dessen des Menschen liegen. Es kann also höhere Tone hören als wir. Außerdem ist es in der Lage, leisere Geräusche zu hören als wir. Dies liegt an der Trichterform der Ohren und an ihrer Beweglichkeit. Bei-

Das Sichtfeld des Pferdes mit der blinden Zone direkt vor dem Kopf, die bis zu 1,80 Meter vor das Pferd reichen kann, und mit der blinden Zone hinter ihm

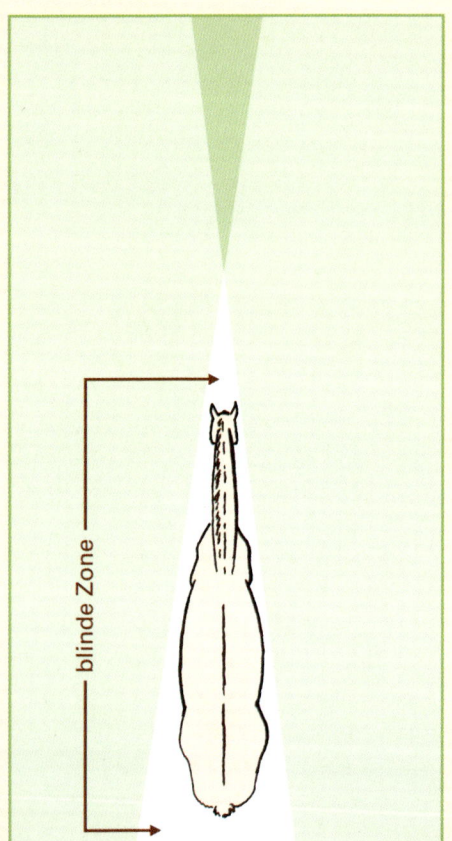

blinde Zone

des erlaubt es dem Pferd, die Ohren auf die Richtung der Geräuschquelle auszurichten und die Schallwellen sozusagen zu sammeln.

Durch die mehr seitliche Anordnung der Augen erreicht das Pferd fast einen Rundumblick. Jedoch befindet sich direkt vor seinem Kopf und direkt hinter ihm eine blinde Zone.

Nähert sich eine Person direkt von vorne, wird das Pferd geneigt sein, seinen Kopf zu drehen oder zurückzugehen, um die Person wieder in sein Sichtfeld zu bekommen. Eine Annäherung von hinten im Bereich der blinden Zone kann das Pferd derart erschrecken, dass es ausschlägt. Allgemein reagiert das Pferdeauge sehr empfindlich auf Bewegungen.

> Von PFUNGST wurde 1907 im Falle des Pferdes „Kluger Hans", das angeblich rechnen und buchstabieren konnte, nachgewiesen, dass Pferde Bewegungen in einem Rahmen von nur einem fünftel Millimeter wahrnehmen können, also in einem Bereich, in dem wir das nicht mehr können.

Die Sehschärfe ist im mittleren Bereich der Netzhaut am größten. Erregt etwas die Aufmerksamkeit des Pferdes, so wird es versuchen, seine Augen in eine Position zu bringen, die ihm ein Sehen mit größter Schärfe erlaubt. Außerdem sehen Pferde in der Bewegung weniger scharf als im Stehen. So kann es dazu kommen, dass vor allem junge Pferde stehen bleiben, ihren Hals hoch aufrichten und den Kopf schräg halten, um besser sehen zu können.

Wegen all dieser Tatsachen sollte man über das Scheuen an sich und über das typische Verhalten beim Scheuen nicht verärgert sein, sondern berücksichtigen, dass das Pferd anders sieht und hört als der Mensch.

> Da das Sichtfeld des Pferdes nach oben eingeschränkt ist, muss das enge Einstellen des Pferdes vor einem Sprung unterlassen werden. Die Gefahr, dass es diesen nicht richtig einschätzt, wäre zu hoch.

Beim Springen braucht das Pferd deshalb nicht im dressurmäßigen Sinne am Zügel zu gehen. Es muss nur im Genick durchlässig für die Zügeleinwirkungen bleiben. Ferner sollte dem Reiter bewusst sein, dass die Pferde einen Sprung wegen der blinden Zone zu einem nicht unerheblichen Teil aus dem Gedächtnis springen müssen. Werden sie kurz vorher abgelenkt, kann es passieren, dass sie vergessen, wie sie eigentlich taxieren müssen.

Die Natur hat das Pferd außer mit dem Fluchttrieb auch mit einer gewissen Neugierde ausgestattet. Diese gibt dem Pferd den Mut, Ungewohntes in seiner Umwelt doch zu erkunden. Jedoch nur dann,

Heranführen des Pferdes an eine ungewohnte Situation

Tritt dann das erste Mal etwas Ungewohntes mit dem Menschen gleichzeitig auf, dann muss dem Pferd Gelegenheit gegeben werden, die Ungefährlichkeit der Sache zu erkennen und sie durch eine Belohnung sogar angenehm zu gestalten.

Dieser letzte Eindruck wird dem Pferd in Erinnerung bleiben. Je öfter sich dieser Vorgang mit neuem Unbekannten wiederholt, umso mehr neigt das Pferd dann aus Gewohnheit dazu, alles Ungewohnte, das mit dem Menschen gleichzeitig auftritt, als wesentlich weniger gefährlich einzustufen, denn es weiß aus Erfahrung, dass alles Ungewohnte im Zusammenhang mit dem Menschen angenehm wird. Seine natürliche Scheu wird abnehmen, jedoch nur wenn das Ungewohnte mit dem Menschen gleichzeitig in Erscheinung tritt. Dieses Abnehmen der natürlichen Scheu in genau dieser Situation kann mit dem beschrieben werden, was der Mensch allgemein als „Vertrauensbildung" bezeichnet. Denn das Pferd hängt sich regelrecht an den Menschen. Genau diese Art von Anhänglichkeit ist entscheidend für die Reitausbildung, weil das Pferd dann eher bereit ist, dem Reiter die Entscheidung zu überlassen, ob es nun gehen, stehen, ruhig bleiben oder etwas anderes tun soll.

Rangordnungsprinzip ausnutzen

Die vollständige Gehorsammachung von Pferden wird erst durch die Ausnutzung ihrer Eigenschaft möglich, sich in einer Herde zu organisieren. Diese Organisation sieht Rangordnungen der Pferde untereinander vor. Hat ein Pferd ein anderes als ranghöher anerkannt, so lässt es diesem den Vortritt. Ist dieses ranghöhere Pferd auch noch das Leittier, so orientieren sich auch alle anderen Pferde an ihm; wenn das Leittier erschrickt und flieht, fliehen alle; wenn es ruhig bleibt, bleiben es auch die anderen; wenn es eine Futterstelle in Anspruch nimmt, weichen die anderen. Um es aus menschlicher Sicht zu beschreiben, hieße das, dass alle Pferde einen gewissen Respekt vor dem Leittier haben, ohne sich aber vor ihm zu fürchten, wie sie es bei einem Raub-

wenn sich das Pferd von dem Ungewohnten nicht in die Enge getrieben fühlt. Hat einmal eine solche Erkundung stattgefunden, mit dem Ergebnis, dass das Pferd das Ungewohnte als ungefährlich eingestuft hat, dann braucht dieses anfangs Ungewohnte nur regelmäßig wieder auftreten und das Pferd betrachtet es allmählich als normal. Es hat sich dann an das Ungewohnte gewöhnt.

Passiert es bei dem Erkundungsprozess, dass der Fluchttrieb geweckt wird, so wird das Pferd sofort fliehen und ein weiteres Mal in seiner Scheu vor Ungewohntem bestärkt werden. Stellt es aber bei dem Erkundungsprozess außer der Ungefährlichkeit der Sache auch noch fest, dass die Sache mit angenehmen Empfindungen verbunden ist, dann wird es sich in Zukunft dorthin gezogen fühlen und das umso mehr, je öfter ihm Angenehmes im Zusammenhang mit dieser Sache widerfährt.

> Das Pferd ist in der Lage, zwischen unangenehm und angenehm zu unterscheiden und diese Empfindungen in Verbindung mit gewissen Gegenständen, Situationen und Menschen zu bringen.

Die Lernfähigkeit des Pferdes geht aber noch weiter. So begreift das Pferd, dass etwas Ungewohntes, das immer mit dem Menschen gleichzeitig auftritt, zumindest nicht als sonderlich gefährlich eingestuft zu werden braucht. Der dazu nötige Lernprozess sieht folgendermaßen aus: Zuerst muss sich das Pferd an den Menschen und an das Führen gewöhnt haben. Gleichzeitig sollte es den Menschen als angenehm in Erinnerung haben, sodass es sich zu ihm hingezogen fühlt.

tier täten. Man kann daher von einer Art Vertrauen in das Leittier und von einer Art Gehorsam gegenüber dem Leittier sprechen, auch wenn dieser Gehorsam nur der eigenen Sicherheit dient.

Die Vertrauensbildung erfolgt in der Herde grundsätzlich nach den gleichen Prinzipien, wie sie im Abschnitt „Fluchttrieb als Schutzmechanismus" beschrieben worden sind, nur mit dem Unterschied, dass der direkte Lernprozess im Hintergrund steht, weil ein Pferd eben ein Pferd und kein Mensch ist. Das Pferd muss also lernen, dass der Mensch wie ein Artgenosse zu betrachten ist, was es bei einem Pferd nicht braucht.

> **Wenn es dem Menschen gelingt, ein Leittier zu sein, so wird das Pferd dazu tendieren, ihm die Entscheidung zu überlassen, ob es ruhig bleiben, panisch fliehen oder ob es auch eine größere Anstrengung auf sich nehmen soll.**

Natürlich darf nicht vergessen werden, dass es zur Natur des Pferdes gehört, die Rangordnung immer wieder in Frage zu stellen. Je öfter das Pferd dabei erkennt, dass dies zwecklos ist, umso weniger wird es dies in Zukunft versuchen.

Bei der Festlegung der Rangordnung ist es am besten, wenn man sich die Pferde in der Herde als Beispiel nimmt. Die Rangordnung ergibt sich dabei aus der Überlegenheit des einen und der Unterlegenheit des anderen Pferdes bezüglich des Durchsetzungsvermögens eines Willens. Die Überlegenheit des einen und Unterlegenheit des anderen wird meistens mehr durch Gebärden als durch wirklich verletzende Kämpfe, die aber doch manchmal vorkommen, geklärt.

Erfahrung und Beobachtung zeigen, dass man beim Pferd an Grenzen stößt, an denen man sich behaupten muss, auch wenn man versucht, das meiste über die Macht der Gewohnheit zu regeln. Dieses Behaupten und damit die Herstellung einer Rangordnung darf nichts mit roher Gewaltanwendung zu tun haben.

Natürlich ist nicht zu leugnen, dass hier und da ein energischeres Einwirken nötig ist. Es reicht von einem Drohen, beispielsweise indem man das Pferd

Nicht immer verläuft alles friedlich.

energisch von sich weg treibt, bis hin zu einigen kurz aufeinander folgenden Klapsen mit der Gerte vom Sattel aus.

> Eine Gewaltanwendung im Sinne von Hieben, Tritten, Spornstößen oder rüden Handeinwirkungen ist auf das Schärfste zu verurteilen. Solche Methoden sind Tierquälerei und führen nur dazu, dass das Pferd Angst vor dem Menschen bekommt und sich deshalb widersetzt. Eine spannungsfreie Vorstellung des Pferdes ist so niemals möglich.

Die oft vertretene Meinung, dass es einer Missachtung der Rangordnung gleichkäme, wenn sich das Pferd an einem reibt, ist mit gewisser Vorsicht zu genießen. Es ist sicherlich richtig, dass das Zulassen des Reibens unter bestimmten Voraussetzungen in Verbindung mit der Missachtung der Ranghöhe steht, aber wenn das Pferd bei der Arbeit kompromisslosen Gehorsam zeigt und sich dann dennoch reibt, so ist es unangebracht, generell von einer gänzlichen Missachtung der Ranghöhe auszugehen. Oft sieht man, wie ein Pferd, das wirklich ganz hervorragende Arbeit unter seinem Reiter geleistet hat, von diesem nach der Arbeit geschlagen wird, weil es sich an ihm reiben wollte. Dieses Reiben lässt sich viel schonender beenden, indem man den Pferdekopf einfach zur Seite drückt.

Ausbildung
vor und nach dem Reiten

Mit der Reitausbildung eines Pferdes ist natürlich noch wesentlich mehr verbunden als nur das Reiten selbst. So muss sich ein Pferd ohne jegliche Widerstände von anderen Pferden trennen, sich von der Weide oder aus der Box holen, sich führen, anbinden, putzen, satteln, trensen und auch auf den Pferdeanhänger verladen lassen. All dies sind Bedingungen, die erfüllt werden müssen, noch bevor es zu einer Reitausbildung im eigentlichen Sinn kommen kann.

Der allgemeine Umgang vor und nach dem Reiten setzt einen Grundgehorsam des Pferdes gegenüber dem Menschen voraus. Der Grundgehorsam wird von vier Säulen getragen:

- Gewöhnung
- Vertrauen
- Rangordnung
- Wissen um die Notwendigkeit unbedingten Gehorchens

Wie schon mehrfach erwähnt, geht von dem Hang des Pferdes zur Gewohnheit eine große Macht aus. Sie ist so groß, dass sie ein wirksameres Mittel zur Unterstützung eines Lernprozesses darstellt als Lob und Strafe. Gegenstände, Situationen oder Menschen, die ein junges Pferd in seinen ersten Lebensjahren wiederholt als völlig ungefährlich kennen gelernt hat, wird es als normal empfinden und sich zukünftig nicht gegen sie wehren.

Das junge Pferd muss zunächst an den Kontakt zum Menschen gewöhnt werden. Das geschieht am besten darüber, dass es miterlebt, wie der Mensch seine Mutter umhegt. Dabei wird es selbst Kontakt zum Menschen aufnehmen und ihn allmählich als selbstverständlich empfinden. Es wird sich dann Berührungen gefallen lassen, die bis zu Putzbewegungen gesteigert werden können. Stück für Stück weitet sich der Kontakt auf das Aufhalftern auf und mündet irgendwann im Satteln und Trensen. Wichtig ist, den Übergang zu der neuen Situation so leicht wie möglich zu gestalten. Vorgänge wie Führen, Putzen, Satteln und Trensen beruhen auf dem direkten Kontakt zum Pferd, das heißt auf Berührungen der verschiedensten Art und Stärke.

Die Gewöhnung an Berührungen stellt ein zentrales Thema in der Ausbildung des jungen Pferdes dar. Sie fällt dem jungen Pferd umso leichter, je mehr sie sich auf spielerische Weise im Zusammensein von Mensch, Mutterstute und Fohlen zwangsläufig ergibt.

Deshalb ist es der Reitausbildung eines Pferdes eher abträglich, wenn man es bis zu seinem dritten oder vierten Lebensjahr sich selbst

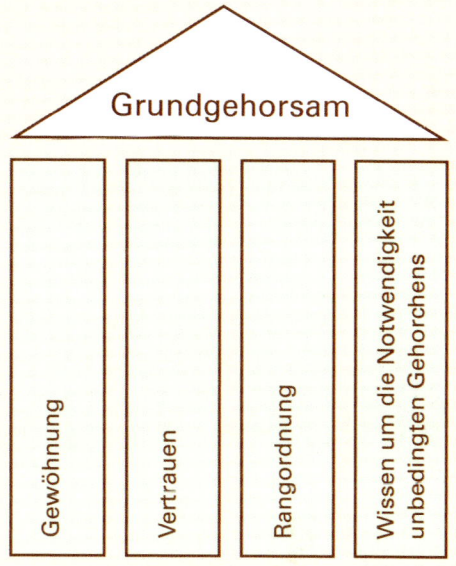

Der Grundgehorsam steht auf den vier Säulen Gewöhnung, Vertrauen, Rangordnung und Wissen um die Notwendigkeit unbedingten Gehorchens.

überlässt und es nur zum Hufeschneiden von der Weide oder schlimmer noch aus der Box holt.

Mit der Gewöhnung an den Kontakt zum Menschen, an das Führen, Putzen, Satteln und Trensen ist es natürlich noch nicht getan. Es gibt eine Vielzahl von Situationen, die auf das junge Pferd zukommen und vor denen es sich fürchten wird. Da auftretende Fluchtreaktionen meist sehr heftig und gefährlich ausfallen, leuchtet es ein, warum man versucht, das Pferd im Voraus an solche Situationen zu gewöhnen. Dabei sollte man an die Ausbildungsarbeit mit den Polizeipferden denken. Polizeipferde müssen sowohl im Straßenverkehr als auch in größeren Menschenmengen regulierbar sein. Sie müssen sich sogar in Menschenmengen hineinreiten lassen, um diese notfalls zurückzudrängen. Deshalb werden sie an Motorenlärm und schnell fahrende Fahrzeuge gewöhnt. Sie lernen beispielsweise, über Planen zu gehen, sich durch Papierwände reiten zu lassen, große Bälle vor sich her zu rollen oder es zu dulden, dass man aufgehängte Strohsäcke gegen sie pendeln lässt. Alles dient dazu, die Pferde auf ihre Aufgabe als Dienstpferde vorzubereiten.

Von dieser Art der zweckorientierten Vorbereitung des Pferdes sollte man sich bei der Ausbildung seines eigenen Pferdes leiten lassen.

Mein Pferd wird mit einer Plane vertraut gemacht.

Wenn der Gehorsam auf die Hilfen im Laufe der Reitausbildung immer wieder herbeigeführt beziehungsweise aufrechterhalten wird, dann stellt sich sogar eine Gewöhnung an das Gehorchen ein. Das ist der Grund, warum im Laufe der Ausbildung die Häufigkeit, mit der ein Pferd die Rangordnung hinterfragt, abnimmt. Wie der Begriff „Gewöhnung" schon verrät, laufen Gewohnheiten automatisch ab, ohne dass der Sinn des gewohnheitsmäßigen Ablaufs einer Sache hinterfragt wird. Das bedeutet für die Reitausbildung, dass das Pferd bedingungslos und ohne Verzögerung auf die Hilfen reagiert. Deshalb ist die Ausnutzung der Gewohnheit für die Ausbildung von größter Hilfe.

Neben der Säule „Gewöhnung" steht die Vertrauensbildung, wie sie im Abschnitt „Fluchttrieb als Schutzmechanismus" beschrieben worden ist, als zweite Säule. Je mehr sich das Pferd durch vertrauensbildende Maßnahmen daran gewöhnt hat, dass alles Ungewohnte, was mit dem Menschen gleichzeitig auftritt, wesentlich ungefährlicher ist, umso weniger Widerstand wird es zeigen, wenn es von seinem Reiter aufgefordert wird, etwas Ungewohntes zu erkunden. Wenn der Mensch ganz selbstverständlich durch das Wasser geht, wird auch das Pferd folgen, selbst wenn es eigentlich Angst davor hat. Genauso verhältnismäßig einfach wird es sich auch durch das Wasser reiten lassen, wenn der Reiter dies

verlangt, weil es nicht nur gelernt hat, dass es dem Leittier Mensch gehorchen muss, sondern auch weil es weiß, dass alles Ungewohnte, was mit dem Menschen gleichzeitig auftritt, ungefährlich ist. Gewöhnungsarbeit und vertrauensbildende Maßnahmen gehen damit Hand in Hand.

Die dritte tragende Säule ist die Herstellung einer Rangordnung zwischen Pferd und Mensch. Wie bereits gesagt, hat das nichts mit Gewaltanwendung, die Angst zur Folge haben würde, zu tun. Angst darf das Pferd auf keinen Fall vor dem Menschen haben, sonst würde es vor ihm fliehen wollen und sich deshalb widersetzen. Die nötige Ranghöhe des Menschen als Leittier wird das Pferd davon abhalten, dem Menschen gewisse Dinge streitig zu machen. Außerdem ist das Pferd dann eher geneigt, sich einer Anweisung zu fügen. Das gezielte Ausnutzen der Unterscheidungsfähigkeit des Pferdes zwischen angenehm und unangenehm wird darüber hinaus dazu beitragen, dass das Pferd gehorcht: Es wird verstehen, dass es angenehm wird, wenn es auf die gewünschte Weise reagiert, und dass ein Nichtbefolgen der Reiterwünsche im Wesentlichen in dem Sinne unangenehm ist, als die Arbeit nicht eher endet, als bis es wenigstens bis zu einem gewissen Grad gehorsam gewesen ist. Das Pferd lernt also, dass es gehorchen „muss".

Verzichtete man in der Ausbildung auf die Gewöhnungsarbeit und die Vertrauensbildung und stützte den Grundgehorsam nur auf die beiden Säulen „Ranghöhe" und „Wissen um die Notwendigkeit des unbedingten Gehorchens", dann würde das Pferd zwar wissen, dass es gehorchen muss, jedoch würden sich die Ausmaße triebbedingt auftretender Widerstände nicht verringern. In der Grundausbildung eines jungen Pferdes kann es durchaus sein, dass es sich erschrickt und sich den Reiterhilfen zu entziehen versucht. Es wird dabei unter sehr großer psychischer Anspannung stehen. Würde der Reiter versuchen, das Pferd wieder unter Kontrolle zu bringen, dann müsste er stark auf das Pferd einwirken. Weil dieses weiß, dass es unbedingt gehorchen muss, würde es sich nun von zwei Seiten stark unter Druck gesetzt fühlen. Die Folge davon wäre, dass sich die Spannung im Pferd drastisch erhöht. Es würde dann nicht mehr lange dauern, bis sich diese Spannung auf lebensgefährliche Weise entlädt. Um ein solches Aufschaukeln in eine übermäßige Spannung zu vermeiden und das Pferd weiterhin mit erträglichen Einwirkungen kontrollieren zu können, sind Gewöhnung und Vertrauensbildung unbedingt erforderlich. Das Gleiche gilt für das Korrekturpferd. Im Allgemeinen steht bei ihm die Vertrauensbildung zusammen mit der Herstellung der Rangordnung und der Vermittlung des Wissens um das unbedingte Gehorchen an erster Stelle, die Gewöhnung steht an zweiter. Das Korrekturpferd soll demzufolge zuerst seine Ängste verlieren und lernen, dass es gehorchen muss, damit man es überhaupt zu einer sinnvollen Gymnastik bewegen kann. Dabei kann es zur gleichen Situation wie beim jungen Pferd kommen. Denn meistens sind Korrekturpferde in ihrer Scheu vor Ungewohntem früher bestärkt und deshalb zu Korrekturfällen geworden.

Deshalb sollte der Grundgehorsam auf allen vier Säulen stehen. Zwar können einzelne Säulen vorübergehend mehr Gewicht tragen, sie müssen aber letztendlich alle zusammenwirken.

> Ohne ein Zusammenwirken von Gewöhnung, Vertrauen, Rangordnung und Wissen um die Notwendigkeit des Gehorchens wird die Korrekturarbeit scheitern.

Pferde werden nicht als Korrekturfälle geboren

Die Natur hat das Pferd mit einem freundlichen und neugierigen Wesen ausgestattet. Wie alle Tiere besitzt es eine ungetrübte Ehrlichkeit. Denn seiner Grundeinstellung nach ist es ein freies Lebewesen, das eine eigene, gefühlsgetragene Meinung von seiner Umwelt hat. Was es in seiner Freiheit drastisch einschränkt, gegen das leistet es Widerstand. Ist das nicht ein allzu natürliches und verständliches Verhalten? Das, was Menschen oft als Boshaftigkeit oder Hinterlist bei Tieren bezeichnen, entspringt natürlichen Verhaltensmustern, die vom Menschen nicht verstanden und daher mit den menschlichen Zügen der Boshaftigkeit und Hinterlist identifiziert werden.

Drei Beispiele seien dazu gegeben:

Es ist September. Die einzigen Fliegen, welche die Pferde auf der Weide noch belästigen, sind gemeine Stubenfliegen. Man hat nun sein Pferd gerade von der Weide geholt und es in den Stall gebracht. Dort werden die Hufe ausgekratzt. Beim Auskratzen eines Hinterhufs schlägt das Pferd mit dem Schweif nach einer einzigen Fliege. Doch statt die Fliege zu treffen, peitscht einem der Schweif durchs Gesicht. Falsch wäre es jetzt, das Pferd dafür zu strafen. Denn dieses Schweifschlagen läuft reflexartig ab. Eine Strafe würde das Pferd deshalb nicht verstehen. Das Schlagen mit dem Schweif ist ein Schutzmechanismus vor den lästigen kleinen Plagegeistern auf der Weide und im Stall. Da er vor allem im Sommer ständig benötigt wird, läuft er automatisch ab, ohne dass das Pferd ihn direkt steuert. So sehr ein Schlag mit dem Schweif ins Gesicht auch schmerzt, es steht keine

Absicht des Pferdes dahinter, den Menschen zu verletzen, auch wenn dies so scheinen mag. Die Lösung liegt auf der Hand: Man nimmt entweder sein Gesicht aus der Schusslinie oder hält den Schweif zum Hufeauskratzen fest. Bei Letzterem muss man sich aber beeilen, damit das Pferd nicht auf die Idee kommt, nach der Fliege zu treten.

Beim Führen zur Weide befreit sich ein Pferd und läuft davon. Gelingt es, das Pferd wieder einzufangen, oder kommt es sogar freiwillig zurück, so muss es belohnt werden. Eine Strafe führt dazu, dass sich das Pferd beim nächsten Ausbruch nicht mehr einfangen lässt, geschweige denn freiwillig zurückkehrt, weil es genau weiß, dass dies mit einer weiteren unangenehmen Erfahrung verbunden ist. Also versucht es, den Kontakt zum Menschen zu meiden. Solche Situationen können immer wieder passieren, aus welchen Gründen auch immer. Es ist deshalb wichtig, dass das Pferd die Nähe des Menschen als angenehm empfindet.

Man mistet morgens die Box seines Pferdes aus. Allmorgendlich wird man von ihm beknabbert, gerade so, wie es das auch mit Artgenossen auf der Weide tut. Es handelt damit triebbedingt. Man könnte es aus menschlicher Sicht eine Art „Spieltrieb" nennen. Würde das Pferd nun dafür geschlagen werden, dann würde es nach einigen Malen wissen, dass auf seinen nicht zu unterdrückenden Spieltrieb eine Züchtigung folgt. Triebe lassen sich nun einmal nicht einfach ausknipsen, und so wird das Pferd auch weiterhin versuchen zu knabbern. Doch jetzt wird das Pferd beim Ansatz zu seinem Knabbern auch gleichzeitig die Ohren anlegen und womöglich beißen, weil es damit die erwartete Züchtigung abwehren möchte.

Es wird deutlich, dass Pferde zwar in der Lage sind, mit bestimmten Situationen Empfindungen zu verknüpfen, aber nicht in der Lage sind, ihre Triebe oder Reflexe zu kontrollieren. Sie für das Ausleben eines Triebs wie den Spieltrieb zu strafen, führt früher oder später zu direkter Abwehr. Deshalb ist es das Beste, vorausschauend zu handeln und solcherart triebbedingte Reaktionen zu meiden und nicht mit einer Strafe auf sie zu reagieren. Dies kann zum Beispiel dadurch geschehen, dass man das Pferd vor dem

Misten in den Auslauf bringt oder es konsequent ignoriert und zur Seite drückt, bis das Pferd das Geknabbere einstellt. Zugegebenermaßen kann es vorkommen, dass man ein besonderes Durchhaltevermögen braucht, um das Pferd auf diese ruhige Art davon abzubringen. Es hat aber den Vorteil, dass das bestehende Verhältnis nicht zerstört wird.

Nicht nur im allgemeinen Umgang liegt es am Verhalten des Reiters, ob sich das Pferd ablehnend oder sogar abwehrend ihm gegenüber verhält, sondern erst recht beim Reiten.

Werden Einwirkungen so kombiniert, dass sich ihre Reaktionen, die sie im Pferd verursachen, widersprechen, so führt das zu einer körperlichen und über kurz oder lang auch zu einer psychischen Verspannung des Pferdes. Beides empfindet es als unangenehm. Die Folge ist, dass sich das Pferd gegen diese Art der Einwirkungen auflehnen wird, sei es passiv durch Missachten der Einwirkungen, was auch mit einem Abstumpfen verbunden sein kann, oder aktiv durch Kopfschlagen, Steigen, Durchgehen, Bocken oder andere lebensgefährliche Verhaltensweisen.

Darüber hinaus hat auch die Ausbildungsmethodik Einfluss darauf, ob das Pferd mitarbeitet oder nicht.

Jedes Pferd beherrscht von Natur aus alle Gänge und Touren, wie sie in der Reitausbildung von ihm verlangt werden. Es beherrscht sie aber noch nicht in der Qualität, wie sie in dieser Ausbildung angestrebt wird. Reitausbildung bedeutet also, auf die natürlichen Anlagen aufzubauen und sie zu veredeln. Das gelingt nur, wenn einerseits die dazu angewandte Ausbildungsmethode dem Anspruch einer Gymnastik gerecht wird und wenn die physiologischen Aspekte eines sportlichen Trainings berücksichtigt werden. Dann wird das Pferd stets ausgeglichen und bereit sein mitzuarbeiten.

Durch Fehler im Umgang, in der reiterlichen Einwirkung und in der Trainingsmethode wird sich das Pferd unter seinem Reiter verspannen. Das Unbehagen, welches das Pferd dabei empfindet, bildet den Grundstein für Abwehrmaßnahmen. Kommen auch noch Mängel in Haltung, Fütterung und Ausrüstung hinzu, dann steigert sich das Unbehagen zu einem Unwillen. Schon bald wird dann vor allem beim Rei-

ten der Punkt erreicht, an dem das Pferd glaubt, fliehen zu müssen. Aus dieser Aktivierung des Fluchttriebes gehen die Abwehrmaßnahmen hervor. Dabei flieht das Pferd natürlich vor dem Menschen, weil es weiß, dass in seiner Gegenwart alles oder vieles unangenehm ist. Die Folgen davon sind, dass sich das Pferd auf der Weide nicht einfangen lässt, dass es sich beim Betreten der Box abwendet oder dass es den Anhänger nicht betritt, weil es ahnt, was ihm danach droht.

> Nur artgerechte Haltung und Fütterung sowie ein artgerechter Umgang, eine korrekt angepasste und verwendete Ausrüstung und ein sportliches Training, ausgeführt mit den korrekten Hilfen, führen zu dem Ergebnis eines Reit- oder Dressurpferdes.
> Das alles liegt in der Hand des Reiters. Daher trägt allein der Reiter die Verantwortung für entstehende Mängel in der Ausbildung seines Pferdes.

Nicht alles ist Ungehorsam

Unter „Gehorsam" versteht man, dass das Pferd den Reiterwünschen immer nachkommt, ob mit oder ohne Verlust seiner Losgelassenheit.

Ein „Ungehorsam" bedeutet demzufolge, dass das Pferd nicht den Reiterwünschen folgt. Dies kann einerseits durch einfaches Missachten einer Anweisung oder einer Hilfe des Reiters oder durch direktes Widersetzen zum Beispiel mittels Steigen oder Bocken geschehen.

Werden dem Reiter in einer Springprüfung Strafpunkte für einen Ungehorsam seines Pferdes gegeben oder wird er wegen eines wenigstens 60 Sekunden dauernden Ungehorsams in einer Dressurprüfung von dieser ausgeschlossen, dann gelten diese Strafmaßnahmen nicht dem Pferd, sondern seiner Ausbildung; und für die ist der Reiter verantwortlich. Wie mehrfach schon deutlich geworden ist, entstehen solche Abwehrverhalten des Pferdes, die im Allgemeinen als Ungehorsam bezeichnet werden, durch eine Ausbildung, die zumindest einer der Anforderungen nach artgerechter Haltung, artgerechtem Umgang und sportlichem Training nicht gerecht wird. Daher dürfte streng genommen keines der Abwehrverhalten als Ungehorsam bezeichnet werden. Wenn das Pferd sich genötigt fühlt, eine Situation als bedrohlich einzustufen, und daher glaubt, sich verteidigen zu müssen, dann hat es der Reiter entweder versäumt, dem Pferd die Ungefährlichkeit der Sache zu vermitteln, oder aber er hat falsche Hilfen gegeben oder das Pferd anders überfordert. Im Grunde hat immer der Reiter die Schuld, abgesehen von den Schreckmomenten des Pferdes, die durch plötzliche äußere Einwirkungen entstehen. Lässt sich das Pferd aber nach einem Schreckmoment nicht wieder regulieren, dann wird auch hier ein Mangel in der Ausbildung deutlich. Ebenso wenig darf von einem Ungehorsam gesprochen werden, wenn sich vor allem das junge Pferd durch einige Luftsprünge von dem so genannten Stallmut befreit. Dass dies nicht ungefährlich ist, steht außer Frage, deshalb sollte jedes Pferd genügend Auslauf erhalten, damit es ausgeglichen bleibt. Natürlich kann man das Pferd vor dem Reiten ablongieren. Allerdings besteht dabei die Gefahr, dass sich das Pferd bei seinen Bocksprüngen verletzt. Vor allem Pferde, denen kein Weidegang gewährt wird, sind für solche Verletzungen anfällig, denn ihre Knochendichte und die Stabilität von Muskeln, Sehnen und Bändern nimmt umso mehr ab, je länger sie ausschließlich in der Box gehalten worden sind. Es kann daher leicht zu Frakturen und Verletzungen von Muskeln, Sehnen und Bändern kommen. Gleiches gilt für das Laufenlassen dieser Pferde, bei dem sie sozusagen einen Kaltstart durchführen. Deshalb sollte man sein Pferd wenigstens zehn Minuten führen, bevor man es laufen lässt oder ablongiert, wohl wissend, dass es sich dabei anfangs unkontrolliert bewegen wird.

Auch hier zeigt sich wieder, dass im Wesentlichen der Reiter darüber entscheidet, ob und in welchem Maß solche Reaktionen auftreten. Gänzlich verhindern kann man sie natürlich am Anfang der Ausbildung nicht. Durch ein vorausschauendes Handeln lassen sie sich aber in Grenzen halten und es lässt sich verhindern, dass das Pferd zu Schaden kommt.

> Von einem regulären Ungehorsam sollte man erst sprechen, wenn sich das Pferd vorsätzlich widersetzt, nachdem es gelernt hat, dass der Reiter der Schwächere ist.

Für den Korrekturreiter ist es besonders wichtig zu erkennen, ob das gezeigte Abwehrverhalten des Pferdes ein vorsätzliches Widersetzen, also einen Ungehorsam in eigentlichen Sinn, darstellt. Liegt die Ursache für das Abwehrverhalten nämlich darin, dass sich das Pferd bedroht fühlt, dass es Angst hat, so muss ihm die Ungefährlichkeit der Sache nahe gelegt werden.

Handelt es aber um einen tatsächlichen Ungehorsam, das heißt, das Pferd widersetzt sich ohne besonderen Grund, einfach um der Arbeit zu entgehen, dann wird man zu irgendeinem Zeitpunkt gezwungen sein, die Rangordnung erneut zu klären und dem Pferd verständlich zu machen, dass dieser Ungehorsam unangenehme Einwirkung zur Folge haben wird und sich nur vermeiden lässt, wenn es gehorsam folgt. Unangenehm kann eine Einwirkung bei einem empfindlichen Pferd schon sein, wenn man sie einfach verstärkt. Bei

manch anderem, weniger sensiblen Pferd kann es durchaus auch in einem oder mehreren energischeren Klapsen mit der Gerte enden. Das bedeutet aber auf gar keinen Fall, dass man das Pferd über alle Maßen hinaus züchtigt. Solche Strafen würden erst recht den Fluchttrieb und Angst hervorrufen und somit die Abwehr nur verstärken.

Eine Strafe muss sich immer nach den Grundsätzen richten, nach denen Pferde in der Herde ihre Rangordnungen festlegen (also nach dem Prinzip „so viel wie nötig, aber so wenig wie möglich"). Wenn tatsächlich einmal eine Strafe gerechtfertigt sein sollte, so muss sie sofort auf das Fehlverhalten des Pferdes folgen. Andernfalls kann das Pferd die Strafe nicht in Verbindung mit seinem Verhalten bringen, das der Reiter als fehlerhaft ansieht.

Dazu sei folgendes Beispiel angeführt:

Vor einigen Jahren trat eine Reiterin an mich heran mit der Bitte, ihr beim Überwinden gewisser Schwierigkeiten mit ihrem Pferd Fitou zu helfen. Es stellte sich heraus, dass Fitou gelernt hatte, sich seiner Reiterin durch leichtes, völlig geregeltes Steigen erfolgreich widersetzen zu können. Immer wenn die Reiterin etwas mehr verlangte als nur einfaches Traben auf Zirkeln und ganzer Bahn, stieg er halb hoch, wie für eine Levade, wohl wissend, dass die Reiterin dann ihre Einwirkungen einstellen würde. Gleich beim ersten Mal, als ich Fitou ritt, geschah Folgendes: Als ich am Anfang einer langen Seite halten wollte, widersetzte er sich genau auf die vorbeschriebene Weise, denn er wollte dort nicht halten. Noch ehe er sich versah, hatte ich ihm einen energischeren Klaps mit der Gerte gegeben, und damit meine ich auch nur einen energischeren Klaps und keinen Hieb. Hiebe führen zu Schmerz und vor schmerzhaften Einwirkungen flieht ein Pferd, und das hätte ich auf gar keinen Fall gebrauchen können. Ich konnte im Trab vor dem Halten anhand der Empfindlichkeit Fitous abschätzen, dass mit diesem Klaps der gewünschte Erfolg einsetzen würde. Und dem war auch so, denn Fitou hätte nie mit einer Gegenwehr gerechnet. Verdutzt über diesen Klaps sprang er eine ganz geregelte Courbette nach vorne. Da er auch danach nicht halten wollte und das Spiel von vorn losging, wiederholte sich das

Ganze sieben Mal. Am Ende der langen Seite aber stand Fitou felsenfest, ohne ein Glied zu rühren. Bei allem hatte weniger der energischere Klaps zum Erfolg beitragen als die Konsequenz der Einwirkung und das Überraschungsmoment, denn er hatte nicht damit gerechnet. Natürlich ist dieses Verfahren gefährlich und daher grundsätzlich nicht zu empfehlen, aber es macht deutlich, wie eine Strafe aussehen muss, denn hätte ich Fitou hart gezüchtigt, dann wäre er mir panisch davongelaufen und hätte mich womöglich wirklich in Lebensgefahr gebracht.

Über das Bewusstsein von Pferden

Ein alter Reiterspruch besagt: „Das Denken überlasse den Pferden, denn sie haben den größeren Kopf." Natürlich ist er in einem eher scherzhaften Sinn gemeint. Aber er besitzt auch einen Funken Wahrheit. Viele streiten dies ab, indem sie behaupten, das Pferd habe kein Bewusstsein und sei zum Denken nicht fähig. Manche Reiter meinen sogar, dass das Pferd dumm sei, weil es ein kleineres Gehirn besitzt als der Mensch.

Bei unserer praktischen Arbeit mit dem Pferd verlangen wir von ihm, dass es auf eine bestimmte Hilfe etwas Bestimmtes ausführt. Dabei sind sich viele Hilfen sehr ähnlich und unterscheiden sich oft nur durch die Intensität ihrer Einwirkungen. Das Pferd ist in der Lage, zum einen einer Hilfe überhaupt eine Bedeutung zuzuordnen und außerdem auch gleich mehrere Hilfen zu unterscheiden. Je feiner ein Pferd ausgebildet ist, umso feiner sind die Hilfen, bis nur noch Andeutungen ausreichen, um das Pferd zu dirigieren.

Dabei schenkt das Pferd seinem Reiter ununterbrochene Aufmerksamkeit, um auch jede Hilfe zu spüren. Es entwickelt sich ein Gespräch zwischen Pferd und Reiter. Es ist ein Gespräch, das völlig gleichwertig mit einem Gespräch zwischen zwei Menschen ist. Der Unterschied besteht nur darin, dass Pferd und Reiter eine stille Hilfensprache sprechen und sich nicht in erster Linie über Stimmlaute verständigen: Das Pferd kommuniziert mit seinem Reiter.

Wie kann man da behaupten, dass die Pferde keine Intelligenz und dass sie nicht eine Form von Bewusstsein besäßen? – Sicher sind diese Erfahrungen kein Beweis für ein Bewusstsein beziehungsweise Intelligenz, aber sie sprechen dafür. Denn wie sollte das Pferd die Hilfen verstehen lernen, wenn es nicht wenigstens die Fähigkeit besäße, Zuordnungen vorzunehmen? Natürlich gestalten sich die Hilfen so, dass sie fast zwangsläufig durch ihre Natürlichkeit zum Ziel führen. Natürlich nutzen wir die Empfindungen zwischen unangenehm und angenehm aus, um das Pferd auf den richtigen Weg zu bringen. Natürlich nutzen wir die Macht der Gewohnheit des Pferdes. Aber die Erfahrung zeigt mir immer wieder, dass dies noch nicht alles sein kann.

Ein ausgebildetes Pferd beherrscht seinen ganzen Körper, wir können ein solches Pferd exakt dirigieren, bis auf den Zentimeter genau. Wenn dem Pferd dabei seine Glieder und sein ganzer Körper nicht auf irgendeine Weise bewusst wären, könnte das nicht so funktionieren. Ob es sich dabei selbst erkennt, ist damit natürlich nicht bewiesen, aber eine Form des Bewusstseins muss es haben.

Wie sonst sollte es dem Pferd möglich sein, seinen Willen zu bekunden, wenn es an einer Stelle gekratzt werden möchte, nachdem es gelernt hat, dass der Mensch diese Aufgabe gerne übernimmt? Wie sonst sollte es Anzeichen machen können, dass es auch getränkt werden will, wenn es sieht, dass das Pferd neben ihm getränkt wird? Man sollte darüber hinaus auch über den Vorgang des Taxierens und Abspringens beim Springen nachdenken. Der blinde Bereich vor dem Kopf des Pferdes kann bis zu 1,80 Meter weit nach vorne reichen. Wenn ein Pferd auf einen Sprung zugeht, dann sieht es ihn in der Absprungphase nicht mehr vollständig. Es muss also schon vorher die Distanz zum Sprung so einteilen, dass es den richtigen Absprung schafft. Dies verlangt vom Pferd, dass es ein Gefühl für die Situation entwickelt. Sie muss ihm bewusst sein.

Wenn man in der Dressur wiederholt eine Lektion an derselben Stelle reitet, wird das Pferd diese Lektion an der entsprechenden Stelle bald aus Gewohnheit von selbst ausführen. Bevor aber eine Gewohnheit einsetzen kann, muss dem Pferd die Regelmäßigkeit, mit der die Lektion immer an derselben Stelle verlangt wird, bewusst geworden sein.

Darüber hinaus ist das Pferd in der Lage, Artgenossen zu erkennen und zu identifizieren. Es lebt nicht nur einfach in Herden, sondern sogar in Familienverbänden, die durch vielschichtige soziale Strukturen gekennzeichnet sind. Wie kann man da behaupten, das Pferd besäße keinerlei Bewusstsein und wäre dumm?

Natürlich darf man den Begriff des Bewusstseins nicht allein aus menschlicher Sicht verstehen. So lässt sich das Tränkbeispiel mit dem schlichten Bedürfnis nach Wasser und der durch Erfahrung gewonnenen Erkenntnis des Pferdes erklären, dass beispielsweise auf das ganz spezielle Klappern des Wassereimers das Tränken folgt. Die Notwendigkeit des Taxierens geht aus der durch Erfahrung gewonnenen Erkenntnis des Pferdes hervor, dass ein unpassendes Abspringen schmerzhaft enden kann.

Die Biologin Marian Stamp Dawkins schreibt in ihrem Buch *Über die Entdeckung tierischen Bewusstseins:*

„Viele Wissenschaftler fordern schlüssige Beweise für ein Bewusstsein bei Tieren, bevor sie sich festlegen, oder sie suchen Zuflucht in Argumenten der Form ‚wir werden nie wissen‘, die wir bereits diskutierten. In gewisser Weise ist diese Skepsis durchaus dienlich. Wir haben immer wieder gesehen, dass in Untersuchungen geistiger Fähigkeiten von Tieren zu viel hineininterpretiert wird. Die Zuneigung der Menschen zu Tieren, mit denen sie arbeiten, die vertraute Kommunikation zwischen beiden und eine allgemeine Leichtgläubigkeit (wie sie von Zauberern ausgenutzt wird), die schnell überhand nehmen kann, wenn es um Tiere geht – all dies begünstigt die Tendenz zu schließen, Tiere seien intelligenter, als sie es in Wirklichkeit sind. Unter solchen Umständen ist es tatsächlich eher konstruktiv als destruktiv, die Aussagen kritisch zu beleuchten und darauf zu bestehen, zuerst einfachere Erklärungen zu überprüfen. Da man jedoch Versuche durchgeführt hat, bei denen alternative, einfachere ‚Spielverderber‘-Erklärungen ausgeschlossen sind, existiert ein harter Kern von Studien, die es ausgesprochen wahrscheinlich machen, dass zumindest einige Tiere in Ansätzen denken und ihnen Freude und Leid etwas bedeuten. Deshalb erscheint es absolut unwissenschaftlich, die Möglichkeit außer Acht zu lassen, dass wir tatsächlich die äußerlich erkennbaren Anzeichen eines Bewusstseins sehen.

Sowohl wissenschaftliche Beweise als auch gesunder Menschenverstand erfordern jetzt, dass wir endlich den letzten Schritt tun und auch bei anderen Arten als unserer eigenen auf ein Bewusstsein schließen."

Alles in allem bleibt es eine Tatsache, dass das Pferd einen Willen hat und imstande ist, ihn mitzuteilen, woher dieser Wille auch stammt. Tatsache ist auch, dass das Pferd sich auf eine Art mitteilt, die der Mensch verstehen kann. Das Pferd hat also irgendwann erkannt, dass ein bestimmtes Verhalten seinerseits ein bestimmtes Verhalten des Menschen nach sich zieht. Beinhaltet diese Form des Lernens nicht schon einen gewissen Denkvorgang?

Man muss sich als Reiter klar machen, dass das Pferd auf eine sehr direkte und zweckorientierte Art denkt. Mit seinen Sinnen nimmt es sein Umfeld wahr. Bewegt sich etwas durch dieses Umfeld und verändert damit seine Situation, stellt es Vergleiche mit bereits gewonnenen Erfahrungen an, die es in seinem Gedächtnis gespei-

chert hat. Fällt ein Vergleich positiv aus, dann können zum Beispiel angenehme Empfindungen mit der Wahrnehmung verbunden sein. Dementsprechend wird sich das Pferd verhalten. Es handelt damit mehr spontan und denkt nicht über die Hintergründe der gewonnenen Erfahrungen nach. Abstraktes Denken kann Pferden nicht nachgewiesen werden.

Der Komplex Instinkt, Trieb, Wahrnehmung, Gedächtnis, Unterscheidungsfähigkeit zwischen angenehm und unangenehm und Erfahrung bestimmt das Verhalten und den Willen des Pferdes. Er macht das Pferd auch lernfähig, wobei ihm Situationen bewusst werden müssen und womit Denkvorgänge verbunden sind. Deshalb ist es geradezu verwerflich, dem Pferd diese Fähigkeiten abzusprechen. Man verliert dadurch die Möglichkeit, die Lernprozesse zu verstehen, zu denen das Pferd fähig ist.

Über Vorurteile gegen allgemein sensiblere Pferderassen

Oft hört man Aussagen wie: „Der Trakehner, der siebte Gewährsmangel", wenn Reiter über die Vorzüge beziehungsweise generell über die Eigenschaften von Reitpferden reden und dabei auf den Trakehner zu sprechen kommen. So heißt es zuweilen, der Trakehner sei schwierig, er sei regelrecht verrückt und überdreht, und damit als Reitpferd unbrauchbar.

Wie aber entstehen solche Urteile, und sind sie wirklich angebracht?

Ich habe in der Vergangenheit nun schon viele Trakehner geritten, und gerade solche, von denen behauptet wurde, dass sie schwierig und verrückt seien. Meine Erfahrungen mit genau diesen Trakehner-„Problemfällen" haben mir immer wieder das bestätigt, was für mich schon immer galt: Nicht das Pferd macht die Probleme, sondern der Reiter. Aus diesen Erfahrungen kann ich mit Bestimmtheit sagen, dass der Trakehner ein sensibles, charakterstarkes und dem Menschen gegenüber ehrliches sowie leistungsstarkes Pferd ist, dessen Bewegungstalent im Allgemeinen befriedigend bis ziemlich gut ausfällt.

Warum also solche Sprüche? Sie sind das Ergebnis von Versuchen, eine mechanistische Reitauffassung, in der kräftig „durchgestellt" und „angepackt" wird, gepaart mit Ungeduld, auf Trakehnerpferde anzuwenden. Nun ist der Trakehner aber ein Pferd, das sich so etwas aufgrund seiner Sensibilität nicht gefallen lässt. Das ist aber nicht nur ein Vorzug des Trakehners. Seiner Empfindsamkeit sind vor allem der englische oder arabische Vollblüter, der Andalusier oder Lusitano sehr ähnlich.

Ein häufiges Problem bei der Ausbildung iberischer Pferde ist es, sie in einem regelmäßigen Takt zu reiten. Taktfehler entstehen bei ihnen durch die Umsetzung einer falschen Vorstellung vom Vorwärtsreiten. Einwirkungen, die beim durchschnittlich empfindlichen deutschen Warmblut als normal empfunden werden, führen bei den wesentlich sensibleren Rassen zu entsprechend übermäßigen Reaktionen.

Es gibt natürlich in jeder Pferderasse gleichermaßen sensible Pferde. Aber bei diesen speziellen Rassen tritt das Phänomen deutlich häufiger auf.

Felix Bürkner schreibt in seiner Autobiografie im Kapitel „Trakehnen":

„... ich habe bei keinem einzigen der vielen Trakehner, die ich im Laufe der Jahre in meinen Stall bekam, Enttäuschungen erlebt. Man musste nur den Drei- oder Vierjährigen die Zeit zur Entwicklung lassen und sie trotz ihres hohen Blutstandes, trotz ihrer guten staatlichen Aufzucht und der Leistungen, die sie so jung schon bei Jagden zeigten, ausreifen lassen und schonen, denn auch sie waren ja noch im vollen Wachstum begriffen, und selbst Stuten wie Hochmeisterin wurden im Laufe der ersten beiden Jahre noch fünf Zentimeter höher!

Eine Sicherheit hatte man beim Ankauf junger Trakehner: sie wurden immer nobler und schöner, je älter sie wurden, während privat gezogene Pferde sich oft nur im Sinne: gewöhnlich – auswuchsen. Selbst pummelige, unscheinbare dreijährige Trakehner bekamen Linien, die man nicht vermutet hatte, weil sie eben seit Generationen auf edelstes Blut durchgezüchtet waren."

Dieses Zitat enthält eine sehr wichtige Aussage, die oft bei der Ausbildung von Trakehnern, aber genauso auch von anderen Pferderassen nicht beachtet wird: dass Drei- und Vierjährige noch Zeit für ihre Entwicklung brauchen!

Dazu möchte ich ein weiteres Zitat anführen, in dem Herr Bürkner die Ausbildung seines Trakehners Herder beschreibt:

„Während der ersten beiden Jahre der Ausbildung ging ich mit Herder äußerst schonend um und erhielt ihm das Aussehen einer jungen Remonte, das heißt, ich arbeitete ihn nur auf den großen Linien der Düppeler Galoppierbahn oder im Gelände, entwickelte im fleißigen Takte seine Schubkraft in freiem Trabe und Galopp, ohne dabei das Maul und Genick anzurühren, ließ ihm also seinen langen Hals, brachte lediglich die Rückenmuskeln zum Schwingen und gewährte ihm eine ganz leichte, gleichmäßige Anlehnung an beiden Zügeln, die er vorn in der Horizontalen – ohne Strecken nach unten! – willig annahm. Sein tadelloser Schritt wurde immer noch freier und energischer am langen Zügel. Dieses System hielt ich eisern etwa zwei Jahre lang durch, brachte Herder wohl zu Materialprüfungen heraus, die er – einschließlich Championat und Siegerpreis in Berlin – überall, zum Beispiel in Hannover, gewann, aber hütete mich ängstlich davor, dieser gewaltigen Maschine irgendwie formend näher zu treten, – eine Konsequenz, die sich ungeheuer belohnt machte. Das anfänglich etwas schleppende Treten verschwand vollkommen, – er lernte energisch federnd abfußen, bekam einen fleißigen Drei-Takt-Galopp, lernte spielend auf zeichenartige Hilfen hin die Tempowechsel und balancierte sich bei lang bleibendem Halse so herrlich im Gleichgewicht aus, dass er in der großen Düppeler Reitbahn Eckenpassieren, Bahnfiguren und die dazu erforderliche leichte Längsbiegung und Stellung sich quasi von selbst holte und dann mit einem Male so weit war, dass er sich aus dem etwas gesammelten Schritt heraus zum Innen- und Außengalopp gleichermaßen geschmeidig auf beiden Händen hinsetzte, enge Galoppwendungen pirouettenartig anbot, einzelne fliegende Wechsel irgendwo in der Reitbahn in völliger Selbstverständlichkeit machte und dabei das Genick von selbst fallen ließ, – in dem Maße, wie seine Durchlässigkeit durch die Tempoübergänge zunahm. Die fortschreitende Tragfähigkeit seiner herangeschlossenen Hinterhand bestimmte den Grad der Selbsthaltung und Aufrichtung im Halse. Niemals habe ich Steifigkeiten auf der einen oder anderen Seite bei Herder erlebt. Und niemals auch, solange ich das Glück hatte, ihn zu besitzen, hat er je einen strafenden Schlag oder eine grobe Einwirkung erhalten. Infolgedessen war sein Vertrauen zum Reiter, zu Schenkel und Hand ein unschätzbares Geschenk, das sich zur höchsten Harmonie in allen weiteren Anforderungen des Dressuraufbaues bis zur Vollendung der hohen Schule steigerte. Seine á-Tempo-Wechsel im Galopp auf gerader Linie, auf Zirkeln oder Volten wurden zu einer unerreichten Kunstfertigkeit, seine Piaffe, sein Antritt aus ihr zur Passage und das stolze, majestätische Aushalten sei-

ner diagonalen Beinpaare in der Passage selbst einmalig und wahrhaft imponierend, zumal der Reiter nie auch nur eine Andeutung einer Hilfe zu zeigen brauchte und mit stiller, tiefer Hand absolut unbeweglich ruhig auf stets schwingendem, hergegebenem Rücken am Sattel blieb.

Zu dieser Unbeweglichkeit ist allerdings generell zu sagen, dass sie das Auge täuscht und dass sie in Wirklichkeit nur aus der schmiegsamen Elastizität aller Gelenke des Reiterkörpers resultiert, welche im Einklang mit dem elastisch feststehenden Kreuz ebenso wie das Pferd jedes Starrwerden vermeiden!"

> Ruhe, Geduld und viel Gefühl für das jeweilige Pferd unabhängig von seiner Rasse sind oberstes Gebot des Reitens!

Freundschaft und Liebe zum Pferd

Das Beachten der bisher beschriebenen Zusammenhänge in Sachen Pferdepsyche ist selbstverständlich von allergrößter Bedeutung, will man Abwehrverhalten eines Pferdes korrigieren. Aus dem Beachten dieser Zusammenhänge entwickelt sich zunächst eine rein zweckorientierte Beziehung zwischen Pferd und Mensch, die unabdingbar für eine erfolgreiche Reitausbildung des Pferdes ist. Diese Beziehung wird von den vier Säulen Gewöhnung, Vertrauen, Rangordnung und Wissen um die Notwendigkeit unbedingten Gehorchens getragen. Wenn das Reiten aber tatsächlich zur Reitkunst werden soll, dann muss man bereit sein, über diesen zweckorientierten Aspekt der Beziehung hinauszuwachsen.

Das viel beschriebene Lernverhalten des Pferdes macht es nämlich nicht nur möglich, dass das Pferd die Reiterwünsche verstehen und beachten lernt, sondern es versetzt das Pferd auch in die Lage, seinen eigenen Willen durch eine Gebärdensprache kundzutun.

Wenn man seinem Pferd zum Beispiel beigebracht hat, dass es auf das ruhige Angehoben-Lassen seines Vorderbeins ein Leckerchen erhält, dann wird das Pferd irgendwann beginnen, von alleine sein Vorderbein anzuheben, wenn es nämlich der Meinung ist, es stehe ihm ein Leckerchen zu.

Ein weiteres Beispiel: Eine Weile lang habe ich mein Pferd immer an den Stellen besonders intensiv gebürstet, an denen es sich kratzen wollte. Das führte dazu, dass es mit seiner Nase so lange auf die Stellen zeigte, an denen es gekratzt werden wollte, bis ich es dann auch tat. Dabei war anhand der Kopfbewegung klar zu erkennen, dass darin eine Aufforderung lag.

Sicher wird mir der eine oder andere an dieser Stelle den Vorwurf machen, dass sich diese Verhaltensweisen ganz einfach erklären lassen und ich mir mit meinen bisherigen Ausführungen die Erklärungen schon selbst gegeben habe. Dessen bin ich mir bewusst. Aber gehen wir die Sache an dieser Stelle doch einmal bewusst aus menschlicher Sicht an. Was würden Sie tun, wenn Sie feststellen, dass jemand versucht, sich Ihnen auf freundliche Weise mitzuteilen? Würden Sie ihn tatsächlich kalt abblitzen lassen?

Ganz davon abgesehen wird diese gewisse Vermenschlichung der Beziehung zum Pferd einen ganz besonderen Vorteil mit sich bringen: Man wird als Reiter viel mehr dazu geneigt sein, sein Pferd zu loben, es nicht zu überfordern und mit Strafen möglichst sparsam umzugehen, also genau das Verhalten zu zeigen, dass aufgrund rationaler Überlegungen richtig und nötig ist.

Darüber hinaus wird einem bewusst, welche Persönlichkeit sich in jedem Pferd verbirgt, und es schmerzt immer mehr, kann man einmal nicht alle Bedingungen erfüllen, die erfüllt werden müssen, um dem Pferd ein möglichst artgerechtes und damit angenehmes Leben zu ermöglichen.

Diese Achtung vor dem Pferd und die Liebe zu ihm werden das anfangs rein handwerksmäßig betriebene Reiten zur Reitkunst erheben – eine Kunst, in welcher der Reiter wahrhaft bewegte Harmonie auf Erden erleben kann. Es wird sich dann sogar eine solche Beziehung entwickeln, wie sie zwischen zwei zueinander anhänglichen Pferden vorliegt.

Das Pferd wird dem Menschen auf Schritt und Tritt folgen. Es wiehert beim Herannahen des Menschen und kommt ihm entgegen.

Dies darf aber nicht mit dem Zustand der Abhängigkeit des Pferdes von Leckereien verwechselt werden. Eine übermäßige Gabe von Leckerchen kann Pferde derart abhängig vom Menschen machen, dass sie ihm auf Schritt und Tritt folgen. Eine solche Beziehung aber, die sich genau genommen nur auf die Abhängigkeit von Leckereien gründet, wird nicht zu dem bedingungslosen Gehorsam führen, wie er nötig ist, um mit dem Pferd systematisch arbeiten zu können und das Reiten zur Reitkunst werden zu lassen. Das Reichen von Futter ist eine gute Möglichkeit, sein Pferd zu belohnen, aber es ist nicht die einzige Möglichkeit.

Wenn's vorne zwickt und hinten drückt

1   2   3   4   **5**   6   7   8   9   10   11   12   13

Unter Zwicken und Drücken mag wohl niemand so recht seine Arbeit tun! Grundsätzlich kommt als Ursache für Schwierigkeiten in der Reitausbildung auch eine fehlerhaft angepasste Ausrüstung in Frage.

So kann zum Beispiel die Verwendung eines zu dicken Gebisses dazu führen, dass das Pferd schneller die Zunge über das Gebiss zieht, als es das im Normalfall tun würde. Bei einem zu engen Gebiss kann es vorkommen, dass die Haut der Maulwinkel in die Löcher der Trensenringe gezogen und dort für das Pferd schmerzhaft eingeklemmt wird.

Ein Sattel, dessen Kammerweite nicht auf das Pferd abgestimmt ist, wird über kurz oder lang zu Satteldruck führen. Oftmals liegt in einer zu geringen Kammerweite der Grund für Widerstände im Genick. Bildet ein Sattel eine Brücke, sodass er im mittleren Bereich seiner Sattelpolster nicht auf dem Pferderücken rechts und links der Wirbelsäule aufliegt, kann das der Grund dafür sein, dass das Pferd weniger gut im Rücken schwingt, weil sich der Sattel unter dem Reiter vorn und hinten regelrecht in seinen Rücken bohrt.

Die Verwendung unpassender Ausrüstung führt im Allgemeinen dazu, dass sich das Pferd immer mehr gegen das Anlegen der Ausrüstung wehrt. Das beginnt zunächst mit einem Ohrenanlegen und einem unnatürlichen Anspannen des gesamten Körpers. Dies kann sich über ein abwehrendes Kopfschlagen nach oben und Beißen bis hin zum Überschlagen steigern.

Die Verwendung unpassender Ausrüstung beim Reiten wird das Erreichen eines der grundlegendsten Elemente der Ausbildung, die Losgelassenheit, unmöglich machen. Das lässt sich leicht verstehen, wenn man überlegt, welche Schmerzen unpassendes Schuhwerk, drückende Gegenstände im eng verschnallten Rucksack oder sonstige schlecht sitzende Kleidung auf Dauer verursachen können.

Die Zäumung

Der Mensch ist von Natur aus ein „Hand-Werker". Seine Hände sind seine wichtigsten Werkzeuge bei der Erforschung und Beeinflussung seiner materiellen Umwelt. Daher scheint es nur allzu verständlich, dass viele Reiter versuchen, die gewünschte Halshaltung des Pferdes durch Einwirkungen der Hände zu erreichen. Dass dies eine falsche Vorstellung ist, wird später noch deutlich werden. Entscheidend für unsere nächsten Betrachtungen sind die Instrumente, mit denen der Reiter seine Handeinwirkungen auf das Pferd überträgt. Es geht also um die verschiedenen Zäumungsarten und deren Wirkungsweisen.

Für die Dressurausbildung eines Pferdes sind drei Zäumungen relevant: der Kappzaum, der Trensenzaum und der Kandarenzaum.

In den ersten Wochen der Reitausbildung eines Pferdes verwendet man den Kappzaum in Verbindung mit dem Trensenzaum zum

> In den meisten Fällen führt die Verwendung von unpassender Ausrüstung zu einem Abwehrverhalten des Pferdes, welches das Erreichen des jeweiligen Ausbildungszieles durch den Verlust der Zwanglosigkeit und damit der Losgelassenheit sehr in Frage stellt. Daher ist es ein unbedingtes Muss, in eine einwandfrei an das Pferd angepasste Ausrüstung zu investieren, schon bevor sich Abwehrverhalten zeigen.

Longieren und zum Anreiten. Beim Reiten mit Kappzaum führt man das Pferd mit den vier Zügeln des Kappzaums und der Trense. Anfangs herrschen die Kappzaumzügel vor. Nach und nach gewinnen alle vier Zügel gleiche Bedeutung. Das Reiten auf Kappzaum eignet sich nicht nur zum Anreiten, sondern auch um das Überzäumen und Zungenfehler zu korrigieren, die infolge harter Handeinwirkungen entstanden sind. Auch bei Verletzungen der Zunge oder der Schleimhäute kann bis zur Abheilung auf Kappzaum geritten werden. Es sei aber darauf hingewiesen, dass diese Alternative nur bei solchen Pferden angewendet werden sollte, die sich damit kontrollieren lassen. Der Kappzaum findet natürlich auch bei der Arbeit an der Hand Verwendung.

Für die weitere Ausbildung des Pferdes nach dem Anreiten benutzt man den Trensenzaum. Im Allgemeinen findet eine Umstellung auf die Kandarenzäumung statt, wenn das Pferd die Ausbildungsstufe der Klasse L abgeschlossen hat.

Der Grund für die Abfolge in der Verwendung dieser drei Zäumungen liegt darin, dass die jeweils schärfer wirkende Zäumung erst dann verwendet werden kann, wenn sich die Selbsthaltung und die Anlehnung an die mildere Zäumung genügend verfeinert haben. Benutzt man eine schärfer wirkende Zäumung in den Ausbildungsstadien, in denen sich das Pferd naturgemäß noch stärker an das Gebiss anlehnt, so führt das früher oder später dazu, dass es der starken Wirkung des Gebisses ausweicht. Meistens überzäumt sich das Pferd dann und kommt hinter die Senkrechte oder schlimmer noch hinter den Zügel.

Der Kappzaum

Das entscheidende Bauteil des Kappzaums ist der Nasenbügel aus Metall. Er sollte mit einem dicken Lederpolster unterlegt sein, damit er keine Verletzungen verursacht. Zwei Gelenke im Nasenbügel sorgen dafür, dass er sich der Nasenform anpasst. Auf seiner Mitte befindet sich ein beweglicher Ring, in den die Longe eingehakt werden kann. Zwei weitere Ringe sitzen rechts und links der Mitte. Dort schnallt man die Zügel ein, wenn man auf Kappzaum reitet.

Übt man mit der Longe oder den Zügeln einen Zug auf den Kappzaum aus, dann greift er am Nasenbügel an. Beim Longieren ist der Zug zur Seite gerichtet. Durch diesen seitlichen Zug darf der Kappzaum nicht verrutschen. Das würde eine verzögerte und unsaubere Einwirkung zur Folge haben. Der Kinnriemen muss deshalb entsprechend eng verschnallt werden, damit die Reibungskräfte zwischen den Lederpolstern des Nasenbügels, des Kinnriemens und dem Pferdekopf groß genug sind, um die Zugkraft der Longe auszuglei-

Kappzaum

Trensenzaum. Hier sehen Sie eine Schenkeltrense korrekt verschnallt mit hannoverschem Reithalfter und Kneblen.

Kandarenzaum

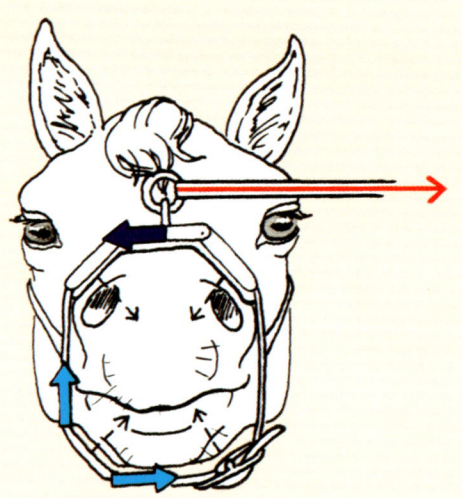

Durch die Spannung im Nasen- und Kinnriemen werden an den Kontaktstellen des Kappzaums Kräfte in Richtung auf das Innere des Pferdekopfes ausgeübt. Nasenbügel und Kinnriemen werden auf diese Weise an den Pferdekopf gepresst. Dadurch entstehen zwischen Nasenbügel, Kinnriemen und Pferdekopf Reibungskräfte, die einen seitlichen Zug am Mittelring kompensieren.

Die meisten Pferde nehmen eine stärkere Anlehnung an den Kappzaum. Sie verkraften diese stärkere Anlehnung leichter, weil der Kappzaum die Zügelkräfte über eine größere und unempfindlichere Fläche verteilt. Diese Tatsache lässt sich ausnutzen, um die Stirnlinie bei Pferden, die hinter der Senkrechten oder sogar hinter dem Zügel gehen, wieder vor die Senkrechte zu bekommen.

Trense und Kandare als Kraftverstärker

Unabhängig von der Zäumung übt der Reiter beim Annehmen der Zügel Zugkräfte auf diese aus. Dadurch werden sie gespannt, und das umso mehr, je größer die angreifenden Kräfte sind. Die Zügel übertragen ihre Spannung wieder als Kräfte auf das Gebiss.

> Das Gebiss bewirkt aufgrund seiner Hebelkonstruktion eine Kraftverstärkung. Diejenigen Teile des Pferdemauls, auf denen das Gebiss aufliegt, müssen deshalb Kräfte aushalten, die wesentlich größer sind als die Zügelkräfte.

chen. Durch eine übertrieben enge Verschnallung wird verhindert, dass sich das Pferd loslässt.

Damit die Verschnallung des Kappzaumes nicht schmerzhaft für das Pferd ist, sollten der Metallbügel und der Kinnriemen mit ihren Lederpolstern breit sein. Dadurch verteilen sich die einschnürenden Kräfte des Kappzaums auf eine große Fläche. Die Druckbelastung fällt so geringer aus.

Beim Longieren greift die Zugkraft der Longe zwar am Nasenbügel an, kompensiert wird die übertragene Kraft aber an all den Stellen, wo die Riemen Kontakt zum Pferdekopf haben. Dadurch wirkt man nicht nur auf das Nasenbein, sondern auf den gesamten Pferdekopf ein.

Beim Reiten auf Kappzaum haben die Zügelkräfte eine schräge Richtung nach hinten-oben. Sie setzen am Nasenbügel an und teilen sich auf in eine Kraft parallel zum Nasenrücken und in eine weitere senkrecht zum Nasenrücken. Der nach oben gerichtete Kraftanteil wirkt hebend auf den Pferdekopf. Der senkrechte ist mehr zur Brust des Pferdes gerichtet. Weil die Richtung der Zügel nach hinten zeigt, wirkt der Reiter hautsächlich auf das Nasenbein ein.

Außerdem muss bedacht werden, dass zwei Zügel ihre Spannungen als Kräfte auf das Pferdemaul übertragen, sodass das Zweifache der Spannung eines Zügels auf das Pferdemaul wirkt. Bei geringer Zügelspannung ruht das Gebiss hauptsächlich auf der Zunge und den Maulwinkeln. Je größer die Zügelspannung ausfällt, umso mehr übernehmen die Laden die Kräfte aus der Zügelspannung.

Bei der Verwendung von Trensengebissen vervielfacht sich die durch einen Zügel übertragene Zugkraft nach PREUSCHOFT um den Faktor 2 bis 3,5 und bei Kandarengebissen um den Faktor 8. Auf jeder Seite des Pferdemauls wirkt also ein Vielfaches der eingesetzten Zugkraft der jeweiligen Reiterhand.

PREUSCHOFT hat gezeigt, dass die Zügelspannung Schwankungen unterliegt und dass diese auch bei Reitern auftreten, die offensichtlich zügelunabhängig sitzen. Die Schwankungen haben je nach Gangart einen charakteristischen Verlauf, sodass man durch sie die Gangart erkennen kann.

Demzufolge muss die Forderung nach einer Zügelverbindung zwischen Pferdemaul und Reiterhand, bei der die Zügelspannung stets gleich bleiben soll, neu überdacht werden.

Die aus den Untersuchungen PREUSCHOFTS hervorgehenden Messungen haben ergeben, dass deutsche Turnierreiter der Klassen A bis M mit Zügelspannungen (in jedem einzelnen Zügel) reiten, deren Werte dem Gewicht einer Masse von 2 bis 6 Kilogramm entsprechen. Oft sind die Spannungen größer. So wurden bei Paraden aus dem Trab oder Galopp Zügelspannungen gemessen, die dem Gewicht einer Masse von 16 Kilogramm entsprechen. PREUSCHOFT konnte keinen Unterschied der Zügelkräfte in den einzelnen Zügeln beim Reiten auf Kandare feststellen.

Da sowohl das Trensen- wie auch das Kandarengebiss kraftverstärkend wirkt, mussten hauptsächlich die Laden sehr großen Kräften standhalten. So lagen die tatsächlich auf die Laden ausgeübten Kräfte in dem Bereich der Gewichtskraft einer Masse zwischen 24 Kilogramm und 128 Kilogramm. Wenn man sich einmal die Laden von verschiedenen Pferden ansieht, wie schmal sie sein können und mit welcher dünnen Haut sie überzogen sind, dann muss man sich zu Recht die Frage stellen, ob solche Zügeleinwirkungen nicht schon Tierquälerei sind.

Dass es auch anders geht, zeigen Messungen, die bei Reitern mit ihren Pferden angestellt wurden, die zwar die gleichen Ausbildungsziele verfolgten, wie sie im Turniersport angestrebt werden, die sich aber nicht unter dem Zwang sahen, Ausbildungsmethoden anzuwenden, wie sie in vielen Turnierställen anzutreffen sind. Ich möchte dabei ganz klar herausstellen, dass nicht die Reitlehre der Richtlinien für Reiten und Fahren dafür verantwortlich zu machen ist, sondern die von den Reitern und Reitlehrern vorgenommenen Fehlinterpretationen dieser Reitlehre.

So wurden bei diesen Reitern in allen Gangarten Spannungen in den Zügeln gemessen, die fast immer unter der Gewichtskraft einer Masse von 1 Kilogramm lagen. Nur bei Paraden aus dem Trab und Galopp zum Halten konnten für Sekunden Spannungen in Höhe der Gewichtskraft einer Masse zwischen 2 Kilogramm und 5 Kilogramm gemessen werden. Selbst der höchste Wert der Gewichtskraft einer Masse von 5 Kilogramm entspricht dabei etwa nur einem Drittel der maximalen Kräfte, die bei Reitern gemessen wurden, die ihre Pferde nach den Fehlinterpretationen der deutschen Reitlehre trainierten.

Diese Tatsachen sind kein Grund, die Reitweise zu ändern. Die Reitlehre der Richtlinien für Reiten und Fahren basiert auf der Heeresdienstvorschrift von 1937. In dieser Zeit wurden viele Untersuchungen über die anatomisch- funktionellen Zusammenhänge im Pferdekörper angestellt. Diese machen eines klar, nämlich dass starke Einwirkungen mit der Hand, das heißt große Zugkräfte in den Zügeln als Ergebnis einer Ausbildung, die die Durchlässigkeit des Pferdes fördern soll, nicht richtig sein können.

Sie bestätigen damit die Richtigkeit der Forderung nach einer Anlehnung mit nur geringen Zugkräften. Auf dieser Forderung, die sogar so weit geht, dass sie eine Anlehnung von lediglich Zügelschwere verlangt, baut die deutsche Reitlehre auf. Deshalb liegt der Fehler nicht bei ihr, sondern in der falschen Umsetzung ihrer Grundsätze.

Dass es insbesondere bei Korrekturpferden wegen ihres oftmals großen Mangels an Geschmeidigkeit und Beweglichkeit zu deutlich höheren Zugkräften in den Zügeln kommen kann, ist nicht abzustreiten und lässt sich auch nicht immer vermeiden, wenn man das Korrekturpferd zu gymnastischen Übungen anhält.

Falsch ist es aber in jedem Falle, wenn die höheren Zugkräfte ausschließlich durch Einwirkungen mit den Händen erreicht werden. Es ist ein Unterschied, ob sich das Pferd bei seiner Gymnastizierung wegen seiner Steifheit in die mäßig gummizuartig federnde Hand des Reiters legt oder ob es vom Reiter zusammengezogen wird.

Im ersten Fall wird sich das Pferd allmählich in die Hand dehnen und sich entspannen.

Im zweiten Fall wird das Pferd zum aktiven Beugen des Halses durch Anspannen der Unterhalsmuskeln gezwungen, was wegen der ineinander übergehenden Muskeln des ganzen Körpers zwangsläufig negative Auswirkungen auf das Engagement der Hinterhand hat.

Mit der Korrektur eines Pferdes muss die Verbesserung seiner Durchlässigkeit einhergehen und mit ihr geringer werdende Zugkräfte in den Zügeln.

Die Wirkungsweise der Trense

Das Trensengebiss liegt in dem zahnlosen Bereich zwischen den Schneidezähnen und den Backenzähnen. Das Gebiss muss wenigstens so hoch geschnallt sein, dass es die möglicherweise vorhandenen Hakenzähne nicht berührt.

Es überträgt die Zügelspannungen der Zügel als Kräfte auf die beiden Maulwinkel, die Zunge und die beiden Laden. Dabei haben die Kräfte die Richtung der Zügel.

Je nach der Höhe der Reiterhand und der Kopfhaltung des Pferdes verteilen sich die Kräfte zu einem Anteil in Richtung der Zunge und der Laden und zu einem anderen Anteil in Richtung der Maulwinkel. Die elastische Gegenkraft der Maulwinkel

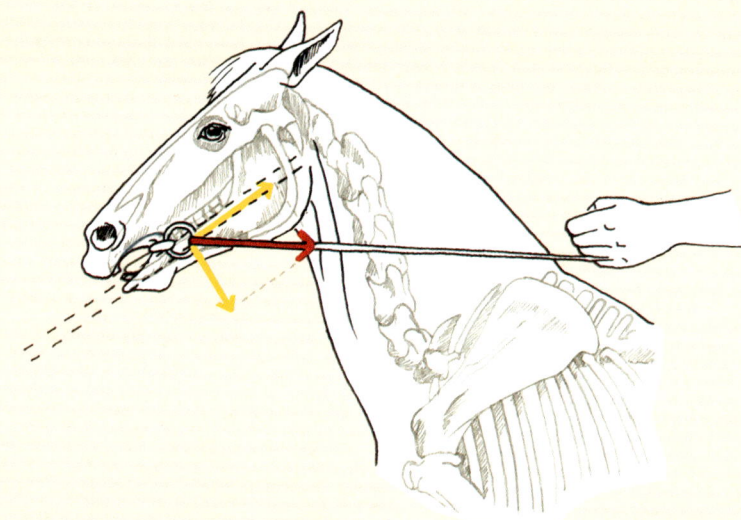

Je höher das Pferd seinen Kopf trägt,
umso mehr werden die Maulwinkel hochgezogen.

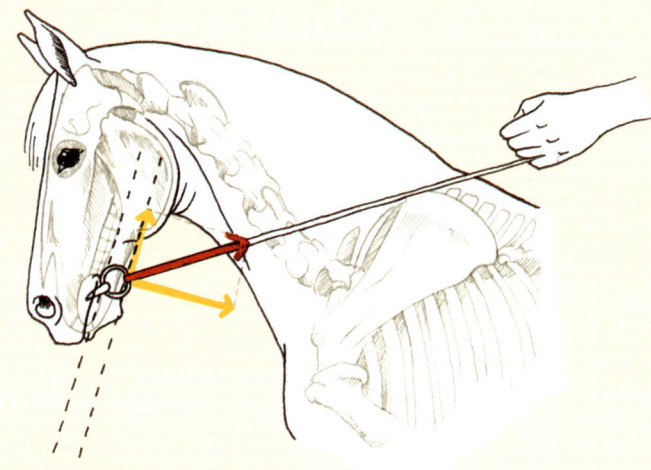

Je mehr das Pferd mit seiner Stirnlinie an die Senkrechte herankommt,
umso mehr werden die Zügelkräfte auf die Laden und die Zunge übertragen.

der Senkrechten nähert, umso größer werden die Kräfte auf die Zunge und die Laden und umso kleiner die Kräfte auf die Maulwinkel.

Unter der Voraussetzung, dass das Pferd am Zügel steht und der Reiter stets die gleiche Zügelspannung beibehält, gilt: Je höher der Reiter die Hände trägt, umso größer sind die Kräfte auf die Maulwinkel und umso kleiner auf die Zunge und die Laden.

Das Trensengebiss als Hebelinstrument

Lässt der Reiter die Zügel durchhängen, dann verursacht das Eigengewicht der Zügel eine Zügelspannung, die das Gebiss hauptsächlich auf die Zunge überträgt.

Wächst die Zügelspannung, wenn der Reiter die Zügel aufnimmt und sein Pferd sich anlehnt, so richten einfach gebrochene Trensengebisse ihr Gelenk in Richtung des Gaumens auf. Dies geschieht so lange, bis jede der beiden Gebisshälften Kontakt zu der Lade auf ihrer Seite hat. Die beiden Gebisshälften fungieren dann als Hebel, ähnlich wie die beiden Hälften einer Zange, mit der man Nüsse knackt. Die Zügel übertragen ihre Kräfte auf die längeren Hebel (Kraftarme). Die Laden befinden sich an den kürzeren Hebeln (Lastarme).

Dadurch müssen sie ein Vielfaches der Kräfte aushalten, mit denen die Zügel gespannt sind. Eine Trense vermag die angreifende Kraft eines Zügels bis auf das Dreieinhalbfache zu vergrößern. Je breiter das Gebiss ist, umso länger fallen die Kraftarme aus. Die Lastarme der Laden bleiben aber gleich. Dadurch nimmt die Hebelwirkung des Gebisses zu. Es wirkt schärfer.

kompensiert den auf sie einwirkenden Anteil der Gebisskräfte. Dabei werden sie in einem entsprechenden Maß hochgezogen.

Unter der Voraussetzung, dass der Reiter seine Hände vor dem Körper und knapp über dem Widerrist trägt und stets die gleiche Zügelspannung beibehält, gilt: Je mehr sich die Stirnlinie des Pferdes

> **Die Hebelwirkung der einfach gebrochenen Trense ist umso größer, je länger die Gebisshälften sind.**

Zu beachten ist, dass eine doppelt gebrochene Trense schärfer wirkt als eine einfach gebrochene mit gleicher Weite. Bei ihr bleibt zwar die Länge der Kraftarme gleich, dafür verkürzen sich die Lastarme der Laden.

Die Folge ist eine verstärkte Hebelwirkung. Deshalb wirkt das doppelt gebrochene Gebiss gleicher Weite schärfer.

Dicke und dünne Trensengebisse

Jedes Gebiss verteilt die Kräfte, die es auf die Maulwinkel, die Zunge und die Laden ausübt, über seine Auflagefläche. Dadurch steht die Auflagefläche unter einer Druckbelastung. Die Druckbelastung ist umso größer, je kleiner die Auflagefläche ausfällt. Diese verkleinert sich, je dünner das Gebiss ist. Das bedeutet, dass ein dünneres Gebiss bei gleicher Zügelspannung die größere Druckbelastung verursacht. Deshalb wirken dünnere Gebisse schärfer.

Verwendet man ein zu dickes Gebiss, das der Zunge keinen Spielraum lässt, selbst wenn sich das Gelenk des Mundstücks nach dem Anstellen der Zügel in Richtung des Gaumens angehoben hat, kann das zu Quetschungen und damit Blutstauungen der Zunge führen. Nicht weniger unangenehm ist es für das Pferd, wenn das Gelenk bei anstehenden Zügeln gegen den Gaumen drückt. Diese Umstände müssen bei einer Gebissanpassung berücksichtigt werden.

Die Wirkungsweise der Kandare

Das Kandarengebiss sollte ebenfalls im zahnlosen Bereich zwischen den Schneide- und Backenzähnen liegen. Keinesfalls darf es die Hakenzähne berühren. Die Unterlegtrense wird so verschnallt, dass sie über dem Kandarengebiss im Pferdemaul liegt. Sie darf nicht vom Kandarengebiss eingeklemmt werden.

Das Mundstück der Kandare ruht hauptsächlich auf den Laden, aber auch auf der Zunge. Ihre Belastung wird durch die Zungenfreiheit reduziert. Bei Zungenfreiheiten, die stark nach oben gewölbt sind, besteht das Problem, dass sie gegen den empfindlichen Gaumen stoßen und Schmerzen verursachen. Deshalb sind Kandaren mit nach oben hin flacher Zungenfreiheit günstiger. Nach unten hin sollten sie großzügig ausgeschnitten sein, damit die Zunge Platz findet. Wichtig ist, die Weite der Kinnladen zu beachten, damit die Ballen des Mundstückes auf den Laden ruhen und nicht die äußeren Ausläufer der Wölbung der Zungenfreiheit. Vorteilhaft ist eine nach vorn gedrehte Zungenfreiheit, weil sie durch das Anstellen der Kandare beim Aufnehmen der Zügel aufgerichtet wird, sodass die Zunge noch mehr Platz hat.

Die Kinnkette sollte so lang verschnallt werden, dass die Kandarenbäume einen Winkel von maximal 45 Grad mit der Maulspalte bilden können.

Die Kandare als Hebelinstrument

Das Mundstück des Kandarengebisses liegt mit den Ballen im Wesentlichen auf den Laden auf. Die Ober- und Unterbäume der Kandare bilden auf jeder Seite einen zweiarmigen Hebel, dessen Drehpunkte die Auflagepunkte des Mundstücks auf den Laden sind.

Die Spannungen der aufgenommenen Kandarenzügel setzen an den unteren Enden der Unterbäume an. Sie führen zu einer Drehung des Gebisses. Die Drehung findet ein Ende, wenn die Kinnkette und die Backenstücke, die an den Oberbäumen ansetzen, genügend gespannt sind, um eine weitere Drehung zu verhindern. Die Spannung der Kinnkette bekommt das Pferd in der Kinnkettengrube und die der Backenstücke im Genick zu spüren.

Ein Zug am Unterbaum bewirkt, dass Kinnkette und Backenstücke gespannt werden.

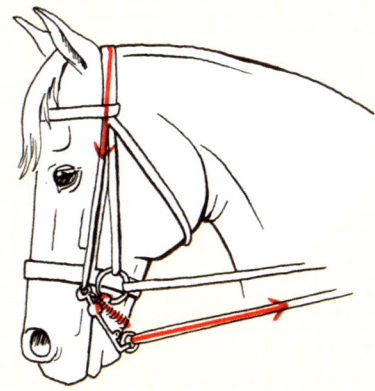

Stehen die Kinnkette und die Backenstücke erst einmal unter Spannung, kompensieren sie mit ihrem Drehmoment über den Oberbaum das Drehmoment der Kandarenzügel am Unterbaum.

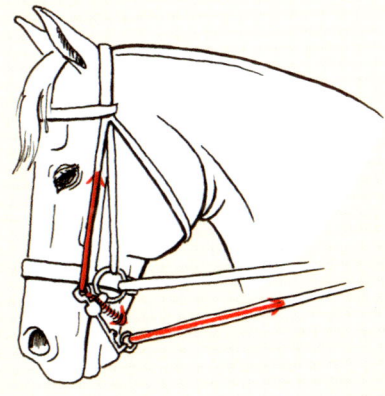

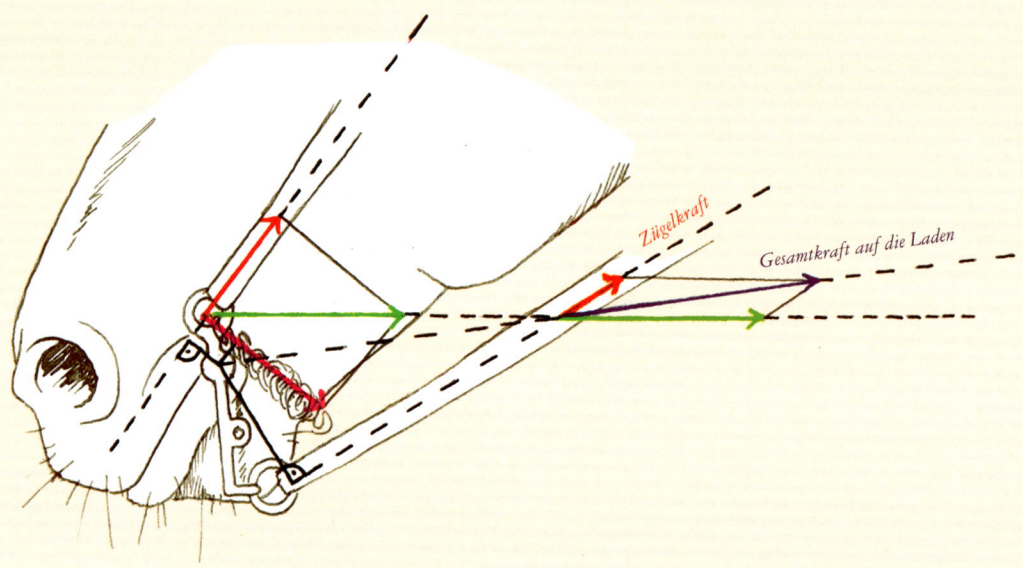

Die resultierende Kraft auf einer Seite der Kandare übertrifft die eingesetzte Kraft des gleichseitigen Kandarenzügels um das bis zu Achtfache.

Befindet sich die angestellte Kandare in Ruhe, das heißt, dreht sie sich nicht mehr weiter, so wirken drei Kräfte an ihr: die Spannung in den Backenstücken, die Spannung der Kinnkette und die Spannung der Kandarenzügel.

Diese Kräfte kann man zu einer einzigen resultierenden Kraft zusammenfassen. Das Mundstück der Kandare überträgt die resultierende Kraft hauptsächlich auf die Laden. Sie zeigt in Richtung auf die Brust des Pferdes. Weil die Spannungen der Kandarenzügel an den langen Hebeln (den Unterbäumen) angreifen und die Backenstücke sowie die Kinnkette an den kürzeren Hebeln (den Oberbäumen) ansetzen, übertrifft die resultierende Kraft die eingesetzten Zügelspannungen um ein Vielfaches. Sie erreicht Werte bis zum Achtfachen der Zügelspannungen.

Die resultierende Kraft hängt von dem Verhältnis der Längen von Oberbaum zu Unterbaum ab. Je länger die Unterbäume bei gleicher Länge der Oberbäume sind, umso größer ist die Hebelwirkung der Kandare und damit die resultierende Kraft. Sie ist aber auch von dem Anstellwinkel der Kandare abhängig, den Unterbaum und Oberbaum mit der Maulspalte bilden.

Dieser Anstellwinkel wird bestimmt durch die Länge der Kinnkette. Wird die Kinnkette lang

verschnallt und fällt die Kandare deshalb durch, dann verkürzen sich die Hebelarme von Oberbaum und Backenstück. Das Hebelverhältnis bleibt aber annähernd erhalten. Das längere Verschnallen der Kinnketten macht die Einwirkung der Kandare nicht milder.

Bei kurz verschnallter Kinnkette (strotzende Kandare) ist die Spannung in den Backenstücken so klein, dass man sie gegenüber der Spannung in der Kinnkette vernachlässigen kann. Es verhält sich dann ungefähr so, dass allein die Kinnkette für einen Ausgleich der Hebelwirkung der Kandarenzügel am Unterbaum sorgt.

Eine weitere Möglichkeit, die Kräfte auf die Laden des Pferdes zu beeinflussen, besteht in der Höhe der Hand. Im Allgemeinen steht die Zugkraft des Zügels annähernd senkrecht auf dem Unterbaum, sodass bei angestellter Kandare, die dann einen Winkel von etwa 45 Grad mit der Maulspalte bilden sollte, die gesamte Länge des Unterbaumes als Hebel fungiert. Wird die Hand höher getragen, dann verkürzt sich der Hebelarm, wodurch die Kräfte auf den Laden geringer werden. Gleiches geschieht, wenn die Hand deutlich tiefer getragen wird.

Die Form der Unterbäume spielt für die Hebelwirkung der Kandare keine Rolle. Jedoch kann mit S-förmig gebogenen Unterbäumen (so genannte S-Kandaren) verhindert werden, dass das Pferd die Unterbäume mit den Lippen festhält. Dies lässt sich bei den Kandaren mit geraden Unterbäumen durch den Scherriemen vermeiden, der außerdem noch die Kinnkette fixiert.

Dicke und dünne Kandarenmundstücke

Der Druck, der über die Ballen des Mundstücks auf die Laden übertragen wird, hängt wie im Falle des Trensengebisses von der Fläche der Ballen ab, über die sich die resultierende Kraft verteilt. Ein dickeres Mundstück besitzt eine größere Auflagefläche und führt damit zu einer Verteilung der Kraft über eine größere Fläche, sodass der Druck kleiner ausfällt.

Langsame und schnelle Kandaren

Die Länge der Unterbäume einer Kandare hat Einfluss auf ihre Schärfe. Stellt man eine Kandare mit kurzen Unterbäumen und eine mit längeren Unterbäumen um den gleichen Winkel an, so muss man die Zügel der Kandare mit den längeren Unterbäumen um ein längeres Maß annehmen. Folglich spannt sich die Kinnkette bei der längeren Kandare erst dann genauso stark wie bei der um den gleichen Winkel angestellten kürzeren Kandare, wenn man die Zügel entsprechend mehr angenommen hat. Das bedeutet, dass die lange Kandare eine verzögerte Wirkung gegenüber der kurzen hat. Die Kandare mit den längeren Unterbäumen verkraftet deshalb eine leichte Bewegung der Zügel, ohne dass das Pferd größere Kräfte zu spüren bekommt. Sie wird deshalb auch als „langsam" wirkende Kandare bezeichnet. Die Kandare mit kürzeren Unterbäumen ist dann die „schnell" wirkende.

Eine hervorragende Möglichkeit, die Wirkung der Kandare auf ein Minimum zu beschränken, besteht darin, einhändig zu reiten. Gleiches gilt auch für das Reiten auf Trense. Dadurch lassen sich die meist ungewollten, aber oft auftretenden leichten Schwankungen in der Führung mit beiden Händen vermeiden. Bei der Führung mit einer Hand können diese Schwankungen nicht auftreten.

Mit der Kandare können wegen ihrer speziell konstruierten Hebelwirkung als Stangengebiss keine wirksamen abwendenden Einwirkungen gegeben werden.

Die korrekte Anpassung eines Gebisses

Für das korrekte Anpassen eines Gebisses ist es nötig, die Weite der Maulspalte zu messen und sich ein Bild von der Ladenweite und dem Platz zwischen Gaumen und Zunge im Bereich der Gebisslage zu machen. Die Gebissweite lässt sich mit einer Schieblehre aus Kunststoff bestimmen. Mit ihrer Hilfe misst man die Weite des Mauls außen an den Maulwinkeln. Zu der gemessenen Weite sollte bei einfach gebrochenen Gebissen ein Spielraum von etwa 1 Zentimeter hinzugerechnet werden; bei doppelt gebrochenen und Stangengebissen dagegen nur einen halben Zentimeter.

Bei Kandaren ist es wichtig, die Ladenweite einzuschätzen, damit die Ballen des Mundstücks und nicht die Enden der Wölbungen der Zungenfreiheit auf den Laden aufliegen.

Der Platz zwischen Gaumen und Zunge gibt die Gebissdicke beziehungsweise die maximale Höhe der Zungenfreiheit einer Kandare vor. Bei aufgenommenen Zügeln sollte weder die einfach gebrochene Trense noch die Zungenfreiheit einer Kandare gegen den empfindlichen Gaumen drücken. Häufig fällt das Gelenk, mit dem die beiden Gebisshälften einer Trense verbunden sind, sehr groß aus. Es sollte aber möglichst klein gehalten sein, damit sie nicht unnötig auf die Zunge oder den Gaumen drücken.

Doppelt gebrochene Trensen verteilen die Zügelkraft zwar mehr auf die Zunge und wirken etwas schärfer, sie drücken aber bei korrekter Dicke weniger gegen den Gaumen.

Außerdem sollte darauf geachtet werden, dass die Löcher der Trensenringe nicht ausschlagen. Bei zu engen und ausgeschlagenen Gebissen besteht die Gefahr, dass die Haut zwischen Trensenring und Loch im Mundstück eingeklemmt wird.

Die letztendliche Entscheidung darüber, welches der nach dem Messen in Frage kommenden Gebissen verwendet wird, trifft das Pferd: Wenn ein Pferd ein Gebiss nicht als störend empfindet, wird es das Maul ruhig und geschlossen halten. Ein krampfhaftes Kauen auf diesem, zusammen mit einem seitlichen Verschieben des Unterkiefers und dem Hochziehen der Zunge tritt dann nicht auf. Es ist beispielsweise beim Reiten auf Kandare häufiger zu beobachten, dass das betreffende Pferd der deutlich schärfer wirkenden Unterlegtrense (sie wirkt schärfer, weil sie wesentlich dünner ist) ausweicht. Hier hilft es beispielsweise, auf ein dickeres Trensengebiss zurückzugreifen und es als Unterlegtrense zu verwenden.

> Die letztendliche Entscheidung darüber, welches Gebiss verwendet werden kann, trifft das Pferd. Nimmt es das Gebiss sowohl beim Aufzäumen als auch beim Reiten an, ohne sich zu wehren, kann davon ausgegangen werden, dass ihm seine Verwendung zumindest nicht unangenehm ist.

Richtig: Hier liegt der Sattel im Gleichgewicht, wobei Vorderzwiesel und Vorstoß am Sattelende in einer Waagrechten liegen.

Falsch: Der Sattel ist hinten zu tief.
Um ihn ins Gleichgewicht zu bringen, müsste er hinten deutlich erhöht werden.

Der Sattel

Der Grund für die Notwendigkeit eines einwandfrei angepassten Sattels ist der gleiche wie in Sachen Gebissanpassung: Zwanglos und losgelassen kann ein Pferd nur gehen, wenn keiner der verwendeten Ausrüstungsgegenstände drückt, schmerzt oder in der Bewegung stört.

Zunächst wird ein Sattel ausgesucht, dessen Kammerweite und Kissenvolumen den am Pferd genommenen Maßen am besten entspricht. Dann erfolgt durch einen Sattler die spezielle Anpassung an das betreffende Pferd, indem Kammerweite und Kissen auf das Pferd abgestimmt werden. Genau genommen ist der Sattler ein Orthopäde und demzufolge verlangt das Anpassen eines Sattels umfassende Kenntnisse auf dem Gebiet der Anatomie und Bewegungsmechanik des Pferdes.

Daher ist es sehr wichtig, sich in Sachen Sattelanpassung auch tatsächlich an einen Sattler oder Sattlermeister zu wenden. Einige Sattelhersteller bieten die Anpassung des von ihnen hergestellten Sattels an die Maße an, die am Pferd genommen worden sind. Dies ist natürlich eine Alternative. Jedoch müssen die Maße auch genau nach den Anweisungen des Sattelherstellers genommen werden.

Selbstverständlich ist es auch möglich, sich einen Sattel vollständig auf sein Pferd anpassen zu lassen. Dieser muss dann völlig neu nach den Maßen des Pferdes gebaut werden. Diese Möglichkeit ist sehr zu empfehlen. Sie ist allerdings recht kostspielig.

Ein Sattel sollte folgenden allgemeinen Anforderungen gerecht werden: Die Kammerweite muss der Wirbelsäule genügend Platz lassen, sodass die Polster gleichmäßig auf den Muskeln neben der Wirbelsäule aufliegen. Eine Brückenbildung muss unbedingt vermieden werden, damit der Sattel nicht vorne und hinten zu bohren beginnt. Eine gleichmäßige Druckverteilung entlang der Polster ist sicherzustellen.

Dazu muss der Sattel im Gleichgewicht liegen. Nur dann wird das Gewicht des in der Mitte des Sattels sitzenden Reiters auch möglichst gleichmäßig auf den Pferderücken verteilt.

Liegt der Sattel im Gleichgewicht, lässt er den aufrechten Sitz in der Senkrechten zu.

Ist der Sattel beispielsweise hinten zu tief, fördert er den Stuhlsitz.

Der Sattel darf auch bei Belastung niemals auf dem Widerrist aufliegen. Es genügt, wenn in diesem Zustand etwa zwei übereinander gehaltene Finger zwischen Kammer und Widerrist passen. Das Kopfeisen des Sattels darf nicht so eng sein, dass der Sattel hinter der Schulter einschneidet. Grundsätzlich sind weiche Polster anzustreben. Sie wirken stoßdämpfend und vermitteln ein angenehmeres Gefühl für Pferd und Reiter.

Schon im unangegurteten Zustand darf sich der Sattel nicht aus der Sattellage nach vorne verschieben lassen. Ebenso wenig darf er nach hinten verrutschen oder hinten hochstehen.

> Das Anpassen eines Sattels kann nie über eine Ferndiagnose erfolgen. Es ist darauf zu bestehen, dass die Passgenauigkeit eines Sattels, der auf die Maße des Pferdes gebracht worden ist, in der Bewegung unter dem Reiter kontrolliert wird. Dabei sollte man ohne Decke reiten, und zwar in allen Gangarten und einigen Übergängen.
> Natürlich kann es vorkommen, dass Nachbesserungen nötig werden. Die Lage des Sattels sollte durch den Sattler immer wieder kontrolliert werden.

Ein schlecht sitzender Sattel ist meist eine der Ursachen dafür, dass sich die Muskulatur im Bereich um den Widerrist oder im Lendenbereich nicht dem Training entsprechend entwickelt. Ein drückender Sattel macht es unmöglich, dass sich das Pferd im Rücken loslässt.

Zuerst das Pferd, dann der Reiter

Der Sattel muss nicht nur dem Pferde passen, sondern ebenso seinem Reiter. Ein Wundwerden beim Reiten kann einerseits die Folge einer mangelhaften Lage des Sattels auf dem Pferd sein, aber ebenso viel kann auch die Bauart des Sattels dazu beizutragen. Grundsätzlich muss der Sattel ein schmerzfreies Reiten ermöglichen und ein angenehmes Sitzgefühl vermitteln.

Dazu ist es von größter Bedeutung, dass der Sattel die Sitzgabel des Reiters möglichst gleichmäßig ausfüllt und den Reiter nicht wie auf einem schmalen Vierkantholz sitzen lässt. Ein Sattel, der dem Pferd angepasst ist und der die Sitzgabel des Reiters ausfüllt, wird ein künstliches Eindrehen der Oberschenkel, um den geforderten Oberschenkel- und Knieschluss zu erreichen, praktisch überflüssig machen. Genauso wichtig ist es, dass der tiefste Punkt der Sitzfläche, die Bügelschlösser und das Sattelblatt so dicht zusammenliegen, dass der Reiter einen aufrechten, gestreckten Sitz einnehmen kann, ohne dabei vorne gegen die Sattelkammer zu stoßen. Bei vielen Sätteln liegt der tiefste Punkt der Sitzfläche bauartbedingt so weit von den Bügelschlössern und dem Sattelblatt entfernt, dass der Oberkörper zu weit hinter den Beinen in den Sattel kommt. Das begünstigt den Stuhlsitz. Außerdem sitzt der Reiter in solchen Sätteln besonders weit von der Schwerelinie des Pferdes entfernt, wodurch das Mitgehen mit dem Pferd nicht gerade gefördert wird.

Ein weiterer Grund dafür, weshalb der Sattel den Reiter weiter vorne sitzen lassen sollte, ist der, dass dann die durchbiegende Wirkung, die das Reitergewicht auf den Pferderücken hat, geringer ausfällt. Je näher der Reiter am Widerrist sitzt, umso mehr übernimmt der vordere Teil der Wirbelbrücke die Last. Da dieser vordere Teil an den stützenden Vorderbeinen aufgehängt ist, überträgt sich ein größerer Teil des Reitergewichts auf die Vorderbeine. Dadurch biegt sich die Wirbelbrücke in der Mitte weniger durch. Das Pferd wird so mit dem Reitergewicht leichter fertig. Dies ist vor allem bei der Heilung von Rückenproblemen und beim Anreiten von jungen Pferden wichtig.

Ferner sollte die Sitzgröße des Sattels der Länge des Abstandes zwischen Gesäß und Knie entsprechen, damit Oberschenkel und Knie auch eine schöne Lage am Sattel einnehmen können.

Pauschen und tiefe Sitzflächen bekämpfen nur Symptome. Die Ursachen für Sitzmängel beheben sie jedoch nicht. Deshalb kann man gut auf sie verzichten.

Das Anlegen der Ausrüstung

Die an Pferd und Reiter bestangepasste Ausrüstung wird ihren Zweck, Pferd und Reiter ein störungsfreies Arbeiten zu ermöglichen, nur dann erfüllen, wenn sie dem Pferd korrekt angelegt wird und der Reiter richtig über sie einwirkt.

Um Abwehrverhalten des Pferdes gegenüber dem Anlegen der Ausrüstung grundsätzlich zu vermeiden beziehungsweise zu korrigieren, sollten bei Kälte die Satteldecken und Gebisse vor dem Anlegen angewärmt werden. Außerdem müssen alle Ausrüstungsteile, die direkten Kontakt zum Pferd haben, sauber gehalten werden, damit sie keine Druck- oder Scheuerstellen verursachen.

Dies gilt insbesondere für die Satteldecken und Gurte. Fremdkörper unter der Satteldecke und das Einklemmen von Fell in der Schnalle eines Kurzgurtes mit Gummizügen können zu einem Bocken führen.

Ferner ist bei der Verschnallung des Gebisses darauf zu achten, dass es weder an einen Zahn schlägt noch die Maulwinkel zu stark hochgezogen werden. Im Allgemeinen sollten nur zwei bis drei Falten an den Maulwinkeln entstehen. Allerdings wird man das Gebiss bei Pferden, welche die Zunge hochziehen, etwas höher einschnallen. Ein zu tiefes Einschnallen des Gebisses verleitet die Pferde leicht dazu, die Zunge darüber zu legen.

Verwendet man ein hannoversches Reithalfter, so sollte unbedingt daran gedacht werden, dass man es hoch genug verschnallt. Ein zu tiefes Verschnallen behindert die Atmung des Pferdes. Es sollte noch auf dem festen Ende des Nasenrückens zu liegen kommen. Gleiches gilt für die Verschnallung des Kappzaumes (siehe Seite 46).

Der Sattel sollte von vorne her nach hinten, also in Fellrichtung, in die Sattellage gezogen werden, bis er in dieser praktisch von selbst liegen bleibt. In der Regel wird der vordere Rand des Sattels knapp hinter der Spitze des Schulterblattes liegen. Es ist darauf zu achten, dass die Satteldecke in die Kammer gezogen wird, damit sie keine Scheuerstellen auf dem Widerrist verursacht.

Bei jungen Pferden kann es angebracht sein, Baumwollbandagen oder Gamaschen anzulegen. Sie dienen aber ausschließlich als Schlagschutz. Man verhindert durch sie Verletzungen an den Beinen, die durch Anschlagen entstehen können. Dies kann bei jungen, noch nicht völlig ausbalancierten Pferden vorkommen.

Stoßdämpfend können aber besonders fest anliegende Gamaschen, die auch den Fesselkopf umschließen, nicht wirken, weil sie den natürlichen Federmechanismus des Fesselgelenks herabsetzen und das Gelenk versteifen.

Die Ausbildung des Reit- und Dressurpferdes: Endziel Durchlässigkeit und Versammlung

In dem Augenblick, in dem wir erkennen, dass sich etwas in eine falsche Richtung entwickelt, haben wir bereits eine Vorstellung davon, wie es sich richtig entwickeln sollte.

Wenn wir also erkennen, dass unser Pferd fehlerhafte Verhaltensmuster zeigt, sei es im allgemeinen Umgang oder beim Reiten selbst, dann wissen wir bereits, wie sich das Pferd im Sinne einer Reitausbildung richtig verhalten sollte. Damit sind wir uns auch schon über das Ziel klar, das durch eine Korrektur des Pferdes erreicht werden soll. Dieses Ziel lautet: Durchlässigkeit gegenüber den Reiterhilfen und Versammlung. Das ist gleichbedeutend mit genau dem Teil unserer bisherigen Zielsetzung, den wir so formuliert hatten: „Ziel aller Pferdeausbildung ist ein … beim Reiten gehorsames Pferd, das geschmeidig und wendig ist, sich in allen Grundgangarten und Tempi widerstandslos regulieren lässt und den Reiter durch angenehme und weiche Bewegungen erfreut."

Das Ausbildungsziel zu kennen ist natürlich sehr wichtig, aber man muss auch wissen, auf welchem Weg oder durch welche Methode man dorthin gelangt. In einem der vorigen Kapitel ist uns klar geworden, dass es sich bei dieser Methode nur um ein sportliches Training im Sinne einer Gymnastizierung des Pferdes drehen kann. Diesem Anspruch wird die so genannte Ausbildungsskala gerecht. Sie gibt an, woran man unter Zuhilfenahme der reiterlichen Einwirkungen, der Hufschlagfiguren und der Lektionen arbeiten muss, um ein durchlässiges Pferd auszubilden, das möglichst jeden Versammlungsgrad annehmen kann.

Unter der Durchlässigkeit versteht man das Ergebnis der Bearbeitung aller sechs Punkte.

Zwar wird anhand der einzelnen Punkte klar, dass es bei dieser Ausbildungsmethode um ein sportliches Training geht, durch das einerseits die Bewegungseigenschaften Takt, Losgelassenheit und Schwung und andererseits die Haltung des Pferdes hinsichtlich Anlehnung und Geraderichtung beeinflusst werden, aber es wird nicht genügend deutlich, in welchem Zusammenhang die Versammlung mit den anderen fünf Punkten und der Durchlässigkeit steht. Häufig wird angenommen, dass man separat an der Versammlung arbeiten kann, nachdem man alle darüber stehenden fünf Punkte abgehandelt hat. Diese Ansicht ist leider nicht richtig.

Die Praxis sieht so aus, dass man das Pferd durch das Zusammenspiel zwischen den treibenden und verhaltenden Einwirkungen in Kombination mit den Hufschlagfiguren und Lektionen dazu bringt, immer mehr Schwung zu entwickeln, ohne den Takt zu verlieren, und sich immer besser gerade zu richten.

Eine geradezu gesetzmäßige Folge davon ist, dass sich das Pferd dabei versammelt. Nur so kann es den Hilfen nachgeben und die verlangten Hufschlagfiguren und Lektionen ausführen.

Die Ausbildungsskala wird mit folgenden sechs Punkten angegeben:

Takt
Losgelassenheit
Anlehnung ⎤
Schwung ⎥— Durchlässigkeit
Geraderichtung
Versammlung ⎦

Deshalb gilt der Satz: Macht man ein Pferd durchlässig gegenüber den Reiterhilfen, dann versammelt man es. Er gilt natürlich auch in der anderen Richtung: Versammelt man ein Pferd, dann macht man es durchlässig. Ein Pferd zu versammeln und ein Pferd durchlässig zu machen bedeutet genau genommen das Gleiche.

Dies lässt sich leichter verstehen, wenn man die ursprüngliche Bedeutung des Begriffs „Durchlässigkeit" kennen lernt. Jeder, der schon einmal ein junges Pferd in den ersten Ausbildungswochen geritten hat, weiß, dass in dieser Ausbildungsphase die Zügel zur Mäßigung des Tempos und zur Vorgabe der Richtung vorherrschen. Ebenso lernt man im Laufe seiner reiterlichen Ausbildung, dass die Einwirkungen über Gewicht, Kreuz, Wade und Hand bei einem Pferd, das den Ausbildungsstand der Klasse L oder M erreicht hat, den gleichen Stellenwert besitzen.

In der Ausbildungsstufe der Klasse S herrschen aber wieder die Zügel vor, und zwar auf folgende Weise: Der aufrechte Sitz mit den gleichmäßig anliegenden Waden überwacht und sichert das Engagement der Hinterhand. Dadurch wird ein Ausweichen der Hinterbeine nach hinten verhindert. Durch einen Zügelanzug kann der Reiter das Pferd dazu veranlassen, mit den Hinterbeinen deutlich unterzutreten und dabei die Hanken zu beugen. Das Pferd lässt dann den Zügelanzug durch Genick, Hals und Rücken bis in die Hinterbeine durch.

So wird die Schulparade erreicht. Für sie muss sich das Pferd auf genau diese Hilfen beispielsweise aus dem Galopp in einigen wenigen Sprüngen so sehr aufnehmen lassen, dass es mit dem letzten Sprung zum Stillstand kommt und dabei mit den Hinterbeinen aus gebeugten Hanken bis zur Schwerelinie vorgesprungen ist. Dabei wird sich das Pferd stark aufrichten, sodass sich seine Schwerelinie deutlich weiter nach hinten verlagert. Dadurch brauchen die Hinterbeine nicht unnatürlich unter den Körper zu kriechen.

Bleibt die Wirkung von Hand und Sitz nach dem Parieren in dieser Stellung gleich, muss das Pferd in ihr verharren. Werden die Zügel etwas stärker gespannt, so beugt das Pferd noch mehr seine Hanken. Diese Stellung des Pferdes im Halten wird dann „Schulstellung" genannt. Werden aus dieser Anlehnung wiederholte, unsichtbare wechselseitige Zügelanzüge gegeben, beginnen die Hanken zu federn und der Schulschritt setzt ein. Erfolgen die Zügelanzüge im Schulschritt schneller und außerdem noch auf das jeweils vortretende und niedersetzende Hinterbein, ergibt sich der Schultrab. Ein vermehrtes Wirken der Zügelanzüge gegen ein Hinterbein ergibt den Schulgalopp.

Ein Zügelanzug hat damit bei einem fertig ausgebildeten Pferd eine versammelnde Wirkung, im Gegensatz zu der Wirkung eines Zügelanzugs auf ein junges oder weniger weit ausgebildetes Pferd. Das fertig ausgebildete Pferd lässt einen Zügelanzug über Genick, Hals und Rücken bis in die Hinterbeine durch, mit der Folge einer verstärkten Hankenbeugung. Das ist die ursprüngliche Bedeutung der „Durchlässigkeit". Er ist deshalb an den Begriff der Versammlung gekoppelt. Diesen Zusammenhang dürfen Sie nicht aus den Augen verlieren, wenn ich nun im Folgenden auf die einzelnen Punkte der Ausbildungsskala eingehe und Ihnen dabei aufzeige, nach welchen Grundsätzen man vorgehen muss, um auch ein Korrekturpferd wieder durchlässig zu machen und es zu versammeln.

Die Durchlässigkeit

Die Durchlässigkeit beinhaltet grundsätzlich den Gehorsam des Pferdes gegenüber den Hilfen und die physische Fähigkeit, den Hilfen Folge zu leisten. Ein durchlässiges Pferd ist also stets gehorsam. Ein gehorsames Pferd muss aber nicht unbedingt durchlässig sein.

Ein gehorsames Pferd kann sich zwar erschrecken, und vor allem ein A-Pferd kann dabei kurzzeitig seine Losgelassenheit verlieren, jedoch wird es sich weiterhin regulieren und in kürzester Zeit seine unnatürliche Spannung wieder fallen lassen. Hat das Pferd eine höhere Ausbildungsstufe erreicht, so muss der gleiche Gehorsam, nun aber auch die verbesserte Durchlässigkeit dafür sorgen, dass das Pferd auch bei einem Erschrecken keine deutliche Verspannung mehr annimmt und vor allem nach dem Schreckmoment wieder völlig losgelassen regulierbar ist.

Das Ausbildungsziel eines jeden Pferdes ist die Durchlässigkeit und Versammlung, beziehungsweise deren deutliche Verbesserung.

Die Ausbildungsmethode ist ein sportliches Training im Sinne einer Gymnastizierung des Pferdes.

Diese Gymnastizierung wird durch die Hilfen, Hufschlagfiguren und Lektionen erreicht.

Dabei werden die Hilfen, Hufschlagfiguren und Lektionen so kombiniert und damit die Gymnastizierung so durchgeführt, dass sich Takt, Losgelassenheit, Anlehnung, Schwung und Geraderichtung ständig verbessern.

Die Versammlung

An verschiedenen Merkmalen kann man den Grad und die Qualität der Versammlung erkennen:

- Hankenbeugung in den Stützphasen der Hinterbeine
- Lastübernahme der Hinterhand
- Rückentätigkeit
- relative Aufrichtung
- Beizäumung
- Selbsthaltung
- Maultätigkeit
- Schulterfreiheit
- Kadenz in den versammelten Tempi
- Ausdruck in den Verstärkungen

Ganz oben stehen die Hankenbeugung, die Lastübernahme der Hinterhand und die Rückentätigkeit. Ihre Ausmaße und Qualitäten bestimmen die Ausmaße und die Qualitäten aller übrigen Punkte. So werden beispielsweise eine geringe Hankenbeugung und eine erst beginnende Lastübernahme der Hinterhand bei tätigem Rücken nur ein geringes Maß an relativer Aufrichtung und Beizäumung zur Folge haben. Eine unzureichende Hankenbeugung und demzufolge eine mangelnde Lastübernahme der Hinterhand aufgrund eines festgehaltenen Rückens wird entsprechende Fehler in der Anlehnung, das heißt in relativer Aufrichtung, Beizäumung, Selbsthaltung und Maultätigkeit, zur Folge haben. Letztere Begriffe werden im Abschnitt über die Anlehnung erklärt.

Die Hankenbeugung und Lastübernahme der Hinterhand

Da die Hanken von den Gelenkwinkeln zwischen Becken und Oberschenkel sowie zwischen Oberschenkel und Unterschenkel gebildet werden, kann ihre Beugung nur die Verkleinerung ihrer Winkelbeträge bedeuten.

In der Bewegung gibt es zwei Phasen, in denen eine Hankenbeugung stattfindet: beim Vorschwingen eines Hinterbeines und in der Stützphase eines Hinterbeines.

Für die Versammlung ist nur die Hankenbeugung in der Stützphase von Bedeutung. Die Stützphase beginnt mit dem Auffußen eines Hinterbeines. Auf das Auffußen folgt das Durchschwingen nach hinten. Die Stützphase endet mit dem Abdrücken dieses Hinterbeins vom Erdboden (Abfußen). Die Hankenbeugung findet etwa auf halber Strecke zwischen dem Auffußen und Abdrücken statt.

In dem Moment, in dem die Hankenbeugung zwischen dem Auf- und Abfußen auftritt, liegen der Hüftknochen, das Knie und der Huf des gebeugten Hinterbeins auf einer Geraden. Bei geringer Hankenbeugung bildet diese Gerade einen nach hinten geöffneten Winkel mit dem Lot, das man gedanklich durch die Hüftknochen fällt. Nimmt die Hankenbeugung zu, dann verkleinert sich dieser Winkel, bis die Gerade durch Hüftknochen, Knie und Huf und das Hüftlot beispielsweise in der Piaffe übereinander liegen.

Das Ausmaß der Hankenbeugung ist demnach davon abhängig, wie nahe sich der Hinterhuf in der Stützphase am Hüftlot befindet. Je näher das Pferd mit einem Hinterbein in der Stützphase an das Hüftlot herantritt, umso stärker beugt es die Hanken. Das Herantreten an das Hüftlot in der Stützphase und die gleichzeitig auftretende Hankenbeugung bezeichnet man als das „Heranschließen der Hinterhand". Das darf nicht mit dem so genannten „Untertreten" verwechselt werden. Das Untertreten ist das Vorschwingen eines Hinterbeins vom Hüftlot aus bis zum Auffußen.

Das Heranschließen der Hinterhand hat zur Folge, dass sich die Kruppe senkt und dass sich der Raumgriff der Schritte, Tritte und Sprünge verringert. Das Pferd bleibt mit seinen Hinterbeinen näher unter dem Körper. Es streckt sie weniger weit nach hinten durch. Deshalb nimmt der Raumgriff ab. Um die

Die Hanken, unterteilt in die obere Hanke (oH) und die untere Hanke (uH). Zu sehen ist außerdem, dass die Hankenbeugung in der Stützphase stattfindet.

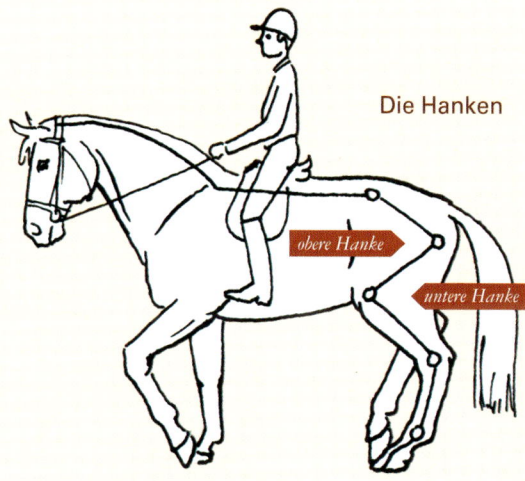

Die Hanken

obere Hanke

untere Hanke

Hankenbeugung in der Stützphase aufrechterhalten zu können, müssen die Sitzbeinmuskeln unter Spannung stehen. Sie verhindern das Einknicken der Hüftgelenke unter der Körperlast. Ihr Spannungszustand wird von allen anderen Gesäß- und von den Kruppenmuskeln unterstützt. Deren Tätigkeit überträgt sich auf die Rückenmuskeln, die ihrerseits Brust- und Halswirbelsäule aufrichten. Dadurch hebt sich die Vorhand in geringem Maß und der Reiter hat das Gefühl, dass das Pferd vor ihm wächst und sich hinter ihm senkt. Er hat den Eindruck, dass sein Pferd bergauf geht.

Da die Hinterbeine in der Stützphase näher an das Hüftlot und damit auch näher an das Lot durch den Schwerpunkt des Pferdes herantreten, übernehmen die Hinterbeine in diesem Moment einen größeren Anteil des Gesamtgewichts des Pferdes.

Das meint man mit dem Begriff der „Lastübernahme der Hinterhand". Das Pferd trägt einen größeren Teil seines Gewichts mit den Hinterbeinen. Die Kräfte, die bei diesem Vorgang zum Einsatz kommen, heißen deshalb „Tragkräfte".

In der Bewegung verharren die Hinterbeine natürlich nicht in der Stellung, in der die Hankenbeugung auftritt. Schließlich soll sich das versammelte Pferd noch vorwärts bewegen, solange es nicht piaffiert. Dafür muss das Pferd seinen Körper nach vorne abschieben. Die dazu nötigen Kräfte heißen Schubkräfte. Schub- und Tragkräfte stehen grundsätzlich in einem bestimmten Verhältnis zueinander.

In den versammelten Tempi überwiegen die Tragkräfte, die es dem Pferd erlauben, die vorschwingenden Beine im Moment ihrer höchsten Erhebung über dem Boden einen Augenblick länger in der Luft zu halten. (Das hängt damit zusammen, dass die Stützphasen mit zunehmender Hankenbeugung länger dauern.)

In den Verstärkungen dominieren die Schubkräfte. Ein gewisses Maß an Tragkräften muss das Pferd aber auch in den Verstärkungen entwickeln. Diese Tragkräfte entladen sich beim Abstoßen in die Schwebephase als Hub nach oben. Fehlen sie oder sind sie nur unzureichend vorhanden, so fällt die Schwebephase zu kurz aus, sodass das Pferd nicht weit genug fliegt, um den geforderten Raumgriff in der Verstärkung

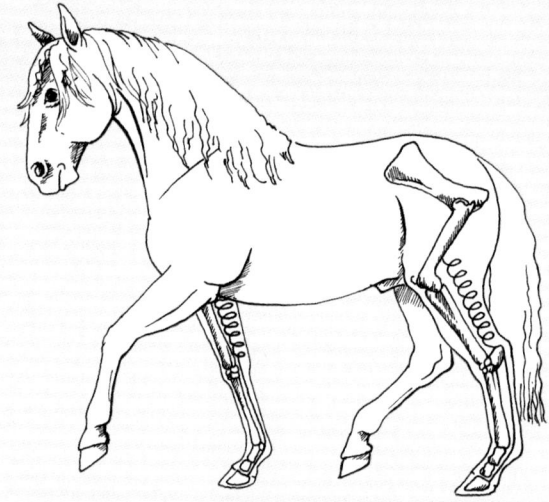

Bestimmte Sehnen und sehnig durchzogene Muskeln wirken vor allem im Trab und Galopp wie Spiralfedern und speichern beim Auffußen der Beine mechanische Energie, die sie beim Abfußen wieder abgeben. Durch diesen Federmechanismus spart das Pferd Energie.

zu erreichen. Das Pferd ist dann gezwungen, sein Tempo dadurch zu erhöhen, dass es zu eilen beginnt. Dadurch verliert es beim Verstärken seinen Bewegungsrhythmus (Takt).

Das Verhältnis zwischen Schub- und Tragkräften soll vom Reiter stets so gestaltet werden, dass der Takt in allen momentan möglichen Tempi einer Grundgangart erhalten bleibt und dass die Bewegungen dem Tempo entsprechend raumgreifend ausfallen. Entsteht ein Missverhältnis der Kräfte, dann verliert das Pferd seinen Takt und den Raumgriff seiner Bewegungen.

Das Pferd soll nicht nur schieben und tragen, sondern auch federn. Die Fortbewegung des Pferdes wird vor allem in den schwunghaften Grundgangarten Trab und Galopp von Federmechanismen bestimmt. So federt der gesamte Bewegungsapparat in seinen Gelenken und Aufhängepunkten am Rumpf kurz nach dem Auffußen unter der nach unten beschleunigten Körpermasse des Pferdes zusammen. Dabei speichern die Sehnen und Muskeln die mechanische Energie, die auf sie übertragen wird, wenn sie die Körpermasse beim Auffußen auffangen. Diese Energie geben sie beim Abfußen wieder ab.

Je nachdem, wie weit das Pferd seine Beine nach hinten durchstreckt, ist ihre beschleunigende Wirkung mehr nach vorwärts (Schub) oder mehr nach aufwärts (Hub) gerichtet. Leider reichen die Kräfte aus dieser Federwirkung vor allem für höhere Tempi nicht aus, sodass das Pferd zusätzliche Kräfte in Richtung der Federwirkung der Beine aufbringen muss. Durch den Federmechanismus aber ist es dem Pferd möglich, zusätzlich nötige Muskelkräfte auf ein Minimum zu reduzieren. Es arbeitet Energie sparend. Ein solches Energie sparendes

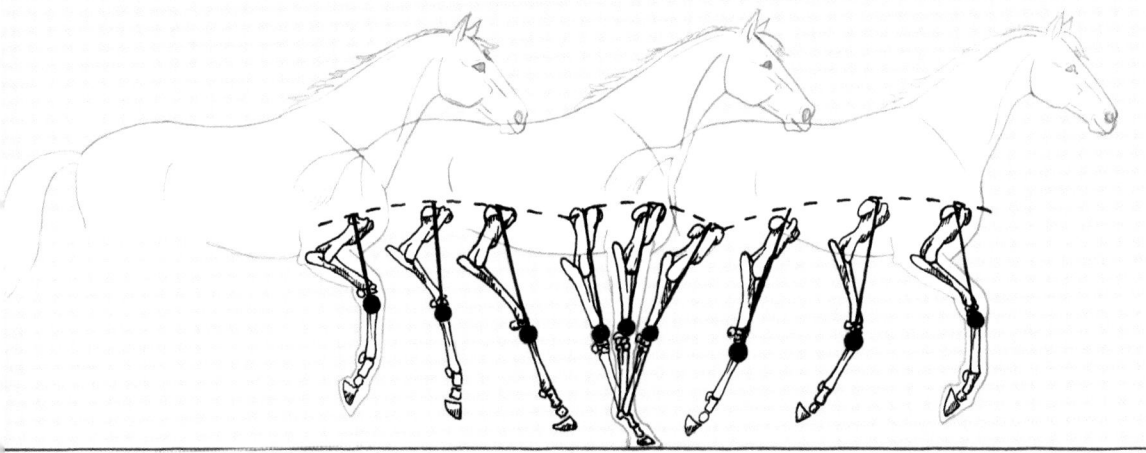

Im Schritt nutzt das Pferd seine Beine als Pendel. Vergleichbar mit dem Pendel einer Uhr, schwingen die Beine vor und zurück und versetzen das Pferd in Bewegung. Auch dadurch spart das Pferd Energie.

Gehen hat den Vorteil, dass es die Kräfte schont und mühelos abläuft. Dadurch bleibt dem Pferd die innere Ruhe (nötig für die Zugänglichkeit gegenüber den Hilfen) und die Zwanglosigkeit seiner Bewegungen erhalten. Ein zu übermäßigem Krafteinsatz forciertes Pferd wird schnell ermüden und wird sich nicht zwanglos bewegen. Es verspannt sich, lässt seinen Reiter nicht sitzen und ist nur wenig bereit, auf fein abgestimmte Einwirkungen zu reagieren.

Deshalb muss man dem Pferd die Entwicklung von Schub- und Tragkräften sowie die dazu nötige Hankenbeugung erleichtern, indem man ihm Zeit zum Federn lässt (das heißt den Takt ruhig wählt) und jegliches Aufkommen von Verspannungen, die das Federn unterbinden würden, vermeidet. Solche Verspannungen entstehen, wenn das Pferd seine Rückenmuskeln krampfhaft anspannt. Dadurch bleibt der Rücken dauerhaft nach unten durchgebogen. Diese Verkrampfung der Rückenmuskeln überträgt sich auf den Rest des Muskelsystems, sodass der Federmechanismus des Bewegungsapparates reduziert oder sogar unterbunden wird. Deshalb dürfen Verspannungen der Rückenmuskeln nicht auftreten. Sie müssen losgelassen bleiben. Diese Losgelassenheit der Rückenmuskeln äußert sich in den so genannten „Rückenschwingungen". Sie sind die Folge davon, dass die Gesäß- und Kruppenmuskeln eines abfußenden Hinterbeines zusammenarbeiten und dadurch den Rücken aufwölben. Beim Auffußen der stützenden Beine federt der Rumpf in der Mitte nach unten durch. Dabei wölbt sich der Rücken ab.

Für die Versammlung sind also nicht nur die Schub- und Tragkräfte von Bedeutung, sondern ebenso die Federkräfte, insbesondere der Hanken, und die Rückenschwingungen. Anstelle von Rückenschwingungen spricht man auch von „Rückentätigkeit". Erst wenn diese Schub-, Trag- und Federkräfte über einen tätigen Rücken zusammenwirken, entstehen der Fleiß im Schritt, der Schwung im Trab und Galopp, ein dem Tempo entsprechender Raumgriff, ein gleichmäßig ruhiger Takt und die Elastizität der Bewegungen.

Zusammenfassend lässt sich sagen, dass zwei der entscheidenden Kriterien der Versammlung die Hankenbeugung und die Rückentätigkeit sind.

Über Stütz- und Schwebephasen

Bisher wurde immer wieder davon gesprochen, dass das Pferd in jedem Tempo einer Grundgangart den gleichen Takt beibehalten soll. Tempowechsel dürfen nicht zu einem Verlust des Takts führen.

Das reiterlose Pferd versucht bei Tempoänderungen nur den Raumgriff, nicht aber den Takt zu verändern. Dadurch, dass es den Takt, in dem seine Gliedmaßen zusammen- und wieder auseinander federn, möglichst konstant hält, spart es Energie. Es vermeidet damit zusätzliche Kräfte, die es beim Ändern des Taktes aufbringen müsste und durch die es unter eine größere Spannung versetzt werden würde. Eine größere Spannung schlägt schnell in Verspannung um.

Wenn man aber den Takt konstant hält, minimiert man die Gefahr von Verspannungen. Das heißt nicht, dass jedes taktmäßig gehende Pferd entspannt ist. Ein verspanntes Pferd kann ebenfalls in einem konstanten Takt geritten werden. Doch es kann nicht im Rücken schwingen, weil es verspannt ist. Nehmen wir nun ein Pferd, das aus dem versammelten Trab bis zum Mitteltrab zulegen soll, und fragen uns, wie dieses Zulegen korrekt abläuft.

Zunächst muss uns klar werden, dass sich das Pferd in den schwunghaften Gangarten Trab und Galopp mit Schwebephasen fortbewegt. Dabei nimmt sowohl die Schwebephase als auch die Stützphase, in der Beine am Boden sind, eine bestimmte Zeit in Anspruch. Beide Zeitspannen ergeben zusammen die Dauer eines Trittes oder Sprunges. Über diesen Zusammenhang ist der Takt definiert. Der Takt ist die Anzahl der Schritte, Tritte und Sprünge dividiert durch die Zeit, in der diese Schritte, Tritte und Sprünge ausgeführt worden sind.

Ein gleichmäßiger Takt bedeutet, dass jeder Schritt, Tritt oder Sprung gleich lange dauert. Unter der Voraussetzung, dass die Dauer eines Trittes, also der Takt, gleich bleibt, haben PREUSCHOFT 1987 und KAPPAUN 1995 festgestellt, dass die Dauer einer Stützphase mit wachsender Versammlung zunimmt. Dafür verkürzt sich die Dauer der Schwebephase in einem solchen Maß, dass sich die Dauer des gesamten Trittes nicht verändert. Damit ist die Richtigkeit der Vorstellung bestätigt, nach der ein Hinterbein mit zunehmender Versammlung länger am Boden bleibt.

Deshalb darf man sagen, dass die Hankenbeugung in der Versammlung nicht nur stärker ausfällt, sondern auch länger anhält. Das bedeutet umgekehrt für eine Verstärkung, in der der Takt gleich bleiben soll, dass die Stützphasen kürzer werden und die Schwebephasen dafür umso länger dauern müssen.

Gleichzeitig ist zu berücksichtigen, dass sich der Raumgriff mit zunehmender Versammlung verringert und mit abnehmender Versammlung (also bei Verstärkung eines Tempos) vergrößert. Wenn das Pferd seinen Takt gleich hält und seinen Raumgriff

aber verkleinert, dann muss seine Geschwindigkeit abnehmen. Vergrößert es umgekehrt bei gleichem Takt seinen Raumgriff, dann muss seine Geschwindigkeit zunehmen.

Fassen wir das in einer einzigen Übersicht zusammen:

Voraussetzung ist ein konstanter Takt
(gleich bleibende Dauer eines Trittes)

Wachsende Versammlung (versammelte Tempi)	Abnehmende Versammlung (Verstärkungen)
Längere Stützphasen	Kürzere Stützphasen
Kürzere Schwebephasen	Längere Schwebephasen
Abnahme des Raumgriffs	Zunahme des Raumgriffs
Abnahme der Geschwindigkeit	Zunahme der Geschwindigkeit

Dies steht in keinem Widerspruch zu der Aussage, dass die Schwebephasen mit zunehmender Versammlung grundsätzlich ausgeprägter sein sollen. Dazu muss man sich darüber klar werden, dass die Versammlung die Federkräfte des Pferdes steigert.

Die Grundgangarten eines Pferdes, das noch keine höhere Versammlung zeigen kann, sind bei Weitem nicht so elastisch wie die eines Pferdes, das über verbesserte Federkräfte durch eine erreichte Versammlung verfügt. Größere Federkräfte bedeuten, dass alle Gelenkwinkel stärker zusammengedrückt werden und dass sie danach ihre gespeicherte Energie wieder nach oben herauslassen. Dadurch dauert die Schwebephase länger. So wird die Schwebephase im Arbeitstrab eines Pferdes der Ausbildungsstufe Klasse S länger dauern als die Schwebephase im Arbeitstrab eines Pferdes der Ausbildungsstufe Klasse A.

Die Ausbildungsskala

Kommen wir nun zu der Ausbildungsmethode, nach deren Grundsätzen man ein Pferd korrigiert oder ausbildet. Die entscheidenden Punkte der Ausbildungsskala sollen im Folgenden erklärt und miteinander in Zusammenhang gebracht werden, sodass man erkennt, wie man in der Praxis vorgehen muss, um ein Pferd durchlässig zu machen und es zu versammeln.

Der Takt

Genau genommen versteht man unter dem Begriff „Takt" zweierlei.

Wenn es darum geht, die Reinheit der Grundgangarten zu beurteilen, dann bedeutet der Takt die Regelmäßigkeit der richtigen Fußfolge in einer Grundgangart.

Dreht es sich aber um die Beurteilung der Qualität der reiterlichen Ausbildungsarbeit, dann bezeichnet man mit dem Takt das räumliche und zeitliche Gleichmaß der Bewegungen. Das heißt, dass ein Pferd nur dann taktmäßig geht, wenn der Raumgriff innerhalb eines Tempos konstant und die Dauer eines Trittes über alle Tempi einer Grundgangart hinweg gleich bleibt. Der Takt besteht also aus einer räumlichen und einer zeitlichen Komponente. Für die dressurmäßige Ausbildung eines Pferdes ist von großer Bedeutung, dass der Reiter auf die zeitliche Komponente achtet, also auf das zeitliche Gleichmaß der Bewegungen. Er muss dafür sorgen, dass jeder Schritt, Tritt oder Sprung unabhängig vom Tempo immer gleich lange dauert. So muss zum Beispiel ein Tritt im versammelten Trab genauso lange dauern wie ein Tritt im starken Trab.

Die Losgelassenheit

Die Losgelassenheit ist die völlige Hingabe aller Kräfte des Pferdes an die vom Reiter gestellten Aufgaben.

Voraussetzung für die Losgelassenheit ist die psychische und physische Entspannung des Pferdes. Sie wird als Zwanglosigkeit bezeichnet. Ein zwangloses Pferd ist aber nicht automatisch losgelassen. Erst wenn das zwanglose Pferd seine ganzen Kräfte dem Reiter zur Verfügung stellt, ist es losgelassen. Alle Strecker und Beuger arbeiten dann in einem störungsfreien Wechselspiel. Es liegen keine Verkrampfungen vor. Das Pferd schwingt in sich. Deshalb sind der schwingende Rücken und die federnden Bewegungen die Hauptkriterien der Losgelassenheit. Nur mit der Losgelassenheit werden die Bewegungen vom energetischen Standpunkt aus effizient.

Die Anlehnung

Die Anlehnung ist die gummizugartig federnde, gleichmäßige Verbindung zwischen Reiterhand und Pferdemaul.

Hinsichtlich der Gleichmäßigkeit der Anlehnung ist zu erklären, dass ihre Stärke und damit die Spannung in den Zügeln den gangartbedingten Schwingungen des Pferdekörpers unterliegt. Daher ist unter der Gleichmäßigkeit der Anlehnung nicht eine konstante Zügelspannung zu verstehen, sondern der Erhalt einer ununterbrochenen Verbindung zum Pferdemaul.

Der Reiter hat durch das Mitfedern seiner Arme und durch die Elastizität seiner hohlen Faust für eine Dämpfung der Spitzenwerte in der Zügelspannung und für eine kontinuierliche Verbindung zum Pferdemaul zu sorgen. Die Zügel sollen also nicht springen. Die Anlehnung ist eine wichtige Voraussetzung dafür, dass sich ein Pferd loslassen kann.

Das Reitergewicht biegt den Pferderücken nach unten durch. Das Pferd wird das Reitergewicht zunächst durch die zusätzliche Anspannung der Bauchmuskeln ausgleichen. Diese Anspannung behindert aber die Schwingungen der Bauchmuskeln, die zum Strecken und Vorschwingen der Hinterbeine nötig sind. Deshalb müssen die Nackenmuskeln und das Nackenband den Bauchmuskeln ihre Last abnehmen. Der Zug der schwingend arbeitenden Nackenmuskeln und des in elastischer Dehnung befindlichen Nackenbandes hebt den Rücken gegen das Reitergewicht an.

Das Gebiss bildet dabei einen Pol, an den sich das Pferd anlehnt, um eine ausreichende elastische Spannung im Oberhals aufrechtzuerhalten. Das Pferd kann die Arbeitsleistung seiner Nackenmuskeln minimieren, wenn es seinen Hals möglichst lang macht, sodass seine Maulspalte etwa in Höhe des Buggelenks und die Stirnlinie vor der Senkrechten steht. Dadurch wirkt das Gewicht von Hals und Kopf an einem längeren Hebelarm und das Nackenband überträgt diesen Zug auf den Rücken. Auf diese Weise trägt das Pferd den Reiter mit den Nackenmuskeln und dem Nackenband. Dazu lehnt sich das Pferd an das Gebiss an. Der Reiter bekommt in seinen Händen die Auswirkungen seines eigenen Gewichts auf den Pferdekörper zu spüren. Erst mit der Anlehnung können die Bauchmuskeln wieder frei arbeiten und erst dann kann das Pferd seine Kräfte dem Reiter uneingeschränkt zur Verfügung stellen. Deshalb ist die Anlehnung neben der Zwanglosigkeit eine weitere Grundbedingung für die Losgelassenheit.

Für die Entstehung der Anlehnung muss der Reiter mit seinen treibenden Einwirkungen sorgen, ohne dass Takt und Zwanglosigkeit des Pferdes verloren gehen. Im Laufe der Ausbildung lernt das Pferd, seine Hinterbeine vermehrt zum Tragen seines Gewichts zu gebrauchen. Eine zwangsläufige Folge dieser Tragfähigkeit ist, dass sich die Sitzbein- und Kruppenmuskeln kräftigen und verstärkt zum Einsatz kommen. Sie bewirken wie die Nackenmuskeln

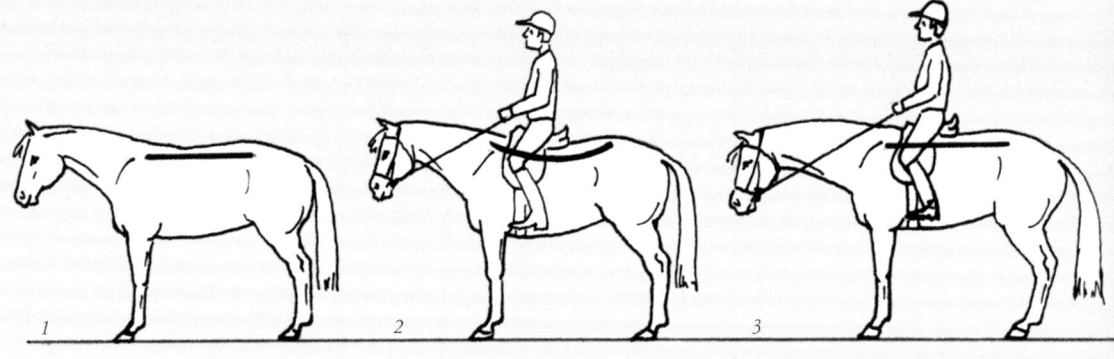

1

Die Rumpfachse des reiterlosen Pferdes steht unter einer natürlichen Biegebelastung, die einen Druck in der gesamten Wirbelsäule verursacht.

2

Sitzt der Reiter auf, dann biegt sich der Rücken des Pferdes nach unten durch. Das hat einen erhöhten Druck in der Wirbelsäule zur Folge.

3

Bringt der Reiter das Pferd so weit zum Heranschließen der Hinterhand, wie es im Arbeitstrab der Fall ist, und reitet er es in Dehnungshaltung, dann wird die durch das Reitergewicht verursachte Durchbiegung des Rückens ausgeglichen.

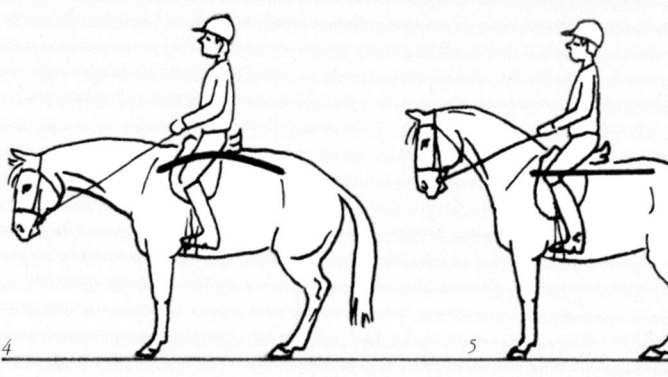

4

5

Richtet sich das Pferd auf und zäumt sich bei, kann es diesen Druck in der Wirbelsäule reduzieren. Das ist der Grund, warum Hankenbeugung, relative Aufrichtung und die Beizäumung Hand in Hand gehen.

Veranlasst der Reiter sein Pferd zu einem stärkeren Herantreten der Hinterhand, während es in Dehnungshaltung bleibt, dann wölbt sich der Rücken übermäßig auf. Dadurch entsteht wiederum ein erhöhter Druck in der Wirbelsäule.

und das Nackenband eine Aufwölbung des Rücken gegen das Reitergewicht und sind in der Lage, dieses auszugleichen. Damit wird die bisherige elastische Spannung in den Nackenmuskeln und dem Nackenband überflüssig. Das Pferd kann es sich nun erlauben, seinen Hals aufzurichten und die Stärke der Anlehnung zu verringern. Die Tätigkeit der Bauchmuskeln bleibt davon unbeeinflusst. Die Aufrichtung des Halses entsteht durch die Träger des Halses, die den nach unten gebogenen Teil der Halswirbelsäule im Bereich des siebten bis vierten Halswirbels in Richtung auf den Widerrist emporziehen. Dadurch erhält der Hals seine gleichmäßige Wölbung aus dem Widerrist heraus nach

oben. Dabei bildet das Genick den höchsten Punkt des Pferdes. Der Kopf des Pferdes folgt dann seiner eigenen Schwere nach unten und kommt mit seiner Stirnlinie in die Senkrechte. Das sichert die elastische Spannung in den Nackenmuskeln und im Nackenband, sodass diese auch weiterhin ihren Beitrag zur Bewältigung der Reiterlast leisten, jedoch mit geringerer elastischer Spannung.

Dafür zäumt sich das Pferd bis in die Senkrechte bei. Die Beizäumung ist somit die Folge der entwickelten Tragkräfte der Hinterhand und stellt eine höhere Form der Anlehnung dar. Herr von Heydebreck hat es einmal mit folgenden Worten treffend formuliert: „Beizäumung und die Beugung der Hinterhandgelenke gehen Hand in Hand."

Zwischen der Aufrichtung und der Entwicklung von Tragkräften besteht ein biomechanischer Zusammenhang. Die gesamte Rumpfachse des Pferdes steht schon ohne den Reiter unter einer ständigen Biegebelastung. Sie wird durch das Eigengewicht der Körperteile verursacht und bewirkt einen Druck in der Rumpfachse. Das Pferd ist für einen bestimmten Druck in seiner Wirbelsäule (einschließlich der Halswirbelsäule) ausgelegt. Sitzt ein Reiter auf, dann muss das Pferd die erhöhte Biegebelastung durch das Reitergewicht ausgleichen. Das führt zu erhöhtem Druck in seiner Wirbelsäule. Nachdem das Pferd gelernt hat, das Reitergewicht auch mit den Muskeln der Hinterhand zu tragen, kann das Pferd den erhöhten Druck in seiner Rumpfachse reduzieren, indem es seinen Hals aufrichtet. Denn bliebe das Pferd in seiner Dehnungshaltung, obwohl es bereits Tragkräfte entwickelt, dann würden die Nackenmuskeln, das Nackenband und die Muskeln der Hinterhand in voller Stärke den Rücken aufwölben, was den Druck in der Wirbelsäule erheblich vergrößern würde. Das verhindert das Pferd durch ein entsprechendes Maß an Aufrichtung seines Halses. Die Aufrichtung ist also abhängig von dem Ausmaß der entwickelten Tragkräfte. Deshalb spricht man in diesem Zusammenhang von relativer Aufrichtung.

Die Tatsache, dass die Anlehnung mit zunehmender Entwicklung von Tragkräften leichter wird und dafür die Beizäumung und relative Aufrichtung zunehmen, führt zu dem Begriff der Selbsthaltung. Da die Stärke der Anlehnung mit wachsenden Tragkräften abnimmt, kann es sich nur so verhalten, dass das Pferd seinen Kopf und Hals in zunehmendem Maße selbst trägt. Das bedeutet keinesfalls, dass sich das Pferd im unversammelten Zustand auf die Reiterhand legen darf. Es macht nur deutlich, dass sich das Pferd bei geringeren Versammlungsgraden stärker anlehnt. Auch dann zeigt es eine Form der Selbsthaltung, nämlich seine natürliche Selbsthaltung. Denn selbst wenn es sich unversammelt stärker an das Gebiss anlehnt, bleibt die Anlehnung weich und federnd. Sie ist für Pferd und Reiter angenehm.

Die Anlehnung an das Gebiss bildet den Gegenpol zu der federnden Tätigkeit der Nackenmuskeln. Durch die Anlehnung wird die Arbeit der Beuger an der Unterseite des Halses derart herabgesetzt, dass sich die Halsbeuger im Laufe der Ausbildung zurückbilden.

Die Maultätigkeit

Im Zusammenhang mit der Gewinnung der Anlehnung wird es als positives Zeichen betrachtet, wenn das Pferd eine Maultätigkeit zeigt, bei der sich feiner sahniger Schaum um die Lippen entwickelt. Häufig wird eine Kaubewegung des Pferdes dafür verantwortlich gemacht. Dies ist aber nicht ganz richtig.

Nehmen wir uns ein Pferd beispielsweise im Trab heraus. Die Hinterbeine schwingen abwechselnd vor und schieben nach hinten ab. Dabei schiebt sich der Rumpf auf der Seite des vorschwingenden Hinterbeines zusammen. Er weicht zur anderen Seite in einer Aufwärtsbewegung aus. Auf dieser anderen Seite befindet sich das Hinterbein im Abschieben. Der Hals des Pferdes führt dabei eine Gegenbewegung zum Rumpf aus. Schwingt zum Beispiel das linke

Hinterbein vor, dann weicht der Rumpf nach rechtsoben aus und der Hals bewegt sich etwas nach links. Diese Verlagerung der Masse des Halses nach links stellt einen Ausgleich für die Verlagerung der Rumpfmasse nach rechts dar.

Wenn es dem Reiter gelingt, einen steten Kontakt zum Pferdemaul zu erhalten, dann streckt sich das Pferd auf der Seite des abschiebenden Hinterbeines in den Zügel. In unserem Beispiel würde sich das Pferd in den rechten Zügel strecken, weil das rechte Hinterbein abschiebt. Damit federt der Schub des rechten Hinterbeines in den rechten Zügel. Wenn die Reiterhand diesen Schub federnd empfängt, indem sie bei konstanter Zügellänge und leicht mitfedernden Armen vor dem Körper gehalten wird (gegenhaltende Zügeleinwirkung), beginnt das Pferd seine Nackenmuskeln und sein Nackenband an der Reiterhand zu dehnen. Dabei wird das Gebiss Kräfte hauptsächlich auf die Laden und somit auf den Unterkiefer übertragen. Der Unterkiefer ist über die Kaumuskeln am Schädel aufgehängt.

Wenn die von der Fußfolge abhängigen Halsbewegungen, das heißt die Schwingungen des Halses, den Schädel erreichen, dann empfangen sie auch die Kaumuskeln und der Unterkiefer. Ist der Kaumuskel losgelassen, beginnt der Unterkiefer zu federn. Wächst die Zügelspannung an, weil das Pferd in die Hand schwingt, bewegt sich der Unterkiefer etwas zurück. Verringert sich daraufhin die Zügelspannung wieder, bewegt er sich wieder nach vorne.

Da die Zügelspannung den Schwingungen des Halses unterliegt, schwingt, das heißt federt auch der Unterkiefer. Auf diese Weise kommt eine kauähnliche Bewegung zustande. Sie hat aber nichts mit einem Mahlen gemeinsam, wie es beim Kauen geschieht. Durch diese Federbewegung des Unterkiefers entsteht der sahnige Schaum. Dass er nicht mit einem mahlenden Kauen auf dem Gebiss zusammenhängt, beweist das Reiten auf Kappzaum ohne Gebissstück. Dort entsteht ebenfalls der sahnige Schaum.

Die Kaumuskeln wirken deshalb wie eine Kupplung, die die Schwingungen des Halses auf die Reiterhand überträgt. Über sie ist der Reiter mit den Schwingungen des Halses verbunden.

Beizäumung, relative Aufrichtung und Selbsthaltung sind die Folge des erhöhten Engagements der zum Tragen befähigten Hinterhand. Sie gehen aus der ursprünglichen gummizugartig federnden und steten Verbindung zwischen Reiterhand und Pferdemaul hervor, die durch die treibenden Einwirkungen, also durch die Arbeit von hinten nach vorne, erreicht worden ist. Dabei ergibt sich die Maultätigkeit als Folge der Losgelassenheit.
Maultätigkeit, Beizäumung, relative Aufrichtung und Selbsthaltung bestimmen die Qualität der Anlehnung.

Deshalb darf das Reithalfter niemals so fest geschnallt werden, dass der Federmechanismus behindert wird!

Schon SPOHR 1905 weist darauf hin, dass diese Maultätigkeit besonders dann auftritt, wenn man das Pferd zur Entwicklung von Tragkräften anhält. Da mit der Entwicklung von Tragkräften eine vermehrte Beizäumung und Aufrichtung einhergeht und da die Maultätigkeit einem Kauen ähnelt, spricht man oft nur vom Abkauen des Pferdes. Die Maultätigkeit ist ein Zeichen für einen losgelassenen Kaumuskel. Dieser kann nur dann losgelassen sein, wenn es die mit ihm verbundenen Muskeln an der Oberseite des Halses auch sind. Diese stehen wiederum in Verbindung mit den Rückenmuskeln und die Rückenmuskeln mit den Muskeln der Hinterhand. Deshalb ist die Maultätigkeit nicht nur ein Zeichen für einen losgelassenen Kaumuskel, sondern für die Losgelassenheit des ganzen Pferdes. Sie ist damit ein weiteres Merkmal der korrekten Anlehnung.

Wie viel Vorwärts-Abwärts ist richtig?

Nach SIMON und VOIGT 1939 bilden folgende Muskelgruppen des Pferdes einen geschlossenen Ring, einen Muskelring:

Die Muskeln oberhalb der Hals- und Rückenwirbelsäule, das sind die Kopf-Hals-Muskeln, die in die Rückenmuskeln hineinreichen, und die Rückenmuskeln, die mit den Muskeln der Hinterhand, vor allem mit den Gesäßmuskeln verbunden sind.

Die Muskeln an der Rumpfunterseite, das sind im Halsbereich die unteren Hals- und Kopfmuskeln, die über die Quermuskeln der Rippen und die Rippenhalter in die Bauchmuskeln übergehen.

Die Muskeln der Rumpfoberseite fungieren im Wesentlichen als Strecker. Sie schieben die Körpermasse hauptsächlich nach vorne und verlaufen als ein zusammenhängendes Geflecht von den Hinterbeinen über den Rücken und den Hals zum Hinterhauptsbein.

Die Muskeln der Rumpfunterseite arbeiten als Beuger. Sie verlaufen vom Beckenrand über Bauch und Brustkorb an der unteren Halsseite entlang bis zur Schädelbasis.

In der Bewegung arbeiten die Muskeln jeder Gruppe zusammen.

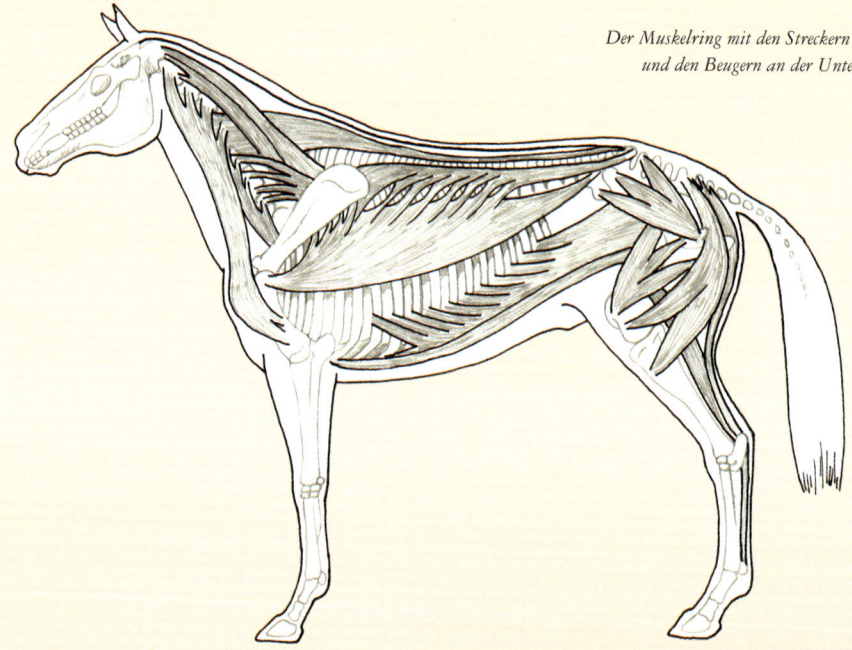

Der Muskelring mit den Streckern an der Oberlinie und den Beugern an der Unterseite des Pferdes

Nach HILGENDORFF arbeiten diese Muskelgruppen bei einem unbeeinflussten Pferd ohne Reiter im Gleichgewicht. Ihre Tätigkeit ergänzt sich und erzeugt so die regelmäßigen Schwingungen des Pferdekörpers. Wenn sich die Strecker kontrahieren, können sich die Beuger dehnen und umgekehrt. Eine regelmäßige und taktmäßige Schwingungsbewegung kann nur dann zustande kommen, wenn die Wellenberge stets möglichst gleich hoch ausfallen. Dies wird durch eine Haltung in der Waagrechten am besten gewährleistet. Streckt das Pferd seinen Hals stark nach unten, dann wird die Arbeit der Streckmuskeln behindert, was zwangsläufig zum Verlust des freien Ganges führt. Also genau das, was man durch das Vorwärts-Abwärts-Reiten in Dehnungshaltung vermeiden will. Das deckt sich mit der Beobachtung, dass solcherart gerittene Pferde einen matten und wenig raumgreifenden Gang bei hoher Kruppe zeigen. Ihnen werden die Hinterbeine förmlich nach hinten herausgezogen und man hat den Eindruck, dass sie bergab gehen und auf der Vorhand laufen.

> Die Dehnungshaltung darf nicht aus der Gleichgewichtshaltung nahe oder in der Waagrechten herausführen. Deshalb verlangt man für die so genannte Dehnungshaltung, dass die Maulspalte des Pferdes nicht unter die Höhe des Buggelenks geraten soll.
> Dabei muss die Stirnlinie vor der Senkrechten stehen, weil auf diese Weise das Gewicht von Kopf und Hals eine stärkere aufwölbende Wirkung auf den Rücken hat.

Das Zusammenspiel zwischen Takt, Losgelassenheit und Anlehnung

Wird der Takt eilig geritten, dann hat das eine erhöhte und unnatürliche Muskelspannung zur Folge, weil dem Pferd weniger Zeit zum Schwingen und Federn bleibt. Das bedingt den Verlust des Raumgriffs und der Elastizität der Bewegungen.

Ein verhalten gerittener Takt führt zu einem ungenügenden Vorschwingen der Hinterbeine. Es findet nur ein teilweiser Einsatz der zur Verfügung stehenden Muskelkräfte statt. Auch verliert sich der Raumgriff, und weil der Rücken dabei durchhängt, geht die Elastizität der Bewegungen ebenfalls verloren.

Man kann also über den Takt Einfluss auf die Losgelassenheit nehmen. Seine zeitliche Komponente ist so zu wählen, dass er die „völlige Hingabe aller Kräfte" ermöglicht. Um den Erhalt der Losgelassenheit über alle Tempi hinweg zu gewährleisten, muss dieser Takt über alle Tempi hinweg gleich bleiben. Das Einstellen des richtigen Taktes ge-

schieht über die Wahl eines entsprechenden Grundtempos. Dieses zeichnet sich durch Ruhe und Frische zugleich aus. Es bringt ein solches Maß an Schubkräften und natürlichen Tragkräften mit, dass die Bewegungen in diesem Grundtempo elastisch und möglichst raumgreifend ausfallen. Herausfinden kann der Reiter das richtige Grundtempo nur durch Probieren. Genau dann, wenn er am besten zum Sitzen kommt und das Gefühl hat, dass sich das Pferd mit Leichtigkeit vorwärts bewegt, hat er das richtige Grundtempo gefunden.

Die Wahl des richtigen Grundtempos erfolgt über das Zusammenspiel zwischen treibenden und verhaltenden Einwirkungen. Dabei wirken die Zügel verhaltend, das heißt das Tempo verringernd. Die treibenden Einwirkungen haben notfalls für den Erhalt der Vorwärtsbewegung oder für die Beschleunigung des Tempos zu sorgen. Damit die Zügeleinwirkungen Einfluss auf das Pferd haben, muss eine sichere Verbindung zum Pferdemaul bestehen. Diese Verbindung sollte das Ergebnis der treibenden Einwirkungen sein, durch die sich das Pferd in die Reiterhand streckt und an sie anlehnt. Wie im Abschnitt über die Anlehnung geschildert worden ist, ermöglicht erst die Anlehnung das völlige Loslassen des Pferdes. Der richtig eingestellte Takt begünstigt die Losgelassenheit nur. Dennoch geht das eine ohne das andere nicht. Takt, Losgelassenheit und Anlehnung bilden deshalb eine Einheit.

Der Schwung

Das Zusammenwirken von Schub-, Trag- und Federkräften der Hinterhand umschreibt man gerne mit dem Ausdruck „Engagement der Hinterhand". Die Tatsache, dass das losgelassene Pferd dabei im Rücken schwingt, beschreibt man mit dem Begriff der „Rückentätigkeit". Rückentätigkeit und Engagement der Hinterhand fasst man wiederum unter dem Begriff „Schwung" zusammen.

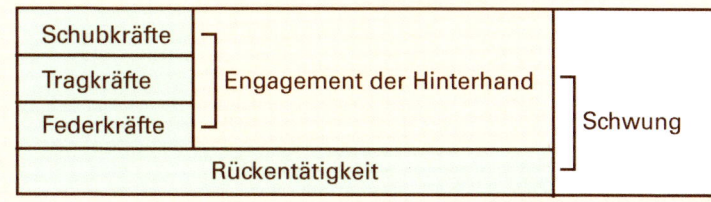

Schubkräfte		
Tragkräfte	Engagement der Hinterhand	Schwung
Federkräfte		
Rückentätigkeit		

Je nachdem, in welchem Verhältnis die Schub-, Trag- und Federkräfte des in sich schwingenden Pferdes zusammenwirken, ergibt sich ein entsprechendes Tempo verbunden mit einem bestimmten Versammlungsgrad. Je stärker das Tempo, umso größer die Schub- und umso kleiner die Tragkräfte. Je versammelter das Tempo, umso kleiner die Schub- und umso größer die Tragkräfte.

Der Schwung ist nicht nur ein Privileg einer Verstärkung, sondern auch der Versammlung. Der Schwung liefert die inneren, taktmäßig pulsierenden Kräfte, die das Pferd befähigen, einmal mehr, ein anderes Mal weniger versammelt zu gehen.

Doch am Anfang der Ausbildung verfügt das Pferd nicht über ausreichende Schub-, Trag- und Federkräfte, um die verschiedenen Tempi annehmen zu können. Demzufolge fehlt ihm auch die Geschicklichkeit, das richtige Verhältnis zwischen den Kräften zu finden.

> Der Prozess, bei dem die Schub-, Trag- und Federkräfte entwickelt und das Pferd in der störungsfreien Beherrschung des Zusammenspiels dieser Kräfte geschult wird, heißt „Schwungentwicklung".

Die Schwungentwicklung bedeutet für den Reiter, dass er das Engagement der Hinterhand und die Rückentätigkeit sicherstellen und verbessern muss.

Dies gelingt nur durch das Zusammenspiel zwischen den treibenden und verhaltenden Einwirkungen nach dem Grundsatz „Treiben-Auffangen-Leichterwerden" und durch das geschickte Anlegen von Hufschlagfiguren und Lektionen.

„Treiben-Auffangen-Leichterwerden" ist das, was man auch als halbe Parade bezeichnet.

Durch das Treiben wird das Pferd zum vermehrten Vorwärtsgehen angeregt. Wenn es dabei seine Geschwindigkeit erhöhen und den Takt verändern möchte, fängt man es durch einige Arrêts (wiederholtes „Schwammausdrücken" mit der Reiterhand) ein, wobei man gleichzeitig takterhaltend sitzt und treibt. „Takterhaltend sitzen und treiben" bedeutet, dass man das Pferd über das ruhige und weiche Mitschwingen mit dem Kreuz (Becken) und das gleich-

ermaßen ruhige und mäßige Treiben im Takt der Bewegungen daran hindert davonzueilen. Man muss den harten Wurf, der beim Eilen entstehen würde, weich aussitzen. Dies ist natürlich nur dann möglich, wenn man nicht im Sattel lose herumrutscht, sondern Schluss nimmt, das heißt eine sichere Verbindung zum Pferd über Gesäß, Oberschenkel, Knie und Wade herstellt. Ansonsten würden alle Einwirkungen mit dem Kreuz und den Waden am Pferd vorbeigleiten. Verzichtet man beim Auffangen des Pferdes auf das takterhaltende Sitzen und Treiben, so führt das zum Verlust des bisher erreichten Schwunges. Das Pferd beginnt, weniger weit mit den Hinterbeinen unter den Körper vorzuschwingen. Außerdem wird es versuchen, mit dem schwächeren Hinterbein seitlich am Körper vorbeizulaufen, um es vor der Belastung zu schützen, die es auf sich nehmen müsste, wenn es in Richtung zum Schwerpunkt vortreten würde. Damit solche Ausweichmanöver erst gar nicht entstehen, muss der Reiter durch seine treibenden Einwirkungen auch beim Auffangen dafür sorgen, dass das Pferd mit der Hinterhand nicht rückwärts oder seitlich ausweicht.

Dann wird dem Pferd früher oder später nichts anderes übrig bleiben, als das Treiben nicht als eine Aufforderung zum schnelleren Vorwärtsgehen aufzufassen, sondern im Rücken zu schwingen und das Engagement der Hinterhand so zu gestalten, dass die Schub-, Trag- und Federkräfte störungsfrei und in einem für den Raumgriff und die Elastizität der Bewegungen günstigen Verhältnis zusammenwirken. Es soll also Schwung entwickeln. Dieses Verständnis für den Sinn der halben Parade wird das Pferd umso schneller erhalten, je mehr die halbe Parade mit Hufschlagfiguren und Lektionen kombiniert wird, die schon allein durch ihre Art der Ausführung regelnd auf das Zusammenspiel der Kräfte wirken und die das Vortreten der Hinterbeine fördern.

> Die Schwungentwicklung besteht nicht allein in dem Treiben der halben Parade, sondern auch in dem geschickt organisierten Wechselspiel zwischen Hufschlagfigur und Lektion.

Tempowechsel zwischen den bisher möglichen Tempi werden ebenfalls der Schwungentwicklung dienlich sein, weil das Pferd in einer Verstärkung weiter untertreten muss. Dieses Untertreten unterscheidet sich von dem Herantreten der Hinterbeine in Richtung zur Schwerelinie. Das Untertreten geschieht bis zu dem Moment des Auffußens. Das Herantreten geschieht in der Stützphase nahe dem Hüftlot. Wenn man durch eine Verstärkung dafür gesorgt hat, dass das Pferd weit untergetreten ist, dann hat man es leichter, das Pferd dazu anzuhalten, die Hinterbeine näher an der Schwerelinie gebeugt zu halten. Deshalb fördern Verstärkungen die Schwungentwicklung und somit die Versammlung.

Die Entwicklung von Schwung ist ein weiterer wichtiger Meilenstein auf dem Weg zur Versammlung.

Wie ich bisher dargestellt habe, hängen die Schwungentwicklung und das Treiben voneinander ab. Das meinte auch STEINBRECHT 1884, als er sagte: „Reite dein Pferd vorwärts und richte es gerade." Damit wollte er nicht ausdrücken, dass das Heil der Reitkunst im schnellen Vorwärtsreiten liegt, sondern dass man sich an die Regeln hält, die lauten: „Fange auf, was du getrieben hast, treibe nur so viel, wie du auch auffangen kannst."

Nur so wird das Pferd im Genick nachgeben und mit der Hinterhand heranschließen. Beides ist Voraussetzung dafür, dass ein Zügelanzug (Arrêt) bis zu den Hanken durchkommt und sie stärker und länger gebeugt hält. Das Pferd braucht hierbei keine hohe Geschwindigkeit anzunehmen. Im Gegenteil, die Schwungentwicklung hat die Versammlung zur Folge, wenn das Pferd nicht seitlich mit einem Hinterbein ausweicht. Deshalb kommt es bei der Schwungentwicklung viel mehr darauf an, dass das Pferd die treibenden Einwirkungen annimmt. Es muss sie so gut annehmen, dass das Pferd selbst im Rückwärtsrichten die Tendenz zur Vorwärtsbewegung besitzt.

Das Geraderichten

Bei den allermeisten Pferden lässt sich, wenn sie geritten werden, eine mehr oder weniger ausgeprägte schiefe Körperhaltung feststellen. Dabei tritt ein in sich schiefes Pferd mit einem Hinterfuß seitlich am Körper vorbei, während der andere vermehrt unter der Körpermitte auffußt. Das Pferd ist deshalb in der Längsachse zu einer Seite hin verbogen und drängt mit der Hinterhand in die Bahn herein oder auch heraus, je nachdem, zu welcher Seite das Pferd schief ist und auf welcher Hand geritten wird. Begünstigt wird die Schiefe durch den Umstand, dass die Vorhand schmaler ist als die Hinterhand, sodass die Hinterfüße allgemein mehr am Körper vorbeilaufen möchten als darunter.

Wie schon REDWITZ 1914 erläutert hat, muss diese schiefe Körperhaltung keinesfalls natürlich, das heißt angeboren sein. Vielmehr kommt auch eine einseitige Beanspruchung des Pferdekörpers durch die Anforderungen des Menschen als Ursache dafür in Frage. So wie die anfangs von Natur aus gerade Körperhaltung der Kinder im Laufe ihres Schulalltages durch die schiefe Körperhaltung beim Verrichten der Schulaufgaben ruiniert wird, so geschieht es auch beim Pferd, wenn der Reiter immer alles von der linken Seite des Pferdes ausführt und vor allem als Rechtshänder dazu neigt, stärker mit der rechten Hand einzuwirken. Dadurch fühlen sich viele Pferde genötigt, dem rechten Zügel über kurz oder lang auszuweichen, indem sie ihren Hals in diese Richtung verbiegen und gleichzeitig mit dem gleichseitigen Hinterfuß am Körper vorbeitreten, um ihn vor der Belastung durch die Zügeleinwirkung zu schützen.

So lange dem Pferd noch nicht bewusst geworden ist, dass es sich auf diese Weise entziehen kann, braucht der Reiter zur Verminderung oder sogar Behebung der Schiefe nur seine Einwirkungen zu korrigieren. Natürlich kann der Fall auftreten, dass ein Pferd diese Schiefe als Waffe gegen reiterliche Anforderungen einsetzt.

Woher die Schiefe letzten Endes rührt, spielt im Prinzip keine Rolle. Tatsache ist und bleibt, dass sie stets eine ungleiche Entwicklung beider Körperhälften zur Folge hat, und zwar in Bezug auf die Kräfte und die seitliche Geschmeidigkeit. Demzufolge kann auch die Schwungentwicklung nicht optimal sein.

Damit die Geschmeidigkeit und die Kräfte der beiden Körperhälften möglichst gleichmäßig entwickelt und für die Schwungentwicklung ausgenutzt werden können, muss das Pferd gerade gerichtet werden. Die Geraderichtung beginnt damit, dass man aus einem aufrechten und geraden Sitz die Regel befolgt: „Treiben-Auffangen-Leichterwerden". Durch das Treiben wird das Pferd dazu angeregt, mit den Hinterbeinen vermehrt unter die Körpermitte vorzuschwingen. Dies hat bereits eine gerade richtende Wirkung.

Die Folge davon ist, dass die Kräfte der Hinterhand gleichmäßiger entwickelt werden. Dadurch verringert sich die Neigung des Pferdes schief zu gehen. Jedes weitere Treiben richtet dann umso mehr gerade. Irgendwann ist das Pferd an dem Punkt angelangt, an dem es genügend Schwung besitzt, um eine gerade richtende Biegearbeit zu durchlaufen. Sie besteht im Wesentlichen darin, dass die Wendungen allmählich enger und in verschiedenen Kombinationen geritten werden. Außerdem kommt die Ausbildung der Seitengänge hinzu.

Je mehr sich das Pferd dabei gerade richtet, umso mehr Schwung lässt sich entwickeln. Je schwungvoller das Pferd geht, umso besser lässt es sich gerade richten. Es besteht ein Wechselspiel zwischen

Schwung und Geraderichtung, das man mit der Parole beginnt: „Treiben-Auffangen-Leichterwerden".

Da die Erfahrung zeigt, dass fast allen Pferden eine solche Schiefe zu eigen ist, bildet das Geraderichten den nächsten Punkt in der Ausbildungsskala.

Das gerade gerichtete Pferd erkennt man daran, dass die Hinterhufe auf den Spurlinien der Vorderfüße auffußen, und zwar sowohl auf gerader wie auch auf gebogener Linie. Die Hinterhand darf besonders auf den Wendungen nicht nach außen ausfallen. Das Pferd muss sich hierfür mit seiner gesamten Längsachse der gerittenen Linie anpassen und mit beiden Hinterbeinen nach innen zur Schwerelinie vortreten. Das Letztere nennt man Schmalspurtreten. Durch das Schmalspurtreten wird die nachteilige Wirkung des Umstandes kompensiert, dass die Hinterhand breiter ist als die Vorhand.

Wenn ein Pferd auf einer gebogenen Linie gerade gerichtet ist, sagt man auch, es sei „gebogen gerade".

Gerade richtende Biegearbeit durch Wendungen und Seitengänge

Die Längsbiegung

Unter der Längsbiegung versteht man die seitliche Krümmung der Längsachse eines Pferdes. Die Längsachse verläuft dabei von Genick bis Schweif.

Es ist wichtig, dass das Pferd gleichmäßig und nicht stärker gebogen wird, als es die gerittene Linie vorgibt. Die Muskeln beider Körperhälften bilden ähnlich wie der bereits besprochene Muskelring eine geschlossene Einheit. Wenn beispielsweise der Hals des Pferdes eine stärkere Biegung erfährt als der restliche Körper, so wird dem Pferd die Hinterhand nach außen gezogen. Außerdem trägt dann das innere Vorderbein einen größeren Anteil des Gesamtgewichts und nicht, wie es sein sollte, das innere Hinterbein. Das hängt damit zusammen, dass die starke Biegung des Halses den Schwerpunkt des Pferdes zu sehr nach vorwärts-einwärts in Richtung auf das innere Vorderbein verlagert.

Eine zu starke Biegung in der Mitte der Längsachse, also zwischen Schulter und Becken, provoziert das Ausfallen über die äußere Schulter. Diese Art von übertriebener Biegung macht das Pferd in sich schief und verhindert die Geraderichtung.

Zur Längsbiegung des Pferdes gehört nicht nur die gleichmäßige Krümmung der Längsachse, sondern auch die so genannte Stellung im Genick. „Stellung geben" bedeutet, dass man den Kopf des Pferdes um seine Längsachse in die Richtung der Biegung wendet. Die Längsachse des Kopfs durchstößt das Genick und darf beim Stellen nicht seitlich verkippt werden. Geschieht das, dann sagt man, das Pferd sei im Genick verworfen. Wenn sich das Pferd zum Beispiel im Genick nach rechts verwirft, dann verdreht es das Genick, als das obere Ende der Längsachse des Kopfes, nach rechts. Die Nase, als das untere Ende der Längsachse, bewegt sich dabei nach links. Dadurch steht das rechte Pferdeohr tiefer als das linke. Durch das Verwerfen im Genick, aber auch durch eine Stellung gegen die Richtung der Biegung versucht das Pferd zu verhindern, dass der äußere Zügel auf seinen inneren Hinterfuß wirkt. Verwerfen und falsche Stellung können aber auch durch eine unnachgiebige äußere Reiterhand verursacht werden. Die äußere Hand muss stets die verlangte Stellung im Genick zulassen!

Die Stellung darf nur so stark ausfallen, dass man von oben den inneren Nüsternrand und das innere Auge des Pferdes schimmern sieht. Die Stellung erstreckt sich maximal bis zum dritten Halswirbel. Allgemeiner lässt sich das Maß der Stellung auch so festlegen: Eine von oben in die Längsachse des Pferdes eingezeichnete Linie, deren Krümmung exakt derjenigen der Längsachse entspricht, muss die Stirnplatte des Pferdes senkrecht durchstoßen.

> Eine Längsbiegung des Pferdes ohne Stellung im Genick ist immer falsch. Jedoch ist eine Stellung ohne Längsbiegung möglich, beispielsweise im Schenkelweichen oder der Vorhandwendung.

Die Hilfengebung beim Biegen sieht so aus, dass der äußere Schenkel des Reiters eine Handbreit hinter dem Gurt liegt und ein Ausfallen der Hinterhand verhindert. Der innere Schenkel liegt knapp hinter dem Gurt. Er regt den inneren Hinterfuß nicht nur zum regelmäßigen Vortreten und fleißigen Abschieben an, sondern er macht das Pferd durch sein Treiben hohl. Gleichzeitig sitzt der Reiter im Drehsitz, sodass seine Schultern parallel zu den Schultern des Pferdes und seine Hüften parallel zu denen des Pferdes stehen. Dadurch verlagert er sein Gewicht vermehrt nach innen. Keinesfalls darf er in der inneren Hüfte einknicken. Das verlagert das Gewicht nach außen statt nach innen. Der innere Zügel gibt dem Pferd die Stellung und Richtung vor. Der äußere Zügel lässt die Stellung zu. Da der innere Hinterfuß des gebogenen Pferdes

Der Schub des inneren Hinterbeins landet im äußeren Zügel.

verbesserten Geschmeidigkeit ist, dass sich das Pferd vermehrt loslassen kann. Die erhöhte Losgelassenheit und verstärkte Geraderichtung machen wiederum eine intensivere Schwungentwicklung möglich.

Schwungentwicklung bei verstärkter Geraderichtung bedeutet eine Erhöhung des Versammlungsgrades. Das heißt, dass die Wendungen das Pferd nicht nur gerade richten und geschmeidig machen, sondern auch versammeln.

Die versammelnde Wirkung einer Wendung lässt sich besser verstehen, wenn man sich bewusst macht, dass sich das Pferd in ihr nach innen über den vermehrt vorwärts-auswärts auffußenden Hinterhuf neigt. Dadurch

vermehrt vorwärts-auswärts in Richtung zur Schwerelinie fußt und auch in gleicher Richtung abfußt, landet der vom inneren Hinterbein entwickelte Schub im äußeren Zügel.

Mit diesem muss der Reiter den Schub auffangen. Dadurch wird das Pferd am äußeren Zügel Haltung gewinnen. Es wird sich vom äußeren Zügel abstoßen, sodass man mit dem inneren Zügel überstreichen kann, ohne dass es die einmal angenommene Stellung verliert. Es steht dann am äußeren Zügel und kann allein mit ihm geführt werden. Es herrschen dann Gewicht und Schenkel zur Vorgabe der Richtung vor.

Die Wendungen

Die Hufschlagfiguren entstehen im Wesentlichen durch das Aneinanderreihen von Geraden und Wendungen. Achtet der Reiter beim Reiten einer Wendung darauf, dass sich das Pferd in seiner Längsachse gleichmäßig um den inneren Reiterschenkel biegt, dann ist das Pferd gezwungen, mit seinem inneren Hinterhuf vorwärts-auswärts in Richtung zur Schwerelinie vorzutreten.

Wendungen wirken deshalb gerade richtend. Diese gerade richtende Wirkung haben sie aber nur dann, wenn es dem Reiter gelingt, die Längsachse des Pferdes, die von Genick bis Schweif verläuft, gleichmäßig in dem Maße zu biegen, in dem auch die gerittene Linie gebogen ist. Durch diese Biegearbeit richtet man das Pferd besser gerade. Deshalb spricht man von gerade richtender Biegearbeit. Die Biegearbeit fördert natürlich nicht nur die Geraderichtung, sondern ebenso die Geschmeidigkeit beider Körperhälften. Die Folge einer

muss es sein inneres Hinterbein in einer verstärkten Beugung halten. Das Pferd kann die versammelnde Wirkung einer Wendung herabsetzen oder sogar ganz aufheben, indem es seine Längsachse versteift. Es fällt dann mit der Hinterhand aus. Auf diese Weise erspart es sich das vermehrte Vortreten des inneren Hinterhufs zur Schwerelinie. Es kommt aber auch vor, dass die Biegsamkeit des Pferdes infolge einer straffen Muskulatur nicht ausreicht, um seine Längsachse der gerittenen Linie anzupassen. Abhilfe schafft man dadurch, dass man das Pferd konsequent zwischen dem verwahrenden äußeren und dem treibenden inneren Schenkel einrahmt, auf eine korrekte Stellung im Genick achtet und den Schub, den man durch das Treiben mit dem inneren Schenkel bewirkt, mit der äußeren Hand auffängt. Dabei muss man mit dem äußeren Zügel die Stellung im Genick zulassen. Die Stellung darf nie stärker ausfallen, als dass man den inneren Nüsternrand und das Auge schimmern sieht.

Setzt man diese Hilfengebung konsequent um und arbeitet das Pferd grundsätzlich zu beiden Händen in Wendungen, die anfangs größer und später immer kleiner geritten werden, dann wird das Pferd dem inneren treibenden Schenkel allmählich nachgeben und sich biegen. Versammelnd wirkt die Wendung

*Auf einer Wendung tritt das Pferd mit dem inneren Hinter-
bein vorwärts-auswärts unter die Körpermitte.*

es normalerweise der Fall sein sollte. Erst wenn sich das Pferd auf
den größeren Wendungen gefestigt hat, verkleinert man sie wieder.
Wichtig ist, erst mit größeren Wendungen zu beginnen und sie allmählich zu verkleinern.

Wenn das Pferd auf einer Wendung seinen Takt und sein Tempo
verliert, so kann es auch darüber die versammelnde Wirkung der
Wendung verringern. Behält es auf der Wendung den gleichen
Raumgriff wie vorher auf der Geraden bei und kommt ins Eilen,
dann verkürzt es die Dauer, in der das innere Hinterbein belastet
wird.

Bleibt es hingegen im gleichen Takt und verkürzt dafür die Tritte,
so verringert es sein Tempo und tritt damit weniger weit zur Schwerelinie vor. Dadurch wird das Hinterbein weniger belastet. Im Allgemeinen treten Taktverlust und die Abnahme des Raumgriffs
gleichzeitig auf. Soll also die Wendung versammelnd wirken, müssen Takt und Tempo erhalten bleiben.

Für das Reiten von Wendungen sollte man sich folgende Regeln
merken:

- gleichmäßige Längsbiegung erreichen
- vom inneren Schenkel in den äußeren Zügel treiben (diagonale
  Hilfengebung)
- Takt und Tempo erhalten

Die Seitengänge

Die gebogenen Seitengänge stellen die Steigerung zu der Längsbiegung in Wendungen dar. In ihnen erhält das Pferd wie bei Wendungen eine gleichmäßige Längsbiegung und eine Stellung im Genick.
Die Vorhand hat durch die Längsbiegung stets so auf die Hinterhand
eingestellt zu sein, dass je nach Bewegungsrichtung und nach der
Richtung der Biegung im Seitengang eines der beiden Hinterbeine
vermehrt zur Schwerelinie vortritt.

Dadurch wirken die Seitengänge gerade richtend und im Weiteren versammelnd. So hat das Pferd zum Beispiel im Schulterherein
nach rechts eine Längsbiegung und Stellung nach rechts. Die Vorhand ist so weit in die Bahn genommen und vor die Hinterhand
gerichtet, dass der rechte Hinterfuß vermehrt zur Schwerelinie vortritt. Der linke Hinterfuß darf durch das Hereinnehmen der Vorhand
nicht ausfallen. Das Pferd ist damit im Schulterherein gegen die Bewegungsrichtung gebogen und gestellt.

Im Travers nach rechts ist das Pferd zwar ebenfalls nach rechts
gebogen und gestellt, jedoch tritt der linke Hinterfuß vermehrt zur
Schwerelinie vor. Das Pferd ist daher im Travers in Bewegungsrichtung gestellt und gebogen.

Durch die Längsbiegung in den Seitengängen verbessert sich neben
der Geraderichtung auch die Geschmeidigkeit des Pferdes.

unter anderem also nur, wenn eine gleichmäßige
Längsbiegung erreicht wird und man den Schub des
inneren Hinterbeins mit dem äußeren Zügel auffängt.

Eine andere Möglichkeit, mit der das Pferd die
versammelnde Wirkung einer Wendung herabsetzen
kann, besteht darin, über die äußere Schulter auszufallen. Auf einer Wendung schwingt der innere
Hinterhuf nicht nur vermehrt vorwärts-auswärts
unter den Körper, sondern er schiebt ihn auch beim
Abfußen in diese Richtung ab. Den Schub des inneren Hinterbeins bekommt der Reiter deshalb im
äußeren Zügel zu spüren.

Fängt der äußere Zügel diesen Schub auf, dann
belastet er den inneren Hinterfuß und zwingt ihn zur
Beugung. Dem kann das Pferd entgehen, indem es
seinen Hals nach innen verbiegt und den äußeren
Zügel nicht annimmt. Es driftet dann von der Wendung nach außen weg. Man korrigiert das, indem
man die Wendungen zunächst wieder größer reitet,
sodass die Belastung des inneren Hinterbeines geringer ausfällt, und man die Stellung geringer hält, als

Im Schulterherein wird die Vorhand so weit hereingeführt, dass von vorne drei Hufschlaglinien erkennbar werden. Hierbei tritt das innere Hinterbein vermehrt zur Schwerelinie vor.

Im Travers sollen knapp vier Hufschlaglinien zu sehen sein. Das Pferd tritt dabei mit dem äußeren Hinterbein vermehrt zur Schwerelinie vor. Gezeigt wird hier ein Travers links.

Die Seitengänge ermöglichen es, die gleichmäßige Längsbiegung, die vorher nur in den Wendungen erreicht worden ist, auch auf den geraden Linien beizubehalten. Werden sie auf Wendungen geritten, so ist ihr gymnastischer Effekt noch größer.

Schulterfreiheit

Da der breite Rückenmuskel bis zum Oberarm des Vorderbeins reicht, beeinflusst sein Spannungszustand die Bewegung des Vorderbeins. Ist er infolge einer Verspannung der gesamten Rückenmuskeln verkrampft, so behindert er das freie und ungezwungene Vorschwingen des Vorderbeins aus der Schulter heraus.

„Schulterfrei" kann ein Pferd deshalb nur dann sein, wenn die Rückenmuskeln losgelassen arbeiten. Die Schulterfreiheit als das ungezwungene Vorschwingen der Vorderbeine aus der Schulter heraus ist abhängig von der Rückentätigkeit.

Kadenz

Unter dem Begriff „Kadenz" versteht man die Akzentuierung der taktmäßigen Bewegungen in den versammelten Tempi. Sie ist die Folge von den verlängerten Stützphasen, in denen das Pferd die zwanglos vorschwingenden Beine im Moment der höchsten Erhebung über dem Boden einen Augenblick länger in der Luft hält. Die Kadenz steht für die Erhabenheit der versammelten Tempi.

Ausdruck

Unter dem Begriff „Ausdruck" versteht man die Akzentuierung der taktmäßigen Bewegungen in den Tempoverstärkungen. Er ist die Folge von verlängerten Schwebephasen, in denen sich das Pferd schulterfrei und bergauf gehend fliegen lässt und dabei mit seinen Vorderbeinen in Richtung auf den Punkt zeigt, auf den die Verlängerung der Stirnlinie gerichtet ist, die vor der Senkrechten steht

Allerdings verlangt das Reiten von Seitengängen auf Wendungen eine entsprechende Reife des Pferdes, die über die einfachen Wendungen und das Reiten von Seitengängen auf Geraden erzielt werden muss.

Für das Reiten von Seitengängen gelten die gleichen Regeln wie beim Biegen und beim Reiten von Wendungen.

Schwung und Geraderichtung in der Ausbildungsklasse A

Die Ausbildungsklasse A wird auch als Grundausbildung bezeichnet. In der Grundausbildung kann die Geraderichtung nur in einem solchen Maß gefordert werden, wie sie nötig ist, um eine möglichst gleichmäßige Längsbiegung beim Durchreiten von abgeflachten Ecken und größeren Wendungen zu gewährleisten. Demzufolge muss das Pferd bereits die diagonalen Hilfen, inneres Bein-äußeren Zügel, annehmen lernen.

Mängel in der Geraderichtung dürfen in der Klasse A nicht so streng bewertet werden wie Mängel im Takt, der Losgelassenheit und der Anlehnung. Eine erkennbare Schiefe beim Reiten auf einer geraden Linie ist zu verzeihen, wenn das Pferd sonst taktmäßig und losgelassen an die Reiterhand herantritt. Problematisch wird es allerdings, wenn die Geraderichtung solche Mängel aufweist, dass die Kruppe in einer Wendung, zum Beispiel einer Volte, nach außen ausfällt.

Im Rahmen dieser erst beginnenden Geraderichtung darf nur eine mäßige Schwungentwicklung verlangt werden. Das Zusammenspiel zwischen mäßiger Schwungentwicklung und beginnender Geraderichtung muss die Durchlässigkeit so weit verbessern, dass aus dem Zusammenspiel der treibenden und verhaltenden Einwirkungen in Verbindung mit den Hufschlagfiguren die elastischen und raumgreifenden Bewegungen der Arbeitstempi des Trabs und Galopps hervorgehen. Wenn es im Trab und Galopp gelingt, diesen Schwung zu entwickeln so hat das Auswirkungen auf das Schritt-Tempo. Es wird sich bis zum Mittelschritt steigern lassen.

Darüber hinaus wird die erreichte Durchlässigkeit Tempoübergänge vom Arbeits- zum Mitteltrab, vom Arbeits- zum Mittelgalopp, Übergänge zwischen den Gangarten einschließlich des einfachen Wechsels, ganze Paraden ohne Kopflastigkeit, Volten mit einem Durchmesser von 10 Meter sowie ein flüssiges Rückwärtstreten ermöglichen.

Bezüglich der Zusammenstellung des Pferdes ist zu sagen, dass die Stirn kurz vor der Senkrechten zu stehen hat, dass sich der Hals aus dem Widerrist heraus gleichmäßig nach oben wölbt und zum Genick leicht ansteigt, dass die Tätigkeit der Unterhalsbemuskelung in den Hintergrund tritt und dass die Aufrichtung des Halses auf keinen Fall höher ausfallen darf als die Linie zwischen Maulspalte–Hüftknochen.

Gibt es Versammlung in der Ausbildungsklasse A?

Vielleicht haben Sie sich schon einmal die Frage gestellt, warum man Lektionen wie den einfachen Galoppwechsel und das Rückwärtsrichten bereits in der Ausbildungsklasse A verlangt. Schließlich verlangen beide Lektionen einen Versammlungsgrad, der genau genommen in die Ausbildungsklassen L und M gehört. Sie setzen genau wie das Antraben oder Angaloppieren aus dem Halten einen sehr hohen Versammlungsgrad voraus. In diesen Lektionen muss das Pferd kurzzeitig bis zu 89 Prozent seines Gesamtgewichts mit den Hinterbeinen tragen. Wie lässt sich das mit der Ausbildungsklasse A, die für „Anfangsklasse" steht, vereinbaren?

Es lässt sich nur dann vereinbaren, wenn man dem Pferd zugesteht, dass es diese schwierigen Lektionen noch nicht in Vollendung zu zeigen braucht. So darf das Pferd den einfachen Wechsel über einige wenige Trabtritte ausführen. Im Rückwärtsrichten sollte man den Pferderücken noch entlasten, um dem Pferd die Rückwärtsbewegung zu erleichtern.

Dabei braucht auch die Aufrichtung des Halses noch nicht sehr ausgeprägt zu sein. Beim Antraben aus dem Halten sind ein bis zwei geschmeidige Zwischenschritte zu verzeihen, solange man erkennt, dass das Pferd den treibenden Einwirkungen widerstandslos Folge leistet. Da der Mitteltrab und der Mittelgalopp ebenfalls höhere Ansprüche an die Schub- und Tragkräfte stellen, sollte eine vollendete Ausführung hinsichtlich des Raumgriffs nicht erwartet werden. Den vollkommenen Ausdruck erhalten diese Tempi erst im Rahmen der Ausbildung zur Klasse M bis S.

Wenn man dem Pferd in der Anfangsklasse diese Zugeständnisse macht, dann ist es vertretbar, solche Lektionen zu verlangen. Diese Zugeständnisse rechtfertigen aber keinesfalls Mängel in Takt, Losgelassenheit, Anlehnung, mäßiger Schwungentwicklung und beginnender Geraderichtung. Verliert das Pferd in diesen Lektionen beispielsweise die Anlehnung oder stockt es in den Übergängen, verliert es an Bewegungsfluss und womöglich sogar die reine Fußfolge, dann sind das schwerwiegende Ausbildungsfehler.

> Zwar darf man in der Anfangsklasse keine Vollendung erwarten, man muss sich aber auch von der Vorstellung lösen, dass das Pferd in der Klasse A gänzlich unversammelt wäre. Es ist deshalb falsch, ein gerade angerittenes Pferd in einer Dressurprüfung der Klasse A vorzustellen. Man darf sein Pferd erst vorstellen, wenn die Grundausbildung abgeschlossen ist. Und das dauert bis zu zwei Jahre.

Schwung und Geraderichtung in der Ausbildungsklasse L

Unter der fortgeschrittenen Grundausbildung versteht man die Ausbildungsklasse L. Die fortgeschrittene Grundausbildung knüpft an die Grundausbildung im Rahmen der Klasse A an. In ihr muss eine deutliche Verbesserung der Geraderichtung erzielt werden, sodass nun auch auf gerader Linie kaum mehr eine Schiefe auftritt. Die dazu nötige gerade richtende Biegearbeit wird die Längsbiegung des Pferdes so weit fördern, dass die Ecken sichtbar tiefer ausgeritten werden können.

Mit dieser Verbesserung der Geraderichtung ist es natürlich erforderlich, dass eine ebenso deutlich verbesserte Schwungentwicklung eintritt. Beides zusammen sichert dann einmal mehr Takt, Losgelassenheit und Anlehnung.

Insgesamt wächst die Durchlässigkeit auf ein solches Maß, dass die so genannte Versammlungsbereitschaft anhand der einsetzenden Kadenz in den versammelten Tempi, des gesteigerten Ausdrucks in den mittleren Tempi, der gesetzteren Paraden und Übergänge und der zusätzlich erreichten Fähigkeit zum Schulterhervor, Außengalopp, einfachen Wechsel und Kurzkehrtwendung erkennbar wird.

Ferner müssen jegliche Widerstände gegen Stellung im Genick und Biegung im Hals durch die gerade richtende Biegearbeit vollständig beseitigt werden. Das Pferd darf sich weder auf einen Zügel auflegen noch darf es sich verwerfen oder nach außen stellen, wo Innenstellung oder eine gerade Stellung verlangt wäre.

Erst wenn diese Widerstände im Zuge der gerade richtenden Biegearbeit überwunden wurden, kann das Pferd auf Kandarenzaum umgestellt werden.

Die Zusammenstellung wird sich im Zusammenhang mit dieser deutlichen Steigerung des Ausbildungsstandes dahingehend verän-

dern, dass die Stirn mit dem Genick als höchstem Punkt in die Senkrechte gekommen und der Hals relativ zur beginnenden Hankenbeugung aufgerichtet ist. Das gesamte Pferd wird von hinten her verkürzt und scheint bereits leicht bergauf zu gehen.

Schwung und Geraderichtung in der Ausbildungsklasse M

Mit dem Einstieg in die Ausbildungsklasse M beginnt die Spezialausbildung des Pferdes zum Dressurpferd. Ziel dieser Ausbildungsklasse ist die stete Sicherung und Verbesserung von Takt, Losgelassenheit und Anlehnung über eine nun ausgeprägte Schwungentwicklung in Verbindung mit einer vollkommenen Geraderichtung. Daraus erwächst die Versammlungsfähigkeit des Pferdes und eine nahezu vollendete Durchlässigkeit.

Hankenbeugung, Heranschließen der Hinterhand und relative Aufrichtung liegen in einem solch starken Ausmaß vor, dass das Pferd nun deutlich bergauf zu gehen scheint und im Vergleich zur Klasse L über einer noch kürzeren Basis steht. Dies alles befähigt das Pferd zur ausgeprägten Kadenzierung der versammelten Tempi und zu ausdrucksstarken Verstärkungen bishin zu den starken Tempi.

Darüber hinaus lernt das Pferd auf dieser Stufe alle weiteren gebogenen Seitengänge sowie den einmaligen fliegenden Galoppwechsel. Hier angekommen ist es außerdem als Vorbereitung auf die Lektionen der hohen Schule angebracht, die Arbeit an der Hand zu beginnen.

Schwung und Geraderichtung in der Ausbildungsklasse S

Die Ausbildungsklasse S stellt die letzte Stufe der Spezialausbildung zum Dressurpferd dar, die als die eigentliche Dressur zu betrachten ist. In ihr wird das Ziel verfolgt, Takt, Losgelassenheit, Anlehnung, Schwung und Geraderichtung bis zur Vollkommenheit im Rahmen der Möglichkeiten des Pferdes auszubilden.

Klasse A	KLasse L	KLasse M	KLasse S
Gerade richtende Biegearbeit durch Hufschlagfiguren			
Zirkel			
Zirkel verkleinern, vergrößern			
Schlangenlinien			
Volten von mindestens 10 Meter Durchmesser	Acht-Meter-Volten	Acht-Meter-Volten	Sechs-Meter-Volten
Kehrtwendungen			
Achten			
Eckvoltenquadrat			
Gerade richtende Biegearbeit durch Lektionen			
Schulterhervor			
	Schulterherein		
	Reiten in zweiter Stellung		
	Kurzkehrtwendung	Schrittpirouetten	
		Renvers	
		Travers	
		Traversale	
Welche Tempi erreicht und eingesetzt werden müssen:			
Grundtempo im Schritt, Trab und Galopp; Mittelschritt, Arbeitstrab und -galopp, Mitteltrab und -galopp	Mittelschritt, versammelter Trab und Galopp, Mitteltrab und -galopp	versammelter Schritt, Mittelschritt, starker Schritt, versammelter Trab und Galopp, Mitteltrab und -galopp, starker Trab und Galopp	versammelter Schritt, Mittelschritt, starker Schritt, versammelter Trab und Galopp, Mitteltrab und -galopp, starker Trab und Galopp
Was die gerade richtende Biegearbeit in Verbindung mit den jeweils möglichen Tempi bewirkt:			
Beginnende Geraderichtung	Deutlich verbesserte Geraderichtung	Vollkommene Geraderichtung	Vollkommene Geraderichtung
Mäßige Schwungentwicklung	Deutlich verbesserte Schwungentwicklung	Ausgeprägte Schwungentwicklung	Maximale Schwungentwicklung

Damit erreicht das Pferd seine größtmögliche Durchlässigkeit und eine solche Versammlung, dass die maximal mögliche Kadenz in den versammelten Tempi, der maximal mögliche Ausdruck in den Verstärkungen und die Fähigkeit, die Hankenbeugung in jeder beliebigen Ausprägung beliebig lange aufrecht erhalten zu können, erreicht wird. Diese uneingeschränkte Kontrolle über jede Ausprägung von Schub-, Trag- und Federkraft der Hinterhand ermöglicht die Piaffe, Passage, Galopppirouetten und die Galoppwechsel à Tempo.

Man darf nie vergessen, dass der Versammlungsgrad mit fortschreitender Ausbildung ständig wachsen soll, dass alle vier Stufen fließend ineinander übergehen und dass die erlernten Lektionen einer Stufe zuvor in jeder folgenden Stufe weiter verbessert werden.

Hier eine Übersicht (Seite 76) zur Entwicklung von Schwung und Geraderichtung als Folge der gerade richtenden Biegearbeit (Hufschlagfiguren und Lektionen) und der entwickelten Tempi in Abhängigkeit von den Ausbildungsstufen.

Durch die Arbeit im Vorwärts am Vorwärts zur Versammlung

Versammeln bedeutet im Wesentlichen eine Schwungentwicklung ohne Taktverlust in ein gerades gerichtetes Pferd hinein. Je besser ein Pferd gerade gerichtet ist, umso mehr Schwung lässt sich durch die halben Paraden entwickeln. Je schwungvoller ein Pferd geht, umso mehr richtet es sich gerade.

Schwungentwicklung in Verbindung mit einer sich stets verbessernden Geraderichtung erhöht den Versammlungsgrad. In diesem Sinn ist der Ausspruch zu verstehen: „Reite dein Pferd vorwärts und richte es gerade.“

Eingeleitet wird die Schwungentwicklung und Geraderichtung durch das Umsetzen der Regeln:

- Treiben-Auffangen-Leichterwerden
- Man fängt auf, was man getrieben hat; man treibt nicht mehr, als man auffangen kann.

Auf Wendungen und in Lektionen, für die das Pferd gleichmäßig gebogen wird, erfolgt das Treiben-Auffangen-Leichterwerden vom inneren Schenkel zum äußeren Zügel. Dabei ist die innere Seite die hohlgebogene Seite des Pferdes. Takt und Tempo dürfen nicht verloren gehen.

Mit zunehmender Geschmeidigkeit des Pferdes verkleinert man die Wendungen und verstärkt die Längsbiegung, um die Geraderichtung zu verbessern. Die Folge von weiterhin erteilten halben

1

KL. A

2

KL. L/M

3

4

KL. S

Die Entwicklung der Versammlungsgrade von der Klasse A (Pferd 1) über die Klassen L/M (Pferd 2) zur Klasse S (Pferd 3 und 4)

Paraden und der verstärkten Geraderichtung wird ein verbesserter Schwung und damit eine erhöhte Versammlung sein.

Daraus lassen sich erste Tempoverstärkungen reiten, die sich positiv auf die Schwungentwicklung auswirken. In gleicher Weise fördern Übergänge zwischen den Gangarten den Schwung. Dadurch steigt der Versammlungsgrad des Pferdes weiter. Er wird bald ausreichen, um das Schulterherein, das Rückwärtsrichten, den Mitteltrab und -galopp zu erarbeiten.

Je mehr Möglichkeiten (Hufschlagfiguren, Lektionen und Tempi) man sich erarbeitet hat, um das Pferd zu gymnastizieren, umso mehr muss man sie nach dem Grundsatz der Schwungentwicklung ohne Taktverlust in ein gerades Pferd hinein kombinieren. Wie man sie am besten kombiniert, um die Schwungentwicklung und Geraderichtung zu steigern, muss man erfühlen. Zum Beispiel verbessert das eine Pferd seinen Schwung mehr durch die Übergänge zwischen den Gangarten, das andere durch vorsichtiges Steigern des Grundtempos zum Tritteverlängern. Auf solche Eigenarten muss man eingehen. Nur dann kann das Training eines Pferdes möglichst effizient werden.

> Eine Übungseinheit sollte ein wohl dosiertes Konzentrat all derjenigen momentan möglichen Übungen sein, die den Schwung und die Geraderichtung am meisten fördern.

Auf diese Weise wird der Versammlungsgrad immer weiter ansteigen, sodass die Kehrtwendungen auf der Hinterhand möglich werden und alle übrigen gebogenen Seitengänge gelehrt und zur Vervollkommnung der Geraderichtung angewendet werden können.

Die maximale Schwungentwicklung bei vollkommener Geraderichtung ergibt dann die hohen Schulen.

Versammeln heißt, folgende Regeln zu beachten:
- Treiben-Auffangen-Leichterwerden
- Man fängt auf, was man getrieben hat; man treibt nicht mehr, als man auffangen kann.
- Schwungentwicklung ohne Taktverlust in ein gerades Pferd hinein Beim Reiten mit Längsbiegung gilt:
- gleichmäßige Längsbiegung
- vom inneren Bein zum äußeren Zügel
- Takt und Tempo halten

Diese Regeln sollte man auswendig lernen, um sie sich beim Reiten stets vorsagen zu können.

Das äußere Erscheinungsbild des versammelten Pferdes

Ein Pferd, das durch die Arbeit am Vorwärts im Vorwärts zur Versammlung gebracht worden ist, wird bestimmte äußere Merkmale aufweisen. Diese charakterisieren die Versammlung. Wir haben sie im Laufe des bisherigen Textes nacheinander kennen gelernt und sie sollen nun zu einem Gesamtbild zusammengefügt werden.

Je versammelter ein Pferd geht, umso stärker fällt die Hankenbeugung aus und umso näher tritt es mit seinen Hinterbeinen in der Stützphase an die Schwerelinie heran. Infolge der Hankenbeugung senkt sich die Kruppe. Das Pferd scheint dadurch mehr und mehr bergauf zu gehen. Es richtet seinen Hals in dem Maße auf, wie es

Äußere Merkmale des versammelten Pferdes:

Hankenbeugung	Relative Aufrichtung	Beizäumung
Herantreten an Schwerelinie	gleichmäßig nach oben gewölbter Hals	Stirnlinie kommt in die Senkrechte
Senkung der Kruppe	Genick ist höchster Punkt	
Verkürzung des Raumgriffs		
Verlängerung der Stützphasen		
Schulterfreiheit durch losgelassen arbeitende Rückenmuskeln		
längeres Aushalten der vorschwingenden Beine in der Luft		
Verkürzung des Gesamtrahmens		

seine Hankenbeugung verstärkt. Man spricht von relativer Aufrichtung. Dabei zäumt es sich immer stärker bei, bis es im Zustand höchster Versammlung mit der Stirnlinie in der Senkrechten steht.

Die Beizäumung ist dabei nicht das Ergebnis einer Tätigkeit der Beugemuskeln an der Halsunterseite, sondern die Folge davon, dass der Kopf seinem eigenen Gewicht nach unten folgt (das so genannte Fallenlassen des Halses), sodass sich die Stirnlinie der Senkrechten nähert.

In der Versammlung wölbt sich der Hals des Pferdes gleichmäßig aus dem Widerrist heraus nach oben. Das Genick bildet den höchsten Punkt. Verstärkte Beizäumung, relative Aufrichtung und Hankenbeugung bedingen eine Verkürzung des Gesamtrahmens des Pferdes. Mit zunehmender Versammlung verringert sich der Raumgriff der Schritte, Tritte und Sprünge.

Weil sich der Raumgriff verringert, fallen die Schwingungen im Pferd entsprechend kleiner aus. Dafür tragen die Hinterbeine in den Stützphasen einen größeren Anteil des Gesamtgewichts. Da die Stützphasen mit zunehmender Versammlung länger dauern, bleibt die Hankenbeugung länger erhalten. Auf diese Weise vermag das Pferd die im Vorschwingen begriffenen Beine länger in der Luft zu halten.

Versammelter Trab

Versammelter Galopp

Durch die in der Versammlung losgelassen arbeitenden Rückenmuskeln kann der Oberarm frei vorschwingen. Das bezeichnet man als Schulterfreiheit. Längeres Aushalten der Beine in der Luft, der Eindruck des Bergaufgehens und die Schulterfreiheit ergeben zusammen das, was man mit Kadenz bezeichnet. Die Kadenz verlangt vom versammelten Pferd gute Balance auf den jeweils stützenden Beinen.

Die verschiedenen Tempi ergeben sich aus der Fähigkeit des Pferdes, verschiedene Versammlungsgrade annehmen zu können.

Entwicklung grundlegender Lektionen mit der Versammlung

Ich möchte Ihnen nun anhand der ganzen Parade, der Aufstellung nach der Parade, dem Anreiten zum Schritt, dem Antraben und Angaloppieren verdeutlichen, wie die Ausführung dieser Lektionen vom erreichten Versammlungs- und Durchlässigkeitsgrad bestimmt werden.

Ausbildungsstufe Klasse A

Takt

Losgelassenheit

Anlehnung

mäßige Schwungentwicklung

beginnende Geraderichtung

Parade zum Halten aus dem Trab

Anregung zum vermehrten Herantreten an die Hand durch Treiben mit den Waden

Beendigung der Fortbewegung durch unsichtbaren, notfalls wiederholten Zügelanzug (Arrêt) evtl. über mehrere Zwischenschritte. Nicht im Zügelanzug stecken bleiben!

Aufstellung nach Parade zum Halten

geschlossen auf allen vier Beinen stehend
nur mäßige Aufrichtung und beginnendes Herantreten der Hinterbeine unter die Körpermitte

Anreiten zum Schritt aus dem Halten

Anreiten aus vorheriger Aufstellung vorwiegend durch treibende Schenkeleinwirkung

Übergang in den Trab aus dem Schritt

Antraben vorwiegend durch treibende Schenkeleinwirkung
Eventuell über mehrere Zwischenschritte in den Trab

Übergang zum Galopp aus dem Trab

Angaloppieren vorwiegend mit dem inneren Schenkel

Ausbildungsstufe Klasse L

Takt

Losgelassenheit

Anlehnung

deutliche Schwungentwicklung

verbesserte Geraderichtung

Parade zum Halten

Anregung zum vermehrten Untertreten beziehungsweise Unterspringen durch Kreuz und Schenkel
dann Beendigung der Fortbewegung ohne Zwischenschritte durch eventuell mehrere Zügelanzüge (Arrêts). Nicht stecken bleiben

Aufstellung nach Parade zum Halten

geschlossen auf allen vier Beinen
In verbesserter Aufrichtung und vermehrtem Herantreten der Hinterbeine zum Schwerpunkt (Annähern der Hufe ans Hüftlot)

Anreiten zum Schritt aus dem Halten

Anreiten aus dieser Aufstellung durch verstärktes Kreuzanstellen und Schenkeleinwirkung

Übergang in den Trab aus dem Schritt

Antraben durch verstärktes Kreuzanstellen und treibende Schenkel

Übergang zum Galopp aus dem Trab

Anspringen durch verstärktes Kreuzanstellen, Treiben mit dem inneren Schenkel und Arrêts am äußeren Zügel

Ausbildungsstufe Klasse M

Takt

Losgelassenheit

Anlehnung

Ausgeprägte Schwungentwicklung

Vollkommene Geraderichtung

Parade zum Halten

Anregung zum sichtlich vermehrten Untertreten beziehungsweise Unterspringen durch Kreuz und Schenkel
dann Beendigung der Fortbewegung durch Zügelanzug. Nicht stecken bleiben!

Aufstellung nach Parade zum Halten

Gestatten eines minimalen Vortretens der Vorderbeine nach der Parade mit entsprechend herangeschlossenen Hinterbeinen: Kein Vorlassen führt zum Rückwärtstreten der Hinterbeine
Hufe unbedingt im Hüftlot

Anreiten zum Schritt aus dem Halten

Anreiten aus Aufstellung durch Kreuz- und Schenkeleinwirkung

Übergang in den Trab

Antraben durch verstärktes Kreuzanstellen und treibende Schenkeleinwirkung

Übergang zum Galopp

Anspringen durch vermehrtes Kreuzanstellen, inneren Schenkel und Arrêts am äußeren Zügel

---

Ausbildungsstufe Klasse S

Takt

Losgelassenheit

Anlehnung

Maximale Schwungentwicklung

Vollkommene Geraderichtung

Parade zum Halten (Schulparade)

Parieren und Ausharren in der Schulparade durch Arrets mit der Folge des Herantretens der Hinterbeine bis zum Schwerpunkt
Der Zügel wirkt belastend auf die Hinterbeine

Aufstellung nach Parade zum Halten (Schulstellung)

Verstärken der Hankenbeugung nach der Schulparade durch eine etwas stärker belastende Zügeleinwirkung

Anreiten in den Schritt (Schulschritt) aus dem Halten

Anreiten durch wiederholte wechselseitige Arrêts auch mit der Kandare
Die Last der Vorhand fällt auf die zu Sprungfedern umgewandelten Hinterbeine

Übergang in den Trab (Schultrab) aus dem Schritt (Schulschritt)

Antraben durch schneller wiederholte, noch stärker belastende und wechselseitige Arrêts im Rhythmus mit dem Vortreten des entsprechenden Hinterbeines

Übergang zum Galopp (Schulgalopp) aus dem Trab (Schultrab)

Angaloppieren durch verstärkte Zügelanzüge am äußeren Zügel gegen das äußere Hinterbein

Da der Sinn einer Korrekturarbeit darin liegt, die Durchlässigkeit des Korrekturpferdes deutlich zu verbessern, erfolgt die Korrektur nach dem gleichen Grundsatz wie die reguläre Ausbildung eines nicht korrekturbedürftigen Pferdes: „Durch die Arbeit im Vorwärts am Vorwärts zur Versammlung". Unter dem gleichnamigen Abschnitt wurde dargelegt, dass es dabei auf die Schwungentwicklung ohne Taktverlust in ein gerade gerichtetes Pferd ankommt.

Die konsequente Umsetzung dieses Grundsatzes wird zu einer ständigen Erhöhung des Versammlungsgrades und der Durchlässigkeit führen. Die Ausbildung eines Pferdes lässt sich anhand des bisher erreichten Versammlungs- und Durchlässigkeitsgrades in vier Stufen gliedern. Es sind dies:

- das Geradeausreiten: Ausbildungsstufe der Klasse A, Grundausbildung
- die niedere Campagneschule: Ausbildungsstufe der Klasse L, fortgeschrittene Grundausbildung
- die höhere Campagneschule: Ausbildungsstufe der Klasse M, Spezialausbildung
- die hohe Schule: Ausbildungsstufe der Klasse S, Spezialausbildung

Im Falle der Korrektur eines Pferdes ist es wichtig zu erkennen, auf welcher Ausbildungsstufe sich das Pferd tatsächlich befindet. Man muss überprüfen, ob das Pferd schon reif für die Übungen ist, die man zurzeit mit ihm erarbeitet. Womöglich hat man es damit bereits überfordert und deshalb Widerstände provoziert. Für die Korrektur ist entscheidend, dass man seine Anforderungen an das Korrekturpferd auf die tatsächlich vorhandene Durchlässigkeit und Versammlung abstimmt. Es kann dabei vorkommen, dass man bis an den Anfang der regulären Ausbildung zurückgehen muss.

Die eigentliche Korrektur eines Pferdes beginnt deshalb mit der Bestimmung der Ausbildungsstufe, auf der sich das Korrekturpferd vor seiner Korrektur befindet. Dazu muss man sich ein Bild von den Leistungen seines Pferdes und seiner selbst machen. Es ist hilfreich, wenn man sich dabei an einen Richter oder Ausbilder wendet. Beide sollten in der Lage sein, ein fachlich korrektes Urteil über den Ist-Zustand von Pferd und Reiter abzugeben und Verbesserungsvorschläge zu machen. Dadurch erspart man sich aber nicht, eine Videoaufzeichnung von seinem Pferd und sich machen zu lassen. Erst wenn man sich und seine Fehler mit eigenen Augen gesehen hat, vermag man den Ernst der Lage wirklich zu erkennen.

Die Gesamtleistung beurteilen

Um eine Korrektur erfolgreich durchführen zu können, muss man zunächst wissen, wo Pferd und Reiter tatsächlich stehen. Das heißt, dass die Qualität der Ausbildung von Pferd und Reiter möglichst objektiv beurteilt und der Ausbildungsstand beider in die richtige Ausbildungsstufe eingeordnet werden müssen. In fast allen Fällen wird das zu dem Ergebnis führen, dass sich das betreffende Pferd und oft auch sein Reiter auf einer niedrigeren Ausbildungsstufe befinden als erhofft. Diese Selbsterkenntnis stellt häufig ein Problem dar. Mit ihr legt man aber den Grundstein für die Korrekturarbeit. Denn wenn einem klar geworden ist, dass man sein Pferd überfordert und womöglich fehlerhafte Hilfen gegeben hat, dann weiß man bereits, was man ändern muss. Deshalb sollte der Korrekturreiter den Mut zur Selbsterkenntnis aufbringen und sich nicht scheuen, eine Videoaufnahme von seinem Pferd und sich anzusehen. Mit der korrekten Einordnung der Ausbildungsstufen von Pferd und Reiter hat man damit schon die halbe Miete.

Bekanntermaßen gestaltet sich die Korrekturarbeit für das Pferd dann so, dass man von der tatsächlich vorliegenden Ausbildungsstufe ausgeht und die Durchlässigkeit nach den Grundsätzen der Ausbildungsskala verbessert.

Wenn Sie den Ausbildungsstand Ihres Pferdes und Ihrer selbst anhand einer Videoaufnahme bestimmen wollen, sollten Sie sich auf die Beurteilung folgender Punkte konzentrieren: Grundgangarten, Durchlässigkeit und Versammlungsgrad, Lektion und Sitz und Einwirkung. Ihr Hauptaugenmerk sollte auf den Grundgangarten, der Durchlässigkeit und dem Versammlungsgrad des Pferdes liegen.

Weil man anhand der Korrektheit der Hufschlagfiguren und Lektionen ebenfalls den Grad von Durchlässigkeit und Versammlung erkennen kann, stehen sie an zweiter Stelle. Da der Sitz des Reiters verrät, wie gut das Pferd sitzen lässt, und damit anzeigt, wie gut die Losgelassenheit und der Schwung entwickelt sind, stehen sie an dritter Stelle.

Grundsätzlich geht man bei einer Beurteilung von einem Idealbild aus und vergleicht das vorliegende damit. Je weiter es vom Ideal abweicht, umso schlechter muss eine Bewertung ausfallen.

Die Grundgangarten

In dem ersten Bereich „Grundgangarten" werden die Leistungen hinsichtlich der Reinheit, Regelmäßigkeit und Ungebundenheit der drei Grundgangarten beurteilt. Mit Reinheit der Grundgangarten meint man, dass der Schritt ein Viertakt in acht Phasen, der Trab ein Zweitakt in vier Phasen und der Galopp ein Dreitakt in sechs Phasen sein soll.

Wenn im Schritt ein Vorderhuf abfußt, befindet sich der gleichseitige Hinterhuf kurz vor dem Auffußen. In diesem Moment bilden dieses Vorder- und Hinterbein ein „V". Geht der Viertakt im Schritt verloren, so verschwimmt das „V" dahingehend, dass das Vorder- und Hinterbein mehr und mehr parallel vorschwingen. Auf diese Weise entsteht ein passartiges Gehen oder sogar der Pass selbst.

Nun gibt es Pferde, die dieses „V" von Hause aus verschwommen zeigen. In diesem Fall darf der Schritt erst dann negativ bewertet werden, wenn die vier Beine nicht in gleichen zeitlichen Abständen auffußen. Solange man beobachten oder hören kann,

dass alle vier Beine in zeitlich gleichen Abständen fußen, ist der Schritt also nicht fehlerhaft. In Grenzfällen steht damit die zeitliche Regelmäßigkeit der Fußfolge ein wenig über der von Hause aus mitgebrachten Reinheit.

Im Trab kann die Reinheit der Fußfolge dadurch gestört sein, dass fast keine Schwebephase vorhanden ist. Das Pferd scheint den Trab aus den Beinen heraus zu laufen, anstatt elastisch federnd vorwärts zu treten. Solche Pferde bezeichnet man deshalb auch als Schenkelgänger.

Wenn im Galopp der Dreitakt verloren geht, dann fußen inneres Hinterbein und äußeres Vorderbein nacheinander und nicht mehr gleichzeitig, wie es eigentlich sein sollte. Man spricht dann vom Vierschlag, den man fühlen und hören kann. Man hat von oben das Gefühl, als würde das Pferd in einer hölzernen Bewegung seine vier Beine nacheinander auf den Boden schlagen. Auch hierbei verliert das Pferd an Schwebephase.

Der Verlust der Reinheit und zeitlichen Regelmäßigkeit ist stets ein Zeichen für eine unnatürliche Spannung im Pferd. Es ist dann verkrampft. Meist geht mit diesen Verkrampfungen auch der Verlust der räumlichen Regelmäßigkeit und des Raumgriffs der Schritte, Tritte und Sprünge einher. Wie wir bereits wissen, fasst man die Reinheit, die zeitliche und die räumliche Regelmäßigkeit der Bewegung unter dem Begriff „Takt" zusammen.

> Taktverluste sind immer ein Zeichen für Verspannungen.

Mit Ungebundenheit ist gemeint, dass sich die Gänge durch genügenden Fleiß und Rückentätigkeit auszeichnen. Für eine positive Beurteilung der Ungebundenheit muss sichtbar werden, dass die Gänge regelrecht durch den Körper des Pferdes schwingen.

Wenn ein Pferd Taktfehler in einer Grundgangart zeigt, dann sind die Bewegungen auch automatisch gebunden. Taktfehler bedeuten Verkrampfungen, also einen Mangel an Losgelassenheit. Fehlt die Losgelassenheit, dann hapert es auch mit der Rückentätigkeit, und hin ist die Ungebundenheit.

Die Durchlässigkeit und der Versammlungsgrad

Bei der Beurteilung der Durchlässigkeit und des Versammlungsgrades kommt es darauf an festzustellen, inwieweit die Punkte der Ausbildungsskala erreicht sind. Stellen Sie sich deshalb folgende Fragen:

- Geht mein Pferd stets im Takt?
- Fußt es unabhängig vom Tempo einer Gangart in zeitlich gleichmäßigen Abständen auf?
- Bleiben die Schritte, Tritte und Sprünge in einem Tempo gleich lang?
- Ist es losgelassen?
- Lehnt es sich korrekt an das Gebiss an?
- Zeigt es eine Maultätigkeit, bei der sich sahniger Schaum an den Lippen zeigt?
- Steht die Stirn vor oder in der Senkrechten?
- Bildet das Genick den höchsten Punkt?
- Befindet sich die Maulspalte in den versammelten Tempi maximal in der Horizontalen durch das Hüftgelenk?
- Geht es schwungvoll?
- Entspricht der Raumgriff der Bewegungen dem Tempo, das gerade geritten werden soll?
- Ist es gerade gerichtet?
- In welchem Ausmaß ist das Pferd zusammengestellt und versammelt?

Von all diesen Fragen ist die Frage nach der Losgelassenheit am wichtigsten. Je weniger sich ein Pferd loslässt, umso mehr wird die Qualität der anderen Punkte der Ausbildungsskala in Mitleidenschaft gezogen. Dies hängt damit zusammen, dass sich Verspannungen immer negativ auf die Rückenschwingungen auswirken, ganz gleich, wo sie zuerst entstehen. Denken Sie an den Muskelring! Eine Einschränkung der Rückenschwingungen hat stets Mängel in der Anlehnung, dem Schwung und der Geraderichtung zur Folge. Leichte Verspannungen beeinträchtigen meist nur die Anlehnung. Werden die Verspannungen stärker, dann geht zunehmend der Schwung verloren. Wachsen die Verspannungen weiter, so verursachen sie Mängel in der Längsbiegung und der Geraderichtung. Sind die Verspannungen groß, dann beeinträchtigen sie den Takt. Geht dabei die

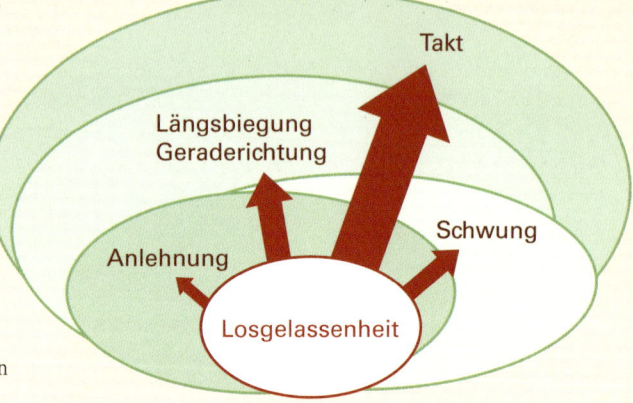

Die Pfeile in dieser Grafik bedeuten:
„Abweichungen von der Losgelassenheit wirken sich aus auf ..."
Die Dicke der Pfeile zeigt an, wie stark die Abweichungen sind.

Reinheit der von Hause aus mitgebrachten Fußfolge verloren, dann ist das als gravierender Fehler anzusehen. Eine Verspannung, die den Takt derartig stört, ist zu groß, um von einer korrekt durchgeführten Ausbildung ausgehen zu können.

Für den Fall, dass Sie Schwierigkeiten haben sollten zu entscheiden, ob Sie die Fragen mit „Ja" oder „Nein", mit „mehr" oder „weniger" beantworten sollen, können Sie auch einen anderen Weg wählen: Nehmen Sie sich die folgenden Tabellen über mögliche Mängel in Anlehnung, Schwung, Längsbiegung, Geraderichtung und Takt zur Hand und überprüfen Sie, welche der aufgeführten Mängel an Ihrem Pferd zu erkennen sind. Die Reihenfolge der Mängel ist in den einzelnen Blöcken der Tabellen stets vom größeren Übel zum kleineren hin angelegt.

Notieren Sie auf einem Blatt die entdeckten Mängel und machen Sie sich eine kleine Notiz, ob es sich um einen leichten oder einen schwerwiegenderen Fehler handelt; beispielsweise mit Hilfe eines dicken nach unten gerichteten Pfeils für einen schwerwiegenderen Fehler und eines dünnen, nach unten gerichteten Pfeils für einen leichteren Fehler.

Auf diese Weise können Sie ein grobes Profil der Qualität der Ausbildung Ihres Pferdes erstellen. Je nachdem, ob Sie viele dicke Pfeile oder nur wenige dünne Pfeile am Ende zusammenzählen, ist die Qualität der Ausbildung und damit der Durchlässigkeits- und Versammlungsgrad entweder geringer oder höher.

Selbst wenn es Ihnen anfangs nicht gelingen sollte, den Durchlässigkeits- und Versammlungsgrad definitiv zu bestimmen, ob er also beispielsweise zwischen der Klasse A und L liegt oder sogar noch unter der Klasse A, möchte ich Ihnen unbedingt empfehlen, sich auf die beschriebene Weise mit den Leistungen Ihres Pferdes auseinander zu setzen. Anfangs kämpfen Sie womöglich noch mit den Begriffen und es fällt Ihnen schwer, das gesamte Pferd im Auge zu behalten. Irgendwann aber sind diese Anfangsschwierigkeiten überwunden und Sie bekommen ein Auge dafür, ob ein Pferd besser oder schlechter geht. Wenn Sie es nicht üben, bleibt Ihnen die Selbsterkenntnis, die zur Korrektur Ihres Pferdes nötig ist, auf ewig verwehrt.

Da die Anlehnung mit den Begriffen relative Aufrichtung, Beizäumung und Maultätigkeit verknüpft ist, äußern sich Mängel in der Anlehnung in diesen drei Bereichen.

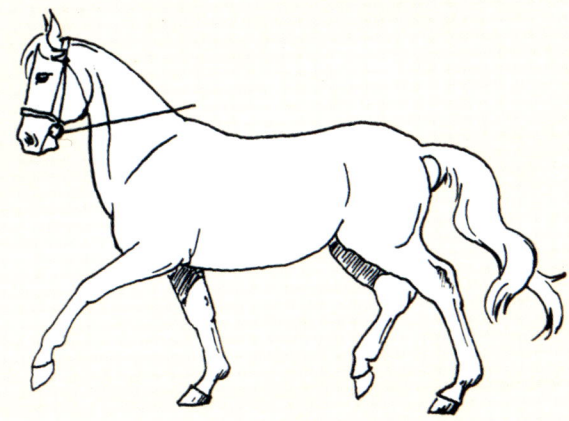

Das Pferd befindet sich über dem Zugel. Die Maulspalte befindet sich über der Horizontalen durch das Hüftgelenk. Die Hinterhand tritt deutlich nach hinten heraus. Der Rücken ist durchgedrückt. Diese Kombination von Mängeln ist als sehr schwerwiegend anzusehen.

Anlehnung	Mängel
Relative Aufrichtung	– zu hohe Aufrichtung
	– unruhige Stirnlinie
	– Genick nicht höchster Punkt
Beizäumung	– falscher Knick
	– hinter dem Zügel
	– über dem Zügel
	– auf dem Zügel
	– hinter der Senkrechten
	– seitlich pendelnder Kopf
	– Verwerfen im Genick
Maultätigkeit	– Zungenstrecken
	– Knirschen
	– offene Maulspalte
	– kein Schaum

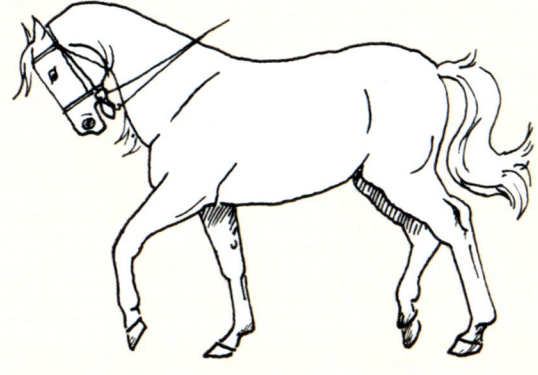

Ein gewaltsames Beizäumen des Pferdes etwa mit einer Kandare führt unter Umständen zum falschen Knick, sodass nicht das Genick den höchsten Punkt des Pferdes bildet, sondern der dritte bis vierte Halswirbel. Da auch hierbei der Hals verkürzt bleibt und die Hinterhand weiterhin nach hinten heraustritt, ist der Rücken durchgedrückt. Wie im Fall vorher ist dies als sehr schlecht zu bewerten.

Die zu hohe Aufrichtung ist deshalb als das größte Übel in Sachen relativer Aufrichtung anzusehen, weil sie den Rücken unnatürlich durchbiegt. Dadurch muss das Pferd seine Bauchmuskeln zusätzlich anspannen, was mit dem Verlust der Losgelassenheit einhergeht. Häufig ist bei diesem Fehler die Anlehnung extrem stark. Gibt man einem solchermaßen gehenden Pferd die Zügel hin, eilt es meist davon, und es ist schwer, ihm seine Spannung zu nehmen. Es ist deshalb leichter, ein Pferd mit zu tief eingestelltem Genick, das aber noch nicht hinter der Senkrechten geht, durch treibende Einwirkungen wieder aufzurichten.

Bei der Beizäumung sind als schwere Fehler der falsche Knick, die Haltung hinter dem Zügel, über dem Zügel und auf dem Zügel anzusehen.

All diese fehlerhaften Haltungen zeigen an, dass das Pferd versucht, der Anlehnung und den Zügeleinwirkungen auszuweichen oder gegen sie anzugehen. Sie sind mit großen Verspannungen im Hals und im Rücken verbunden. Meist sind zu starke Handeinwirkungen und Überforderungen hinsichtlich des Versammlungsgrades die Ursachen für diese Mängel. Durch die Haltung hinter der Senkrechten weicht das Pferd natürlich ebenfalls der Anlehnung und den Zügeleinwirkungen aus, jedoch nicht so stark, dass es sich gänzlich entzieht. Der seitlich pendelnde Kopf entsteht durch das Riegeln. Er hindert das Pferd am Schwingen. Das Verwerfen im Genick löst sich mit verbesserter Längsbiegung und Geraderichtung von allein.

Das Zungenstrecken ist als einer der größten Fehler hinsichtlich der Maultätigkeit zu betrachten. Auf einem Richterseminar wurde bei der Bewertung eines Pferdes, das während einer Prüfung die Zunge seitlich heraushängen lässt, empfohlen, zunächst die Wertnote festzulegen, die das Pferd ohne das Zungenstrecken erhalten würde, und danach zwei ganze Wertnoten abzuziehen. Das ist eine strenge Bewertung. Sie wird aber der Verspannung, die das Zungenstrecken verursacht, am besten gerecht. Das Knirschen zeigt eine krampfhafte Spannung vor allem der Kaumuskeln an, durch die das Pferd versucht, die Zügeleinwirkungen zu blockieren. Dabei verspannt es natürlich auch Genick und Hals. Weniger schlimm, aber trotzdem nicht zu verharmlosen ist das Öffnen des Mauls, wodurch das Pferd Zügelanzügen ausweichen möchte. Kein Schaum um die Lippen verrät ebenfalls Spannung im gesamten Halsbereich, jedoch ist sie meist geringer als beim Knirschen.

Der Fleiß beziehungsweise Schwung geht aus dem Engagement der Hinterhand und der Rückentätigkeit hervor. Mängel in diesen Bereichen können folgendermaßen aussehen:

Eine übertriebene Stellung führt zum Ausfallen über die äußere Schulter. In der Hauptsache ist dies ein Reiterfehler.

Die beschriebenen Mängel im Engagement der Hinterhand entstehen durch einen mangelnden Einsatz der Kräfte der Hinterhand oder durch Überforderung der Hinterhand. Sie stehen in enger Beziehung zu Mängeln in der Rückentätigkeit. Die Rückentätigkeit besteht in Auf- und Abschwingungen des Rückens, die Bestandteil der Schwingungen des ganzen Körpers sind und die mit den Beinbewegungen korrespondieren. Werden die Rückenschwingungen dadurch behindert, dass man die Rückenmuskeln zu einer krampfhaften Anspannung zwingt, dann können auch die Beinbewegungen nicht mehr geregelt ablaufen und die Kräfte der Hinterhand kommen nicht mehr optimal zur Wirkung.

Verspannungen im Rücken wirken sich aber nicht nur auf die Hinterhand aus, sondern ebenso auf den Hals, sodass fehlerhafte Anlehnung und mangelnder Schwung gleichzeitig auftreten.

Mängel in der Längsbiegung äußern sich wie folgt:

Fleiß und Schwung	Mängel
Engagement der Hinterhand	– mangelndes Herantreten an die Schwerelinie – nachschleppende Hinterhand – ungleiche Tritte – in sich schief
Rückentätigkeit	– Verlust der reinen Fußfolge in einer Grundgangart – verhaltener werden im Takt (Schwebetritte) – eiliger werden im Takt – Reiter kommt nicht zum Sitzen – Mängel in der Anlehnung

	Mängel
Längsbiegung	– Ausfallen der Hinterhand – Ausfallen der Vorhand – zu viel Biegung im Hals – zu viel Stellung im Genick – zu wenig Biegung im Hals – zu wenig Stellung im Genick

richtig korrigieren

Das Ausfallen der Hinterhand ist deshalb der größte Fehler, weil es dem Streben nach der völligen Kontrolle über die Hinterhand, wie sie zum Versammeln nötig ist, am meisten widerspricht. Das Ausfallen der Vorhand zeigt an, dass der innere Hinterfuß nicht genügend tragen kann. Die Lösung des Problems ist, die Wendung noch größer zu reiten. Zu viel Biegung im Hals begünstigt das Ausfallen der Hinterhand und verhindert das Belasten des inneren Hinterbeines. Stattdessen wird das innere Vorderbein durch die starke Biegung des Halses belastet. Zu wenig Biegung im Hals lässt möglicherweise auf eine gewisse Steifheit schließen, das Risiko einer ausfallenden Hinterhand ist dabei aber geringer.

Für Mängel in der Geraderichtung ergibt sich folgende Übersicht:

Das Fehlen des Schmalspurtretens zeigt an, dass die gerade richtende Biegearbeit, wenn sie bisher überhaupt durchgeführt worden ist, keinen Erfolg hatte. Folglich kann das Pferd keinen höheren Versammlungsgrad annehmen. Im Grunde befindet sich ein solches Pferd noch vor der Ausbildungsstufe der Klasse A.

	Mängel
Geraderichtung	— starke Schiefe in sich
	— kein Schmalspurtreten
	— mittelstarke Schiefe in sich
	— leichte Schiefe in sich

Mängel im Takt zeigen die stärkste Verspannung im Pferd an (siehe Schwung/Rückentätigkeit). Sie können sich auf die Regelmäßigkeit

Dieses Pferd ist deutlich vorderlastig und es ist nicht eindeutig festzulegen, in welcher Bewegungsphase und in welcher Gangart sich das Pferd bewegt. Nehmen wir an, dass es ein Trabtempo sein soll, dann wird deutlich, dass das rechte Hinterbein viel später nach dem linken Vorderbein fußt. Korrekt müssten beide Beine zumindest fast gleichzeitig auffußen. Das Pferd zeigt also einen Taktfehler.

und die Reinheit der Grundgangarten auswirken. Das Schlimmste ist der Verlust der Reinheit einer Grundgangart.

Takt	Mängel
Reinheit	— Pass im Schritt
	— Vierschlag im Galopp
Regelmäßigkeit	— verhaltend werdender Takt
	— eilig werdender Takt
	— ungleiche Trittlänge
	— Ausfallen aus einer Gangart oder einem Tempo

Die Lektionen

In dem dritten Bereich „Lektion" geht es um die Einzelleistung in Sachen Korrektheit in der Ausführung der Hufschlagfiguren und Lektionen.

Der Grund, weshalb man sich um die korrekte Ausführung von Hufschlagfiguren bemüht und sie im Verlauf der Arbeit erreichen muss, liegt in Folgendem: Wenn man die Hufschlagfiguren möglichst genau reitet, so bedeutet das, dass man sein Pferd seiner momentanen Leistungsfähigkeit entsprechend abwechselnd gleichmäßig biegen und dann wieder gerade stellen muss. Dieser wiederholte Wechsel zwischen möglichst gebogen geradem und gerade gestelltem Gehen fördert die Tätigkeit in den Hanken derart, dass die Durchlässigkeit und Versammlung zwangsläufig erhöht werden. Dabei werden sich angebliche Genickschwierigkeiten, die ihre Ursache meistens in einem Mangel an Tätigkeit in den Hanken haben, überwinden und eine sichere Anlehnung herstellen lassen.

Der Grund für die Notwendigkeit der korrekten Ausführung von Lektionen ist ähnlich gestaltet. Die meisten Lektionen fördern die Versammlung des Pferdes durch die Art der Bewegung, die sie vom Pferd verlangen. Diese Lektionen werden deshalb versammelnde Lektionen genannt. In dem Augenblick, in dem sie mit gravierenden Mängeln bezüglich Takt, Losgelassenheit, Anlehnung, Fleiß beziehungsweise Schwung und Geraderichtung ausgeführt werden, geht ihre versammelnde Wirkung verloren. Deshalb ist es wichtig, auch sie möglichst korrekt auszuführen.

Da die Ausführung von versammelnden Lektionen bereits eine gewisse Versammlung in der Weise verlangt, dass die gesamten Pferdesinne auf die Reiterwünsche ausgerichtet sind, ist es nötig, sich diese mit den einfacheren Übungen, den Hufschlagfiguren, zu erarbeiten. Die Hufschlagfiguren in ihrer anfangs möglichst und letztendlich dann wirklich korrekten Ausführung bilden somit das Fundament für alle weiteren Lektionen.

Die Reiterin auf diesem Bild kommt nicht zum Sitzen. Deshalb versucht sie dem Wurf ihres Pferdes auszuweichen, indem sie sich nach hinten lehnt. Dabei zieht sie die Knie und Absätze hoch und verliert ihren Schluss mit dem Pferd. Ein solches Bild zeigt einen festen Pferderücken an.

> Je korrekter ein Pferd die Lektionen einer Ausbildungsklasse beherrscht, umso höher ist sein Durchlässigkeits- und Versammlungsgrad einzuschätzen.
>
> Nur weil ein Pferd Lektionen einer höheren Ausbildungsklasse ausführt, heißt das aber noch lange nicht, dass auch der Durchlässigkeits- und Versammlungsgrad hoch sind. Es kommt stets auf die Qualität der Ausführung an.

Sitz und Einwirkung

Im vierten Bereich „Sitz und Einwirkung" wird die Leistung in Bezug auf den Sitz und die Einwirkung des Reiters und damit auf die Korrektheit in der Anwendung der Hilfen beurteilt.

Der Sitz des Reiters mit seiner Einwirkung und der daraus hervorgehenden Hilfengebung ist für die Ausbildung des Pferdes verständlicherweise von allergrößter Bedeutung. Schließlich ist er das Kommunikationsinstrument, mit dem der Reiter seinem Pferd mitteilt, was er von ihm möchte, und mit dem er sich durchsetzt.

Der Reiter macht sich natürliche und reflexartige Reaktionen des Pferdes auf die Einwirkungen über Sitz, Wade und Hand zunutze. Werden diese Einwirkungen in einer Hilfe so kombiniert, dass sich die reflexartigen Reaktionen auf die einzelnen Einwirkungen widersprechen, so wird das Pferd das Gewünschte nicht ausführen. Damit das Pferd ausführen kann, was es soll, müssen sich die Hilfen stets aus den richtigen Einwirkungen zusammensetzen. Da die hierzu nötige reiterliche Fähigkeit von dem Dressursitz mit all seinen feinen Abstufungen zwischen Remonte- und Grundsitz abhängt, muss sich der Reiter bemühen, diesen strikt einzuhalten. Ein mangelhafter Sitz hat im Allgemeinen auch eine fehlerhafte Hilfengebung zur Folge.

Eine fehlerhafte Hilfengebung bewirkt grundsätzlich eine Form von Widerstand im Pferd. Dieser Widerstand wird immer einen negativen Einfluss auf die Qualität der Grundgangarten haben. Damit findet der Ausspruch „Der Gang des Pferdes ist abhängig vom Sitz des Reiters" seine Berechtigung.

Stellt man Mängel in der Leistung seines Pferdes fest, so bedeutet das, dass man auch seinen Sitz und seine Hilfengebung kontrollieren sollte, damit nicht dort die Ursachen für die am Pferd festgestellten Mängel liegen.

Umgekehrt hat aber auch die Qualität der Grundgangarten Einfluss auf den Sitz des Reiters. Ein Pferd, das seinen Reiter noch nicht sitzen lässt, weil es noch zu große Mängel in der Losgelassenheit, Rückentätigkeit und Elastizität im Allgemeinen besitzt, wird seinen Reiter dazu zwingen, zum Beispiel bezüglich Schenkellage und Position des Oberkörpers, leichte Abweichungen vom verlangten Dressursitz vorzunehmen. So kann dies eine leicht nach vorne verlagerte Schenkellage und einen entsprechend leicht vorgeneigten Oberkörper bedeuten, um weiterhin im Gleichgewicht mit dem Pferd zu sein und es nicht unnötig im Rücken zu stören. Man kann also am Sitz des Reiters und damit an dem Maß, inwieweit der Reiter zum Sitzen kommt, erkennen, wie losgelassen und elastisch sich das Pferd bewegt und damit wie sehr es bereits über den Rücken geht.

Wenn Sie beispielsweise das Gefühl haben, hart im Sattel umhergestoßen zu werden, dann lässt Ihr Pferd Sie noch nicht sitzen.

Die Bewertung

Für die Turnierreiter unter Ihnen dürfte es nicht ganz uninteressant sein zu erfahren, wie eine grobe Bewertung mit Hilfe von Wertnoten nach dem Modell von Albert Stecken möglich ist.

Eine Wertnote im Bereich „gut" (8,0) ist zu geben, wenn in den vier besprochenen Bereichen Grundgangarten, Durchlässigkeit und Versammlungsgrad, Lektion, Sitz und Einwirkung keine Mängel festzustellen sind. Ist eine Dressurvorstellung von besonderen Höhepunkten hinsichtlich dieser vier Punkte geprägt, dann kommen die Noten „sehr gut" (9,0) und „ausgezeichnet" (10,0) in Frage. Die Wertnote „ziemlich gut" (7,0) ist angebracht, wenn die von Hause aus mitgebrachte Reinheit, Regelmäßigkeit und Ungebundenheit der Grund-

gangarten keine Mängel aufweist und bezüglich der Durchlässigkeit, der Ausführung von Lektionen und Sitz und Einwirkung nur leichte Mängel einmalig oder kurzfristig auftreten.

Einmalig oder kurzfristig auftretende leichte Mängel im dem Paket „Reinheit der Grundgangarten, Ungebundenheit und Regelmäßigkeit dieser" lassen, vor allem wenn sie im Zusammenhang mit Mängeln in der Durchlässigkeit stehen, nur noch ein Wertnote im befriedigenden (6,0) Bereich zu.

Zeigen sich deutliche Mängel in diesen vier Paketen, und dazu reicht schon, dass der Schritt nicht mehr geregelt und daher passartig ist oder dass der Galopp seinen klaren Dreitakt verliert, so ist auch ein „Befriedigend" nicht mehr vertretbar.

Unter die Wertnote „ausreichend (5,0)" geht man dann, wenn die gezeigten Leistungen von Pferd und Reiter zu große Mängel aufweisen, sodass sie den Anforderungen der entsprechenden Klasse nicht mehr genügen. Deshalb darf beim Verlust der mitgebrachten Reinheit, Regelmäßigkeit und Ungebundenheit einer Grundgangart durch entsprechend hohe Verspannungen keine 5,0 mehr gegeben werden.

Bei der Bewertung darf nicht vergessen gehen, dass mit zunehmender Ausbildung immer strenger bewertet werden muss, weil die Anforderungen von Klasse zu Klasse steigen. Man muss deshalb immer die Anforderungen der jeweiligen Klasse berücksichtigen und entscheiden, inwieweit die gezeigte Leistung die Anforderungen erfüllt.

Ein Problem bei diesem Bewertungsmodell ist natürlich, was man sich unter kurzfristig, mittelfristig, langfristig vorzustellen hat. Für den Hausgebrauch reicht es aber aus, von der allgemeinen Bedeutung dieser Zeitangaben auszugehen.

Grundsätze zum Aufbau des Trainings

Wenig fordern, viel loben und aufhören, wenn es am besten ist

Die Leistungsbereitschaft eines Pferdes kann nicht nur durch das Beachten aller bisher erwähnten Zusammenhänge auf den verschiedenen Gebieten Gesundheit, Haltung und Fütterung, Umgang, Ausrüstung, Sitz und Einwirkung gefördert werden, sondern sie lässt sich auch durch die Arbeit in der Reitbahn positiv beeinflussen.

So wird das regelmäßige Beenden der Arbeit nach einer besonders gut ausgeführten Übung dazu führen, dass das Pferd bei jedem weiteren Mal versucht, dem Reiter entgegenzukommen, indem es so geht, wie es das bei den vergangen Malen tat, als die Arbeit daraufhin sofort beendet wurde. Das Pferd lernt, dass das Beenden der Arbeit im Zusammenhang mit einer ganz bestimmten Art des Gehens steht. Also wird es diese Art des Gehens besonders gerne annehmen wollen, denn auch das Pferd besitzt den Hang zur Bequemlichkeit, weshalb es das Beenden der Arbeit als angenehm und als Belohnung empfindet. Selbstverständlich darf dieses Verfahren nicht übertrieben oft angewendet werden. Das würde dazu führen, dass das Pferd versucht, selbstständig Übungen auszuführen, die es gar nicht ausführen soll. Aus dem gleichen Grund sollte unbedingt vermieden werden, Übungen stets an der gleichen Stelle auszuführen.

Ein mitarbeitendes Pferd ist eines der Hauptziele bei der Ausbildung, jedoch darf dies nicht zu einem Zuvorkommen des Pferdes führen. Denn das würde zwar den Arbeitswillen des Pferdes beweisen, nicht aber, dass es gehorsam an den Hilfen steht.

> Aus der Tatsache heraus, dass das Pferd das Beenden einer Übungsstunde als Belohnung empfinden kann, sollte jede Arbeitseinheit mit einer Übung enden, die das Pferd gut auszuführen vermag.
> Dies gilt besonders dann, wenn zwischenzeitlich an einer Lektion gearbeitet wurde, deren Ausführung nicht bis zu dem erwünschten Maß verbessert werden konnte.

Niemals darf man eine Arbeit mit einer misslungenen Übung abschließen. Das Pferd würde die Bahn mit einem schlechten Eindruck von der Arbeit verlassen. Es würde sich bei Beginn der nächsten Arbeit an diesen letzten schlechten Eindruck erinnern und sich damit die kommende Arbeit erschweren; denn Unangenehmes versucht das Pferd zu meiden.

Ferner sollte der Reiter darauf achten, dass sein Pferd genauso frisch aus der Arbeit herausgeht, wie es in sie hineingegangen ist. Die Arbeitszeit sollte deshalb nicht zu lange dauern. Eine halbe Stunde konzentrierte Arbeit ist in jedem Fall genug. Man muss bedenken, dass sich ein Pferd im Allgemeinen nur 20 Minuten auf eine Sache konzentrieren kann (GERWECK 1997). Danach braucht es eine Pause.

Es ist deshalb besser, wenn man sein Pferd zweimal maximal eine halbe Stunde arbeitet. Im Gegenteil, es fördert die Ausbildung um ein Vielfaches, denn auch für das Pferd gilt: Übung macht den Meister. Da das Pferd bei dieser Arbeit nie überfordert wird und daher nie an Ermüdung leidet und außerdem die Arbeit immer in guter Erinnerung behält, wird es, um es aus menschlicher Sicht zu sagen: „mit Freude bei der Arbeit sein".

Es gibt natürlich noch mehr Möglichkeiten, ein Pferd zu loben. So kann das bloße Leichterwerden in einer halben Parade als Lob verwendet werden, genauso wie das Zügel-aus-der-Hand-kauen-Lassen. Beides stellt eine Erleichterung für das Pferd dar, die es, wenn sie über eine gewisse Zeit regelmäßig angewendet wird, in Verbindung mit dem bringt, was vorher geschehen ist, also zum Beispiel mit dem Fallenlassen des Halses. Folglich wird das Pferd in Zukunft umso mehr dazu geneigt sein, den Hals fallen zu lassen, denn es erwartet die Erleichterung.

Nach dem gleichen Prinzip lassen sich Streicheleinheiten und Leckerchen einsetzen.

Je mehr sich der Trainingszustand des Pferdes im Laufe der Zeit verbessert, umso leichter fällt ihm die Ausführung der bis dahin möglichen Lektionen. Irgendwann wird ihm die korrekte Ausführung der Lektionen zur zweiten Natur werden, sodass sich die anfangs nötigen und aufwändigeren Belohnungsverfahren dann erübrigen.

> Um die Leistungsbereitschaft vor allem des korrekturbedürftigen Pferdes zu fördern, ist es geradezu eine Notwendigkeit, sich an die Regel zu halten, die lautet: Weniges korrekt fordern, möglichst viel loben und aufhören, wenn es am besten ist.

Gleichzeitig muss aber auch daran erinnert werden, dass besonders die Verfahren zur Belohnung des Pferdes nicht derart oft angewendet werden dürfen, dass das Pferd glaubt, nach jedem Tritt die Arbeit einstellen zu können. So milde ein Verfahren zur Förderung irgendeiner Eigenschaft des Pferdes auch ist, es führt zu ausgeprägten Verhaltensänderungen des Pferdes, wenn man es sehr häufig anwendet. Für die Korrektur eines Pferdes kann diese Gesetzmäßigkeit vorübergehend ausgenutzt werden. Ist das Pferd dadurch wieder in einen Zustand versetzt worden, in dem nicht mehr von Korrektur, sondern von einem regulären Ausbilden gesprochen werden kann, dann darf auf diese Gesetzmäßigkeit nicht mehr zurückgegriffen werden, weil man sonst überkorrigiert und damit in das andere Extrem dessen übergeht, was man gerade korrigiert hat.

Ob es sich nun um die Einwirkungen des Reiters oder um eine bestimmte Abfolge von Übungen oder Belohnungsverfahren handelt, mit deren Hilfe eine Eigenschaft des Pferdes gefördert werden soll, stets muss eine gewisse Ausgewogenheit in ihrer Anwendung angestrebt werden. Nur so wird es möglich, extreme Reaktionen des Pferdes in der regulären Ausbildung zu vermeiden beziehungsweise

fehlerhafte Verhaltensmuster zu korrigieren. Wenn Einwirkungen und Ausbildungsmethoden den Problemen des Pferdes einerseits und den einsetzenden Fortschritten des Pferdes andererseits nicht angepasst werden, führt das immer zu dem Gegenteil dessen, was man sich erwünscht hat. Deshalb muss man von einem besonders häufig angewandten Korrekturverfahren umso mehr Abstand nehmen, je mehr das Pferd Fortschritte macht.

> Man sollte alles in Maßen anwenden und immer das Verhalten des Pferdes beobachten, um frühzeitig seine Einwirkungen oder Ausbildungsverfahren darauf abzustimmen.

Hieran lässt sich gut der Unterschied zwischen übertrieben und intensiv verdeutlichen. Ein wenn auch nur leicht vermehrtes Treiben mit den Waden kann bei einem sehr empfindlichen Pferd schon übertrieben sein, wenn das bloße Aufrichten und kurzzeitige Anstellen des Kreuzes genügt hätten, um es anzutreiben.

Gehen wir davon aus, wir hätten ein Pferd, das seinen Hals nicht fallen lassen möchte und daher bei ungleicher Anlehnung über dem Zügel geht. Wir wissen, dass die Haltung des Pferdes nur dann verbessert werden kann, wenn man nach dem Grundsatz handelt: „Beizäumung und Beugung der Hinterhandgelenke gehen Hand in Hand." Deshalb kommt nur die halbe Parade als Möglichkeit in Frage, das Pferd zum Fallenlassen seines Halses zu bewegen. Zunächst werden beide Zügel angestellt. Im Allgemeinen fühlt man in der linken Hand eine stärkere Verbindung als in der rechten. Das Pferd ist deshalb nach rechts schief. Die Zwangsseite ist die linke und die schwierige Seite die rechte. Nun treibt man wechselseitig beide Hinterbeine vermehrt vor und gibt am linken Zügel Arrêts, während der rechte deutlich ansteht. Das Treiben ist sehr wichtig, damit das Pferd seine Hinterbeine durch die Arrêts nicht nach hinten herausstellen kann, was ein Korrekturpferd allzu gerne tun möchte. Diese Arrêts werden so oft wiederholt, bis das Pferd ein kurzes „Ja" nickt und den Hals fallen lässt. Dann streicht man mit dem Zügel der Zwangsseite über, sodass man für einige Tritte allein am Zügel der schwierigen Seite führt. Das ist dann der Beweis, dass das Pferd den rechten Zügel annimmt, dem es vorher ausgewichen ist. Diesen Vorgang nennt man „Abdrücken". War das Abdrücken erfolgreich, dann stellt das Überstreichen lediglich die Intensivierung einer Einwirkung dar. Es ist in diesem Falle keine übertriebene Einwirkung, weil es das Verständnis des Pferdes fördert, den Hals auf Aufforderung fallen zu lassen. Übertrieben und damit falsch wäre diese Einwirkung in dem Augenblick, in dem es darum ginge, mit der Hand leichter zu werden, nachdem man einen Arrêt gegeben hat, mit dem gezielt ein Hinterbein belastet werden sollte. Dann würde dieses deutlichere Nachgeben die Gleichmäßigkeit der Anlehnung stören und womöglich Taktfehler verursachen. Dieser Arrêt, mit dem das Pferd angehalten werden soll, ein Hinterbein vermehrt zu belasten, setzt natürlich voraus, dass das ursprünglich über dem Zügel gehende Pferd nun am Zügel steht. Aus dem anfänglichen Nachgeben im Stil eines Überstreichens ist also ein bloßes Leichterwerden geworden.

So ist es der Satz zu verstehen, dass man seine Einwirkungen oder Korrekturmaßnahmen immer auf den Fortschritt des Pferdes abstimmen muss, damit es auch weiterhin zu Fortschritten in der Ausbildung kommen kann.

Gewohnheiten ändern

Das Ändern von Gewohnheiten braucht Zeit. Das haben wir bereits in einem der ersten Abschnitte aufgezeigt. Es stellt sich nun die Frage, wie man Gewohnheiten ändern kann. Nach GUTHRIE, REES gibt es drei Verfahren der Umgewöhnung:

Rückgewöhnung

Die Situation, in der eine fehlerhafte Angewohnheit auftritt, wird zunächst über längere Zeit vermieden, damit die Angewohnheit über längere Zeit nicht ausgelöst wird. Darauf wird die Situation, die als Ganzes die schlechte Angewohnheit auslösen würde, in Abschnitte aufgeteilt, die allein nicht ausreichen, um die schlechte Angewohnheit auftreten zu lassen. Nach

der Gewöhnung an die Einzelabschnitte werden sie zusammengesetzt, sodass wieder die gleiche Situation eintritt, in der das Pferd früher die schlechte Angewohnheit zeigte. Dieses Verfahren eignet sich besonders, um Ängste im Pferd zu bekämpfen. Dazu sei folgendes Beispiel gegeben:

Wir haben ein Pferd, das sich sofort verkrampft und panisch davonläuft, wenn man von ihm den fliegenden Galoppwechsel auf der Diagonalen oder einer Geraden parallel zur langen Seite verlangt. Die Rückgewöhnung sagt nun, dass man den fliegenden Wechsel vorerst nicht mehr fordert und damit das fehlerhafte Verkrampfen und Davonstürmen vermeidet. Zunächst arbeitet man das Pferd im Trab genau dort, wo das Pferd im Galopp den fliegenden Wechsel ausführen und davonstürmen will. Das heißt, man wechselt häufiger durch die ganze Bahn oder durch die Länge der Bahn und reitet parallel zu den Wänden auf dem vierten oder fünften Hufschlag. Dabei baut man Volten nach innen oder außen ein. Auf der Mittellinie kann man sogar eine Acht reiten. Dann nimmt man zusätzlich das Quadrat mit den Volten in den Ecken nach außen hinzu.

Nachdem das Pferd mit dieser Art der Arbeit im Trab vertraut gemacht worden ist und nun weiß, dass auf einer Geraden immer auch Volten verlangt werden können, geht man zum Galopp über. Allerdings meidet man die Diagonale und Parallelen zur Wand im freien Raum. Am besten eignet sich nun das Quadrat mit den Volten in den Ecken nach außen. Hierbei muss das Pferd im Außengalopp gehen. Dazu sollte das Pferd natürlich nicht im Außengalopp angaloppiert werden. Das könnte das Pferd zu sehr an den fliegenden Galoppwechsel erinnern. Stattdessen legt man die erste Volte des Quadrats aus dem Handgalopp an und geht von dort aus zur dieser Figur über. Das hat den Vorteil, dass das Pferd zunächst nicht mitbekommt, dass es jetzt im Außengalopp geht. Es könnte ihm aber auf den Geraden auffallen. Dann leitet man einfach eine Volte nach außen ein und lenkt es davon ab. Es ist wichtig, dass das Pferd die Figur unmittelbar vor der Galopparbeit im Trab kennen gelernt hat. So erwartet es nämlich viel mehr von selbst am Ende einer Geraden die Wendung nach außen. Dadurch verringert man das Risiko, dass dem Pferd der Außengalopp bewusst wird. Man arbeitet das Pferd immer wieder in dieser Figur, bis es sie in einem ruhigen, aber schwungvollen Galopp zu gehen vermag.

Parallel dazu übt man Übergänge zwischen dem Trab und Galopp sowie einfache Galoppwechsel. Diese verlangt man an Stellen, an denen man sonst nie fliegende Galoppwechsel gefordert hat. So lernt das Pferd, den Galopp zu wechseln, ohne sich aufzuregen. Sobald man im Verlauf einiger Wochen merkt, dass das Pferd durch diese Arbeit den fliegenden Galoppwechsel verdrängt hat, fordert man einen Übergang vom Galopp zum Trab und wieder zurück in den gleichen Galopp möglichst auf einer der Geraden des Quadrats mit den Volten in den Ecken nach außen. Verspannt sich das Pferd dabei, bricht man den Übergang ab und beruhigt es in einer Volte nach außen. Dann tastet man sich wieder zum Übergang vor, bis er ruhig gelingt. Erst danach kann man auf dieser Figur einen einfachen Galoppwechsel über den Trab verlangen. Nach und nach verkürzt man die Trabphasen, bis sich der fliegende Galoppwechsel fast von alleine ergibt. Damit hat man den Galoppwechsel wieder eingeführt. Bitte beachten Sie, dass dies nur ein Beispiel ist, das sich nicht unbedingt auf jedes Pferd übertragen lässt. Ein weiteres Beispiel für die Rückgewöhnung finden Sie im Abschnitt „Angst vor der Gerte".

Gegensätzliche Reaktion

Man lenkt die Aufmerksamkeit des Pferdes auf etwas, das so bedeutend für das Pferd ist, dass es seine fehlerhafte Angewohnheit unterlässt. Es verliert dadurch allmählich seine alte Angewohnheit und nimmt dafür eine neue Angewohnheit an, die mit dem verbunden ist, was es von der alten Angewohnheit abgelenkt hat. Wenn sich ein Pferd zum Beispiel beim Satteln unruhig verhält, kann man es durch Futter von dem Satteln ablenken. Natürlich vorausgesetzt, das Pferd findet das Futter wichtiger.

Beim Reiten selbst besteht diese Art der Umgewöhnung darin, dass man die Aufmerksamkeit des Pferdes durch eine veränderte oder verstärkte Hilfengebung auf sich zieht, um es an den Gehorsam zu erinnern und von dem abzulenken, was es momentan als wichtiger einstuft. Bei Angewohnheiten, die Verteidigungsmaßnahmen gegen das korrekte Gehen im Sinne eines rittigen Pferdes darstellen, kommt noch hinzu, dass dem Pferd bewusst werden muss, was es soll und was es nicht darf.

Die meisten Probleme in der Ausbildung des Pferdes unter dem Sattel sind mit solchen Angewohnheiten verbunden, die das Pferd als Verteidigung gegen korrektes Gehen nutzt. Deshalb wird man in der Regel ein noch spezielleres Verfahren anwenden müssen, bei dem das Bewusstsein des Pferdes vermehrt angesprochen wird. Dem Pferd muss zunächst bewusst werden, dass eine bestimmte Hilfe eine andere Bedeutung hat als die bisherige fehlerhafte Angewohnheit. Gleichzeitig muss das Pferd dazu angehalten werden, die richtige Reaktion auf diese bestimmte Hilfe zu zeigen. Sie muss dann über eine so lange Zeit immer wieder herbeigeführt werden, bis sich das Pferd daran gewöhnt hat, auf diese Hilfe stets die gewünschte Reaktion folgen zu lassen.

Wie der Vorgang im Speziellen aussieht, mit dem man dem Pferd klar macht, dass es auf eine bestimmte Hilfe eine andere Reaktion als seine bisherige Angewohnheit zeigen soll, gestaltet sich von Pferd zu Pferd verschieden. Tatsache ist, dass es dabei auch zu energischeren Einwirkungen im Sinne von Strafen kommen kann. Sie dürfen aber niemals Angst verursachen.

Ermüdung

Dieses Verfahren beruht auf der Einsicht des Pferdes, dass ein Abwehrverhalten seinerseits zu nichts anderem als seiner eigenen Ermüdung führt. So kann man Pferde, die bei Berührungen am Bauch ausschlagen, so lange berühren und damit ausschlagen lassen, bis sie die Zwecklosigkeit des Ausschlagens einsehen. Das ist natürlich ein gefährliches Verfahren und derjenige, der es anwendet, muss sicher sein, dass er selbst und sein Pferd nicht verletzt werden können.

Wenn sich ein junges Pferd in einem anderen Fall weigert, in der Bewegung etwas Großes hinter sich im Sattel zu dulden, kann man beispielsweise einen schlanken Strohsack um ein mäßig elastisches Kunststoffrohr befestigen und nach entsprechender Vorarbeit mit dem Pferd auf den Sattel montieren. Nun kann das Pferd longiert werden und sich in der Bewegung an etwas Großes hinter sich gewöhnen, ohne dass es einen Reiter in Gefahr bringt. Es wird dabei einsehen, dass jegliche Versuche, dieses Etwas loszuwerden, scheitern. Gleichzeitig hat man über den Kappzaum und die Longierpeitsche die Möglichkeit, die Aufmerksamkeit auf sich zu lenken. Indem man es zur Beachtung von Kommandos bringt, lenkt man es von dem Etwas hinter ihm ab. Es versteht sich von selbst, dass das Pferd vorher ablongiert werden muss, damit es keinen Kaltstart durchführt und sich dabei verletzt. Auf die gleiche Art kann man das Pferd davon abbringen, einem vorbeigehenden oder einem in seiner Nähe befindlichen Menschen zu drohen. Man ignoriert es einfach, bis das Pferd es lässt. Man muss natürlich auf sich aufpassen.

Im Allgemeinen wird das Verfahren zur Änderung von Gewohnheiten eine Mischung aus diesen drei speziellen Vorgehensweisen sein. Beim Reiten selbst wird in den meisten Fällen die zweite Vorgehensweise anzuwenden sein.

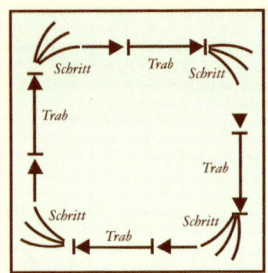
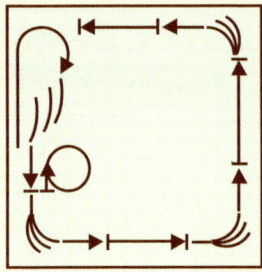

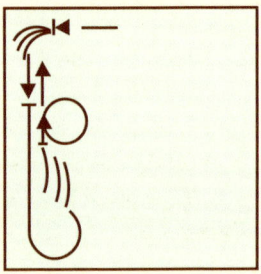
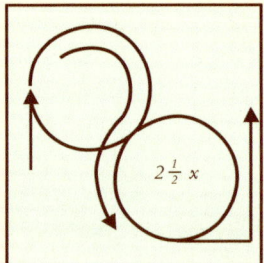

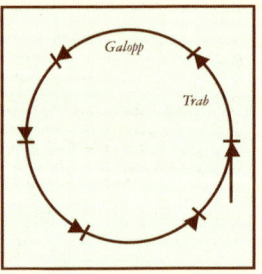
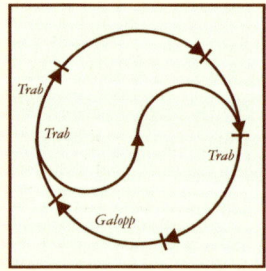

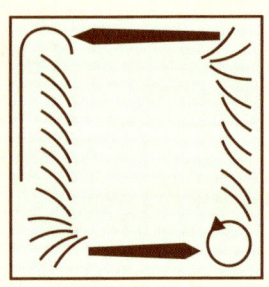
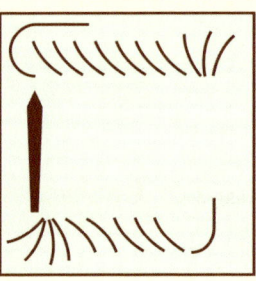

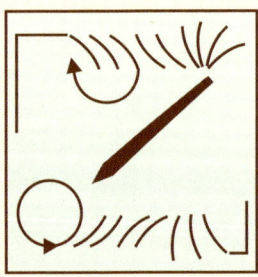
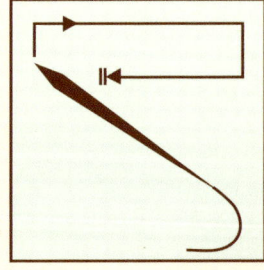

Auf eine Übungseinheit vorbereiten heißt, sich im Voraus Gedanken über mögliche Übungen zu machen, mit denen man ein bestimmtes Problem lösen kann.

Auf eine Übungseinheit vorbereiten

Für eine Korrekturarbeit beim Reiten kann es hilfreich sein, wenn man sich vor einer Übungsstunde aufzeichnet, mit welchen Übungen man die Probleme lösen kann, die in mehreren aufeinander folgenden Übungseinheiten vorwiegend aufgetreten sind und die einer längerfristigen Behandlung bedürfen. Ein solcher Fall liegt zum Beispiel vor, wenn ein Pferd wenig geschmeidig ist, wenn es sich also nicht korrekt biegen möchte.

Die Längsbiegung ist zu einem großen Teil eine Frage dessen, wie dehnfähig die Muskulatur der beiden Seiten des Pferdes ist. Dehnübungen, sprich Biegeübungen müssen deshalb mit der nötigen Vorsicht wie bei einem menschlichen Sportler durchgeführt werden. Verlangt man zu schnell eine hohe Dehnfähigkeit, so wird das mit unerträglichen Schmerzen für das Pferd verbunden sein. Abwehrmaßnahmen sind dann vorprogrammiert. Deshalb nimmt die deutliche Verbesserung der Biegung längere Zeit in Anspruch. Sie lässt sich daher in bestimmten Grenzen vorbereiten und planen.

Natürlich muss die Entscheidung, welche Übung nun geritten wird, danach erfolgen, was man fühlt. Wenn man dabei aber eine gewisse Auswahl an Übungen zur Hand hat, dann fördert das die Entscheidungsfähigkeit.

Hilfszügel beim Reiten – ja oder nein ?

Für die Korrektur von Mängeln in der Anlehnung, insbesondere in der Beizäumung und relativen Aufrichtung, werden vielerorts verschiedene Hilfszügel verwendet. Es sind dies meist der Schlaufzügel und der Thiedemann-Zügel.

Ihre ursprüngliche Funktion besteht darin, dass sie das Pferd daran hindern sollen, die Beizäumung

richtig korrigieren

und relative Aufrichtung zu verlieren, die der Reiter durch die Arbeit von hinten nach vorne erreicht hat. Wir erinnern uns, dass die Arbeit von hinten nach vorne folgende Bedeutung hat:

Man fängt auf, was man getrieben hat; man darf nicht mehr treiben, als man auffangen kann. Hat man nichts getrieben, kann man auch nichts auffangen.

Durch diese Arbeit von hinten nach vorne tritt das Pferd an das Trensengebiss heran, zäumt sich bei und richtet sich je nach Stärke der Hankenbeugung auf. Nun kann es vorkommen, dass sich ein Pferd ruckartig aus dieser Haltung befreien möchte. Manche Pferde bohren dabei nach unten, andere schlagen mit dem Kopf nach oben. Die Hilfszügel haben dann die Aufgabe, dem Pferd klar zu machen, dass es sich durch diese Maßnahmen nicht entziehen kann. Sie bilden eine für das Pferd unüberwindbare Grenze. Diese darf aber keinesfalls völlig starr sein. Auch die Hilfszügel sollen, wenn sich das Pferd frei macht, so geführt werden, dass sie in einem gewissen Rahmen federn. Sie müssen gerade so viel federn, dass die Kräfte, die bei Widerständen des Pferdes gegen das Gebiss auftreten, etwas verzögert anwachsen und für das Pferd noch erträglich bleiben. Federn sie nicht, so kann das ein Steigen oder Überschlagen des Pferdes zur Folge haben.

Da die Beizäumung und Aufrichtung des Pferdes aus der Anlehnung an das Trensengebiss hervorgehen soll, muss die Trense grundsätzlich vorherrschen. Die Hilfszügel dürfen dabei noch nicht anstehen. Sie haben sichtbar weniger Spannung als die Trensenzügel. Erst wenn das Pferd versucht, sich frei zu machen, stehen auch sie an.

Leider werden die Hilfszügel oft dazu missbraucht, um ein gegen die Hand gehendes Pferd in die Beizäumung zu ziehen. Dabei wird die flaschenzugartige Wirkung der Hilfszügel ausgenutzt, sodass die Kräfte, die auf die Laden des Pferdes wirken, wiederum wesentlich größer ausfallen als die eingesetzten Zügelkräfte. Dass diese Arbeit von vorne nach hinten falsch ist, können wir auf zwei Wegen begründen:

Erstens: Die Bereitschaft zur Beizäumung und Aufrichtung des Halses ergibt sich nur aus dem vermehrten Herantretenlassen der Hinterbeine zur Schwerelinie: „Beizäumung und Hankenbeugung gehen Hand in Hand", VON HEYDEBRECK 1939.

Zweitens: Eine Zugkraft in den Zügeln über das Maß der Anlehnung hinaus, die das Pferd zur elastischen Spannung seiner Nackenmuskeln braucht, stört die Arbeit des Muskelrings. Sie hat Verspannungen im Hals zur Folge, die sich auf Rücken und Hinterhand übertragen. Dadurch wird das Untertreten und Herantreten der Hinterbeine stark behindert.

Deshalb muss eine derartige Verwendung der Hilfszügel beim Reiten abgelehnt werden. Darüber hinaus sollte man grundsätzlich auf den Gebrauch von Hilfszügeln verzichten. Ein Pferd wird nur dann Widerstand gegen die Hand leisten, wenn

- es Angst vor den Zügeleinwirkungen hat
- der Sattel drückt
- es im Rücken nicht schwingt und nicht tätig ist
- es eine verlangte Längsbiegung noch nicht annehmen kann
- es hinsichtlich der Tragkraft seiner Hinterhand überfordert wird
- es Erkrankungen im Maul oder im Genick-Hals-Bereich hat

Hilfszügel können diese Ursachen für Widerstände gegen die Hand nicht beseitigen. Sie bekämpfen nur die Symptome. Ihre Verwendung zögert die Korrektur von Mängeln in der Anlehnung lediglich hinaus.

Wenn Ängste vor den Zügeleinwirkungen, Satteldruck und Erkrankungen ausgeschlossen werden können, dann besteht die einzige Möglichkeit, Widerstände gegen die Hand dauerhaft zu beseitigen, allein darin, die ersehnte Haltung des Pferdes durch die Arbeit im Vorwärts am Vorwärts zu erreichen. Sie führt zur Erhöhung des Versammlungsgrades und damit zu einer verbesserten Haltung.

Man merke sich daher für den reiterlichen Alltag: Haltung gewinnt das Pferd nur aus dem Vorwärtsreiten.

> Die Anwort auf die Frage: „Hilfszügel beim Reiten, ja oder nein ?", muss lauten: „Nein!"

Gymnastizierung des Pferdes durch den abgesessenen Reiter

Grundsätzlich gibt es neben der Arbeit vom Sattel aus vier weitere Möglichkeiten, ein Pferd zu gymnastizieren.

Es gibt die *Arbeit an der einfachen Longe*. Hier wird das Pferd an einer einzigen, aus Leinen hergestellten Longe ohne Stege longiert. Die Longe schnallt man in den mittleren Ring des Kappzaumes, der grundsätzlich zum Longieren an der einfachen Longe verwendet werden sollte. Mit einer Longierpeitsche

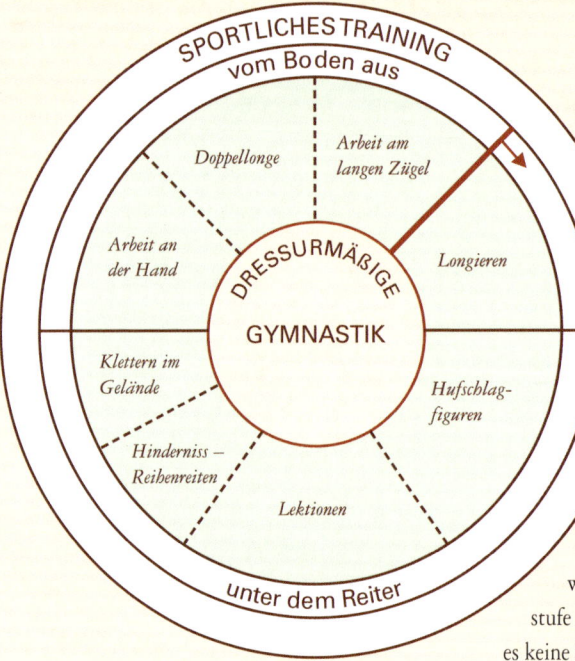

SPORTLICHES TRAINING
vom Boden aus

Doppellonge

Arbeit am
langen Zügel

Arbeit an
der Hand

DRESSURMÄSSIGE
GYMNASTIK

Longieren

Klettern im
Gelände

Hufschlag-
figuren

Hinderniss –
Reihenreiten

Lektionen

unter dem Reiter

Die verschiedenen Möglichkeiten der Ausbildung des Pferdes vom Sattel und vom Boden aus in Abhängigkeit von der Ausbildungsstufe

fluss auf die Anlehnung hat und über sie auf das Pferdemaul einwirken kann. Voraussetzung dafür ist aber, dass er das Pferd mit der Voltigierpeitsche an das Gebiss herantreibt. An der Doppellonge kann ein Pferd nur dann gearbeitet werden, wenn es die Zügeleinwirkungen zum Stellen, Abwenden und Einfangen bereits unter dem Reiter kennen gelernt hat. Arbeitet man verfrüht mit der Doppellonge, können schwerwiegende Mängel in der Anlehnung entstehen.

Die *Arbeit an der Hand* stellt die dritte Möglichkeit dar. Sie sollte im Normalfall erst dann durchgeführt werden, wenn das Pferd unter dem Reiter die Ausbildungsstufe der Klasse M erreicht hat. Bei der Arbeit an der Hand gibt es keine Seitengänge und auch sonst keine Lektionen mit Längsbiegung. Übt man sie dennoch bei der Arbeit an der Hand, besteht die große Gefahr, dass das Pferd lernt, mehr mit der Hinterhand auszufallen, als gebogen zu bleiben, da man die äußere Seite des Pferd nur schwer kontrollieren kann. Das erschwert die spätere Ausbildung in der Piaffe und Passage, in denen das Pferd gerade gerichtet bleiben soll. Die Arbeit an der Hand dient deshalb ausschließlich dazu, das Pferd auf die Piaffe und Passage vorzubereiten und sie in den Ansätzen zu lehren. Das Pferd hat stets gerade gerichtet auf zwei Hufschlaglinien zu gehen. Der rechte Vorder- und Hinterhuf fußen auf

treibt man das Pferd nach vorwärts-auswärts in die Longe. Sie sollte einschließlich des Schlages lang genug sein, um das Pferd bei maximalem Zirkeldurchmesser mühelos erreichen zu können. Am besten eignet sich eine Voltigierpeitsche.

Eine zweite Möglichkeit der Gymnastizierung durch den abgesessenen Reiter bietet die *Doppellonge*. Ihr großer Vorteil gegenüber der einfachen Longe ist der, dass der Longenführer direkten Ein-

Bei der Arbeit an der Hand kann man an der Hinterröhre (a) oder in Höhe der Hosen (b) touchieren. Zunächst aber lernt das Pferd, in verkürzten Trabtritten neben seinem Ausbilder herzugehen (c).

a

b

einer Hufschlaglinie, der linke Vorder- und Hinterhuf auf einer zweiten parallel dazu. Anfangs werden Übergänge zwischen Schritt und Trab, dann das Rückwärtsrichten mit darauf folgendem Antraben und Zulegen geübt. Beim Vorwärtstreiben darf das Pferd noch nicht mit der Touchierpeitsche an der Hinterhand berührt werden, weil es sonst mit der Kruppe zu hüpfen beginnen würde.

Nur in der Schenkellage darf man die Gerte gebrauchen. Das Pferd soll allmählich lernen, in verkürzten, aber fleißigen Tritten an die Schwerelinie heranzutreten. Erst wenn es sich zu einigen halben Tritten anleiten lässt, darf die Aktivität der Hinterhand durch direktes Touchieren an Hinterbacke oder Hinterröhre gefördert werden. Geführt wird das Pferd an einem Führzügel, der in den mittleren Ring des Kappzaums einzuhaken ist.

Die vierte Möglichkeit besteht in der Arbeit am langen Zügel. Der abgesessene Reiter befindet sich hierbei dicht hinter dem Pferd und führt es an zwei langen Zügeln, die nicht durch einen Longiergurt geschnallt werden. Eine mitgeführte Dressurgerte sichert die treibenden Einwirkungen. Der abgesessene Reiter kann das Pferd alle Lektionen der Dressurarbeit am langen Zügel ausführen lassen. Die Seitengänge und die Pirouetten gehören deshalb zur Arbeit am langen Zügel. Alle Lektionen, die der Reiter am langen Zügel verlangt, muss das Pferd vorher unter dem Reiter gelernt haben. Das Pferd sollte sich unter dem Reiter bereits so weit versammeln, dass es sofort und völlig widerstandslos vermehrt an die Schwerelinie herantritt, wenn der Reiter halbe Paraden gibt. Nur so kann sichergestellt werden, dass das Pferd nicht nach hinten ausschlägt, wenn der Reiter vorwärts treibt und an der Hand leicht gegenhält.

In dieser Anfangsphase sollte man das Pferd nicht direkt an der Hinterhand touchieren. Besser klopft man mit der Peitsche auf den Boden oder touchiert in der Schenkellage. Für das Touchieren in der Schenkellage ist eine kürzere Touchierpeitsche besser geeignet.

Hilfszügel beim Longieren und bei der Arbeit an der Hand

Hilfszügel beim Longieren an der einfachen Longe

Das Longieren an der einfachen Longe dient hauptsächlich dazu, das junge Pferd auf das Anreiten vorzubereiten und dem Korrekturpferd schneller über seine Schwächen hinwegzuhelfen.

Wie wir bereits wissen, spielt die Anlehnung an das Gebiss eine entscheidende Rolle bei der Bewältigung der Reiterlast. Nimmt das Pferd eine Anlehnung an das Gebiss, indem es seinen Hals bei vorgestreckter Nase bis in die Dehnungshaltung fallen lässt, dann benutzt es in besonderem Maße seine Nackenmuskeln und das Nackenband, um den Rücken nach oben aufzuwölben. Dadurch entlastet es die Bauchmuskeln. Die Grundgangarten werden so möglichst raumgreifend und elastisch. Gewöhnt man das Pferd an der Longe daran, eine solche Anlehnung an das Gebiss zu nehmen, dann werden sich vor allem die Nackenmuskeln kräftigen. Das hat zur Folge, dass das Pferd mit dem Reitergewicht leichter fertig wird. Beim Longieren soll das Pferd lernen, fleißig an das Gebiss heranzutreten und sich daran anzulehnen. Dadurch wird es darauf vorbereitet, mit der Reiterlast fertig zu werden. Eine Anlehnung kann das Pferd aber nur dann nehmen, wenn eine sichere Verbindung zwischen dem Gebiss und einem anderen Punkt besteht, der sich in Relation zum Pferd in Ruhe befindet. Diese Verbindung wird durch Hilfszügel gewährleistet, die im Idealfall zwischen die Ringe eines über dem Sattel befestigten Longiergurtes und die Trensenringe geschnallt sind.

In Frage kommen dafür der einfache und der doppelte Ausbindezügel, auch Laufferzügel genannt. An sie kann sich das Pferd, wie oben beschrieben, anlehnen. Sie geben ihm außerdem eine sichere seitliche Führung, durch die es lernt, seinen Hals am Widerrist festzustellen. Das bedeutet nichts anderes, als dass es seinen Hals ruhig und gleichmäßig aus dem Widerrist heraus nach oben wölbt, während es sich an das Gebiss anlehnt. Weniger geeignet sind das Chambon und das Gogue. Sie gewähren dem Pferd keine derart sichere Anlehnung und seitliche Führung. Sie sollten nur in Ausnahmefällen verwendet werden, in denen eine besonders starke Aufwölbung des Rückens vorübergehend erwünscht ist. Die häufig verwendeten Halsverlängerer, die aus einem einzigen elastischen Gummizug bestehen, sollte man keinesfalls benutzen. Durch sie lernt das Pferd, dass es sich einfach in die Zügel legen kann, statt sich an das Gebiss anzulehnen und selbst zu tragen.

> Beim Longieren muss man die Frage „Hilfszügel ja oder nein?" mit einem „Ja" beantworten und auf den einfachen Ausbindezügel und den Laufferzügel verweisen.

Verschnallung des Laufferzügels zur Arbeit in tieferer Halshaltung

Hilfszügel bei der Arbeit an der Hand

Bei der Arbeit an der Hand besteht wie beim Longieren die Notwendigkeit für die Verwendung von einfachen Ausbindezügeln oder Laufferzügeln. Auch hierbei muss sich das Pferd an das Gebiss anlehnen, damit die aus der Hinterhand entwickelten Tragkräfte auf die Vorhand übertragen werden. Wird ein Pferd bei der Arbeit an der Hand nicht ausgebunden, so besteht die Gefahr, dass es sich übermäßig aufrichtet oder seine Beizäumung aufgibt. Beides würde die Weiterleitung der Tragkräfte bis zur Vorhand verhindern. Deshalb muss das Pferd auch bei der Arbeit an der Hand ausgebunden werden.

Verschnallung der Hilfszügel

Wenn ein Pferd an der Longe mit einfachen Ausbindezügeln in Dehnungshaltung gearbeitet werden soll, dann sind sie nur so hoch zu verschnallen, dass das Maul des Pferdes in Höhe des Buggelenks steht.

Bei Verwendung von Laufferzügeln muss der obere Zügelteil an einem der mittleren Ringe des Longiergurts oder in mittlerer Höhe am Sattel befestigt werden. Der untere Zügelteil verläuft zwischen den Vorderbeinen hindurch zu dem Longier- oder Sattelgurt.

Kann sich das Pferd an der Longe oder bei der Arbeit an der Hand bereits stärker aufnehmen und versammeln, so ist eine höhere Verschnallung der Ausbindezügel angebracht. Sie dürfen aber keinesfalls so hoch eingeschnallt werden, dass das Maul

Verschnallung zur Arbeit in höherer Versammlung

Verschnallung von Ausbindern bei tieferer Halshaltung

Verschnallung bei höher Versammlung. Bei diesem Bild beachte man, dass die Ausbinder im Laufe der Arbeit noch weiter verkürzt werden müssen.

des Pferdes über eine gedachte Waagrechte durch das Hüftgelenk zu stehen kommt. Verwendet man bei höheren Versammlungsgraden den Laufferzügel, dann sollte der untere Zügelteil in mittlerer Höhe und der obere nahe der Spitze des Widerristes verschnallt werden.

Die Länge der Hilfszügel sollte stets so bemessen sein, dass die Stirnlinie des Pferdes zu Beginn der Arbeit etwa eine Hand breit vor der Senkrechten steht. Mit fortschreitender Arbeit verkürzt man sie, bis die Stirnlinie in die Senkrechte kommt. Die richtige Länge der Hilfszügel kann man nur in der Bewegung feststellen. Wenn erforderlich, muss man das Pferd halten lassen, um die Länge beider Hilfszügel neu einzustellen.

Bei Pferden, die im Maul sehr empfindlich sind, kann es in den ersten Tagen der Longenarbeit sinnvoll sein, Topfgummis zwischen die Hilfszügel und die Befestigungspunkte an Longiergurt oder Sattel einzubauen. Das Einbauen von Topfgummis hat allerdings keinen Sinn, wenn das Pferd weiß, dass es sie vorsätzlich zum Zerreißen bringen kann. Sie leisten meist nur bei jungen Pferden und bei solchen wertvolle Dienste, die große Angst vor dem Gebiss haben.

Sowohl beim Longieren wie auch bei der Arbeit an der Hand sollten die Hilfszügel auf jeder Seite grundsätzlich gleich lang geschnallt werden. Dies gilt insbesondere für die Arbeit an der Hand, bei der das Pferd gerade gerichtet bleiben soll. Auch beim Longieren ist vorerst auf eine Verkürzung des inneren Hilfszügels zu verzichten, weil das Pferd schon an der Longe lernen soll, sich an den äuße-

ren Zügel anzulehnen und sich von ihm abzustoßen. Die dazu nötige Stellung nach innen erreicht der Longenführer dadurch, dass er das Pferd mit der Peitsche von innen nach außen in die Longe treibt. Auf diese Weise lehnt sich das Pferd an die Longe an und stellt sich nach innen. Unterstützen kann man das durch weiche Arrêts mit der longenführenden Hand. Entscheidend ist, dass der Schub des inneren Hinterbeins im äußeren Hilfszügel landet. Das ist die Methode, mit der man ein Pferd an der Longe zum Nachgeben im Genick bringt.

Man überprüft die gleichmäßige Länge beider Hilfszügel, indem man sich vor das Pferd stellt, die beiden Gebissköpfe erfasst und sie nach vorne zieht. Stellt man dabei fest, dass der eine Gebisskopf weiter vorgezogen werden kann als der andere, dann sind die Hilfszügel ungleich und ihre Verschnallung muss entsprechend korrigiert werden.

Hilfsmittel

Gerte

Die Gerte stellt ein Hilfsmittel zur Unterstützung der treibenden Einwirkungen dar. Die Reihenfolge der treibenden Einwirkungen gliedert sich von der feinsten bis zur stärksten Einwirkung. Sie beginnt

Korrekte Gertenhaltung

mit einem verstärkt angestellten Kreuz. Reicht dessen treibende Wirkung nicht aus, dann müssen die Einwirkungen der Waden helfen. Versagen auch sie, so tritt die Einwirkung mit der Gerte auf den Plan. Im Allgemeinen reagiert ein Pferd von Natur aus auf eine Einwirkung mit der Gerte, indem es versucht, seine Geschwindigkeit zu erhöhen. Das muss aber nicht sein. Deshalb ist es wichtig, dass das junge Pferd die Bedeutung der Gerte beim Anreiten an der Longe kennen lernt. Dort hat der Peit-

schenführer die Möglichkeit, den Reiter wirksam in der Anwendung der Gerte zu unterstützen, sollte das Pferd die Einwirkung mit der Gerte nicht verstehen oder nicht auf die richtige Weise annehmen wollen. Dabei muss man natürlich vorsichtig sein. Jede übertriebene Einwirkung mit einer Gerte verursacht Verspannungen und Angst im Pferd. Beides verhindert aber, dass dem Pferd die Bedeutung der Gerte klar wird. Deshalb gilt: So viel wie nötig, aber so wenig wie möglich.

Da durch die Gerte die treibenden Einwirkungen der Waden unterstützt werden sollen, muss die Gerte knapp hinter dem Schenkel

1 Wie man die Gerte wechselt

2

gebraucht werden. Ist die Gerte biegsam genug, kommt man leicht mit ihr an diese Stelle. Andernfalls muss man mit der Gertenhand etwas zur Seite gehen, aber ohne den Zügel anzuziehen. Das heißt, man geht mit ihr eine Kleinigkeit nach vorne, denn durch das Seitwärtsweisen nimmt man den Zügel bereits an.

Hinter dem Schenkel setzt man die Gerte je nach Empfindlichkeit des Pferdes und nach dem Ausmaß der nötigen Unterstützung ein. Ihr Einsatz erstreckt sich über ein Anlegen bis hin zu mehreren kurz aufeinander folgenden energischeren Klapsen. Die Wirkung solcher Klapse beruht vielmehr auf der Demons-

3

4

5

Pferde
richtig korrigieren

tration unerschütterlicher Entschlossenheit, seinen Willen durchzusetzen, als auf dem Zufügen von Schmerzen.

Niemals darf sich das Pferd vor der Einwirkung mit der Gerte fürchten. Gerteneinsätze, die Spuren hinterlassen, sind als Tierquälerei anzusehen.

> Die Einwirkung mit der Gerte muss unmittelbar auf die Schenkeleinwirkung folgen, die das Pferd nicht richtig angenommen hat. Andernfalls versteht das Pferd nicht, dass die Gerte es zur Annahme des Schenkels ermahnt.

Wichtig ist, die Gerte nicht schlagend einzusetzen, sondern ihren Federmechanismus auszunutzen, sodass ganz gezielte Klapse möglich sind. Hat das Pferd die Bedeutung der Gerte kennen gelernt, dann genügt oft schon, sie zwitschern zu lassen, um es zu einem fleißigeren Gehen anzuhalten.

Eine genügend lange Gerte kann auch vom Sattel aus in Höhe des Sprunggelenks Anwendung finden. Dort regt sie das Pferd zu fleißigeren Tritten an. Dazu muss man die Zügel in einer Hand führen und darf seinen Sitz nicht verlieren.

Geht ein Pferd gegen die Einwirkungen mit der Gerte an, indem es sich gegen das Touchieren hinter dem Schenkel wirft oder nur den Kopf hochnimmt oder ausschlägt, wenn man es am Hinterbein touchiert, dann wird die Einwirkung mit der Gerte sofort wiederholt. Wehrt sich das Pferd erneut, so folgt nochmals die gleiche Einwirkung. Dies geschieht nacheinander so oft, bis das Pferd die Einwirkung mit der Gerte akzeptiert und fleißiger vorwärts geht. Falsch ist es dabei, wenn man die Gerte immer stärker als beim ersten Mal einsetzt. Dann kommt man schnell an die Grenze, an der man dem Pferd Recht geben müsste, sich gegen die Gerte zu wehren. Nur die Konsequenz in der Anwendung ist hierbei ausschlaggebend. Natürlich braucht man dazu einen gefestigten Sitz. Wer diesen nicht hat, der sollte solche Verfahrensweisen vermeiden, indem er sein Pferd an die Longe nimmt, an der Hand arbeitet oder es bereiten lässt. Ein Pferd, das die Gerte auf diese Weise respektieren gelernt hat, wird keinen Widerstand mehr leisten.

Es gibt durchaus derart phlegmatische Pferde, die nicht einmal eine übertriebene Einwirkung mit der Gerte beachten. Solche Pferde müssen zurück an die Longe oder an die Hand, an der man ihnen die Bedeutung der Gerte gemeinsam mit dem aufgesessenen Reiter begreiflich macht. Unter dem Reiter ohne Longe müsste man bei solchen Pferden sehr energisch einwirken, was alles andere als pferdegerecht wäre. Außerdem muss die reiterliche Arbeit mit diesen Pferden abwechslungsreich gestaltet werden, damit sie aufmerksamer und fleißiger arbeiten. Längere Galopps auf einer Galoppierbahn

mit einem anderen Pferd, Springübungen und kurze Übungseinheiten in der Bahn, die nur aus Übungen bestehen, durch die sich das Pferd an fleißiges Arbeiten gewöhnt, werden langfristig den Erfolg bringen, dass das Pferd sensibler reagiert. Versammelnde Übungen sind dabei nicht hilfreich.

Was auf jeden Fall unterbleiben muss, ist das Touchieren in der Flanke und auf der Kruppe. Ersteres kann zu einem gefährlichen Bocken und Durchgehen führen. Das Letztere, das besonders beim Lehren der Piaffe angewendet wird, führt zum Hüpfen mit der Kruppe, was schwer zu korrigieren ist.

Sporen

Die Sporen sind ausschließlich für die fortgeschrittene Ausbildung eines Pferdes gedacht. Sie haben zwei Aufgaben, die in der verfeinerten Unterstützung der treibenden Einwirkungen und der biegenden Hilfen liegen.

Da das Pferd mit fortschreitender Ausbildung sensibler auf die Hilfen reagiert, kann man sich die Verwendung der Sporen anstelle der Gerte erlauben. Die Sporen müssen gleichzeitig mit den Schenkeln wirken, damit sie das Pferd zum Gehorsam auf die Einwirkungen mit den Waden ermahnen. Sie werden dabei einfach an die seitliche Bauchwand angedrückt. Ihre Wirkung besteht darin, dass sie die eingesetzte Kraft auf eine sehr kleine Fläche übertragen. Dadurch wirken sie punktuell und im Vergleich mit den Waden viel schärfer. Daher muss ihr Gebrauch sehr kontrolliert erfolgen. Er setzt einen einwandfrei beherrschten Sitz voraus. Wer noch Schwierigkeiten hat, mit ruhiger und gestreckter Schenkellage zu reiten und die Waden korrekt zu gebrauchen, der darf auf keinen Fall mit Sporen reiten.

Die punktuelle Wirkung der Sporen erlaubt eine gezielte Unterstützung der Biegearbeit. Liegt der äußere Schenkel eine Hand breit hinter dem Gurt und der innere am Gurt, dann kann die einrahmende Wirkung der Schenkellage durch die Sporen sehr effizient gesteigert werden.

Grundsätzlich lernt das Pferd die Bedeutung der Einwirkungen mit den Sporen in einer Übergangsphase kennen. Dabei werden der bisher erreichte Gehorsam auf die Waden und auf die Gerte helfen.

Ein korrekt verschnallter Sporn

gehen. Dabei wird das Pferd auf bestimmte Kommandos abgerichtet. Auf „Felix: Teerab" trabt Felix an, und anderes mehr.

Wie aber lernt das Pferd diese Kommandos über die Stimme verstehen? Dies geschieht durch das kontrollierte Ausnutzen des Fluchttriebes sowie der natürlichen Reaktionen des Pferdes auf die Körperposition des Longenführers und die Einwirkungen über den Kappzaum. Mit kontrolliertem Ausnutzen des Fluchttriebes ist gemeint, dass man das natürliche Verhalten des Pferdes nutzt, vor Dingen wegzulaufen, die sich hinter ihm befinden und mehr oder weniger schnelle Bewegungen ausführen. Deshalb treibt man ein Pferd vorwärts, indem man die Peitsche gerade so viel hinter ihm bewegt, dass das gewünschte Vorwärts erreicht wird. Dabei muss man sich als Longenführer etwas in den hinteren Bereich des Pferdes stellen, damit sich das Pferd von vorne her nicht in die Enge getrieben fühlt und auch tatsächlich nach vorne antritt.

Damit ist schon gesagt, wie man das Pferd wieder verlangsamen kann: Man positioniert sich mehr im vorderen Bereich des Pferdes.

Genügt diese Veränderung der eigenen Position nicht, um den Gang des Pferdes zu mäßigen, so bestehen mindestens drei Möglichkeiten, das Pferd zum Gehorsam zu bringen:

Man gibt *Paraden* mit der Longe über den Kappzaum.

Durch Einholen der Longe lässt man das Pferd den *Zirkel verkleinern.* Sollte auch dies nicht ausreichen, dann kann es hilfreich sein, wenn man das Pferd möglichst nahe zu sich holt, indem man ihm auch ein Stück entgegenkommt. Viele Pferde werden ruhiger, wenn sie näher an den Longenführer herankommen, natürlich vorausgesetzt, das Pferd hat keine Angst vor ihm.

Das *direkte Abschneiden des Weges* zu einer Wand hin ist im Allgemeinen das Mittel, das in jedem Fall wirkt. Aber man muss dabei vorsichtig sein, da sich das Pferd blitzschnell umdrehen und in die Gegenrichtung davonstürmen kann. Deshalb ist es bei diesem Verfahren oberstes Gebot, dass die Anlehnung über die Longe besteht und dass die Longierpeitsche immer auf die Hinterhand des Pferdes gerichtet bleibt. Man muss dem Pferd stets das Gefühl geben, eingerahmt zu sein. Dies setzt voraus, dass das Pferd die Einwirkungen mit der Longierpeitsche respektiert. Das gesamte Verfahren verlangt vom Longenführer ein gewisses Geschick, das Pferd ständig eingerahmt zu halten und die Einwirkungen richtig zu dosieren. Wenn man nämlich zu stark vor das Pferd tritt, dann hilft auch das beste Einrahmen nichts mehr.

Wenn man stets das gleiche Stimmkommando gibt, während man das Pferd zwingend dazu veranlasst, eine bestimmte Reaktion zu zei-

Oft ist eine solche Eingewöhnung gar nicht nötig, weil viele Pferde den Sporn ohne Widerstände annehmen. In den Fällen, in denen sich Pferde gegen die Einwirkungen mit den Sporen wehren, muss der Gehorsam wie im Falle der Gerte hergestellt werden. Natürlich ist auch hier die gleiche Vorsicht geboten. Niemals dürfen die Sporen derart stark eingesetzt werden, dass Hämatome oder offene Verletzungen entstehen. Das wäre Tierquälerei und hätte nur Angst und Verspannung im Pferd zur Folge.

Nochmals sei darauf hingewiesen, dass die Sporen nur im Zuge einer verfeinerten Hilfengebung durch eine fortgeschrittenere Ausbildung zu Einsatz kommen dürfen. Sie dienen nicht dazu, einen Grundgehorsam gegenüber den treibenden Einwirkungen herzustellen, so wie man das häufig zu sehen bekommt. Dieser Grundgehorsam muss bereits vorhanden sein, wenn man beginnt, Sporen zu gebrauchen.

Hilfsmittel Stimme

Grundsätzlich ist die Stimmhilfe in Leistungsprüfungen nicht gestattet. Es ist natürlich nicht zu leugnen, dass sie in der Grundausbildung und bei der Arbeit an der Hand besondere Dienste leisten kann.

Die Grundausbildung des Pferdes beginnt normalerweise an der Longe. An ihr lernt das Pferd sicher im Takt und im Gleichgewicht auf dem Zirkel zu

gen, dann erkennt das Pferd bald, dass dieses Stimmkommando verknüpft ist mit genau dieser Reaktion seinerseits. Das Pferd wird daher zukünftig das Gewünschte schon bei Verlauten des Kommandos ausführen.

Die Stimmkommandos macht sich der Reiter beim Anreiten dann zunutze. Sie helfen dem Pferd, den Übergang zu den reiterlichen Hilfen zu verstehen. Die Stimmhilfe ist zum Anreiten natürlich nicht unbedingt nötig, denn man kann das Pferd allein auf Peitschenbewegung und Körperposition abrichten.

Der Longenführer steht mehr auf Höhe der hinteren Hälfte des Pferdes und treibt das Pferd so vorwärts.

Der Reiter muss beim Anreiten des Pferdes dann immer nur die Hilfen geben, die zur verlangten Bewegung nötig sind, und der Longenführer muss die Bewegung auslösen. So kann das Pferd die reiterlichen Hilfen verstehen lernen. Doch stellt sich die Frage, wie der Longenführer dem Reiter oder der Reiter dem Longenführer mitteilt, wann er was möchte. Die Antwort ist einfach: über die Stimme. Also kann man doch gleich das Pferd auf die Stimme abrichten, so wäre es zum Beispiel auch möglich, im Notfall ein Pferd alleine anzureiten.

Warum aber ist die Stimmhilfe nicht erlaubt, wenn sie doch so wertvolle Dienste leistet ?

Wie bereits angeklungen ist, wird das Gehorsammachen auf Stimmhilfen als Abrichten bezeichnet. Grundsätzlich kann man ein Pferd auf alle möglichen Kommandos oder Signale abrichten. Der Nachteil dieser Abrichtung ist, dass sich das Pferd damit nicht völlig kontrollieren lässt. Es wird zwar prinzipiell gehorchen, doch um eine Übung im Detail zu vervollkommnen, braucht man letztendlich wieder Einwirkungen, die ihm durch direkten Kontakt auf mechanischem Wege vermittelt werden. Dazu ein Beispiel: Zufällig hat das Pferd einmal sein Vorderbein angehoben. Nun gibt der Reiter ihm ein Leckerchen, nachdem er beim Anheben des Vorderfußes eine Hand erhoben hat. Je öfter sich das anfangs zufällige Ereignis wiederholt, umso mehr erkennt das Pferd den Zusammenhang zwischen dem Heben der Hand, dem Anheben

seines Vorderfußes und dem Leckerchen. Folglich beginnt es auf das Heben der Hand sein Vorderbein anzuheben, denn es weiß, dass es so an das Leckerchen kommt. Doch hebt es den Fuß gerade nur so hoch, dass seine Zehenspitze noch den Boden berührt. Nun will man aber, dass es diesen höher hebt. Was bleibt einem dann anderes übrig, als zum Beispiel seine natürliche Reaktion auf das Berühren des Beines mit einer Gerte auszunutzen?

Nicht anders ist es beim Reiten. Grundsätzlich kann man das Pferd dazu abrichten, auf Stimmhilfen alle Lektionen auszuführen. Doch wenn man genauen Einfluss auf die Ausführung haben will, braucht man die mechanischen Hilfen.

Der Longenführer hat den Zirkel verkleinert. Er nähert sich dem Pferd und befindet sich dabei in Höhe der vorderen Hälfte des Pferdes.

> Die natürlichen Reaktionen des Pferdes auf die mechanischen Hilfen des Reiters erlauben es, das Pferd so zu kontrollieren, dass man auch über das Wie der gymnastischen Übungen bestimmten kann. Erst diese völlige Kontrolle ermöglicht das angestrebte sportliche Training.

Das grundlegende Ziel aller Pferdeausbildung ist ein Pferd, das sich in seinem Umgang und beim Reiten völlig gehorsam gibt, das aufgrund seiner Rittigkeit wendig und geschmeidig, das sich in allen Grundgangarten und Tempi widerstandslos regulieren lässt und das seinen Reiter durch angenehme und weiche Bewegungen erfreut.

Dieses Ziel lässt sich nur durch die Entwicklung eines entsprechenden Maßes an Versammlung erreichen. Versammeln bedeutet, dass man das Pferd einem sportlichem Training mittels Gymnastik unterzieht. Völlig kontrollieren lässt sich diese Gymnastik erfahrungsgemäß nur durch die mechanischen Hilfen. Ein Pferd zu versammeln heißt also auch, das Pferd für diese Hilfen durchlässig zu machen.

In Leistungsprüfungen soll nun genau diese Durchlässigkeit überprüft werden. Denn sie bestimmt die Rittigkeit und diese wiederum ist ein Teilkriterium bei der Bewertung eines Pferdes vor allem in einer Dressurprüfung. Um zu verhindern, dass Durchlässigkeit aufgrund einer Abrichtung auf Stimmhilfen vorgetäuscht wird, ist sie nicht zu gestatten. Schließlich möchte man die Durchlässigkeit überprüfen und nicht irgendeinen Grad von Abrichtung.

Pferde besitzen ein sehr feines Gehör. Ihre Hörfähigkeit erstreckt sich auch über einen Frequenzbereich, den wir Menschen nicht mehr wahrnehmen können. So ist nicht auszuschließen, dass das Pferd ein Geräusch hört und sich davor fürchtet, ohne dass man selbst etwas davon mitbekommt. Außerdem ist das Pferd in der Lage, auch mit der Tonlage der Stimme bestimmte Empfindungen zu verknüpfen. Als Beispiel: Tut der Reiter nach jeder misslungenen Übung seinen Unmut darüber durch entsprechende Laute kund und wirkt er dabei als Strafe hart ein, dann wird sich das Pferd mit jedem weiteren Ver-

nehmen der Unmutsbekundungen verspannen, weil es die Strafe erwartet, auch wenn sie dann einmal nicht erfolgen sollte. Also: Entweder man lobt mit ruhiger Stimme in einer eher tieferen Tonlage oder man hält seinen Mund.

Pferde können einen Menschen an der Stimme erkennen und je nach dem Gefühl, das sie dann beschleicht, vor ihm davonlaufen, stehen bleiben oder zu ihm hingehen.

Ganz gleich, mit welchem Ziel man ein Pferd ausbildet, man kommt nicht daran vorbei, sich einzugestehen, dass das Pferd auf seine Umwelt reagiert. Empfindet es diese als unangenehm, so wird es sich wehren. Deshalb ist es die Pflicht eines jeden Reiters, dass er die Arbeitsbedingungen für sein Pferd angenehm oder zumindest nicht unangenehm gestaltet. Nur dann kann er erwarten, dass sein Pferd leistungsfähig und auch leistungsbereit ist. Häufig genügt schon das Abstellen einer störenden Einwirkung und das Abwehrverhalten des Pferdes verschwindet.

Lob und Strafe

Wenn Sie mich in einer Diskussion fragen würden, ob es grundsätzlich nötig ist, ein Pferd für etwas, was es falsch gemacht hat, zu strafen, würde ich antworten: „Nein."

Begründen würde ich meine Antwort damit, dass ein Pferd sich nur dann falsch verhält, wenn es eine Hilfe nicht versteht oder überfordert ist. Mit Strafen würde man nur Verwirrung und Verspannung hervorrufen, was einem Lernprozess umso mehr im Wege stünde. Stattdessen müsste man sich um eine eindeutigere Hilfengebung und eine systematischere Arbeit bemühen. Sollte das Pferd überfordert sein, so bleibt nichts anderes übrig, als die Anforderungen zu reduzieren, bis das Pferd durch konsequentes Trainieren besser vorbereitet ist.

Außerdem würde ich Sie darauf hinweisen, dass die Gewöhnungsarbeit eine größere Macht besitzt als Lob und Strafe. Darauf muss man natürlich seine Arbeit einstellen. Das kann bedeuten, dass man seine bisherige Art zu arbeiten grundsätzlich ändern muss.

Der einzige Fall, in dem eine Strafe angebracht sein könnte, wäre der, wenn das Pferd einen tatsächlichen Ungehorsam zeigen würde. Ich habe schon deutlich gemacht, dass auch ein energischeres Einwirken vom Sattel aus nie zu einer Fluchtreaktion führen darf. Es ist vielmehr die Konsequenz der Anwendung einer eher mäßig verstärkten Einwirkung, die zum Gehorsam führt. Zum Abschluss rufe ich Ihnen nochmals in Erinnerung: Weniges korrekt fordern, viel loben und aufhören, wenn es am besten ist. Das macht Strafen unnötig.

Der Sitz des Reiters

Der Sitz bildet die Grundlage für die Korrektur vom Sattel aus.

Die Korrektur bedeutet eine körperliche und psychische Umformung des Pferdes. Mit dieser Umformung sind eine Reihe großer Anstrengungen für das Pferd verbunden. Dem Reiter stellt sich dabei die Aufgabe, unnötige Belastungen des Pferdes zu vermeiden. Dazu gehört, dass er einen Sitz einnimmt, der es dem Pferd möglichst leicht macht, mit dem Reitergewicht fertig zu werden. Der Sitz des Reiters muss dem Pferd ein Energie sparendes und störungsfreies Gehen ermöglichen. Dieser Anforderung wird der Dressursitz mit seinen Abstufungen zwischen Entlastungs- und Grundsitz am besten gerecht. Darüber hinaus ist er das Kommunikationsinstrument, mit dem der Reiter seinem Pferd mitteilt, was er von ihm möchte, und mit dem er seinen Willen durchsetzt.

Der Dressursitz stellt dem Reiter eine Reihe von Einwirkungen zur Verfügung. Diese Einwirkungen beruhen auf der Übertragung von Kräften auf bestimmte Körperstellen des Pferdes. Dort verursachen sie reflexartige Reaktionen, die sich auf die Art der Fortbewegung des Pferdes auswirken.

Voraussetzung dafür, dass solche Reflexe genutzt werden können, ist die psychische und physische Zwanglosigkeit des Pferdes. Die Reaktionen auf die Einwirkungen müssen deshalb grundsätzlich nicht vom Pferd erlernt werden. Es muss dem Pferd aber der Zusammenhang bewusst werden, dass eine Einwirkung mit genau der Bewegung verknüpft ist, die normalerweise die Folge eines unbewusst ablaufenden Reflexes ist.

Kombiniert der Reiter die Einwirkungen in einer Weise, die die Fortbewegung des Pferdes unterstützt oder verbessert, so entstehen die korrekten Hilfen. Kombiniert er sie aber so, dass sie zu Reaktionen im Pferd führen, die sich widersprechen, dann gibt er falsche Hilfen und verursacht Widerstände im Pferd. Diese falschen Hilfen hängen in der Regel mit Sitzfehlern zusammen. Eine Hilfengebung, die sich positiv auf die Fortbewegung des Pferdes auswirkt, ist nur aus dem korrekten Sitz möglich.

> Eine Reiterweisheit sagt: So gut der Reiter sitzt, so gut geht auch sein Pferd. Genauso gilt die Umkehrung: So gut das Pferd geht, so gut lässt es seinen Reiter sitzen.

Es handelt sich hierbei um eine Wechselwirkung. Je besser der Reiter sitzt, umso besser beherrscht er sein Pferd. Dieses wird ihn im Gegenzug zum Sitzen kommen lassen, wodurch er noch feiner einwirken kann. Es lohnt sich deshalb, in eine gezielte Sitzschulung zu investieren. Für den Korrekturreiter ist sie ein unumgängliches Muss. Denn der Korrekturreiter muss jeglichen Widerständen von Seiten des Pferdes trotzen können.

Das gelingt ihm nur bei völliger Beherrschung des korrekten Dressursitzes.

Die Rückenschwingungen des Pferdes

Jeder kennt das Problem der Energiewirtschaft: Energieträger sind teuer, deshalb muss man sparsam ihnen umgehen. In der heutigen Zeit wird uns dies infolge der ständig steigenden Öl- und Benzinpreise erst richtig bewusst.

Auch die Natur kennt dieses Problem. Oftmals steht den Tieren in freier Wildbahn nur eine geringe Menge an Nahrung und damit an Energie zur Verfügung. Der Organismus der Tiere hat sich im Laufe der Evolution darauf eingestellt, mit wenig Energie auszukommen. Es ist deshalb ein biologisches Grundgesetz, dass jedes Lebewesen darum bemüht ist, Energie sparend zu arbeiten.

Dies gilt natürlich auch für das Pferd. So nutzt es beispielsweise im Schritt den Umstand aus, dass ein einmal in Gang gebrachtes Pendel von alleine taktmäßig weiterschwingt. Seine Beine bilden dabei die Pendel. Sind sie einmal zum Vor- und Zurückschwingen gebracht worden, dann braucht das Pferd nur noch wenig zusätzliche Energie aufbringen, um im Schritt zu bleiben. Der Schritt wird also hauptsächlich durch die taktmäßigen Pendelbewegungen der Beine erhalten.

Im Trab nutzt das Pferd seine Sehnen als Energiespeicher. Hat es sich einmal in eine Schwebephase abgestoßen, dann federn die Gelenke der Gliedmaßen beim Auffußen zusammen. Dadurch werden die Sehnen gespannt. Sie besitzen dann potenzielle Energie, die sie beim Abfußen wieder abgeben. So spart das Pferd Muskelkräfte. Im Galopp nutzt das Pferd diese Federmechanismen in besonderem Maße. Auch diese Federmechanismen im Trab und Galopp haben die Eigenschaft, im gleichen Takt abzulaufen.

> Taktmäßiges Gehen und Energieeinsparung sind voneinander abhängig. Man kann sogar sagen, dass das taktmäßige Gehen Energie spart; jedoch nur dann, wenn das Pferd losgelassen ist. Denn erst mit der Losgelassenheit werden die Pendel- und Federmechanismen wirksam.

In allen Gangarten beteiligt sich auch der Rücken des Pferdes an diesen Pendel- und Federmechanismen. Er schwingt zum einen auf und ab. Zum anderen pendelt er um die Rumpfachse. Die Pendelbewegungen um die Rumpfachse rühren daher, dass Hüfte und Rücken des Pferdes durch die Schwerkraft auf der Seite nach unten sinken, auf der ein Hinterbein vorschwingt und daher keinen Kontakt zum Boden hat. Im Schritt und Trab geschieht das abwechselnd, da beide Hinterbeine nacheinander vorschwingen. Im Galopp ist das etwas komplizierter, weil zeitweise beide Hinterbeine gleichzeitig und räumlich versetzt vorschwingen. So hebt sich die Kruppe auf der Seite des vorschwingenden inneren Hinterbeines, wenn sich das äußere Hinterbein in der Einbeinstütze befindet. Beim Auffußen des inneren Hinterbeines senkt sie sich wieder. Das wiederholt sich bei jedem Sprung.

Rückentätigkeit im Schritt

Im Schritt findet eine Aufwölbung des Rückens statt, wenn sich ein Hinterbein nach hinten streckt und das andere vorschwingt. Mit dem Abfußen des einen Hinterbeines und dem Auffußen des anderen entsteht kurzzeitig die Abwölbung.

Da sich das Pferd zu keiner Schwebephase kräftig abstoßen muss, entstehen keine deutlichen Rückenschwingungen, wie sie im Trab und Galopp vorzufinden sind. Es ist im Schritt daher angebrachter, nur von einer Stabilisierung anstelle einer Aufwölbung und von einer Abspannung anstelle einer Abwölbung des Rückens zu sprechen. Deshalb spricht man im Schritt besser von Rückentätigkeit und nicht von Rückenschwingungen.

Rückenschwingungen im Trab

Da das Pferd im Trab gezwungen ist, seine Vorhand für die Schwebephase vom Boden zu lösen, überträgt es beim Abfußen Kräfte aus der Hinterhand auf die Vorhand. Diese Kräfte werden über die Rückenmuskeln zur Vorhand weitergeleitet. Dabei wölben sie den Rücken auf. Das bedeutet, dass sich der Rücken aufwölbt, wenn ein diagonales Beinpaar abfußt.

Fußt das Pferd aus der Schwebephase auf, dann federn die Gelenke der Gliedmaßen zusammen und der Rücken wölbt sich infolge des Gewichts der Rumpfmitte ab. Der Rücken federt dann an den stützenden Beinen nach unten durch. Die Bauchmuskeln werden bei diesem Durchfedern als passive Auffänger der Rumpfmitte fungieren.

Durch die Schwebephasen im Trab entstehen somit deutlich sichtbare Schwingungen des Rückens.

Rückenschwingungen im Galopp

Im Galopp findet eine maximale Aufwölbung des Rückens statt, wenn beide Hinterbeine gleichzeitig vorschwingen. In der Phase, in der beide Hinterbeine nach dem Abfußen für einen Augenblick gleichzeitig nach hinten gestreckt sind, stellt sich die stärkste Abwölbung des Rückens ein.

richtig korrigieren

Die Rückenschwingungen möglichst wenig behindern

Das Reitergewicht biegt den Pferderücken nach unten durch. Es erschwert damit die Rückenschwingungen. Da die Rückenschwingungen und die Bewegungen der Beine voneinander abhängen, hemmt das Reitergewicht die Fortbewegung des Pferdes.

Diese störende Wirkung lässt sich durch sieben Maßnahmen auf ein Minimum reduzieren:

- Herstellung einer Anlehnung
- gegen den Vorderzwiesel sitzen
- nicht hinter der Senkrechten sitzen
- Eingehen in die Bewegungen
- harte Stöße abfangen
- Schluss nehmen
- Mitgehen mit den Bewegungen

Herstellung einer Anlehnung

Wie im Abschnitt über die Anlehnung schon deutlich geworden ist, spannt das Pferd zunächst die Bauchmuskeln stärker und dauernd an, um das Reitergewicht auszugleichen. Diese dauernde Anspannung der Bauchmuskeln verhindert aber, dass sie sich im Wechsel der Fußfolge an- und abspannen. Das Pferd verliert dadurch einen Teil der Elastizität und des Raumgriffs seiner Grundgangarten. Um die Elastizität und den Raumgriff der Bewegungen wiederzuerlangen, muss das Pferd lernen, das Reitergewicht mit seinen Nackenmuskeln und dem Nackenband zu tragen. Dazu braucht es anfangs die Anlehnung in der Dehnungshaltung. Im weiteren Verlauf der Ausbildung werden die Kruppen- und Gesäßmuskeln zum Tragen des Reitergewichts herangezogen, sodass sich das Pferd vermehrt aufrichten und beizäumen kann. Dabei nimmt die Stärke der Anlehnung ab.

Die Herstellung der Anlehnung hat somit eine zentrale Bedeutung für die Bewältigung der Reiterlast durch das Pferd.

Gegen den Vorderzwiesel sitzen

Physikalisch gesehen ist das Maß der Durchbiegung des Pferderückens von dem Abstand abhängig, den der Angriffspunkt des Reitergewichts zu den Vorderbeinen hat. Wenn der Reiter möglichst nahe am Widerrist sitzt, ist sein Abstand zu den Vorderbeinen so kurz wie möglich. Da-

durch reduziert sich die durchbiegende Wirkung seines Gewichts. Das erspart dem Pferd Energie, denn seine Nackenmuskeln brauchen weniger Arbeit zu verrichten. Auch die Spannung im Nackenband kann es verringern. Sitzt der Reiter möglichst nahe am Widerrist, dann erleichtert er dem Pferd das Tragen seines Gewichts. Die Rückenschwingungen werden weniger behindert.

Inwieweit dies gelingt, hängt natürlich von der Bauart des Sattels ab. Wie schon erwähnt müssen Bügelschloss, Sattelblatt und tiefster Punkt des Sattels möglichst dicht zusammenliegen, damit der Reiter nicht in den hinteren Rückenbereich gesetzt wird.

Zusätzlich muss der Reiter darum bemüht sein, gegen den Vorderzwiesel zu sitzen. Dazu stellt er den unteren Beckenrand so weit nach vorne an, dass er auf Spalt und Gesäßknochen gleichzeitig Platz nimmt. Aus dieser Grundhaltung kann er sein Becken genügend nach vorne schwingen lassen, um die Rückenaufwölbung des Pferdes nicht zu behindern. Würde der Reiter sein Becken nach hinten herausdrücken oder ungenügend mit ihm nach vorne schwingen, dann könnte das Pferd seinen Rücken nur unzureichend oder gar nicht aufwölben. Dadurch bliebe der Rücken eher durchgedrückt und könnte

Je kürzer der Hebelarm ist, an dem das Reitergewicht wirkt, umso weniger biegt es den Pferderücken durch und umso leichter wird das Pferd mit ihm fertig.

nicht auf und ab schwingen. Wenn der Reiter in der Mitte des Sattels auf Spalt und Gesäßknochen sitzt, sodass er sein Becken nach vorne schwingen lassen kann, dann sitzt er gegen den Vorderzwiesel. Das Maß, um das man den unteren Beckenrand dafür nach vorne anstellen muss, führt im Halten dazu, dass die Hüften senkrecht über dem Sattel stehen. Man sagt dann auch, der Reiter hat sein Kreuz angestellt. Sitzen gegen den Vorderzwiesel und Kreuzanstellen bedeuten also das Gleiche.

Nicht hinter der Senkrechten sitzen

Die Position des Oberkörpers hat ebenfalls Einfluss auf den Abstand zwischen Körpermasse und Vorderbeinen. Sitzt der Reiter senkrecht, dann belastet er Spalt und Gesäßknochen gleichermaßen. Neigt er sich hinter die Senkrechte, dann rollt er die Sitzbeinäste nach hinten ab und belastet vermehrt die Gesäßknochen. Dadurch vergrößert er den Abstand zu den Vorderbeinen. Das führt zu einer stärkeren Durchbiegung des Pferderückens, die das Pferd nur durch einen höheren Energieaufwand ausgleichen kann. Um diese Energieverschwendung und unnötige Behinderung der Rückenschwingungen zu vermeiden, darf der Oberkörper nicht deutlich hinter der Senkrechten gehalten werden.

Eingehen in die Bewegungen

Wie jeder materielle Körper setzt auch der Körper des Reiters Kräften, die auf ihn einwirken, einen Widerstand entgegen. Man nennt das Massenträgheit. Würde der Reiter unbeweglich auf einem sich bewegenden Pferd sitzen, dann würden die Rückenschwingungen Kräfte auf ihn übertragen. Wegen seiner Trägheit gegenüber diesen Kräften würde er unsanft hin und her gestoßen. Ebenso unsanft fiele er dem Pferd in den Rücken. Um genau das zu vermeiden, muss der Reiter elastisch in die Bewegungen des Pferdes eingehen. Dies geschieht dadurch, dass er sein angestelltes Becken den Rückenschwingungen folgen lässt. Wenn sich der Pferderücken aufwölbt, sollte es mit seinem unteren Ende nach vorne federn. Wölbt sich der Rücken danach wieder ab,

federt es zurück. Gleichzeitig senkt sich die Hüfte des Reiters auf der Seite, auf der sich auch die Hüfte des Pferdes senkt. Da das abwechselnd geschieht, federt die Hüfte seitlich hoch und herunter. Allerdings darf diese Bewegung niemals zu einem Hin- und Herrutschen im Sattel führen. Sie ist so gering, dass man sie nur bei sehr genauem Hinsehen an den wechselseitig abwärts federnden Absätzen des aufrecht sitzenden Reiters erkennen kann.

Eine Grundvoraussetzung für das Eingehen in die Bewegungen ist die Losgelassenheit des Reiters. Sie hat für ihn die gleiche Bedeutung wie für das Pferd. Nur mit ihr kann er elastisch in die Bewegungen eingehen. Das angestellte Kreuz ist ebenfalls eine Voraussetzung für das Eingehen in die Bewegungen. Nur aus dieser Grundhaltung des Beckens kann es genügend vor- und danach zurückschwingen.

Harte Stöße abfangen

Widerstände eines Pferdes lassen sich stets in Verbindung mit Mängeln in der Losgelassenheit bringen. Diese wirken sich in der Weise aus, dass die Rückenschwingungen beeinträchtigt werden. Der Rücken federt nicht mehr genügend, um elastische Bewegungen entstehen zu lassen. Das bekommt der Reiter im Trab und Galopp als harten Wurf zu spüren. Dabei besteht die Gefahr, dass er dem Pferd nach einem Wurf unsanft in den Rücken fällt.

Meist reicht das Eingehen in die Bewegungen nicht aus, um das zu verhindern. Dem Reiter bietet sich aber die Möglichkeit, einen weiteren Federmechanismus seines Körpers zu erschließen. Dies

Die Beine des Reiters federn die Stöße ab.

gelingt ihm dadurch, dass er für eine Winkelung seiner Hüft-, Knie- und Sprunggelenke sorgt. Hüft- und Kniegelenk sollten einen stumpfen Winkel bilden, das Sprunggelenk dagegen einen spitzen, knapp unter 90 Grad. Im Allgemeinen liegt dann der vordere Stiefelrand direkt hinter dem Sattelgurt. Grundsätzlich dürfen die Beine dabei nur so weit zurückgenommen werden, wie es der Sitz mit angestelltem Becken, also der Sitz auf Spalt und Gesäßknochen, erlaubt.

Diese Schenkellage kann man nur einnehmen, wenn die Bügel weder zu lang noch zu kurz verschnallt sind und wenn man bei aufrechtem Oberkörper die Bügel vermehrt austritt, ohne dass sich die Waden vom Pferd lösen. Damit ergibt sich neben einer tiefen Knielage auch ein abwärts gerichteter Absatz. Er federt über das Sprunggelenk im Rhythmus der Bewegungen. Auf diese Weise macht der Reiter aus seinen beiden Beinen zwei Federn, die imstande sind, seine Körpermasse nach einem erfolgten Wurf abzufangen. Kurz gesagt, der Reiter muss bei korrekter Schenkellage die Bügel austreten, um eine elastische Federspannung in seinen Beinen aufzubauen. Diese kann er aber nur dann zum Abfangen seines Körpers nach einem Wurf ausnutzen, wenn sein Oberkörper auf der Linie liegt, auf der die beiden Federn ihre Kräfte entfalten.

Sitzt der Reiter hinter der Bewegung und damit hinter seinen Beinen, also im Stuhlsitz, dann hilft ihm diese Schenkellage nicht. Es wird ihm darüber hinaus schwer fallen, sie überhaupt einzunehmen. Deshalb ist es wichtig, einen Sattel anzuschaffen, der es erlaubt, den Oberkörper in der Senkrechten über den durch Bügeltritt gewinkelten Beinen zu halten. Tiefster Punkt der Sitzfläche und Bügelschloss müssen dafür möglichst dicht zusammenliegen.

Schluss nehmen

Ein weiterer Aspekt bei der Festlegung der Rahmenbedingungen für einen korrekten Sitz ist, welche Kräfte auf den Schwerpunkt des Pferdes und damit auch auf den Reiter wirken.

Grundsätzlich werden in jeder Grundgangart eine horizontal gerichtete Kraft und eine vertikal gerichtete Kraft am Schwerpunkt des Pferdes wirksam. Die horizontal gerichtete Kraft zeigt beim Auffußen nach hinten (Bremskraft). Beim Abfußen zeigt sie nach vorne (Schubkraft). Insbesondere zum Abstoßen in die Schwebephasen im Trab und Galopp ist die vertikale Kraft als Hubkraft nach oben gerichtet. Diese Kräfte übertragen sich natürlich auf den Reiter und rütteln an seiner Haltung.

Da sich die Schub-, Brems- und Hubkräfte bei gleichmäßiger Vorwärtsbewegung mit vorhersehbarer Regelmäßigkeit abwechseln, würde der Reiter einmal hinter die Bewegung und einmal vor die Bewegung kommen. Um diesen Kräften standhalten zu können und nicht vor oder hinter die Bewegung zu geraten, muss der Reiter ein

Schlussnehmen durch leichtes Eindrehen der Oberschenkel zum Sattel hin

bestimmtes Grundmaß an „Schluss" zum Pferd nehmen. Grundbedingung für dieses Schlussnehmen ist der nach oben aufrechte und nach unten gestreckte Sitz. Durch ihn wird einerseits die zum Boden senkrechte Oberkörperhaltung begünstigt, in der man besser im Gleichgewicht sitzt, und andererseits eine tiefe Knielage erreicht. In Verbindung mit einem leichten Eindrehen der Oberschenkel zum Sattel hin erhöht sich dabei die Kraft, mit der die Oberschenkel und die Knie gegen den Sattel drücken. Dadurch vergrößert sich die Reibungskraft zwischen Reiter und Sattel. Außerdem richten sich die Fußspitzen parallel zum Pferd, wodurch die Waden flach anliegen, was für die treibenden Einwirkungen sehr wichtig ist.

Je nachdem, wie groß die Kräfte sind, denen der Reiter standhalten muss, kann die Streckung des Sitzes und das Eindrehen der Beine entsprechend verstärkt werden.

Auf diese Weise erlangt der Reiter Festigkeit im Sattel. Diese Festigkeit darf niemals durch ein Klemmen mit den Ober- oder Unterschenkeln erreicht werden. Dies würde den Verlust der nötigen Elastizität des Beckens zum Eingehen in die Bewegungen nach sich ziehen.

Mit Hilfe dieses Schlussnehmens und der aufrechten Körperhaltung in der Senkrechten vermag der Reiter den bei gleichförmiger Bewegung auftretenden Schub- und Bremskräften zu widerstehen. Auf die gleiche Art muss er seinen Sitz gegen den harten Wurf eines Pferdes mit festem Rücken verteidigen und im starken Trab sowie in der Passage den großen Hubkräften trotzen. Er muss Schluss nehmen, damit er nicht aus dem Sattel katapultiert wird, und er muss seinen Körper nach einem Wurf abfedern, damit er dem Pferd nicht in den Rücken fällt. Schlussnehmen aus einem gestreckten Sitz und Abfedern über die gewinkelten Beine müsen aufeinander abgestimmt sein.

Mitgehen mit der Bewegung

In der Beschleunigungsphase einer Tempoverstärkung und in dieser selbst treten größere Schub- und Hubkräfte auf als im versammelteren Tempo vor der Verstärkung. Mit den Schub- und Hubkräften verstärken sich auch die Rückenschwingungen.

Die in der Beschleunigungsphase wirksame Schubkraft würde den Reiter hinter die Bewegung bringen, wenn er nicht entsprechende Gegenmaßnahmen ergreifen würde. Sie bestehen zunächst in einem vermehrten Schlussnehmen. Doch auch das hat Grenzen. Denn irgendwann kann man sich bei einer noch größeren Beschleunigung nicht weiter strecken und die Oberschenkel eindrehen, ohne sich zu versteifen. Um trotzdem nicht hinter die Bewegung zu geraten, muss man mit dem Oberkörper ein wenig nach vorne mitgehen. Nun könnte man ihn nach der Beschleunigungsphase wieder um das zurücknehmen, was man vorher vorgegangen ist. Es ist aber von Vorteil für das Pferd, wenn man den Pferderücken für die gesamte Dauer der Verstärkung durch ein Mitgehen des Oberkörpers nach vorne entlastet. Dadurch werden die stärkeren Rückenschwingungen weniger behindert. Natürlich darf das Mitgehen niemals derart stark ausfallen, dass man sein Gleichgewicht und das angestellte Kreuz verliert. Erst mit dem Versammeln des Tempos braucht man wieder in die Senkrechte zurückzugehen. Das Mitgehen mit der Pferdebewegung für eine Verstärkung hat außerdem den Vorteil, dass es im Laufe der Ausbildung vom Pferd als Hilfe aufgefasst wird. Bügeltritt, Mitgehen des Oberkörpers und das Schließen der Fäuste sollen die Verstärkung einleiten. Bügeltritt, Zurückgehen des Oberkörpers bis in die Senkrechte und Leichterwerden sollen wieder versammeln.

Sitzen im Schwerpunkt?

Wenn ein Pferd sein Tempo verändert, dann verändert es auch die Länge seines Rahmens. Beim Versammeln verkürzt sich der Rahmen und beim Verstärken erweitert er sich. So ist das Pferd beispielsweise im versammelten Trab kürzer als im starken Trab.

Im versammelten Trab beugt das Pferd vermehrt die Hanken. Dazu tritt es mit den Hinterbeinen in der Stützphase stärker an die Schwerelinie heran. Dadurch senkt sich die Kruppe. Gleichzeitig richtet es sich relativ auf und zäumt sich stärker bei. Der Raumgriff der Tritte nimmt ab, dafür wächst die Kadenz durch den Schwung. Der Abstand zwischen Nasenspitze und Sitzbeinhöcker verkleinert sich, wodurch sich der Rahmen des Pferdes verkürzt.

Der starke Trab stellt das höchste Tempo im Trab dar. Mit ihm gewinnt das Pferd den maximal möglichen Raumgriff im Trab. Es streckt Hals und Kopf etwas nach vorne, tritt beim Auffußen weiter unter den Schwerpunkt und streckt die Hinterbeine nach dem Auffußen entsprechend stark nach hinten durch. Insgesamt kommt das ganze Pferd durch die ausgreifendere Bewegung niedriger über den Boden. Der Abstand zwischen Nasenspitze und Sitzbeinhöcker wächst. Der Rahmen erweitert sich.

Eine Rahmenerweiterung bedeutet, dass sich der Schwerpunkt im Pferd weiter nach vorn verlagert, und eine Rahmenverkürzung, dass er wieder weiter nach hinten kommt. Verstärkt das Pferd sein Tempo und geht der Reiter mit seinem Oberkörper mit, dann entspricht das Vorverlagern des Reiterschwerpunktes der Schwerpunktsverlagerung im Pferd. So ist wohl die Aussage zu verstehen, dass die Schwerelinie des Reiters möglichst mit der des Pferdes zusammenfallen soll. Die Schwerelinie ist eine gedachte Linie, die senkrecht zur Horizontalen steht und durch den Schwerpunkt des Reiters oder Pferdes verläuft.

Die Forderung nach der völligen Übereinstimmung der beiden Schwerelinien von Reiter und Pferd muss mit Vorsicht gestellt werden. Es ist beobachtet worden, dass der Reiter auch dann hinter der Schwerelinie des Pferdes sitzt, wenn sich sein Oberkörper höchstens in der Senkrechten befindet (PREUSCHOFT 1994). Dies deckt sich mit der Schätzung der Schwerpunktslage nach BAMMES. Die

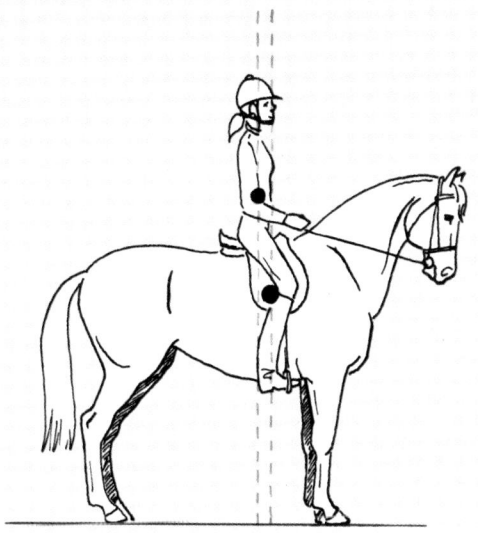

Es muss davon ausgegangen werden, dass es auf manchem Pferd im Dressursitz gar nicht möglich ist, die Schwerelinien von Reiter und Pferd in Übereinstimmung zu bringen.

Der Reiter sollte sich einer Schwerpunktsverlagerung im Pferd durch ein Mitgehen mit dem Oberkörper anpassen.

Schwerelinie liegt dabei vor dem tiefsten Punkt der Sitzfläche des Sattels und es scheint, dass selbst ein Sattel, der Bügelschloss und tiefsten Punkt der Sitzfläche dicht zusammenliegen hat, und ein Mitgehen mit den Bewegungen nicht ausreichen, um die Schwerelinie des Reiters mit der des Pferdes in Übereinstimmung zu bringen. Daher sollte die Forderung nach der Übereinstimmung der Schwerelinien mit größerer Vorsicht gestellt und besser durch den Begriff des Mitgehens ersetzt werden. Wenn man ein Pferd besitzt,

auf dem sich sogar die Forderung nach der Übereinstimmung der Schwerelinien erfüllen lässt, darf man sich glücklich schätzen.

Es werden aber eher Pferde quadratischen Typs sein, die das ermöglichen. Wahrscheinlich hat diese Forderung gerade bei diesen Pferden ihren Ursprung. Denn in der Blütezeit der klassischen Reitkunst wurden die quadratischen Pferdetypen bevorzugt in der Dressur eingesetzt.

Nickbewegungen zulassen

Im Schritt hebt das Pferd seinen Hals an, kurz bevor es mit einem Vorderbein auffußt. Es senkt ihn wieder, wenn das Vorderbein gefußt hat. Dies sind die so genannten Nickbewegungen im Schritt. Sie hängen damit zusammen, dass die Nackenmuskeln auch an dem Schulterblatt ansetzen, das beim Vorschwingen des Vorderbeines zurückbewegt wird. Dadurch werden sie nach hinten gezogen, und der Hals hebt sich. Der Hals überträgt so einen Zug auf den Kopf-Hals-Arm-Muskel. Da dieser mit dem Vorderbein verbunden ist, begünstigt das Anheben des Halses das raumgreifende Vorschwingen des Vorderbeines. Die Nickbewegungen des Halses sind demnach für eine störungsfreie Fortbewegung nötig. Werden sie unterbunden, weil der Reiter mit der Hand starr bleibt, dann verliert das Pferd seine klare Fußfolge und es entsteht der Pass.

Im Trab treten solche Nickbewegungen wegen der höheren Trittfrequenz nicht auf. Der Hals ist bei der wesentlich schneller ablaufenden Bewegung zu träge, um Nickbewegungen durchzuführen.

Im Galopp wiederum gibt es eine Halsbewegung, die mit den Pendelbewegungen der ganzen Rumpfachse zusammenhängt (WITTE 1995). Dort hebt sich der Hals mit der Anhebung der Vorhand in der Einbeinstütze des äußeren Hinterbeins und senkt sich mit der zweiten Dreibeinstütze. Auch diese Bewegung muss zugelassen werden. Geschieht dies nicht, dann können ein Taktverlust im Galopp, also ein Vierschlag, oder sogar Zungenprobleme die Folge sein.

Sowohl die Nickbewegungen im Schritt als auch die Halsbewegungen im Galopp nehmen mit zunehmendem Versammlungsgrad ab.

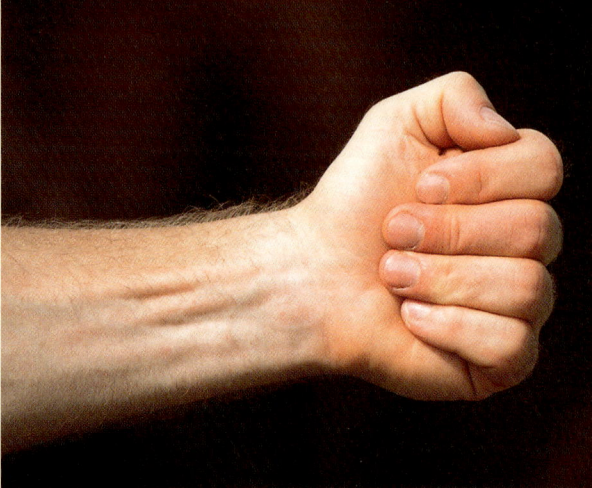

Die hohle Reiterfaust

Die Handhaltung muss ein Mitfedern mit den Bewegungen des Pferdehalses ermöglichen. Deshalb sollte der Reiter seine Hände so dicht vor dem Körper tragen, dass die Unterarme Tuchfühlung zu den Hüften haben. Außerdem hat er darauf zu achten, dass die Unterarme und die Zügel zum Pferdmaul hin auf einer Geraden liegen. Dann werden seine Ellbogengelenke einen Winkel bilden, der ganz knapp über 90 Grad liegt. Dieser Winkel erlaubt ein Vor- und Zurückfedern der Hände aus dem ganzen Arm.

Wenn der Reiter die Zügel aber zu kurz fasst, muss er seine Arme strecken. Das führt zum Verlust der Winkelung im Ellbogengelenk und hat damit eine unnachgiebige Hand zur Folge. Deshalb ist die Federwirkung der Arme auch vom Zügelmaß abhängig. Sollte ein Pferd seine Anlehnung verlieren, wenn der Reiter die Zügel lang genug lässt, um seine Hände korrekt vor dem Körper zu tragen, so darf er die Zügel nicht wieder verkürzen, sondern er muss das Pferd genügend vorwärts treiben, bis es sich wieder anlehnt.

Arrêts aus der hohlen Faust

Arrêts sind Zügelanzüge, die aus der gummizugartigen Verbindung zwischen Reiterhand und Pferdemaul gegeben werden und die für den außenstehenden Betrachter nicht sichtbar sind. Der Reiter gibt einen Arrêt, indem er mit der zur hohlen Faust geschlossenen Hand die gleiche Bewegung ausführt wie beim Ausdrücken eines Schwammes. Hohl wird die Faust dadurch, dass die obersten Gelenke der vier Finger beim Schließen der Hand gestreckt bleiben und die vier Fingerkuppen an den Handballen angelegt werden. Der dachförmig auf den Zügel aufgelegte Daumen fixiert den Zügel.

Aus dieser hohlen Faust vermag der Reiter weiche Arrêts zu geben, die sich stets mit einem Leichterwerden abwechseln sollen. Ruckartig dürfen die Arrêts niemals ausgeführt werden, weil dies zu einem ebenso ruckartigen Gegenreflex in der Genick- und Halsmuskulatur führen würde. Dadurch würde das Pferd undurchlässig gegenüber den Arrêts bleiben. Deshalb müssen die Arrêts weich gegeben werden, und das ist am besten aus der hohlen Faust möglich. Zügeleinwirkungen aus der hohlen Faust haben außerdem den Vorteil, dass der Arm des Reiters weiterhin losgelassen aus dem Schultergelenk herabhängen kann.

Ruhige Hände

Um sicherzustellen, dass das Pferd das Reitergewicht mit den Nackenmuskeln und dem Nackenband trägt, ist es wichtig, dafür zu sorgen, dass Hals und Kopf des Pferdes immer ruhig stehen. Sie dürfen nicht hin und her pendeln. Deshalb sollte der Reiter seine Hände ruhig nebeneinander stehen lassen, auch wenn er aus dem Arm heraus mitfedert. Um ein Gefühl dafür zu bekommen, wie ruhig und dicht beide Hände zu stehen haben, ist es hilfreich, zeitweise mit einer Hand zu reiten. Wenn man einhändig reitet, hat man keine Möglichkeit, Hals und Kopf des Pferdes durch eine unruhige Handhaltung pendeln zu lassen.

Führt man mit beiden Händen, kann man sie aber auch über einige Tritte hinweg so dicht zusammenhalten, dass sie sich berühren. Gleichzeitig ist es sinnvoll, die Ellbogen etwas stärker an die Hüften anzulegen (wohlgemerkt: anlegen, nicht anpressen!). Beide Maßnahmen führen dazu, dass man spürt, wo Hände und Arme wirklich stehen und ob sie sich womöglich unkontrolliert bewegen.

Die Zügelführung

Je nach verwendeter Zäumung muss man zwei oder vier Zügel handhaben. Bei der Zäumung auf Trense zwei, bei der Zäumung auf Trense und Kappzaum oder auf Kandare mit Unterlegtrense vier.

Dabei kann man sowohl mit zwei oder vier Zügeln einhändig reiten. Das Reiten mit nur einer Hand, während der freie Arm zwanglos hinter dem Oberschenkel herabhängt und die Innenseite der Hand zum Pferd zeigt, ist grundsätzlich zu empfehlen. Es verlangt zwar eine gewisse Gewöhnung, aber es zeigt sich dabei, ob das Pferd tatsächlich durchlässig im Genick ist.

Erarbeitet man sich andererseits einhändig reitend die Durchlässigkeit im Genick, dann erreicht man die vollkommenste Beizäumung. Das Pferd muss hierfür

„Auf Trense aufnehmen" bedeutet, dass man die ausgedrehte linke Zügelhälfte zwischen dem kleinen Finger und Ringfinger der linken Hand und die ausgedrehte rechte Zügelhälfte zwischen dem kleinen Finger und Ringfinger der rechten Hand durchführt, beide Hände zur hohlen Faust schließt und die Daumen dachförmig auf die Zügel legt, die über die Zeigefinger nach oben aus der hohlen Faust herauskommen. Die Zügelenden fallen zwischen die rechte Halsseite des Pferdes und den rechten aufgenommenen Zügel. Den rechten Zügel fasst man nach, indem man ihn mit der linken Hand durch die rechte Faust zieht und umgekehrt. Das ist die übliche Zügelführung beim Reiten auf Trense.

„Einhändig auf Trense aufnehmen" bedeutet, dass man den ausgedrehten linken Trensenzügel zwischen dem kleinen Finger und Ringfinger der linken Hand durchführt. Der ausgedrehte rechte Trensenzügel läuft zwischen dem Ringfinger und Mittelfinger der gleichen linken Hand hindurch. Beide Zügel liegen in der hohlen Faust übereinander. Der Daumen liegt dachförmig auf ihnen. Die Hand wird genau über dem Vorderzwiesel gehalten. Auch in Wendungen verbleibt sie dort. Vor allem den linken Zügel nimmt man an, wenn man den kleinen Finger der sonst senkrecht stehenden Faust in Richtung zur eigenen rechten Schulter dreht. Vor allem den rechten Zügel nimmt man an, wenn man die senkrecht stehende Faust zum Bauch hin dreht. Notfalls kann man sich mit der rechten Hand beim Abwenden nach rechts oder beim Geben von Arrêts helfen. Dabei bleiben die Zügel in der linken Hand. Die Zügel fasst man nach, indem man mit der rechten Hand den entsprechenden Zügel oder beide gleichzeitig nach oben durch die Faust zieht.

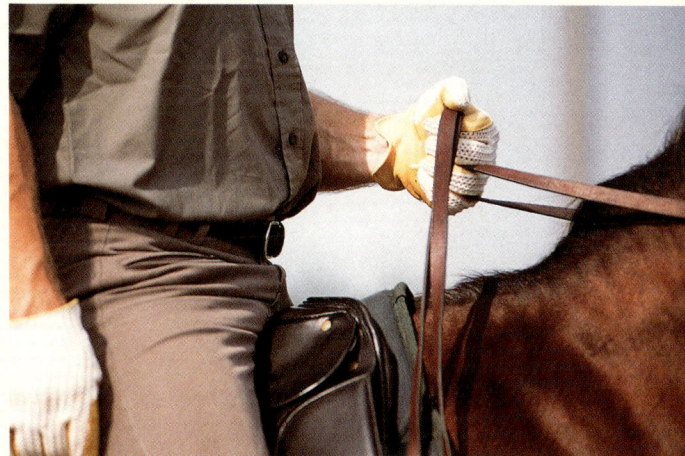

„Mit angefasster Trense reiten" ist die Drei-zu-eins-Führung von vier Zügeln, seien es die von der Trense mit Kappzaum oder von der Kandare mit Unterlegtrense: In der linken Hand hält man den linken Trensenzügel unter dem kleinen Finger, den linken Kappzaum- oder Kandarenzügel zwischen kleinem Finger und Ringfinger, den rechten Kappzaum- oder Kandarenzügel zwischen Ring- und Mittelfinger. In der rechten Hand hält man den rechten Trensenzügel zwischen kleinem und Ringfinger, außerdem die Gerte. Die linke Hand muss wie bei einhändiger Führung stets über dem Vorderzwiesel getragen werden, die rechte dicht daneben. Bei Korrekturpferden, die sich überzäumen, führt man besser mit angefasstem Kappzaum. Das heißt, dass man hauptsächlich über den milder wirkenden Kappzaum führt.

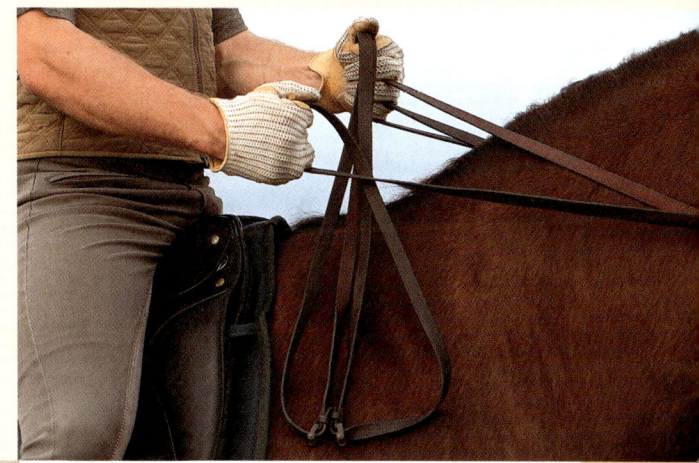

„Geteilte Zügel". Das ist die Führung von vier Zügeln im Verhältnis zwei zu zwei. In der linken Hand hält man die beiden linken Zügel: den linken Trensenzügel zwischen kleinem und Ringfinger, linken Kappzaum- oder Kandarenzügel zwischen Ringfinger und Mittelfinger. In rechten Hand hält man die beiden rechten Zügel entsprechend.

„Mit durchgezogener Trense reiten". Damit bezeichnet man die einhändige Führung von vier Zügeln in der linken Hand (vier zu null). Das Aufnehmen des linken Trensenzügels, des linken und rechten Kappzaum- oder Kandarenzügels geschieht wie bei der Führung mit angefasster Trense (drei zu eins), der rechte Trensenzügel wird nun aber von oben über den Zeigefinger in die linke Hand eingelegt, und mit dem Daumen werden alle vier Zügel fixiert.

Der Vollständigkeit wegen möchte ich auch noch die Zügelführung „mit losgelassener Trense" beschreiben: Die Führung von vier Zügeln mit losgelassener Trense erfolgt wieder einhändig in der linken Hand (vier zu null). Dazu wird der linke Kappzaum- oder Kandarenzügel zwischen kleinem und Ringfinger gehalten, der rechte Kappzaum- oder Kandarenzügel zwischen Ring- und Mittelfinger. Die Trensenzügel werden so in die Hand gelegt, dass sie über den Kappzaum- oder Kandarenzügeln liegen und der Reiter die Schnalle in der Mitte der hohlen Faust hält. Der linke Trensenzügel kommt also von unten in die Faust, der rechte führt oben aus der Faust heraus.

in direkter Richtung nach hinten durch die treibenden Einwirkungen nachgeben. Ein Manipulieren der Kopfhaltung durch seitwärts weisende Zügeleinwirkungen ist ausgeschlossen. Außerdem schränkt das einhändige Reiten die Einwirkungen mit der Hand so ein, dass nur kleinste Einwirkungen möglich sind. Dadurch ist man gezwungen, sein Pferd vermehrt mit Sitz und Wade zu führen. Man erzieht sich damit um, vom Handwerker zum Dirigenten eines Orchesters, dessen Schwerpunkt auf Sitz und Wade liegt.

Das einhändige Reiten auf Trense eignet sich im besonderen Maße für Pferde, die hinter der Senkrechten oder sogar hinter dem Zügel gehen. Durch die eingeschränkten Einwirkungen mit der Hand, die daher sehr klein ausfallen, gehen solche Pferde auf die treibenden Einwirkungen leichter mit der Stirnlinie vor. Die gleichzeitige Verwendung eines Kappzaums wäre günstig, weil sich jedes Pferd stärker an den Kappzaum anlehnt. Auf diese Weise nehmen diese Pferde die Stirnlinie noch schneller nach vorne. Der spätere Übergang zum alleinigen Reiten auf Trense gestaltet sich so, dass die Trense umso mehr vorherrscht, je weniger sich diese Pferde nach hinten entziehen.

Für die verschiedenen Arten der Zügelführungen hat man eigene Bezeichnungen.

Die Zügel wirken über das Kreuz auf den Pferderücken

Wir erinnern uns, dass relative Aufrichtung und Beizäumung mit dem Heranschließen der Hinterbeine Hand in Hand gehen. Deshalb lautet die alte Parole für das Zusammenstellen eines Pferdes: „Treiben-Auffangen-Leichterwerden". Die Anlehnung geht also stets aus den treibenden Einwirkungen hervor. Viele Pferde versuchen aber anfangs, das Heranschließen der Hinterbeine und damit das Beugen der Hanken zu umgehen, indem sie sich fester auf die Hand legen und meist auch eiliger im Takt werden. Dann muss der Reiter mit den Händen in federnder Weise das aushalten, was ihm das Pferd in die Hand legt, und gleichzeitig mit beiden Händen auffangen, was er getrieben hat. Dazu braucht er die Arrêts. Damit er sich durch sie nicht am Pferdemaul festzieht und zusätzliche Verspannungen im Genick und Hals verursacht, muss er nach jedem Arrêt um das leichter werden, was er vorher angenommen hat.

Die Schwierigkeit bei dieser Angelegenheit besteht darin, gegenzuhalten, gleichzeitig mitzufedern und weiche Arrêts zu geben. Um das aushalten zu können, was das Pferd in die Hand legt, muss der Reiter den Zug, den das Pferd auf seine Arme ausübt, in sein Reiterkreuz, das heißt in sein Becken, und von dort aus auf den Pferderücken umleiten. Dies gelingt ihm nur dann, wenn er neben den bereits besprochenen Kriterien zur Handhaltung auch noch dafür sorgt, dass sich die kleinen Finger ein wenig näher kommen als die Daumen und die Hände so dicht nebeneinander stehen, dass die Zügel am Pferdehals anliegen.

Darüber hinaus ist es wichtig, dass sich beide Hände immer auf gleicher Höhe befinden. Diese Handhaltung bewirkt, dass der Zug auf die zurückgenommenen Schultern und von dort über den aufgerichteten Oberkörper auf das angestellte Kreuz übertragen werden. Das Pferd bekommt dadurch seinen Widerstand im eigenen Rücken zu spüren. Es zieht den Reiter in sich hinein. Das erhöht den Druck, mit dem das angestellte Kreuz beim Eingehen in die Bewegungen gegen den Vorderzwiesel vorschwingt. Das Pferd treibt sich auf diese Weise selbst in die Reiterhand. Die Waden des Reiters brauchen dadurch weniger stark vorwärts zu treiben. Man sagt, das Pferd werde „mit dem Kreuz geritten".

Wenn der Reiter von dieser korrekten Handhaltung abweicht, kann er nur noch dadurch gegenhalten, dass er seine Arme und die Schultern verkrampft. Die Umlenkfunktion seiner Arme, Schultern und des Oberkörpers geht durch die fehlerhafte Handhaltung verloren.

- mit dem Kreuz reiten
- Schluss nehmen
- harte Stöße abfangen

Es ergibt sich daraus der Dressursitz mit den folgenden typischen Merkmalen:

Der Blick des Reiters ist geradeaus gerichtet. Die Schultern fallen zwanglos nach hinten. Die Ellbogen haben Fühlung zu den Hüften.

Die Hände sind zur hohlen Faust geschlossen. Die kleinen Finger kommen sich etwas näher als die Daumen. Die Hände stehen wenigstens so dicht beieinander, dass die Zügel am Pferdehals anliegen. Die Hände stehen in gleicher Höhe, sodass Unterarm und Zügel eine Gerade zum Pferdemaul bilden.

Der Oberkörper befindet sich im Entlastungssitz und beim Mitgehen minimal vor der Senkrechten, im Grundsitz in der Senkrechten, jedoch nie dahinter. Unabhängig von der Position des Oberkörpers ist dieser immer aufgerichtet; die Schultern sind nicht rund.

Ein Bild zum korrekten Sitz birgt immer die Gefahr der schablonenhaften Nachahmung. Von dieser soll grundsätzlich abgeraten werden. Das Entscheidende ist nicht allein die Sitzform, sondern die aus dem Sitz hervorgehende Einwirkung, die Losgelassenheit und das Gleichgewicht. Bei mir sieht das so aus, wie es auf der Abbildung zu sehen ist.

Die Kopfhaltung

Die korrekte Kopfhaltung des Reiters ergibt sich, wenn er zwanglos über beide Ohren des Pferdes hinwegsieht. Die Halswirbelsäule des aufrecht und losgelassen sitzenden Reiters muss dem natürlichen Verlauf der Wirbelsäule nach oben hin folgen. Der Kopf darf weder schief gehalten noch künstlich vor- oder zurückgenommen werden.

Folgende allgemeine Forderungen in Schlagwortform muss der Sitz des Reiters erfüllen:

- Augen geradeaus
- hohle Faust
- ruhige Hände
- Mitfedern aus den Armen
- nie hinter der Senkrechten sitzen
- Mitgehen mit den Bewegungen
- Eingehen in die Bewegungen

Das Becken geht elastisch die Bewegungen des Pferdes ein. Wenn das Becken durch seine mittlere Position schwingt, befinden sich die Hüften senkrecht über dem Sattel. Als Sitzbasis dient das Sitzdreieck aus Spalt und den beiden Gesäßknochen. Das Gesäß befindet sich in der Mitte des Sattels.

Die Oberschenkel sind mäßig einwärts gedreht. Das Knie ist so weit gebeugt, dass Unterschenkel und Oberschenkel einen stumpfen Winkel bilden. Die Fersen federn nach abwärts.

Schulter, Hüfte und Absatz liegen im Grundsitz etwa auf einer Senkrechten.

Förderung des Reitersitzes

Grundsätzlich gibt es vier Möglichkeiten, den Sitz zu fördern:

- aufrechtes Sitzen, Stehen und Gehen im Alltag
- ein sinnvolles Gymnastikprogramm
- Sitzschulung an der Longe
- Sitzschulung durch das Reiten selbst

Für viele Reiter bringt die alltägliche Arbeit einseitige Belastungen ihres Körpers mit. So entstehen Haltungsschäden, die zwar durch das Reiten behandelt werden können, die aber das Einnehmen des korrekten Sitzes erschweren. Um solche Haltungsschäden, die oft mit einem Verlust der Symmetrie des Körpers und seiner aufrechten Haltung verbunden sind, zu vermeiden, sollte man stets darum bemüht sein, aufrecht zu sitzen, zu stehen und zu gehen. Das aufrechte Sitzen ist dabei am schwersten, weil es schnell zur Ermüdung der Rückenmuskeln führt. Deshalb wäre das aktive Sitzen auf einem Gymnastikball besser.

Für jeden Reiter sollte eine Vorbereitung auf einen Ritt mit Hilfe einer Gymnastik obligatorisch sein. Dies gilt besonders dann, wenn er die meiste Zeit des Tages in sitzender Position verbringen muss.

Bei einer sinnvollen Gymnastik soll die Beweglichkeit, Koordination und Ausdauer des Reiters gefördert werden. Auf Kraft kommt es dabei weniger an. Um die Beweglichkeit des Körpers zu fördern, braucht man kein sonderlich anspruchsvolles Trainingsprogramm. Es genügt für die Anforderun-

Aufrechter Sitz auf einem Gymnastikball

gen beim Reiten, wenn man nach einem zehnminütigen Gehen etwa weitere zehn bis fünfzehn Minuten federnd läuft. Das Tempo sollte so gewählt sein, dass man sich dabei noch unterhalten könnte. Wichtig ist, in federnden Bewegungen zu laufen und den ganzen Körper an diesem Federmechanismus teilhaben zu lassen. Danach geht man zu einigen Dehn-, Beweglichkeits- und Koordinationsübungen auf der Stelle über. Als Beispiele möchte ich angeben:

- Dehnung der Rumpf- und Schultermuskulatur im Stehen; Hände verschränken, Handflächen nach oben drehen und Arme und Rumpf nach oben strecken
- Dehnung der Rumpfmuskulatur; Rumpfdrehen im Stehen: Arme seitlich ausstrecken oder Hände in die Hüften stützen, Oberkörper nach beiden Seiten drehen
- Dehnung der Oberschenkelvorderseite und der Hüftbeuger im Stehen: Fuß am Fußspann erfassen, erst mit einer Hand, dann mit beiden Händen zum Gesäß ziehen, halten
- Dehnung der Rückenmuskulatur und der Oberschenkelrückseite: im Stehen den Oberkörper möglichst weit hinunter zu den gestreckten Beinen (Knien) vorbeugen, halten
- Beweglichkeit der Wirbelsäule: Vierfüßlerstand, Brust und Rücken im Wechsel nach unten und oben drücken, im höchsten und tiefsten Punkt halten

- Beweglichkeit der Wirbelsäule: im Stehen seitliches Beugen des Rumpfes bei nach oben ausgestreckten Armen
- Koordination: Gegenarmkreisen, Hampelmann, Drehsprünge aus der Hocke

Grundsätzlich sollten solche Übungen ruhig und konzentriert ausgeführt werden. Nur so haben sie optimale Wirkung und nur so lassen sich Verletzungen ausschließen. Außerdem sollten immer wieder kurze Pausen eingelegt werden, in denen man sich bewusst entspannt. Übermüdung sollte vermieden werden. Schließlich geht es darum, sich auf einen Ritt vorzubereiten.

Die Sitzschulung an der Longe sollte nicht nur für den Reitanfänger, sondern auch für den fortgeschrittenen Reiter immer wieder zur Förderung und Erhaltung seines Sitzes herangezogen werden. Dort kann er sich ganz auf seinen Sitz konzentrieren und geeignete Sitzübungen ausführen, die wiederum Geschmeidigkeit und Körperkoordination nun aber in der Sitzform des Dressursitzes verbessern sollen.

Voraussetzung ist natürlich ein geeignetes Longenpferd, das möglichst weiche Bewegungen besitzt und in einem gleichmäßig ruhigen Tempo zu gehen vermag, ohne sich von den Übungen des Reiters erschrecken zu lassen.

Als Übungen nach PODHAJSKY 1965, ALBRECHT 2001 kommen besonders in Frage:

Vorwärtsbeugen in Richtung zur gegenüberliegenden Fußspitze verhindert ein Versteifen des Oberkörpers und wird am besten gegen den inneren Vorderfuß des Pferdes ausgeführt. Dabei darf das Gesäß den Sattel nicht verlassen und der Oberschenkel- und Knieschluss dürfen nicht verloren gehen.

Vorwärts- und Rückwärtskreisen beider Arme fördert die Lockerung des Schulterbereichs und damit die korrekte Schulterhaltung. Im Gegensatz zum Vorwärtskreisen erlaubt das Rückwärtskreisen ein festeres Sitzen im Sattel. Wichtig ist, den Oberkörper unverändert aufrecht zu halten.

Rumpfdrehen: Beide Arme werden seitlich bis in Ohrhöhe (a) angehoben oder in die Hüften (b) gestützt. Dann wird der Oberkörper aus der Hüfte heraus langsam so weit wie möglich nach rechts und links gedreht, ohne dass sich Gesäß, Knie und Oberschenkel vom Sattel lösen.

Drei weitere sinnvolle Übungen sind:

- Rückwärtskreisen der Schultern bei ruhig hängendem Armen
- Kopfdrehen. Es wird langsam und in kleiner Kreisbewegung um die Längsachse des Körpers ausgeführt.
- kreisförmiges Fußdrehen

Wie auch bei den gymnastischen Übungen zu Fuß kommt es auf ein ruhiges und konzentriertes Ausführen der Übungen an. Man muss sich dafür Zeit nehmen.

Die Sitzschulung durch das Reiten selbst erfolgt nach dem Prinzip, dass der Sitz des Reiters vom Gang des Pferdes abhängt. Je losgelassener ein Pferd geht, umso besser lässt es den Reiter sitzen. Je besser der Reiter dann sitzt, umso besser geht auch das Pferd.

Selbstverständlich muss irgendwann ein Anfang gemacht werden, damit das Pferd besser im Sinne von losgelassener gehen lernt. Das ist gar nicht leicht, vor allem wenn der Reiter bisher falsche Hilfen gegeben hat. Schließlich kann er das Pferd nur dann zu einem gelösten Gehen bewegen, wenn er korrekte Hilfen gibt.

Oft ist mit einer falschen Hilfengebung auch ein fehlerhafter Sitz verbunden, was die Sache zusätzlich erschwert, weil korrekte Hil-

(a) Vorwärts- und (b) Rückwärtsschwingen des ganzen Beines aus der Hüfte heraus. Beim Zurückschwingen sollten Sie allerdings darauf achten, die Flanke nicht zu berühren. Vor allem auf empfindlichen Pferden sollten Sie das Bein nicht ganz so weit zurücknehmen.

Eindrehen der Oberschenkel zum Sattel hin. Der Reiter erfasst mit der Hand die Beuger des Unterschenkels im hinteren Bereich des Oberschenkels und zieht sie nach vorwärts-außen (a). Nur durch dieses Eindrehen der Oberschenkel darf der Knieschluss entstehen (b). Jedes Pressen ist falsch, da es zum Klemmen mit den Adduktoren kommt. Im Gegensatz dazu sehen Sie hier ein offenes Knie (c).

fen nur aus einem korrekten Sitz kommen können. Da scheint die Korrektur eines Pferdes fast aussichtslos. Sie ist es aber nicht!

Man muss seine Fehler zunächst erkennen. Wenn man seine Fehler erkannt hat, muss man beginnen, die gröbsten zuerst zu beseitigen. Dies wird einem das Pferd sofort danken, indem es etwas besser geht.

Natürlich ist es damit noch nicht korrigiert. Aber es wird angenehmeres Sitzgefühl vermitteln, sodass es leichter fällt, die eigenen Fehler zu korrigieren. Auf diese Weise dreht sich die Schraube nach oben. So kommt man aus dem Teufelskreis heraus. Was der Reiter im Speziellen tun muss, um sein Pferd losgelassener gehen zu lassen, hängt allein von den Problemen seines Pferdes ab. Allgemein kann aber gesagt werden, dass die Sitzschulung beim Reiten dann am besten möglich ist, wenn man ein Tempo reitet, bei dem das Pferd einen Takt geht, in dem man das Pferd aussitzen kann. Man muss dann nur darauf achten, dass das Pferd die treibenden Hilfen stets annimmt.

Außerdem können Übungen wie Armkreisen, Schulterkreisen, Schwingen mit den Beinen, Eindrehen der Oberschenkel, Erheben mit Knieschluss auch beim Reiten im Schritt gemacht werden.

Erheben in den Knieschluss: Der Reiter stützt sich mit beiden Händen auf den Vorderzwiesel ab, erhebt sich aus dem Sattel und schließt die Knie durch Eindrehen der Oberschenke (a). Mit aufrechtem Oberkörper lässt er sich langsam in den korrekten Sitz zurückgleiten, ohne dass ihm die Unterschenkel nach vorne rutschen (b) + (c).

Die reiterlichen Hilfen setzen sich aus den verschiedenen Einwirkungen zusammen. Es sind dies die Einwirkungen mit:

- dem Gewicht
- dem Kreuz
- den Schenkeln (Waden)
- der Hand

Einwirkungen mit dem Gewicht

Die Einwirkungen mit dem Gewicht bestehen im Mitgehen des Oberkörpers mit der Pferdebewegung und in einer seitlichen Verlagerung des Gewichts durch den Drehsitz.

Mitgehen mit der Pferdebewegung

Wenn der Reiter mit seinem Oberkörper nach vorne mitgeht, dann belastet er den Pferderücken weiter vorn. Man spricht dann auch von einer (den Rücken) „entlastenden Gewichtseinwirkung". Ein anschließendes Zurückgehen des Oberkörpers in die Senkrechte bewirkt wieder die gleichmäßige Verteilung des Reitergewichts über die Auflagefläche des Sattels. Dies wird „beidseitig belastende Gewichtseinwirkung" genannt.

Das Mitgehen ist eine der Einwirkungen, mit denen man eine Verstärkung einleitet. Aber auch beim Anreiten aus dem Halten oder bei Übergängen von einer niedrigeren in eine höhere Gangart ist ein minimales Mitgehen nach vorne erforderlich, um

nicht hinter die Bewegung des Pferdes zu kommen. Man kann behaupten, dass das Mitgehen auch ein Bestandteil der Hilfen zum Anreiten oder zu Übergängen von einer niedrigen in eine höhere Gangart ist. Denn im Laufe der Ausbildung wird das Pferd die veränderte Gewichtsbelastung bei diesen Übungen registrieren und sie mit diesen in Zusammenhang bringen.

Der Drehsitz

Der Drehsitz entsteht beispielsweise in Wendungen, wenn der Reiter seine Schultern parallel zu den Pferdeschultern und seine Hüften parallel zu den Pferdehüften hält.

Da sich die äußere Seite des gebogenen Pferdes dehnt, steht eine gedachte Linie durch die beiden Mittelpunkte der Schulterblätter des Pferdes nicht mehr parallel zu einer weiteren Linie durch die Hüfthöcker. Deshalb schneiden sich diese beiden Linien in einem Punkt, wenn man von oben auf das Pferd sieht. Richtet der Reiter seinen Schultergürtel parallel zu der Linie durch die Pferdeschultern aus, dann muss er seine äußere Schulter nach vorne mitnehmen. Das bedeutet, dass er seinen Oberkörper in die Richtung der Biegung des Pferdes dreht. Um mit seinen Hüften parallel zu der Linie durch die Hüfthöcker des Pferdes zu stehen, bewegt er seinen inneren Gesäßknochen vermehrt nach vorne. Gleichzeitig tritt er den inneren Bügel stärker aus. Auf diese Weise drückt er seinen inneren Gesäßknochen vorwärts-abwärts an den Sattel. Hierbei muss er darauf achten, nicht schief zu sitzen. Gelingt es dem Reiter, sich mitzudrehen und den inneren Bügel auszutreten, dann befindet er sich im Drehsitz und belastet seinen inneren Gesäßknochen vermehrt.

Der Drehsitz führt damit zu einer einseitig belastenden Gewichtseinwirkung. Die meisten Pferde reagieren auf sie, indem sie sich in die Richtung der Gewichtsverlagerung weiterbewegen. Deshalb benutzt man den Drehsitz mit seiner einseitig belastenden Gewichts-

Der Drehsitz in der Wendung: Die äußere Schulter geht mit nach vorne, der innere Bügel wird ausgetreten.

rein wie auch das Schulterheraus gehören genau genommen ans Ende der Klasse L beziehungsweise an den Anfang der Klasse M.

Vor dem Schulterherein und damit in der Klasse L lernt das Pferd die Hinterhandwendung und die Kurzkehrtwendung. Die Hinterhandwendung reitet man aus dem Halten, die Kurzkehrtwendung aus dem Mittelschritt. In diesen Lektionen muss das Pferd die diagonalen Hilfen bereits so gut annehmen, dass es sich in den äußeren Zügel treiben und mit diesem um das innere Hinterbein wenden lässt. Eine seitwärts treibende Einwirkung hat hierbei nichts zu suchen, weil diese beiden Lektionen die auf die Spitze getriebene einfache Wendung darstellen, für die man bekanntermaßen auch nicht seitwärts treibt.

In diesen Wendungen auf der Hinterhand ist das Pferd in die Bewegungsrichtung gestellt und gebogen. Lehrt man daraufhin das Schulterherein, so besteht für das Pferd die

einwirkung, um dem Pferd verständlich zu machen, in welche Richtung man sich fortbewegen möchte. Je nachdem, mit welchen anderen Einwirkungen der Drehsitz und die einseitig belastende Gewichtseinwirkung verbunden werden, ergibt sich eine einfache Wendung, ein Travers oder Renvers, eine Traversale und alle Arten der Wendungen um die Hinterhand. Einmal folgt das Pferd der Gewichtsverlagerung auf zwei Hufschlaglinien (einfache Wendung) und ein anderes Mal auf vier Hufschlaglinien (gebogene Seitengänge ohne das Schulterherein). In diesen Lektionen bewegt sich das Pferd nicht nur in die Richtung der Gewichtsverlagerung, sondern es ist auch in diese Richtung gebogen.

Das ist im Schulterherein und -heraus sowie im Galopp anders. Im Schulterherein, beispielsweise auf der linken Hand an einer langen Seite, dreht sich der Reiter nach innen und tritt den inneren Bügel stärker aus. Dabei biegt er sein Pferd in der ganzen Längsachse und führt die Vorhand so weit in die Bahn, dass man von vorne drei Hufschläge erkennt. Das Pferd ist dann nach links gebogen. Es bewegt sich aber nach rechts entlang der langen Seite. Man sagt, dass es gegen die Bewegungsrichtung gestellt und gebogen sei. Das Schulterhe-

Schwierigkeit einzusehen, dass es sich nun gegen die Bewegungsrichtung stellen und biegen muss, obwohl der Reiter den Gesäßknochen der inneren Seite stärker belastet. Dies verlangt einen noch höheren Durchlässigkeitsgrad gegenüber dem inneren Schenkel und dem äußeren Zügel als in den Wendungen auf der Hinterhand. Deshalb darf man die Anforderungen, die ein Schulterherein oder Schulterheraus an das Pferd stellen, nicht unterschätzen.

Auch im Galopp wird der Drehsitz mit einer einseitig belastenden Gewichtseinwirkung eingesetzt. Im Galopp besitzt das Pferd eine leichte Längsbiegung zu der Seite, auf der Vorder- und Hinterbein weiter vorspringen als Vorder- und Hinterbein der anderen Seite.

Beispielsweise springen im Linksgalopp das linke Vorder- und Hinterbein weiter vor als die beiden anderen Beine. Das geschieht natürlich nicht gleichzeitig. Es gibt einen Moment, in dem sich das linke

Der Drehsitz im Schulterherein

Im Travers dreht sich der Reiter nicht mit.

Vorderbein noch unter dem Körper des Pferdes befindet, während das linke Hinterbein schon vorschwingt. Dadurch schiebt sich die linke Rumpfseite des Pferdes zusammen und es entsteht die Linksbiegung. Dieser trägt der Reiter durch den Drehsitz und die einseitige Gewichtseinwirkung nach links Rechnung. Der Drehsitz hat dabei den Vorteil, dass er das Pferd zu einem Schulterhervor-artigen Gehen anhält. Auf diese Weise korrigiert sich das schiefe Galoppieren der meisten Pferde fast von selbst. Die einseitige Gewichtsbelastung darf natürlich nicht so stark gegeben werden, dass das Pferd seitlich von der Linie abweicht.

Zusammenfassend kann man sagen, dass der Drehsitz, die mit ihm verbundene einseitige Gewichtseinwirkung in die Richtung der hohl gebogenen Seite des Pferdes und die Längsbiegung selbst im Allgemeinen Hand in Hand gehen. Damit ist jedoch noch nicht die Richtung festgelegt, in die sich das Pferd bewegen wird.

Die Verknüpfung von Drehsitz und einseitig belastender Gewichtseinwirkung in die Richtung der Drehung ist nicht zwingend. Es ist möglich, beides unabhängig voneinander auszuführen. Dabei behält man die Regel bei, immer den Gesäßknochen vermehrt zu belasten, der sich auf der hohl gebogenen Seite des Pferdes befindet. Eine Drehung des Oberkörpers zu der gleichen Seite führt man aber nur in den einfachen Wendungen, im Schulterherein und allen Wendungen auf der Hinterhand aus. Im Travers, Renvers und vor allem der Traversale dreht man sich nicht mit der äußeren Schulter mit.

Diese Ansicht darüber, in welche Richtung man sich drehen muss, weicht offensichtlich von der üblichen Auffassung ab. Es gibt aber einen sehr praktischen Grund, weshalb sie nicht abgelehnt werden sollte. Wenn man zum Beispiel vom Schulterherein in eine Traversale wechseln möchte, braucht man letztendlich nur die äußere Schulter, die im Schulterherein nach vorne mitgegangen ist, wieder zurücknehmen, sodass der eigene Schultergürtel parallel zu der Wand steht, die man in der Traversale frontal vor sich sieht. Das Pferd wird nach einiger Übung allein auf diese Körperdrehung reagieren, wodurch man zusätzliche Einwirkungen mit Schenkel und Hand einspart. Außerdem hat man bei dieser Art Drehsitz in den Seitengängen Travers, Renvers und Traversale die äußere Seite besser unter Kontrolle.

Man kann beobachten, dass Pferde ihre Traversalen, bei denen sich die Reiter in Richtung der Traversale mitdrehen, genauso gut gehen, wie Pferde, deren Reiter sich nicht mitdrehen. Das Geheimnis liegt also nicht in dem Drehsitz, sondern in der Feinabstimmung aller Einwirkungen. Die klassische Reitkunst gewährt dem Reiter einen solchen Spielraum. Das ermöglicht unter anderem die individuelle Ausbildung eines jeden Pferdes.

Das verstärkt angestellte Kreuz

Im Zusammenhang mit dem Sitz des Reiters ist schon erklärt worden, was es bedeutet, mit angestelltem Kreuz zu reiten. Kurz gesagt liegt seine Bedeutung darin, aufrecht mit zurückgenommenen Schultern auf dem Spalt und den beiden Gesäßknochen zu sitzen, sodass die Hüften des mitschwingenden Beckens in ihrer mittleren Position senkrecht über der Mitte des Sattels stehen. In der Fachsprache bezeichnet man das auch als „mäßig angestelltes Kreuz". Seine Wirkung auf das Pferd haben wir in der Art beschrieben, dass der Reiter die Zügelspannung auf den Rücken des Pferdes umleitet und dadurch das Pferd dazu bewegt, sich selbst in die Hand des Reiters zu arbeiten.

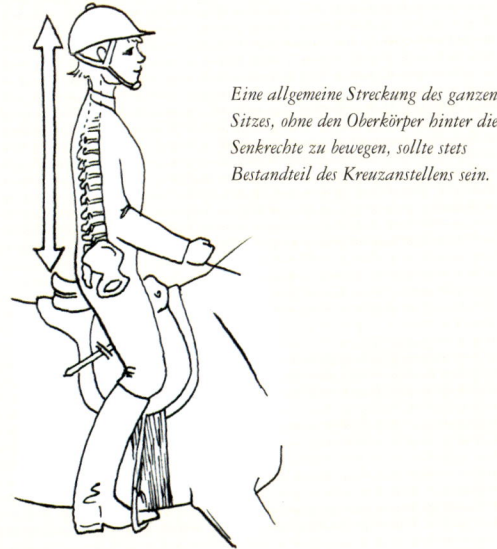

Eine allgemeine Streckung des ganzen Sitzes, ohne den Oberkörper hinter die Senkrechte zu bewegen, sollte stets Bestandteil des Kreuzanstellens sein.

Will der Reiter sein Pferd zusätzlich vorwärts treiben, dann kann er sein Kreuz darüber hinaus verstärkt anstellen. Korrekt ausgeführt ist es für den außen stehenden Beobachter nicht sichtbar. Um das Kreuz verstärkt anzustellen, lässt man den unteren Beckenrand ein wenig nachdrücklicher in Richtung auf den Vorderzwiesel vorschwingen, und zwar genau dann, wenn das Becken durch das Eingehen in die Bewegungen ohnehin vorschwingt. Das sollte immer dann geschehen, wenn sich der Pferderücken aufwölbt. Ein permanent verstärkt angestelltes Kreuz ist deshalb falsch. Es stört die Rückenschwingungen, weil es das Eingehen in die Bewegungen unterbindet.

Häufig ist zu beobachten, dass die Schultern des Reiters beim verstärkten Kreuzanstellen rund werden und dass sich der Reiter dabei zurücklehnt. Dies ist fehlerhaft! Das Runden der Schultern führt genau wie das Zürücklehnen des Oberkörpers zu einer Abschwächung der Kreuzeinwirkung. Beides stellt eine ausgleichende Gegenbewegung zum Kreuzanstellen dar.

Deshalb sollte man sich besonders gut aufrichten und vor allem die Schultern nach hinten fallen lassen, wenn man sein Kreuz verstärkt anstellt. Ebenso ist darauf zu achten, mit dem Oberkörper nicht hinter die Senkrechte zu geraten.

Die Einwirkung mit dem verstärkt angestellten Kreuz erlaubt es, alle übrigen Einwirkungen auf ein Minimum zu reduzieren. Weil es direkt mit den Rückenschwingungen des Pferdes korrespondiert, unterstützt es die rhythmische Pferdebewegung und kann sie sogar hervorrufen oder korrigieren. Wer versucht, ohne die Kreuzeinwirkungen auszukommen, verliert den für die Feinabstimmung nötigen Dirigenten seines Orchesters der Einwirkungen.

Einwirkungen mit den Schenkeln

Man unterscheidet vorwärts treibende, seitwärts treibende und verwahrende Einwirkungen mit den Schenkeln. Wenn man von Schenkeleinwirkungen spricht, dann meint man damit, dass die flach anliegenden Waden einen Druck auf die seitliche Brustwand des Pferdes ausüben. Dabei hat der Reiter stets die Bügel so weit auszutreten, dass der Absatz den tiefsten Punkt bildet. Dadurch soll er sicherstellen, dass er seinen Schluss zum Pferd nicht aufgibt.

Vorwärtstreiben

Der vorwärts treibende Schenkel soll knapp hinter dem Gurt eingesetzt werden. Der Reiter drückt die Wade in einer winzigen von hinten nach vorn gerichteten Bewegung an die seitliche Brust- beziehungsweise Bauchwand des Pferdes. Dort befinden sich der äußere schiefe Bauchmuskel und der Bauch-Haut-Muskel. Sie verlaufen bis zum Knie und setzen dort an. Der etwas schiebende Druck mit der Wade leitet die Kontraktion dieser Muskeln ein. Dadurch wird das Vorsetzen des gleichseitigen Hinterbeins und das Beugen des Hüftgelenks gefördert.

Vielleicht haben Sie diesen Muskelreflex schon einmal beobachten können, als ein Pferd das Hinterbein auf der Seite vorsetzte, auf der eine Fliege an der seitlichen Bauchwand saß. Dieser Muskelreflex lässt sich unter dem Reiter nur dann auslösen, wenn sich das

Pferd nicht verspannt. Die Folge dieses Muskelreflexes ist ein raumgreifenderes Untertreten des gleichseitigen Hinterbeines. Damit dieses weiter vorschwingen kann, muss sich das abschiebende Hinterbein weiter nach hinten strecken, bevor es abfußt. In der Regel reagiert das Pferd deshalb mit einer Erhöhung seines Tempos. Dabei streckt es seinen Hals und seine Nase etwas nach vorne. Es erweitert seinen Rahmen.

Lässt der Reiter diese Rahmenerweiterung zu, dann führt das Treiben zu einer Erhöhung des Tempos. Erhält er aber den bisherigen Rahmen und besteht weiterhin auf die Annahme seiner treibenden Einwirkungen, dann wird das Pferd weiter untertreten, ohne aber das abschiebende Hinterbein weiter nach hinten zu strecken. Dadurch verbleibt das abschiebende Hinterbein länger in der Nähe des Lots, das man durch den Hüfthöcker fällt. Ist das Pferd losgelassen, dann wird es dabei auch die Beugung dieses Hinterbeins verstärken. Es versammelt sich.

Treibt sich der Reiter das Pferd in die Hand und hält aus, was ihm das Pferd in die Hand gibt, dann führt das nach einiger Übung und in Verbindung mit Hufschlagfiguren und Lektionen zu einer erhöhten Versammlung. Später kann er diese Versammlung durch gezielte versammelnde Arrêts noch verstärken. Bevor der Reiter versammelnde Arrêts geben kann, wird er in vielen Fällen sein Pferd durch Arrêts auffangen müssen, damit es auf das Treiben hin nicht zu eilen beginnt und seine Losgelassenheit verliert.

Der Begriff des Vorwärtstreibens besitzt damit eine differenziertere Bedeutung, als er beim ersten Lesen vermuten lässt.

Wechselseitiges und beidseitiges Treiben

Bemüht man sich darum, immer auf der Seite zu treiben, auf der ein Hinterbein vorschwingt, so führt das im Schritt und Trab zu einem wechselseitigen Treiben. Denn in diesen Gangarten fußen die Hinterbeine abwechselnd auf und ab. Im Galopp schwingen die Hinterbeine für einen Moment gleichzeitig vor. Dabei springt das innere Hinterbein weiter unter als das äußere. Das äußere Hinterbein fußt jedoch zuerst auf. Im Idealfall treibt der Reiter deshalb zuerst das äußere Hinterbein nach vorne und nur ganz kurz danach das innere. Man kann sich aber auch auf das

Auf diesem Bild schwingt das rechte Hinterbein des Pferdes vor. Dabei fällt der rechte Schenkel der Reiterin ans Pferd. Das ist der Moment, in dem rechts getrieben werden sollte.

alleinige Vortreiben des inneren Hinterbeins beschränken, weil das äußere zwangsläufig zuerst vorkommen und auffußen muss. Treibt man das innere Hinterbein vor, so muss das Pferd noch vorher das äußere vermehrt unterspringen lassen.

Das wechselseitige Treiben im Schritt und Trab sowie das zeitlich versetzte Treiben im Galopp hat den Vorteil, dass es das taktmäßige Gehen unterstützt und außerdem vom Pferd leichter verstanden wird.

Allerdings setzt das ein losgelassenes Pferd voraus. Ein Mangel an Losgelassenheit ist aber eines der grundlegenden Probleme fast aller Korrekturpferde. Bei ihnen kann es anfangs angebracht sein, mit beiden Schenkeln gleichzeitig zu treiben. Wenn sie nicht darauf reagieren, muss der Schenkelgehorsam im Bruchteil einer Sekunde nach dem Beginn des Schenkeldrucks durch ein Touchieren oder sogar durch einige kurze Klapse mit der Gerte direkt hinter der Wade hergestellt werden. Sobald das Pferd ein höheres Tempo annimmt, klingt der Schenkeldruck ab.

Nach einiger Übung wird das Pferd schon mit dem Beginn des Schenkeldrucks vermehrt vorwärts gehen, ohne dass die Gerte nochmals eingesetzt werden muss. Im Prinzip geht es hierbei mehr um eine Abrichtung des Pferdes. Denn seine natürlichen Reflexe können im verspannten Zustand nicht ausgenutzt werden. Ist es aber gelungen, das Pferd vorwärts zu treiben und das aufzufangen, was es eiliger werden wollte, sodass man danach mit der Hand leichter werden konnte, dann ist der Punkt erreicht, an dem das Pferd seine

Verspannung aufgibt. Dies ist der Moment, in dem das wechselseitige Treiben die Oberhand gewinnen kann.

Das wechselseitige Treiben sollte auch auf den gebogenen Linien angewendet werden, wenn es darum geht, vom inneren Schenkel zum äußeren Zügel zu treiben. Allerdings kann es auch hier zu dem Ausnahmefall kommen, dass man einen länger anhaltenden Schenkeldruck mit der inneren Wade geben muss, bis sich das Pferd biegt und vom inneren Hinterbein in den äußeren Zügel tritt. Dies wird vor allen Dingen bei steifen Pferden nötig sein.

Nicht die Knie abspreizen! Wer versucht, allein mit der Wade zu treiben, riskiert die Aufgabe seines Knieschlusses. Im Allgemeinen wird nicht davon gesprochen, dass auch das Knie angedrückt werden muss. Es ist aber die zwangsläufige Folge vom Andrücken der Waden, ohne dass sich die Knie vom Sattel lösen.

Nicht pressen! Unabhängig davon, ob man nun wechselseitig, mit beiden Schenkeln gleichzeitig oder mit einem über mehrere Tritte andauernden Schenkeldruck treibt, darf man niemals mit den Schenkeln pressen. Dies ist gleichzusetzen mit einem krampfhaften Zusammendrücken der ganzen Beine. Dadurch versteift man sich im Becken und kann nicht mehr in die Bewegungen des Pferdes eingehen. Deshalb darf das Treiben auf keinen Fall zu einer starren gabelförmigen Anordnung der Beine um das Pferd (Sitzgabel) führen. Die Sitzgabel muss auch dann noch mit den seitlichen Pendelbewegungen des Pferderumpfes mitschwingen, wenn die Schenkel Druck auf ihn ausüben.

Nicht mit den Schenkeln klopfen! Ein anderes Problem ist der klopfende Schenkel. Durch ihn stumpft das Pferd ab. Deshalb darf sich der Schenkel weder beim Treiben noch zu irgendeinem anderen Zeitpunkt vom Pferd lösen.

Seitwärtstreiben

Naturgemäß bewirken die mit einer Wade ausgelösten Druckreize ein vermehrtes Untertreten des gleichseitigen Hinterbeins. Um dem Pferd verständlich zu machen, dass der Druck der Wade eine seitwärts treibende Bedeutung hat, bedarf es der übrigen Einwirkungen des Gewichts, des Drehsitzes und der Zügel. Am Anfang der Ausbildung macht man dem Pferd die seitwärts treibende Einwirkung mit Hilfe eines Schenkelweichens begreiflich. Um das Pferd zum Beispiel dem rechten Schenkel weichen zu lassen, gibt man folgende Hilfen:

- Man stellt das Pferd im Genick nach rechts.
- Die restliche Längsachse bleibt gerade gerichtet.
- Der seitwärts treibende rechte Schenkel liegt knapp hinter dem Gurt, der linke etwa eine Hand breit dahinter.
- Der Reiter belastet seinen rechten Gesäßknochen, ohne das Pferd im Gleichgewicht zu stören. Er darf also nicht schief sitzen oder in der Hüfte einknicken.

- Der rechte Schenkel wird beim Vorschwingen des rechten Hinterbeines angedrückt. Er leitet die Vorwärts-seitwärts-Bewegung ein.

Damit das Pferd das Seitwärtstreiben verstehen kann, ist es wichtig, dass der Reiter es im gleichen Schritt-Tempo hält und notfalls das Seitwärtstreten durch einen oder mehrere Arrêts am rechten Zügel unterstützt. Er darf den Pferdehals jedoch nie nach rechts herumziehen, weil das Pferd sofort über die linke Schulter ausfiele. Um das Ausfallen über die Schulter grundsätzlich zu vermeiden, muss man mit dem linken Zügel stets weich gegenhalten und mit dem linken Schenkel notfalls vorwärts treiben, damit der linke Zügel den Hals vor die Pferdeschulter gerichtet halten kann.

Später im Schulterherein (auch stellvertretend für das Schulterhervor und Schulterheraus) treibt der Schenkel der hohl gebogenen, inneren Seite des Pferdes seitwärts. Er liegt knapp hinter dem Gurt und veranlasst das innere Vorderbein, seitwärts über das äußere vorzuschwingen. (Beachten Sie, dass im Schulterherein die Hinterbeine nicht kreuzen dürfen!) Dies gelingt nur im Zusammenspiel mit dem äußeren Zügel, der das Pferd zur Fortbewegung gegen die Richtung seiner Biegung anhält.

In einer Traversale (auch stellvertretend für das Reiten in Stellung, den Travers und Renvers) ist das Pferd in Bewegungsrichtung gestellt und gebogen. Ist das Pferd beispielsweise in einer Linkstraversale nach links gestellt und gebogen, dann ist der rechte Schenkel der seitwärts treibende. Er liegt etwa eine Hand breit hinter dem Gurt. Während man in der Traversale die Stellung und Biegung nach links aufrechterhält, unterstützt man das Mitnehmen der Kruppe und damit den seitwärts treibenden Schenkel durch weiche Arrêts am rechten Zügel. Die Kontrolle über die äußere Seite fällt dabei größer aus, wenn man sich nicht mit der Traversale mitdreht.

Für alle gebogenen Seitengänge gilt, dass der äußere Zügel den seitwärts treibenden Schenkel nur dann unterstützen kann, wenn der andere Schenkel das Pferd vorwärts und somit in den äußeren Zügel hinein treibt. Erst dadurch entsteht die gewünschte Vorwärts-seitwärts-Bewegung.

Je durchlässiger ein Pferd im Laufe seiner Ausbildung wird, umso mehr treten die Zügeleinwirkungen für die Seitengänge in den Hintergrund und es dominieren der Drehsitz mit den seitwärts treibenden Schenkeleinwirkungen.

Der verwahrende Schenkel

Der verwahrende Schenkel soll das Pferd im Schenkelweichen, in einer einfachen Wendung, im Schulterhervor und Schulterherein sowie in den Wendungen auf der Hinterhand davon abhalten, mit der Hinterhand nach außen auszuweichen. Er ist damit der äußere Schenkel und liegt genau wie der seitwärts treibende eine Hand breit hinter dem Gurt. Sollte die Hinterhand auszufallen drohen, dann treibt der Reiter mit dem verwahrenden Schenkel und verhindert das Ausfallen. Arrêts am äußeren Zügel unterstützen den äußeren Schenkel in seiner Tätigkeit. Die Arrêts dürfen nicht zu einem Geradestellen von Genick und Hals führen. Sollte das Pferd den verwahrenden äußeren Schenkel nicht annehmen wollen, kann man den Gehorsam auf diesen Schenkel beispielsweise durch ein Schenkelweichen verbessern. Man lässt das Pferd dabei dem Schenkel weichen, der vorher der verwahrende gewesen ist.

Die Einwirkungen der Hand

Man unterteilt die Einwirkungen der Hand in
- gegenhaltende,
- annehmende,
- nachgebende und
- seitwärts weisende.

Gegenhalten

Das Gegenhalten bedeutet, dass man mit den Händen das aushält, was einem das Pferd durch das geregelte Vorwärtstreiben in die Hand legt. Darunter ist aber nicht ein starres Hinhalten der Hände zu verstehen. Die Hände müssen stets in einem solchen Maß aus den Armen heraus mitfedern, dass Veränderungen in der Zügelspannung nie ruckartig auf das Pferdemaul übertragen werden. Nickbewegungen im Schritt muss man grundsätzlich zulassen.

Keinesfalls darf der Reiter beim Gegenhalten aus dem Sattel gezogen werden. Dadurch würde er seine treibenden Einwirkungen über das Kreuz und die Schenkel verlieren. Das Pferd könnte damit auf der Vorhand gehen und würde sich nicht mehr vom Gebiss abstoßen.

Das Gegenhalten beschränkt sich im Normalfall darauf, dem Pferd die Anlehnung zu gewähren, die es nehmen muss, um das Reitergewicht auszugleichen.

Bei Korrekturpferden kann es vorkommen, dass man einer wesentlich größeren Zügelspannung widerstehen muss. Hier ist es ganz besonders wichtig, die Zügelspannung auf den Rücken des Pferdes weiterzuleiten, indem man mit angestelltem Kreuz, aufrechtem Sitz und zurückgerichteten Schultern reitet. Die Kunst besteht darin, gegenzuhalten und notfalls Arrêts zu geben, ohne sich am Zügel festzuziehen.

Annehmen

Wenn man einen Zügel durch das festere Schließen der hohlen Faust annimmt und wieder nachgibt, ohne die Anlehnung zu stören, gibt man einen Arrêt. Arrêts verwendet man, um aufzufangen, was man getrieben hat. Man verhindert durch sie, dass das Pferd im Takt eiliger wird. In den Klassen M und S wirkt ein Arrêt sogar versammelnd.

Lehnt sich ein Pferd ungleich an die Reiterhand an oder macht es Schwierigkeiten, im Genick nachzugeben, kann man die Arrêts für das so genannte Abdrücken anwenden.

Um dem Pferd eine Stellung im Genick zu geben, nimmt man den inneren Zügel für die ganze Dauer einer Wendung an. Dabei muss der äußere Zügel die Stellung zulassen.

Arrêts zum Auffangen

Gibt man auf geraden Linien mit beiden Händen gleichzeitig und auf Wendungen vorwiegend am äußeren Zügel Arrêts, so bewirken sie beim zwanglosen, noch nicht fertig ausgebildeten Pferd eine Verringerung seines Tempos. Es wird langsamer. Im Idealfall versucht es, den gleichen Takt wie vorher beizubehalten, sodass es die Pendel- beziehungsweise Federmechanismen seiner Beine nutzen kann, um Energie zu sparen. Die Verringerung seines Tempos erreicht es dann durch die Abnahme des Raumgriffs. Das hat zur Folge, dass die Stützphasen der am Boden befindlichen Beine etwas länger ausfallen, weil die Schwebephasen kürzer werden.

Oft ist zu beobachten, dass das Pferd nicht nur den Raumgriff verringert, sondern auch den Takt verlangsamt. Das führt aber ebenso zu einer zeitlichen Verlängerung der Stützphasen.

Diese hemmende Wirkung der Arrêts benutzt man in der halben Parade. Halbe Paraden zu geben bedeutet anschaulich gesprochen, zu treiben, aufzufangen und mit der Hand wieder leichter zu werden. Beim Auffangen gibt man die Arrêts im Wechsel mit einem Leichterwerden. Man verhindert durch sie, dass das Pferd auf das Treiben hin eiliger im Takt wird. Die halben Paraden bringen das Pferd allmählich dazu, sich zu versammeln.

Arrêts zum Versammeln

Mit zunehmender Durchlässigkeit des Pferdes vereinfacht sich die halbe Parade. Am Ende der Klasse M und in der Klasse S besteht die halbe Parade nur noch in einem kurzzeitig verstärkten Anstellen des Kreuzes und einzelnen Arrêts, die immer nur auf der Seite des vorschwingenden Hinterbeins kurz vor dessen Auffußen gegeben werden. Infolge der erhöhten Durchlässigkeit des Pferdes bewirken diese Arrêts nicht nur eine Verlängerung der Stützphasen, sondern auch eine verstärkte Hankenbeugung. Sie versammeln das Pferd.

Da die Hinterbeine im Schritt und Trab nacheinander durch die versammelnden Zügelanzüge belastet werden, entstehen wechselseitige Einwirkungen, die aber niemals in ein Pendeln des Pferdekopfes ausarten dürfen. Ein solches Pendeln würde zu einem festen Genick führen und die Rückenschwingungen behindern. Da schon kleinste Zügelanzüge zu einem solchen Pendeln führen, bestehen die wechselseitigen versammelnden Zügelanzüge ausschließlich in der Verminderung oder Vermehrung des Drucks auf die Laden innerhalb einer dauerhaften Verbindung zum Pferdemaul. Die Variationen des Drucks werden ausschließlich durch das festere Schließen der Faust erreicht.

Die falsch ausgeführten wechselseitigen Arrêts werden Riegeln genannt. Es verursacht Gegenreflexe in der Halsmuskulatur des Pferdes. Dadurch verspannt sich die Halsmuskulatur. Diese Verspannung überträgt sich auf den langen Rückenmuskel, der bis zu den unteren Halswirbeln reicht. Der Reiter arbeitet die Hinterbeine seines Pferd über diese Verbindung durch das Riegeln nach hinten heraus. Riegeln ist deshalb grundfalsch.

Hat man durch einige wechselseitige Arrêts eine höhere Versammlung erreicht, dann darf man natürlich nicht mehr ganz so weit mit der Hand nach vorne mitfedern, weil man sonst die gerade erreichte Versammlung wieder verlieren würde. Federt man mit der Hand nach jedem versammelnden Zügelanzug um das gleiche Maß vor, wie man es getan hat, bevor der versammelnde Zügelanzug erfolgte, dann streckt das Pferd sein Hinterbein wieder genauso weit nach hinten durch wie vorher und nimmt damit wieder das weniger versammelte Tempo an. Federt man aber etwas weniger nach vorne mit, dann signalisiert man dem Pferd, dass es sein Hinterbein nicht mehr so weit nach hinten durchstrecken soll. Achtet man weiterhin darauf, dass das Pferd auf die treibenden Einwirkungen reagiert, dann bleibt es in diesem Versammlungsgrad ohne einen weiteren Zügelanzug. Es bleibt kürzer

im Rahmen und folglich fallen auch die Wellenberge der Schwingungen im Körper wegen der weniger ausgreifenden Bewegung nicht mehr ganz so hoch aus. Geht man danach mit der Hand vor, folgt das Pferd der Hand verbunden mit einer Rahmenerweiterung und einem Zuwachs an Raumgriff.

Natürlich ist diese Art der Einwirkung mit der Hand eine sehr weit fortgeschrittene und das junge oder das korrekturbedürftige Pferd kann sie noch nicht befolgen, denn es fehlt ihm das Bewusstsein für den Mechanismus im eigenen Körper und die Kraft dazu. Deshalb kann ein Arrêt noch nicht in diesem vollendeten Ausmaß belastend auf ein Hinterbein wirken.

Arrêts zum Abdrücken

Im Allgemeinen wird das Pferd zu einer Seite schief und damit dauerhaft hohl gebogen sein wollen. Durch diese bei fast allen Pferden zu beobachtende Schiefe fußt der Hinterfuß der hohl gebogenen Seite vermehrt an der Körpermitte vorbei. Der andere tritt dagegen mehr unter die Körpermitte und übernimmt einen größeren Teil der Last, die auf der Hinterhand ruht.

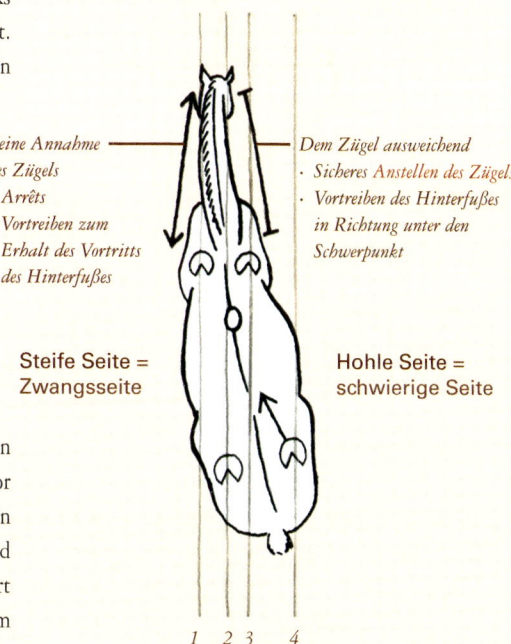

Keine Annahme des Zügels
· *Arrêts*
· *Vortreiben zum Erhalt des Vortritts des Hinterfußes*

Dem Zügel ausweichend
· *Sicheres Anstellen des Zügels*
· *Vortreiben des Hinterfußes in Richtung unter den Schwerpunkt*

Steife Seite = Zwangsseite

Hohle Seite = schwierige Seite

1 2 3   4

Ist das Pferd nach rechts schief und reitet man auf der rechten Hand, stellt man den rechten Zügel an, treibt insbesondere das rechte Hinterbein vor und gibt am linken Zügel Arrêts, bis das Pferd ein „Ja" nickt.

Die hohl gebogene Seite wird auch als die schwierige Seite bezeichnet. Auf ihr weicht das Pferd der Anlehnung durch die Hohlbiegung aus. Einen Zügelanzug nimmt es deshalb nicht an. Auf der anderen Seite, die man Zwangsseite genannt hat, wird es sich stattdessen vermehrt anlehnen, zeitweise sogar auflegen, um einen Zügelanzug unschädlich zu machen.

Grundsätzlich wird es auf der Zwangsseite eine höhere Anlehnung nehmen wollen, weil es zu dieser steifer ist. Dies wird verständlich, wenn man bedenkt, dass der Sitz des Reiters eine gerade richtende Wirkung hat. Da die Längsachse des Pferdes verbogen ist, was eine verkürzte Muskulatur auf der hohl gebogenen Seite bedeutet, wird das Pferd gegen die gerade richtende Wirkung des Sitzes Widerstand leisten. Denn würde es sich gerade richten, müsste es die hohl gebogene Seite dehnen.

Der Widerstand gegen diese Dehnung beim Geraderichten äußert sich in einer verstärkten Anlehnung auf der Zwangsseite.

Um die Anlehnung an beide Zügel auszugleichen, drückt man das Pferd ab. Dies geschieht folgendermaßen: Reitet man auf der Hand, zu der sich das Pferd hohl macht (schwierige Seite), stellt man den Zügel der hohlen Seite an und gibt so lange am anderen Zügel Arrêts, bis das Pferd ein kurzes „Ja" nickt. Damit das Pferd seinen Schwung durch die Arrêts nicht verliert, muss man beide Hinterbeine vortreiben.

Reitet man auf der Hand, zu der sich das Pferd steif macht (Zwangsseite), stellt man das Pferd leicht nach innen in Richtung der Zwangsseite und gibt am anderen Zügel Arrêts, bis sich das Pferd gerade stellt und wieder ein kurzes „Ja" nickt. Daraufhin streicht man am inneren Zügel über und führt für einen Augenblick nur am äußeren Zügel, also am Zügel der schwierigen Seite.

Auch hier müssen beide Schenkel vortreiben. Vor allem der äußere verwahrende Schenkel muss ein Ausfallen der Hinterhand verhindern.

Ein korrekt gestelltes Pferd in einer Pirouette. Die Stellung darf nicht übertrieben werden!

Stellen und Abwenden

Eine Stellung im Genick erreicht man anfangs durch ein länger andauerndes Annehmen eines Zügels und durch ein Zulassen der Stellung am Gegenzügel. Wenn man sich minimal mit seinem Schultergürtel in Richtung der verlangten Stellung mitdreht, erreicht man das Annehmen des stellenden und das Nachgeben des Gegenzügels ohne größere Einwirkungen mit der Hand selbst. Das Pferd soll seinen Kopf um dessen Längsachse in Richtung des stellenden Zügels wenden, ohne sich im Genick zu verwerfen. Der Reiter kann beim gestellten Pferd den Nüsternrand und das Auge auf der Seite, zu der das Pferd gestellt ist (innere Seite), schimmern sehen.

In der Regel hat das länger andauernde Annehmen des stellenden Zügels auch eine abwendende Wirkung. Um zu verhindern, dass das Pferd beim Stellen abwendet, muss man vom inneren Schenkel zum äußeren Zügel treiben, sodass dieser die Stellung begrenzen und das Pferd auf der ursprünglichen Linie halten kann. Damit das Pferd beim Stellen den Takt und das Tempo beibehält, muss der Reiter mit seinen treibenden Einwirkungen frühzeitig für deren Erhalt sorgen. Ebenso hat er darauf zu achten, dass das Stellen nicht zu einem Ausfallen der Hinterhand führt. Er darf die Stellung deshalb nicht übertreiben und muss dafür sorgen, dass er die Hinterhand genügend verwahrt.

Ein gestelltes Pferd muss nicht gebogen sein. Ein gebogenes Pferd ist aber grundsätzlich gestellt. Die Längsbiegung beinhaltet damit die Stellung. Die Umkehrung dieses Satzes gilt jedoch nicht.

Nachgeben

Es bestehen vier Möglichkeiten nachzugeben:

Erstens: Nach einem Arrêt lockert der Reiter die Faust um das, was er sie vorher zusammengedrückt hat. Dieses so genannte „Leichterwerden" muss auf jeden einzelnen Arrêt folgen, damit sich der Reiter nicht am Zügel festzieht.

Zweitens: Die Reiterhand folgt einer Rahmenerweiterung des Pferdes nach vorne. Bei einer Rahmenverkürzung geht sie wieder in ihre Ausgangsposition zurück. Man spricht vom „Mitgehen der Hand mit Rahmenveränderungen".

Drittens: Der Reiter lässt die Zügel durch die Faust gleiten, damit sich das Pferd in die Dehnungshaltung strecken kann. Dies nennt sich „Zügel aus der Hand kauen".

Viertens: Der Reiter geht mit beiden Händen so weit in Richtung des Pferdemauls entlang des Mähnenkamms vor, dass die Zügel leicht durchhängen. Man bezeichnet das als „Überstreichen".

Beim Leichterwerden, Mitgehen mit Rahmenveränderungen und beim Zügel-aus-der-Hand-kauen-Lassen darf der Reiter die gleichmäßige Anlehnung des Pferdes nicht stören. Er muss ein Springen der Zügel vermeiden, weil sich das Pferd davor erschrekken oder dadurch im Genick festhalten kann.

Das Überstreichen sollte der Reiter ruhig und weich ausführen, damit sich das Pferd auch hier weder erschrickt noch im Genick festhält. Es ist auf Wendungen sinnvoll, nur mit der inneren Hand überzustreichen, um zu prüfen, inwieweit das Pferd bereits am äußeren Zügel steht.

Auf welche Weise der Reiter auch nachgibt, keinesfalls darf er mit seinem Oberkörper in Vorlage kommen. Das würde ihn seine treibenden Einwirkungen und das angestellte Kreuz kosten.

Seitwärts weisende Zügelhilfen

Verweigert ein Pferd die Annahme der Hilfen zum Abwenden, so kann es durch ein Seitwärtsweisen mit der inneren Hand doch noch dazu gebracht werden. Allerdings muss der äußere Zügel in einem entsprechenden Maß gegenhalten, weil das Pferd nur allzu gerne mit verbogenem Hals geradeaus weiterläuft, statt dem seitwärts gerichteten Zügelanzug zur Seite zu folgen. Beim Seitwärtsweisen darf die Hand nie-

mals nach unten oder nach hinten geführt werden. Es würde stets zum Verlust des korrekten Sitzes (Verkrampfung in der Schulter) führen und vor allem einen Widerstand des Pferdes gegen die Hand provozieren.

Die seitwärts weisende Zügelhand bleibt in der gleichen Höhe wie die andere Hand. Sie darf also nicht nach unten gedrückt werden.

Korrekturmaßnahmen können bei einem Pferd nur dann Erfolg haben, wenn die Ursachen für seine fehlerhaften Verhaltensweisen beseitigt worden sind. Daher setzen alle im Folgenden beschriebenen Korrekturmaßnahmen Ursachenerkennung und Ursachenbeseitigung voraus. Insbesondere muss das Pferd völlig gesund sein, und keiner der Ausrüstungsgegenstände darf Schmerzen für das Pferd verursachen. Ferner wird davon ausgegangen, dass sich der Reiter an die beschriebenen Grundlagen zum Sitz, zur Hilfengebung und zum Training hält.

Es sei darauf hingewiesen, dass die Beispiele, die Sie im Text finden werden, nur als solche zu betrachten sind. Sie sind nicht als eine Art „Kochrezept" gedacht, das man bei allen Pferden gleichermaßen anwenden kann.

Das wäre schablonenhaftes Arbeiten, was nichts mit einer systematischen und individuell abgestimmten Ausbildung zu tun hätte. Nur die darin enthaltenen Grundsätze sind universell. Die Beispiele sollen Ihnen ein Gefühl dafür vermitteln, wie die Umsetzung der besprochenen Grundlagen zum Umgang mit dem Pferd und zu seinem Training aussehen kann.

Das ängstliche Pferd

Angst weckt im Pferd immer den Fluchttrieb. Die Fluchtreaktionen gestalten sich danach, wie sehr sich das Pferd fürchtet. Angst kann das Pferd vor etwas haben, weil es damit Schmerzen verbindet (ausgelöst beispielsweise durch die Ausrüstung), weil es etwas Ungewohntes sieht oder eine ungewohnte Situation erlebt. Es kann sich aber auch vor dem Menschen fürchten, weil dieser es falsch behandelt und reitet. Die Furcht vor dem Menschen veranlasst das Pferd dazu, dem Menschen auszuweichen.

Im weniger schlimmen Fällen kann das bedeuten, dass sich das Pferd vom Menschen abwendet, wenn dieser die Box betritt, oder dass es sich auf der Weide nicht einfangen lassen möchte, weil es genau weiß, dass die Nähe des Menschen mit unangenehmen Empfindungen verbunden ist. Treten solche ausweichenden Verhaltensweisen auf, dann müssen sie als ein Warnsignal dafür erkannt werden, dass sich das Pferd bei dem unwohl fühlt, was auf es zukommt, wenn es von seinem Reiter abgeholt wird. Um diese ausweichenden Verhaltensweisen korrigieren zu können, muss man die genaue Ursache dafür feststellen und sie beseitigen. Dann wird es immer noch eine Weile dauern, bis das Pferd die Verhaltensweisen ablegt, denn das Pferd braucht einige Zeit, um sicher sein zu können, dass fortan die unangenehmen Empfindungen in der Nähe des Menschen ausbleiben.

In schlimmen Fällen, in denen sich das Pferd nicht nur unwohl in der Nähe des Menschen fühlt, sondern sogar eine solche Angst vor ihm hat, dass es wie vor einem Raubtier fliehen möchte, muss man das Vertrauen zum Menschen völlig neu erarbeiten. Voraussetzung ist auch hier, die Ursache für die Angst zu beseitigen, die meist in einer harten und gewalttätigen Art des Umgangs und Reitens liegt.

Aber nicht nur ein gewalttätiges Verhalten kann Pferde dazu bringen, panisch zu fliehen, sondern auch Überforderung. So können Pferde in Panik geraten, wenn sie schnell zu etwas Unbekanntem gezwungen oder wenn ihnen ungewohnte Berührungen aufgedrängt werden.

Gibt man solchen ängstlichen Pferden aber das Gefühl, eher ein interessierter grasender Artgenosse zu sein, der mehr Schüchternheit als ein herrscherisch bezwingendes Wesen ausstrahlt, so dulden sie die ungewohnten Kontakte und gewöhnen sich viel rascher an sie. Sie haben ihren zwingenden und damit beängstigenden Charakter verloren.

Achtet das Pferd diesen interessierten grasenden Artgenossen zudem noch als Führungspersönlichkeit, so wird es wenigstens nicht mehr panisch fliehen, auch wenn es sich doch noch einmal erschrecken sollte. Kein ungewohnter Kontakt darf einen zwingenden Charakter haben, sonst fühlen sich solche Pferde bedrängt. Nähert man sich in ruhiger Gleichgültigkeit, so wie sich zwei Pferde beim Grasen scheinbar zufällig näher kommen, und gelingt es einem, das Beängstigende als etwas Interessantes darzustellen, so duldet es dieses Furchteinflößende etwas und lässt sich daran gewöhnen, ohne in Panik zu geraten.

Es gehört ein gewisses Geschick dazu, das eigentlich Beängstigende dem Pferd als etwas Interessantes darzustellen. Im Idealfall darf das Pferd gar nicht mitbekommen, wie man seine Neugierde nutzt, um es zu etwas zu zwingen.

Ängstliche Pferde darf man nicht „brechen". Es würde sie in ihrer Angst vor dem Menschen nur bestärken. Das Brechen, wie es oft beim Anreiten durchgeführt wird, macht aus ihnen erst recht Problempferde! Sind sie zu solchen ernsten Problemfällen geworden, müssen sie im Zuge einer Korrektur an Berührungen und jegliche Kontakte zum Menschen gewöhnt werden, in völliger Ruhe und Gelassenheit. Nicht das Verringern der Futterration, stundenlanges Longieren, Beruhigungsmittel oder Ähnliches macht ängstliche Pferde gefügig. Lediglich das Ausbleiben des direkten Zwanges und das Vorhandensein einer Rangordnung sowie eine Unmenge an Gefühl und Geduld für das Pferd machen das möglich, was durch Zwang nie oder nur sehr schwer unter großen Verlusten erreicht wird.

Der Mensch muss immer Ruhepol und Leittier für das Pferd sein, der ranghöhere, aber vertrauenswürdige und beste Freund.

Das Pferd wird dann zum Beispiel zwischen ermahnender und hilfengebender Funktion der Gerte unterscheiden können. Nicht Angst ist es, welche die Hilfen durchsetzt, sondern die gelassene, aber trotzdem eifrige Anerkennung.

Das oberste Gebot im Umgang mit dem Pferd sollte sein: ständig so viel wie möglich Kontakt zum Pferd zu pflegen. Das Pferd ist kontaktfreudig und lässt auch neue fremdartige Kontakte zu, solange man sie nicht bedrohlich gestaltet.

> Man darf das verängstigte Pferd nicht mit Gewalt zwingen, sondern man muss es dazu bringen, den Kontakt selbst zu suchen!

Das aggressive Pferd

Nach DREWES, BLOBEL 2000 lassen sich zwei Gruppen von aggressiven Pferden angeben.

- Pferde, die aggressiv sind, weil sie Angst und keine Möglichkeit zur Flucht haben
- Pferde, die aggressiv sind, weil sie Rangordnungen festlegen wollen

Der Verzweiflungsangriff

Wird einem Pferd die Möglichkeit genommen zu fliehen, wenn es sich bedroht fühlt und Angst hat, kann es zu einem Angriff übergehen, um sich zu schützen. Dieser angstbedingten Aggression (DREWES, BLOBEL 2000), die sozusagen aus Verzweiflung stattfindet, geht in der Regel eine Drohgebärde voraus. REES 1983 spricht hierbei von defensivem Drohen einschließlich Angriff.

Je nach dem Ausmaß, in dem sich das Pferd bedroht fühlt, steigert sich das defensive Drohen von einem Ohrenanlegen über nach hinten gezogene Nüstern, Sperren mit dem Körper, Präsentieren der Hinterhand, Schweifeinklemmen, Anheben eines Hinterbeins und Näherkommen bis zum Ausschlagen.

Will man diese Verteidigungsmaßnahmen abstellen, muss man dafür sorgen, dass sich das Pferd nicht mehr bedroht fühlt und keine Angst mehr hat. Auf keinen Fall darf man ängstliche Pferde für ein defensives Drohen bestrafen. Dadurch würde ihre schlechte Meinung vom Menschen nur gefördert. Stattdessen sollte man diese Gebärden ignorieren. Dabei muss man immer Vorsicht walten lassen, damit man nicht Opfer eines Angriffs wird. Es ist deshalb wichtig, das Pferd stets im Auge zu behalten, solange man mit ihm umgeht, um seine Reaktionen frühzeitig erkennen zu können.

Das Recht des Stärkeren

Wenn Pferde Rangordnungen untereinander festlegen, dann zeigen sie dabei ein bestimmtes aggressives Verhalten. Durch dieses wird das Recht des Stärkeren durchgesetzt. Man kann dieses aggressive Verhalten als dominanzbedingte Aggressivität (DREWES, BLOBEL 2000) bezeichnen, mit der aggressives Drohen einschließlich Angriff verbunden ist (REES 1983). Je nach dem Ausmaß, in dem sich das Pferd genötigt fühlt, seinen Rang zu verteidigen oder sogar zu erhöhen, kann sich das aggressive Drohen von einem Ohrenanlegen über ein Hochziehen der Nüstern, Kopfschlagen, Zähnezeigen und Maulöffnen bis zum Beißen oder sogar noch über ein Schweifschlagen, Stampfen bis zum direkten Angriff in einem Sprung steigern.

Um einem Pferd klar zu machen, dass es rangniedriger als der Mensch ist, nachdem es bereits seine Überlegenheit gegenüber dem Menschen erkannt hat, muss man sich im Grunde des gleichen Verhaltens bedienen, wie es auch das Pferd zeigt, um seinen Rang zu erhöhen. Zunächst droht es nur. Reicht das nicht aus, geht es zu einem direkten Angriff über. Einen solchen Angriff realisiert man als Mensch am besten dadurch, dass man das Pferd energisch von sich weg treibt.

In extremen Fällen arbeitet man das Pferd in einem geschlossenen Longierzirkel und treibt es so lange vorwärts, bis es ermüdet. Auch durch eine Arbeit an der Hand oder beim Longieren kann die Rangordnung korrigiert werden, wenn man vor allem seine treibenden Einwirkungen energisch durchsetzt. Dies kann unter Umständen gefährlich sein. Wenn man sich dieser Aufgabe nicht gewachsen fühlt, sollte man auf eine solche Klärung der Rangordnung verzichten und sich stattdessen von einem geeigneten Ausbilder helfen lassen.

Jedoch muss man bedenken, dass man selbst von seinem Pferd als ranghöher angesehen werden muss und nicht nur der Ausbilder. Eine Auseinandersetzung mit dem Pferd ist also nicht zu umgehen. Sie lässt sich aber mit entsprechender Hilfe über längere Zeit vereinfachen.

Die beste Waffe gegen dominanzbedingte Aggressionen ist die Vorbeugung. Dazu gehört vor allem eine artgerechte Haltung in einer Gruppe. In der Gruppe erhält jedes Pferd die Möglichkeit, seine sozialen Bedürfnisse zu stillen. Dadurch erlangt es seine psychische Ausgeglichenheit. Ferner besteht die Vorbeugung auch darin, mit der Erziehung des Pferdes und den vertrauensbildenden Maßnahmen so früh wie möglich im Fohlenalter zu beginnen.

Koppen, Weben, Boxenlaufen

Häufig werden Koppen und Weben als Untugenden des Pferdes betrachtet. Tatsächlich stellen sie die Reaktionen des Pferdes auf eine fehlerhafte Haltung und Fütterung, auf einen falschen Umgang und auf ein monotones Training dar.

Allgemein kommen als Ursachen für ein Koppen oder Weben eine genetische Disposition, Stress oder Schock in Frage. Eine genetische Disposition zum Koppen oder Weben bedeutet nicht, dass ein Pferd als Kopper oder Weber zur Welt kommt. Sie begünstigt jedoch das Auftreten dieser Stereotypien, wenn das Pferd vor allem unter Stress oder in einen Schockzustand gerät oder es von anderen Artgenossen vorgemacht bekommt. Es ist deshalb nicht auszuschließen, dass sich ein Pferd das Koppen oder Weben absehen kann, wenn es genetisch dazu dispositioniert ist.

Stress oder einen Schock kann es für ein Pferd bedeuten, wenn es

- als Fohlen den Verlust der Mutter erlebt, auch wenn er nur zeitweise durch die Trennung von der Mutter zum Reiten stattfindet
- als Fohlen mit seiner Mutter in eine Herde eingeführt wird, nachdem es die ersten Wochen mit ihr in einer Einzelbox verbracht hat
- zu früh und plötzlich von seiner Mutter abgesetzt wird
- als rangniedrigstes Pferd in einer Herde von allen anderen Pferden isoliert ist
- nicht genügend Platz hat, um Attacken von Artgenossen auszuweichen
- nicht früh genug an den Menschen und den vertrauensvollen Umgang mit ihm gewöhnt worden ist, bevor es angeritten wird. Das Anreiten bedeutet daher umso größeren Stress, je weniger das Pferd mit dem Menschen vertraut ist
- beim Anreiten überfordert wird
- einem plötzlichen und unvorbereiteten Wechsel in eine ungewohnte Haltungsform unterzogen wird
- den Verlust der Herde oder Gruppe oder des engsten Pferdefreundes in der Gruppe erfährt
- nur in der Box gehalten wird
- in einer zu kleinen Gruppe stets auf der gleichen und zu kleinen Weide ohne größere Abwechslung gehalten wird
- zu unregelmäßigen Zeiten trainiert wird
- auf Dauer ein momotones Training (zum Beispiel immer Zirkel und ganze Bahn in der Halle) mitmachen muss
- zu wenig Raufutter erhält und daher unzureichend beschäftigt ist

Um diese Verhaltensanomalien korrigieren zu können, muss man ihre Ursachen herausfinden und sie abstellen. Das heißt, die Korrektur läuft auf eine artgerechte Haltung und Fütterung, einen korrekten Umgang und ein abwechslungsreiches Training hinaus.

Zu einem abwechslungsreichen Training gehören zum Beispiel Ausritte auf wechselnden Wegen, Bahnarbeit im Freien, Springen und Galopptouren auf einer Galoppierbahn, aber auch das Reiten ungewohnter Figuren anstelle der gewohnten Zirkeltouren und der ganzen Bahn sorgt für Abwechslung.

Die Optimierung von Haltung und Fütterung, ein artgerechter Umgang sowie ein abwechslungsreicheres Training müssen bei der Korrektur von Koppern und Webern Hand in Hand gehen. Nur dann ist die Chance auf eine Korrektur am größten. Eine gänzliche Korrektur ist aber selbst dadurch nicht sichergestellt. Auch chirurgische Eingriffe oder medikamentöse Behandlungen gewährleisten keine vollständige Korrektur.

Das Boxenlaufen ist ebenfalls ein stereotypisches Verhalten, das insbesondere darauf zurückzuführen ist, dass das Pferd unter Stress steht. So habe ich es erlebt, dass Pferde nach einer sehr harten und Stress verursachenden Arbeit stundenlang in der Box im Kreis liefen. Aber auch mangelnde Beschäftigung wegen unzureichender Raufuttergaben, mangelnde Bewegung durch reine Boxenhaltung und Aufregung bei Trennung von Artgenossen kommen als Ursachen in Frage.

Die Lösung des Problems besteht auch hier in der Optimierung von Haltung und Fütterung, Umgang und Training.

Problembereich Führen zur und von der Weide

Die häufigsten Probleme, die Pferde machen können, wenn sie auf die Weide gebracht und von dort wieder zurück in den Stall geführt werden, sind folgende: Sie lassen sich ziehen, stürmen davon, steigen, drängen in die Weide hinein oder lassen sich nicht einfangen. Neben eventuellen Gegenmaßnahmen, die sofort beim Auftreten eines solchen Verhaltens ergriffen werden müssen, ist die Arbeit an der Hand sehr hilfreich, um dem Pferd klar zu machen, wie es sich führen lassen soll.

Dabei ist das Pferd an einem längeren Führzügel über einen Kappzaum zu führen. Es braucht nicht ausgebunden zu sein. Das sollte es vor allem nicht sein, wenn es zum Steigen neigt, weil es sich sonst wegen der Hilfszügel überschlagen könnte. Eingerahmt zwischen Kappzaum und Touchierpeitsche lernt das Pferd mit Hilfe von Übergängen zwischen kürzeren Trabtritten und Schritt sowie zum Halten, stets die Kommandos seines abgesessenen Reiters zu beachten und selbstständig in seiner Höhe in seinem Tempo zu gehen.

Natürlich kann es bei dieser Arbeit zu einigen Diskussionen mit dem Pferd kommen, bevor es völlig bereit ist zu gehorchen.

Aus diesen Diskussionen muss man selbst als der Ranghöhere hervorgehen.

Das Pferd lässt sich ziehen

Die erste Maßnahme gegen das Verhalten beim Führen auf die Weide stellt das Mitnehmen einer Gerte dar, die immer nur dann eingesetzt wird, wenn das Pferd ein Schnalzen als Aufforderung zum fleißigeren Gehen nicht beachtet. Dabei führt man das Pferd mit der rechten Hand, während man sich wie bei der Arbeit an der Hand in Schulterhöhe des Pferdes befindet, und benutzt die Gerte in der linken. Je nach Empfindsamkeit des Pferdes reicht der Gerteneinsatz von einem Zwitschernlassen bis zu einigen kurzen Klapsen.

Grundsätzlich setzt man die Gerte nur hinter sich in der Schenkellage oder in Höhe des Sprunggelenks ein. Reagiert ein Pferd nur mit einem Ausschlagen, dann muss man die Einwirkung wiederholen, bis das Pferd fleißiger geht. Niemals darf man derart stark einwirken, dass das Pferd Angst bekommt und fliehen möchte. Sollte es diese Sofortmaßnahme nicht annehmen, muss man zu grundlegenderer Arbeit an der Hand und beim Longieren zurückkehren. Dort muss der Gehorsam auf die treibenden Einwirkungen wiederhergestellt werden.

Davonstürmen

In weniger schwerwiegenden Fällen reicht schon eine Ermahnung mittels einiger kleiner Arrêts am Halfter aus, um das Pferd daran zu hindern vorauszueilen. Manchmal muss man dies wiederholen. Man muss jedoch vorsichtig sein, dass man nicht zu scharfe Arrêts gibt, weil sie vor allem empfindliche oder aufgeregte Pferde zum Steigen reizen.

Lieber lässt man diese so lange auf einer Volte um sich gehen, bis sie ruhiger werden und kurzzeitig angehalten werden können. Ein häufigeres Anhalten, noch bevor das Pferd Gelegenheit hat davonzueilen, hilft ebenfalls, das Pferd weiterhin kontrollieren zu können.

Auch die Verwendung eines Kappzaumes kann in Erwägung gezogen werden, um stärker einwirken zu können, ohne das Pferd zum Steigen zu reizen oder Schmerzen zu verursachen.

Hat man aber ein Pferd, das versucht durchzugehen, dann muss man so lange an der Hand und an der Longe in geschlossener Bahn arbeiten, bis sich das Pferd an ein ruhiges Gehen neben seinem abgesessenen Reiter gewöhnt hat.

Steigen

Im Allgemeinen steigt ein Pferd nur dann beim Führen zur Weide oder zum Stall, wenn sein Drängen zum Gras oder Futter mit harten Einwirkungen beantwortet oder es von einem vorbeigehenden Artgenossen attackiert wird.

Es kann aber auch der Fall eintreten, dass es sich um ein aggressives Drohen im Rahmen einer dominanzbedingten Aggression handelt. Dieses Problem auf dem Weg zur Weide oder zum Stall zu lösen ist sehr riskant, denn es ist zunächst wichtig, dass man das Pferd zum Vorwärtsgehen zwingt, wenn es steigt.

Als Reaktion auf das Treiben kann das Pferd versuchen davonzustürmen. Man darf deshalb nicht in einem spitzen Winkel zum Pferd stehen, weil man vom Pferd sonst einfach mitgeschleift wird. Stattdessen muss man dafür sorgen, dass es auf eine Volte abwendet, auf der es allmählich zur Ruhe kommt.

Eine weitere Voraussetzung für all diese Aktionen ist, dass man einen genügend langen Strick verwendet und eventuell eine Gerte dabeihat, um vorwärts zu treiben. Ist der Strick zu kurz oder gibt man den langen Strick nicht nach, wenn das Pferd steigt, besteht die Gefahr, dass man von den Vorderbeinen verletzt oder mitgeschleift wird oder dass sich das Pferd überschlägt.

Besser wäre es, die Rangordnung in diesem Zusammenhang in einer geschlossenen Bahn beim Longieren oder Freilaufen zu klären. Dabei sollte die Bande hoch genug sein, damit das Pferd sie nicht überspringen kann. In der sicheren Umgebung der Reitbahn muss man das Pferd so lange auf ein Steigen hin in der Vorwärtsbewegung halten, bis es von selbst durchparieren möchte.

Aus Gründen der Gehorsammachung lässt man es aber noch einige wenige Runden weiterlaufen. Das heißt, man erhält Gelegenheit zu treiben, ohne dass sich das Pferd verspannt. Danach lässt man es

zur Ruhe kommen. Meist muss man das Verfahren wiederholen. Es führt aber in der Regel zu dem angestrebten Ziel, dass sich das Pferd von dem fortan ranghöheren Menschen ohne ein Steigen führen lässt.

Hineindrängen in die Weide

Das Hineindrängen in die Weide rührt meist daher, dass das betreffende Pferd schnell auf die Weide oder in den Stall zum Futter kommen will. Meist wurde es nie daran gewöhnt abzuwarten. Im Prinzip muss man die gleiche Methodik und Vorsicht anwenden wie im Falle des Davonstürmens beim Führen.

Das Pferd lässt sich nicht einfangen

Ein Pferd, das sich nicht von der Weide oder aus der Box holen lassen möchte, zeigt an, dass es mit dem Menschen schlechte Erfahrungen gemacht hat, die es sich zukünftig ersparen möchte. Es müssen daher Mängel im Umgang, in der Ausrüstung oder beim Reiten bestehen. Erst wenn diese behoben und zusätzlich vertrauensfördernde Maßnahmen vorgenommen worden sind, verliert sich dieses Verhalten nach einiger Zeit.

Keinesfalls darf das Pferd für sein Verhalten gestraft werden, denn das würde seine abgeneigte Haltung verstärken. Es hilft zunächst, wenn man das Pferd am Anfang mit Futter anlockt und es behandelt wie ein ängstliches Pferd.

Ein beispielhaftes Verfahren ist im Abschnitt „Angst vor der Gerte" gegeben. Man sollte sich auch wesentlich häufiger in die Nähe des betreffenden Pferdes begeben, um ihm zu zeigen, dass die Nähe des Menschen nicht mit Zwängen oder unangenehmen Empfindungen verbunden sein muss.

Problembereich Anlegen der Ausrüstung

Abwehrverhalten beim Anlegen der Ausrüstung hat seine Ursache darin, dass entweder die Ausrüstung nicht passt oder nicht korrekt angelegt wird oder dass die reiterliche Arbeit nach dem Anlegen der Ausrüstung für das Pferd unangenehm oder sogar schmerzhaft ist. Alle drei Punkte können natürlich auch gleichzeitig Ursache für Abwehrverhalten beim Anlegen der Ausrüstung sein.

Im Allgemeinen verringern sich die Ausmaße der Abwehrmaßnahmen des Pferdes, wenn die Mängel abgestellt worden sind. Das braucht allerdings Zeit und meist bleibt eine leichte Empfindlichkeit zurück.

Als Sofortmaßnahmen nach einem Beheben der Mängel kommen die folgend vorgestellten Techniken in Frage.

Aufzäumen

Das Pferd öffnet das Maul nicht: Meist hilft es, wenn das Pferd mit dem Trensengebiss ein Leckerchen erhält. In schlimmeren Fällen drückt man sanft den Daumen der linken Hand, mit der das Gebiss beim Auftrensen gehalten wird, in die Maulspalte, und zwar dort, wo das Gebiss liegen wird. Spätestens wenn man die Zunge oder den Gaumen berührt, öffnet es die Maulspalte. Doch muss man vorsichtig sein, dass man nicht gebissen wird.

Das Pferd weicht mit dem Kopf nach oben aus: Am einfachsten lässt sich dieses Problem lösen, wenn man das Pferd in aller Ruhe mit einigen Leckerchen zum Senken von Kopf und Hals bringt. Schlimmstenfalls muss man sich zum Aufzäumen auf einen Strohballen oder Stuhl stellen. Aber Vorsicht, dass man nicht stürzt oder vom Pferd umgestoßen wird. Mit einiger Geduld kann man das Pferd zum Senken von Kopf und Hals veranlassen, wenn man mit der Hand vom Halsansatz aus ruhig zum Genick streicht und dort einen leichten Druck nach unten ausübt. Man muss dem Pferd allerdings Zeit geben, sich völlig zu entspannen. Schnelle Bewegungen muss man dabei vermeiden. Dieses Verfahren sollte man unabhängig vom Reiten als Übung ausführen. Als effektive Sofortmaßnahme ist es zugegebenermaßen nicht geeignet. Denn das Pferd muss erst lernen, den Hals auf Druck zu senken. Seine Natur schreibt ihm nämlich das Gegenteil vor: „Auf Druck reagiere mit Gegendruck."

Pferde, die sich das Genickstück nicht über die Ohren ziehen lassen möchten, sind oft empfindlich an den Ohren. Diese Empfindlichkeit gegenüber Berührungen an den Ohren muss stückweise abgebaut werden. Dabei hilft es, wenn man dem Pferd im Rahmen des Putzvorganges eine Massage angedeihen lässt, die am Halsansatz anfängt, irgendwann am Genick angelangt ist und sich später auch über die Ohren erstreckt. Meistens reagieren solchermaßen empfindliche Pferd nur auf die erste Berührung empfindlich. Ist dieser erste Moment überwunden, dann lassen sie sich den Kontakt gefallen. Dies muss man so oft wie möglich üben und mit Hilfe eines Leckerchens belohnen. Sollte der Widerstand am Anfang zu groß ausfallen, dann kann man ein Genickstück verwenden, dass im Genick verschnallt wird. Dadurch umgeht man das Überstreifen über die Ohren.

Sattel- und Gurtzwang

Sattel- oder Gurtzwang entsteht in erster Linie durch einen unpassenden, falsch aufgelegten und falsch angegurteten Sattel. Es kann aber auch der Fall eintreten, dass sich das Pferd nur deshalb gegen das Aufsatteln und Angurten wehrt, weil es die Arbeit danach fürchtet. Ein mangelhafter Sitz und eine reiterliche Arbeit, die das Pferd nicht zur Losgelassenheit bringt, können Rückenschmerzen verursachen, an die sich das Pferd beim Aufsatteln erinnert. Als Abwehrmaßnahmen können beim Aufsatteln auftreten:

- allgemeine Unruhe
- Scharren mit einem Vorderbein
- Zähneknirschen
- Anlegen der Ohren und Beißen
- Steigen und Überschlagen

Zur Korrektur des Sattel- oder Gurtzwangs müssen daher folgende Punkte überprüft werden:

- Passt der Sattel?
- Wird er korrekt aufgelegt?
- Wird er langsam in mehreren Abschnitten angegurtet?
- Reagiert das Pferd auf Druck im Rücken empfindlich? Hat es womöglich Rückenprobleme?
- Sitzt der Reiter korrekt und geht geschmeidig in die Bewegungen ein?
- Lässt sich das Pferd bei der Arbeit los?

Nachdem festgestellte Mängel in diesen Bereichen behoben worden sind, kann das Verfahren der Rückgewöhnung dem Pferd helfen, den Sattel- und Gurtzwang zu vergessen.

Dazu möchte ich zwei Beispiele aus der Praxis geben:

Beispiel: Fallaise

Es handelt von der Trakehner Stute Fallaise, die Sattel- und Gurtzwang hatte, der sich vor allem in einer sehr starken allgemeinen Unruhe äußerte.

Fallaise wollte weder beim Aufsatteln noch beim Auftrensen oder Aufsitzen ruhig stehen bleiben. Sie zeigte sich unter dem Reiter sehr verspannt und war schwer zu regulieren. Beim Reiten versuchte sie, die Maulspalte aufzusperren, und zog selbst bei nicht anstehenden Zügeln die Zunge hoch. Ich saß die ganze Zeit auf einem ständig nervös angespannten Pferd. Solange sie nicht geritten wurde, zeigte sie sich völlig ruhig und vertraut im Umgang mit dem Menschen. Sobald sie aber Sattel und Trense erblickte, geriet sich sichtlich unter Spannung. Offenbar hatte sie beim Reiten sehr schlechte Erfahrungen mit dem Menschen gemacht, weshalb sie jedes Anzeichen, durch das sie einen bevorstehenden Ritt erahnen konnte, mit einer unangenehmen Empfindung verknüpfte, die sie zu oben geschildertem Verhalten trieb.

Mein erstes Etappenziel war es, ihr klar zu machen, dass Sattel und Trense mit etwas Angenehmem zu verbinden waren.

Ich verfuhr folgendermaßen: Da Fallaise schon mit dem Betreten der Halle das unangenehme Satteln mit der darauf folgenden und sonst so unangenehmen Arbeit verband, geriet sie sofort in sichtliche Unruhe und Anspannung.

Entgegen ihrer Erwartung sattelte ich sie zunächst nicht, sondern führte sie am Halfter so lange durch die Halle, bis sie ruhig blieb. Als sie nach geduldigem Führen so weit zur Ruhe gekommen war, dass sie ruhig neben mir stehen blieb, lobte ich sie ausgiebig, und sie bekam Äpfel und Möhren zur Belohnung. Fallaise sollte den Eindruck gewinnen, als wäre sie nur deshalb an diesem Tag in der Halle, um zuzusehen, wie andere arbeiteten. Es sollte für sie zur Entspannung werden, einmal ohne jegliche Anforderung dort zu verweilen, wo sie sonst unter großer nervöser Anspannung hatte arbeiten müssen. Kam Unruhe in ihr auf, wiederholte ich das beruhigende Führen mit anschließendem Stehen und Loben. Dies geschah so oft, bis sie sich an nichts mehr in ihrer Umgebung störte.

Daraufhin hielt ich sie an. Meine Frau übernahm den Führstrick und reichte ihr Futter. Ich holte den Sattel und näherte mich Fallaise, während sie sich über die Möhren und Äpfel hermachte. Aber im Gegensatz zu ihrer Erfahrung, die sie erwarten ließ, dass ich ihr den Sattel auflegen würde, legte ich den Sattel nicht auf, sondern wanderte mit diesem um sie herum. Kam Unruhe auf, obwohl sie gefüttert wurde, entfernte ich mich wieder ein Stück, bis sie ihre Ruhe wiedergefunden hatte. Als ich einmal mit dem Sattel um sie herumgegangen war und sie dies einigermaßen geduldet hatte, legte ich den Sattel beiseite und führte sie wieder an, um den gesamten Vorgang von Anfang an zu wiederholen.

Das Prinzip bei dieser Aktion bestand darin, dass ich immer genau das tat, was sie nicht erwartete, und zwar im positiven Sinn. Ich forderte von dem, was sie nicht erwartete, so wenig, dass sie ihre Anspannung verlor. Sie sollte erkennen, dass die Anwesenheit des Sattels ihr keinerlei Unannehmlichkeiten bereiten, sondern im Gegenteil das Futter mit sich bringen würde.

Ich näherte mich mit dem Sattel immer nur so weit, wie sie gerade noch ruhig blieb oder sich leicht wieder beruhigen ließ. So verkürzte ich allmählich die Distanz zu ihr, bis ich mit dem Sattel direkt neben ihrer linken Schulter stand. Dort angekommen berührte ich sie mit meiner Hand an der Schulter. Die Berührung mit der Hand fürchtete sie nicht.

Das Vertrauen in die Berührung mit der Hand nutzte ich, um den Sattel dort an die Schulter anzulegen, wo sich schon meine Hand befand. Durch das Futter war sie so sehr abgelenkt, dass sie die zusätzliche Berührung mit dem Sattel nicht intensiv wahrnahm. Dann streichelte ich sie sozusagen mit dem Sattel an Schulter und seitlicher Brustwand.

Das übte ich von beiden Seiten. Wenn dabei Unruhe aufkam, brach ich das Ganze ab und führte sie, bis sie sich wieder beruhigt hatte. Dann ließ ich sie beim Futter erneut halten, um die Annäherung und das „Streicheln" mit dem Sattel zu wiederholen. So verfuhr ich, bis der Sattel auf ihrem Rücken lag, jedoch noch ohne angegurtet zu sein. Ich übte mit ihr das Auflegen des Sattels von der linken Seite wie auch von der rechten, um ihre Neugier für das Ungewohnte zu wecken.

Hatte ich es einmal erreicht, dass der Sattel auf ihr lag, ohne dass sie sich verspannt hatte, so nahm ich ihn wieder ab und wiederholte das gesamte Verfahren, angefangen beim Annähern über das Streicheln bis zum Auflegen. Als sie dabei völlig ruhig blieb, begann ich den Gurt zu verschnallen. Allerdings geschah das anfangs so locker, dass er Fallaise noch nicht einmal berührte. Stückweise schritt ich auch mit dem Angurten voran, bis der Sattel so fest anlag, dass er beim Führen nicht verrutschen konnte.

Das gleiche Verfahren wendete ich auch beim Aufziehen der Trense an. Glücklicherweise dauerte dies nicht so lange. Immer wieder musste sie die Trense aufnehmen, um sofort mit Futter belohnt zu werden und die Trense wieder ausgezogen zu bekommen.

Auf diese Weise konnte Fallaise nach längerer Arbeit von ihrer Spannung beim Aufsatteln und Auftrensen befreit werden.

Beispiel: Isabella

Isabella war ebenfalls eine Trakehner Stute, die sehr im Vollblut-Typ stand. Sie reagierte äußerst sensibel auf jegliche Berührungen. Man konnte sie nicht aufsatteln und angurten, ohne *befürchten zu müssen, dass sie den Anbindestrick zerriss. Schon das Auflegen der Satteldecke machte sie sehr nervös.*

Deshalb führte ich sie zum Satteln erst einmal in die Bahn. Dort gingen wir zunächst einige Runden, bis sie ruhig neben mir herlief. Danach ließ ich sie halten und begann, sie vorsichtig zu streicheln, am Hals, an der Schulter bis in den Rücken. Dabei sprach ich beruhigend auf sie ein. Dann lobte ich sie und gab ihr Leckerchen.

Nach einem erneuten Führen wiederholte ich die Streicheleinheiten und nahm die Satteldecke hinzu, die ich dort anlegte, wo sich meine Hand an der Schulter befand. Ich übergab sie in die streichelnde Hand, ohne den Kontakt zu Isabella aufzugeben. Nun streichelte ich sie sozusagen mit der Decke und ließ sie in die Sattellage gleiten. Dort hielt ich sie fest und führte sie eine kleine Runde.

Auf die gleiche Weise brachte ich den Sattel in den Rücken. Diesen nahm ich vor dem Angurten noch einmal ab, um sie eine erneute Runde zu führen. Nach einem weiteren Lob legte ich den Sattel wieder auf die gleiche Art auf. Diesmal gurtete ich an, zunächst so leicht, dass sie sich nicht wehrte.

Dann folgte wieder ein Führen, wobei ich den Sattel festhielt. Danach gurtete ich fester an, jedoch nur leicht. Das wiederholte sich, bis der Sattelgurt genügend fest angezogen war, um aufzusitzen. Auch hier ließ sich nach einigen Wochen eine deutliche Besserung feststellen.

Steigen und Überschlagen beim Satteln

Neigt ein Pferd dazu, beim Satteln und Angurten zu steigen und sich womöglich zu überschlagen, muss man sich fragen, ob das Pferd nicht bereits Schaden am Rücken genommen hat. Sollte dies der Fall sein, ist natürlich eine medizinische Behandlung und ein darauf abgestimmtes Training des Pferdes von Nöten.

Dabei ist es wichtig, das Pferd wie im Beispiel von Isabella aufzusatteln und anzugurten. Die Bewegung vor und nach jedem Arbeitsschritt sowie das langsame Vorgehen werden das Auftreten des Problems verhindern. Äußerste Vorsicht ist dann nochmals beim Aufsitzen geboten.

> Es ist sehr zu empfehlen, das Pferd nach dem Aufsatteln abzulongieren, sodass sich das Pferd von seinen Verspannungen befreien kann, noch bevor der Reiter aufsitzt. Das Aufsitzen selbst muss so weich wie möglich geschehen. Der Rücken darf nicht ruckartig belastet werden. Günstig wäre das Aufsteigen über ein Podest.

Problembereich Aufsitzen

Beim Aufsitzen lassen sich folgende für den Reiter unangenehme Verhaltensweisen bei Pferden beobachten:

- seitliches Ausweichen
- Rückwärtsweichen
- Unruhe und Davoneilen
- Steigen oder Buckeln

Die Ursache für ein Ausweichen zu Seite kann darin liegen, dass der Reiter mit der Fußspitze in die Brustwand des Pferdes bohrt. Dies muss natürlich vermieden werden, wenn man vom Pferd ein ruhiges Stehen erwarten will. Als zweite Ursache kommt in Frage, dass sich der Reiter mit der Kraft seines ganzen Gewichts und der Trägheit seiner ganzen Körpermasse an den Bügel hängt und sich mühsam in den Sattel zieht. Abhilfe sollte durch ein eigenes sportliches Training geschaffen werden. Ist die Steifheit des eigenen Körpers so groß, dass man Schwierigkeiten hat aufzusitzen, dann wird man auch Probleme haben, in die Bewegungen einzugehen. Deshalb muss man etwas für die Geschmeidigkeit des eigenen Körpers tun. Außerdem wäre es grundsätzlich günstiger, über ein Podest aufzusitzen, um eine unnötige Belastung des Pferderückens, der Bügelriemen und des Sattels zu vermeiden.

Ein weiterer Grund kann der sein, dass man den Zügel auf der Seite, zu der man aufsitzt, zu stark aufgenommen hat. Das Pferd reagiert dann auf diese Zügeleinwirkung, indem es sich mit der Hinterhand vom aufsitzenden Reiter wegbewegt. Sinnvoller wäre es, das Pferd leicht in die Gegenrichtung zu stellen.

Das Rückwärtsweichen beim Aufsitzen wird im Allgemeinen durch zu stramm anstehende Zügel verursacht. Die Lösung des Problems besteht in einer geringeren Zügelspannung. Es kann aber auch daher kommen, dass sich das Pferd mit seinem Kopf zum Reiter umdrehen möchte, um zu sehen, was hinter ihm ist. Dabei geht es einige Tritte rückwärts. Hier hilft nur, dass man dem Pferd in Ruhe das zeigt, was es sehen möchte, und es danach wieder zum Aufsitzen aufstellt. Notfalls muss man das so lange wiederholen, bis das Pferd stehen bleibt. Sollte das Pferd nach wiederholtem Aufstellen immer noch rückwärts aus-

Der Reiter verlangt nach und nach eine starke Halsbiegung, die er beim Aufsitzen aufrechterhalten muss.

weichen, dann muss man es zum Vorwärtsgehen auffordern, indem man mit der Gerte hinter ihm zwitschert oder auf den Boden klopft oder es in der Schenkellage oder am Sprunggelenk touchiert. Wenn es daraufhin seitlich ausweicht, führt man es ganz an und stellt es erneut auf, bis es endlich ruhig stehen bleibt. Von einem energischen Treiben mit der Gerte sollte man Abstand nehmen, weil sich das Pferd dadurch verspannen und unruhig werden würde.

Wenn ein Pferd beim Aufsitzen unruhig wird und versucht davonzueilen, dann hat es entweder nie gelernt stehen zu bleiben oder das Aufsitzen ist ihm unangenehm. In beiden Fällen muss man das Aufsitzen üben. Am Anfang kann man sich dabei von jemandem helfen lassen, der dem Pferd Futter gibt und der es dazu anhält, stehen zu bleiben, wenn man aufsitzt. Durch das Futter versucht man zunächst, das Pferd vom Aufsitzen abzulenken. Weicht es aus oder möchte es losgehen, bringt man es wieder an derselben Stelle wie vorher zum Stehen und beginnt von vorn. Es versteht sich von selbst, dass das Aufsitzen weich und geschmeidig sowie mit Ruhe geschehen muss. Man muss verhindern, dass das Aufsitzen für das Pferd unangenehm ist.

Sitzt der Reiter im Sattel, muss auch er dem Pferd von oben ein Leckerchen geben. Nach und nach wird das Pferd das Leckerchen von seinem Reiter erwarten, sodass der Helfer mit dem Futter überflüssig wird. In schwierigeren Fällen ist es hilfreich, das Pferd vor dem Üben des Aufsitzens abzulongieren, bis es sich entspannt hat.

Wenn sich ein Pferd so sehr beim Aufsitzen verspannt, dass es steigt oder zu buckeln beginnt, dann hat es entweder Angst, Schmerzen oder es hat gelernt, dass es sich auf diese Weise der Arbeit entziehen kann.

Hat das Pferd Angst vor dem Aufsitzen des Reiters, dann nur deshalb, weil es mit der Situation des Aufsitzens nicht vertraut ist oder weil es schlechte Erfahrungen gemacht hat. In diesem Fall muss man das Pferd wie ein junges Pferd behandeln und eine vertrauensfördernde Gewöhnungsarbeit leisten.

Sind Rückenschmerzen der Grund für das Steigen oder Buckeln, dann muss das Pferd in Abstimmung mit einer medizinischen Behandlung so lange an der Longe oder wenn möglich besser noch an der Doppellonge in korrekter Dehnungshaltung gearbeitet werden, bis ein deutlicher Muskelzuwachs an der Oberlinie festzustellen ist. Dabei wird das Pferd einen Großteil seiner Schmerzempfindlichkeit verlieren, sodass man nach einem Ablongieren relativ gefahrlos aufsitzen kann. Der Fall, dass ein Pferd absichtlich steigt oder buckelt, kommt seltener vor.

Eine Korrektur kann auf zweierlei Wegen erfolgen. Entweder man geht die Sache direkt an, indem man dem Pferd die Möglichkeit zum

richtig korrigieren

Steigen oder Buckeln beim Aufsitzen nimmt, oder man arbeitet das Pferd an der Longe mit Sandsäcken und einer Reiterattrappe (siehe Abschnitt „Problembereich Reiten / Buckeln").

Der erste Weg gestaltet sich folgendermaßen: Zunächst übt man von unten mit dem Pferd, seinen Hals so weit zur Seite zu biegen, bis die Nase die Fußspitze des aufgesessenen Reiters berühren würde. Diese starke Biegung des Halses nimmt dem Pferd später beim Aufsitzen die Möglichkeit, zu steigen oder zu buckeln.

Die Halsbiegung erreicht man mit Hilfe einer langsam gegebenen Zügeleinwirkung auf der Seite, zu der sich das Pferd biegen soll. Es ist sehr wichtig, langsam und in mehreren Schritten vorzugehen, weil sich hierbei Muskulatur dehnen muss, die unter Umständen sogar verhärtet ist. Es kann vorkommen, dass man mehrere Tage braucht, um eine solche Biegsamkeit des Halses zu erreichen. Ein zu schnelles Vorgehen führt stets zu starker Verteidigung. Während dieser Zeit muss das Pferd in frischen Tempi an der Longe gearbeitet werden und Auslauf erhalten, damit es möglichst ausgeglichen ist.

Man darf jedoch nicht eher mit dem Aufsitzen beginnen, als bis das Pferd ruhig mit dieser starken Halsbiegung stehen bleibt und darin erhalten werden kann.

Ist der Tag des Aufsitzens gekommen, longiert man das Pferd vor dem eigentlichen Aufsitzen, bis es sichtlich zur Ruhe kommen möchte. Man erkennt das daran, dass es am liebsten in die jeweils niedrigere Gangart ausfallen würde. Danach stellt man das Pferd besser in die Bahnmitte als in eine Ecke. Wird der Versuch aufzusitzen in der Ecke durchgeführt, ist die Verletzungsgefahr für Longenführer und Reiter größer. Beim Aufsitzen sollte der Longenführer auf der Seite des Reiters stehen. So ist das Pferd eher geneigt, von beiden wegzuspringen, sollte es das tun. Der mit Military-Weste und Reitkappe ausgerüstete Reiter biegt nun den Pferdehals auf die ihm abgewandte Seite mit dem entsprechenden Zügel. Er muss den Zügel fest in seiner linken Hand halten und die Hand am Sattel fixieren, damit sich das Pferd nicht frei machen kann. Dabei wäre es sinnvoll, würde der Reiter nicht nur über die Trense einwirken, sondern auch über einen eingeschnallten Kappzaumzügel. So wird das Pferdemaul geschont. Der Longenführer darf keinen Zug mit der Longe ausüben. Er muss sie aber anstehen lassen und so hoch halten, dass das Pferd nicht hineintreten kann, sollte es steigen oder buckeln wollen.

Das Aufsitzen muss nun ruhig, aber zügig erfolgen. Keinesfalls darf man das Pferd mit dem Bein auf der Kruppe streifen. Sollte es das Pferd schaffen, sich aus seiner Haltung zu befreien, muss sofort abgebrochen und das Ganze wiederholt werden. Wenn daraufhin das Aufsitzen gelungen ist, ist die Gefahr noch nicht gebannt. Das Pferd kann in dem Augenblick, da es den Hals wieder gerade hält, sofort steigen oder buckeln. Das Steigen lässt sich nur durch ein energisches

Vorwärtstreiben verhindern. Nie darf der Reiter am Zügel hängen bleiben, sonst droht ein Überschlagen. Der Longenführer sollte die treibenden Einwirkungen des Reiters mit der Longierpeitsche unterstützen, vor allem dann, wenn das Pferd die Bedeutung der treibenden Einwirkungen des Reiter noch nicht kennt. Versucht das Pferd zu buckeln, müssen der Reiter und der Longenführer das Pferd über Kappzaum und Trense aufrichten, damit es den Hals nicht zum Buckeln senken kann. Gleichzeitig müssen beide energisch vorwärts treiben, weil dem Pferd das Buckeln in der Bewegung schwerer fällt. Zum Aufrichten kann eine starke Zügeleinwirkung nötig werden. Um das Maul nicht zu verletzen, ist die Verwendung eines Kappzaums unbedingt zu empfehlen. An diesem kann man getrost einen kurzen energischen Anzug geben, um das Pferd beim Buckeln aufzurichten. Der Reiter muss bei einem Buckeln seinen Oberkörper hinten halten, damit er nicht vornüber fällt.

Dem Pferd muss klar werden, dass seine Attacken nur dazu führen, dass es sich selbst das Leben schwer macht. Nach einigen erfolglosen Versuchen wird das Pferd die Sinnlosigkeit seines Unterfangens einsehen. Diese Versuche muss man aber aussitzen und parieren können. Deshalb ist dieses Verfahren äußerst gefährlich. Denn selbst einen geübten Reiter, der Erfahrung in der Korrektur solcher Pferde hat, kann es den Sitz im Sattel kosten. Letztendlich muss er aber obsiegen. Sollten Sie ein solches Pferd besitzen, dann versuchen Sie die Korrektur keinesfalls im Alleingang. Geben Sie Ihr Pferd lieber in geeignete Hände, die es von diesem Ungehorsam befreien, ohne ihm Schaden zuzufügen. Allerdings ist nicht auszuschließen, dass Ihr Pferd nach einer Korrektur durch einen anderen Reiter immer noch versucht, Sie durch ein Steigen oder Buckeln loszuwerden, weil es Sie nicht als ranghöher ansieht.

Das heißt, Sie müssten sich doch derart mit ihm auseinander setzen. Sie müssen sich darüber im Klaren sein, dass diese Korrektur lebensgefährlich sein kann. Vor allem wenn Sie noch nicht über die dazu nötigen reiterlichen Fähigkeiten verfügen, sollten Sie davon Abstand nehmen und sich überlegen, ob Sie Ihr Pferd nicht besser an jemanden hergeben, der ihm gewachsen ist.

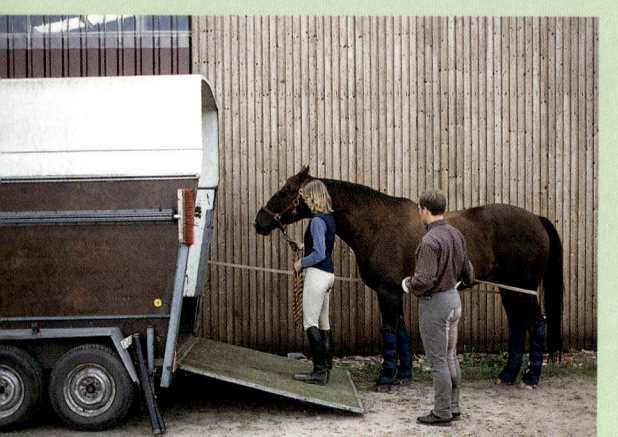
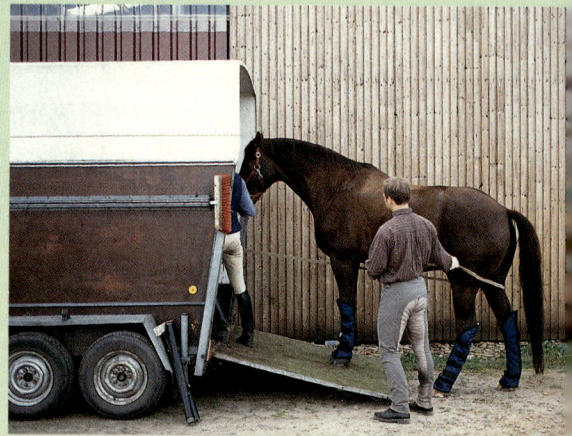

Bei einem geringradigen Verladeproblem kann man sich mit einer Longe helfen, die man um die Hinterhand des Pferdes legt.

Problembereich Verladen

Gründe für Verladeprobleme sind Angst vor dem Anhänger, Klaustrophobie, Angst vor dem Fahren selbst und Angst vor dem, was nach dem Hängerfahren kommt. Ängste lassen sich wiederum nur durch eine systematisch Gewöhnung überwinden. Man muss darüber hinaus darum bemüht sein, die Angelegenheit, vor der sich das Pferd fürchtet, so angenehm wie möglich zu machen und unangenehme Dinge abzustellen. Gewinnt das Pferd außerdem durch seine dressurmäßige Ausbildung und durch einen korrekten Umgang Vertrauen zum Menschen und erkennt es diesen als Leittier an, werden sich die Widerstände beim Verladen zumindest auf ein solches Minimum reduzieren, dass man sie leicht mit einer Stimmhilfe und einem Vorausgehen überwinden kann. Darüber hinaus ist natürlich auf eine angemessene Fahrweise zu achten.

Bei einem Pferd, das einmal gelernt hat, dass es sich mit seiner ganzen Kraft gegen das Verladen erfolgreich wehren kann, muss zunächst eine intensive Gehorsammachung im Rahmen einer ruhigen dressurmäßigen Arbeit, beim Longieren und bei der Arbeit an der Hand erfolgen. Es muss dabei alles vermieden werden, wodurch sich das Pferd verspannt. In Verbindung mit der gleichen systematischen Gewöhnung wie bei weniger schwierigen Pferden lässt sich auch dieser Widerstand überwinden.

Die Gewöhnungsarbeit gestaltet sich grundsätzlich so, dass man dem Pferd Gelegenheit gibt, den Anhänger selbstständig auf der Weide zu erkunden. Futtergaben anfangs in der Nähe des Anhängers und später im Anhänger selbst werden dazu führen, dass es ihn nach und nach selbst betritt. Man sollte jede Gelegenheit nutzen, um es in der Nähe des Anhängers zu putzen. Leichte Führübungen an der Hand in direkter Nähe des Anhängers bis hin zum Reiten in der Nähe des Anhängers oder sogar das Reiten in einer Reithalle, in der ein Anhänger aufgestellt ist, helfen dem Pferd, sich an ihn zu gewöhnen. Anfangs darf man nicht versuchen, dass Pferd näher an den Hänger zu führen oder zu reiten, als es sich ihm selbst nähern möchte. Man beschränkt sich auf eine Arbeit in der Entfernung vom Anhänger, in der sich das Pferd noch regulieren lässt. Je mehr sich das Pferd regulieren lässt und seine Aufmerksamkeit auf den Reiter gerichtet hält, umso mehr nähert man sich bei der Arbeit dem Anhänger, bis man ihn irgendwann erreicht hat. Dort angekommen belohnt man das Pferd mit Futter. Das gleiche Spiel kann sich wiederholen, wenn die Klappe des Anhängers geöffnet wird.

Unabhängig von der direkten Arbeit am Anhänger sollte das Pferd daran gewöhnt werden, über kleine, ausreichend stabile Rampen aus Holz und über Böden mit verschiedenen Belägen (Plastikplanen) zu gehen. Die Gewöhnung an solche Gegenstände erfolgt dabei immer auf die gleiche Weise. Man gibt dem Pferd die Möglichkeit, den betreffenden Gegenstand selbstständig zu erkunden, man füttert es in seiner Nähe, arbeitet es in seiner Nähe und steht irgendwann direkt vor ihm. Durch das Vertrauen in und den Gehorsam gegenüber dem Menschen, den man sich beim Reiten, bei der Arbeit an der Hand und an der Longe erarbeitet hat, wird es ihm zunächst über kleine Rampen und Planen folgen, die allmählich immer größer gewählt werden, je ruhiger sich das Pferd verhält. Pferde, die Klaustrophobie haben, kann man an das Passieren von Engstellen gewöhnen, indem man zuerst niedrige Wände aus Pappe so weit voneinander entfernt

reitet worden ist, wird im Allgemeinen keine Schwierigkeiten machen, dem vorausgehenden Menschen in den Hänger zu folgen.

Für den Fall, dass das Pferd keine Angst vor dem Verladen hat, es aber schlicht unangenehm findet, kann man es mit einfachen Mitteln zum Hinaufgehen auf den Hänger bewegen. Parkt man den Anhänger an einer Wand, sodass das Pferd nicht zu dieser Seite ausweichen kann, braucht man nur noch einen Helfer, der eine Longe von der Wandseite des Anhängers um die Hinterhand in der Beuge kurz oberhalb vom Sprunggelenk des Pferdes bis zur anderen Seite, auf der er selbst stehen wird, spannt. Ziel ist es nicht, das Pferd in den Hänger zu ziehen, was man sowieso nicht schaffen würde, sondern es durch wiederholte mäßige Anzüge der Longe zum Vorsetzen der Hinterbeine zu bewegen. Gleichzeitig kann derjenige, der dem Pferd vorausgeht, mit Futter locken. Steht keine Wand zur Verfügung, muss ein zweiter Helfer hinzugezogen werden, der eine zweite Longe bedient. Jede Longe muss jeweils an der Seite des Hängers befestigt werden, die demjenigen gegenüberliegt, der die Longe bedient. Sie kreuzen sich daher hinter dem Pferd. Versucht das Pferd rückwärts zu gehen, wenn es die Longen spürt, darf man nicht gegenhalten, sondern muss nachgeben, bis das Pferd stehen bleibt. Gegen einen direkten Zwang würde es sich wehren. Beim Verladen mit Hilfe einer Longe geht es nicht darum, das Pferd in den Hänger zu ziehen, sondern es wie beim Reiten zum Vortreten der Hinterbeine zu bringen.

Einem Pferd, das sich beim Verladen seiner Stärke bewusst geworden ist, muss bei der Arbeit unter dem Reiter, an der Hand und an der Longe klar gemacht werden, dass es jedes Kommando zu beachten und sich ganz dem Reiter anzuvertrauen hat. Das kann das Pferd sicher nicht durch Gewaltmethoden einsehen, sondern nur durch die systematische Ausbildung und durch den korrekten Umgang, wie ich beides im ersten Teil des Buches beschrieben habe. Das Pferd muss seinem Reiter sozusagen das Denken und die Entscheidungen überlassen, was es tun oder lassen soll. So weit muss die Ausbildung des Pferdes vorangebracht werden, bevor mit ihm das Verladen nach einer entsprechenden Gewöhnung geübt werden kann.

aufstellt, dass sich das Pferd problemlos durchführen lässt. Nach und nach verringert man den Abstand. Später erhöht man stückweise die Wände bis auf die Höhe der Anhängerwände.

Ein Pferd, das durch eine solche Gewöhnungsarbeit und durch eine entsprechende Dressurausbildung von oben und unten vorbe-

Problembereich Reiten

Verhalten auf der Stelle

Durch ein Verhalten auf der Stelle (Stätigkeit) entzieht sich das Pferd der Vorwärtsbewegung. Es nimmt dabei die treibenden Einwirkungen nicht mehr an und bleibt auf der Stelle stehen.

Meist sind zu starke annehmende Einwirkungen mit der Hand bei unzureichenden treibenden Einwirkungen die Ursache für ein Verhalten auf der Stelle. Aber auch eine körperliche und damit auch psychische Überforderung zum Beispiel durch eine Lektion kann dazu führen.

Da auch hier gilt: „Vorbeugen ist besser als Heilen", sollte man auf gefühlvollere Einwirkungen mit der Hand, auf ein rechtzeitiges Leichterwerden und auf die Bewegung erhaltende treibende Einwirkungen achten. Im Falle einer Überforderung muss man in der Systematik der Ausbildung wieder einen Schritt zurückgehen.

Hat sich das Pferd der Vorwärtsbewegung entzogen, dann hilft es, das Pferd durch seitwärts weisende Zügeleinwirkungen zum Abwenden zu bringen. Im Augenblick des Abwendens wird es die treibenden Einwirkungen wieder annehmen und daraus vorwärts geritten werden können. Keinesfalls darf man dabei mit den Zügeln rückwärts wirken. Beim Seitwärtsweisen muss man deshalb mit der Hand eine Kleinigkeit nach vorne gehen. In extremen Fällen kann man das Pferd einige Male um sich selbst drehen lassen. Spätestens danach wird es bereitwillig vorwärts gehen. Dieses Mühledrehen hat nichts mit einem Herumreißen zu tun, durch das sich das Pferd nur verspannen und verletzen würde. Die seitwärts weisenden Einwirkungen müssen so stark sein, dass das Pferd abwendet, sie dürfen aber nicht zu einem Herumwirbeln des Pferdes führen.

Hat das Pferd einmal erkannt, dass es sich auf diese Weise entziehen kann, so ist es möglich, dass das Pferd auch dann einmal auf der Stelle verhält, wenn man ihm keinen Anlass dazu gegeben hat. Das gleiche Verfahren wie oben muss daraufhin konsequent angewendet werden, bis das Pferd einsieht, dass es zu nichts führt.

Scheuen

Bei einem geringgradigen Scheuen reicht es meist aus, die Aufmerksamkeit des Pferdes durch einige verstärkte halbe Paraden wieder auf sich zu lenken. Scheut das Pferd aber so stark, dass es trotz halber Paraden zur Seite springt und sich zu der Sache hindreht, vor der es sich fürchtet, muss man es gewähren lassen, bis es sich die Sache angesehen hat und wieder zur Ruhe gekommen ist. Niemals darf man das Pferd für ein Scheuen strafen. Das würde nur dazu führen, dass sich das Pferd vor der Sache umso mehr fürchten würde, weil es auch noch die Strafe erwartet, wenn es an dieser vorbeigeht.

Reicht es nicht aus, dem Pferd Gelegenheit zu geben, das Unbekannte zu betrachten und zur Ruhe zu kommen, um es von einem weiteren Scheuen abzubringen, ist es nötig, sich dem Problem intensiver zu widmen. Mit Hilfe eines vorausgehenden Pferdes, das sich ohne ein Scheuen an der betreffenden Sache vorbeireiten lässt, wird sich das Pferd dazu bewegen lassen, ebenfalls daran vorbeizugehen. Steht kein Führpferd zur Verfügung, muss man absitzen und selbst vorausgehen. An der betreffenden Sache angekommen, wird ausgiebig gelobt und Futter gereicht. Günstig wäre es für die nächsten Male, einen Helfer mit Futter bei dieser Sache zu platzieren. Je öfter diese Furcht erregende, aber schmackhafte Stelle angeritten wird, umso mehr wird das Pferd seine Scheu verlieren.

Je mehr sich die Durchlässigkeit eines Pferdes durch seine Ausbildung erhöht, umso leichter bekommt man ein Pferd bei einem Scheuen wieder in den Griff. Gänzlich vermeiden kann man es natürlich nicht. Doch es lässt sich durch vorbeugende Maßnahmen reduzieren. Um eine Vorstellung davon zu bekommen, wie man das Pferd an ungewohnte Dinge gewöhnt, sollte man einmal die Gelegenheit wahrnehmen, die Gewöhnungsarbeit mit den Polizeipferden zu beobachten. Eine allgemeine Darstellung der Gewöhnungsarbeit wird im Abschnitt über das Verladen gegeben.

Durchgehen

Das Durchgehen kann einerseits die Folge eines Scheuens oder zu starker Zügeleinwirkungen sein, andererseits ist es aber auch möglich, dass sich das Pferd des Durchgehens als Waffe gegen reiterliche Anforderungen bedient.

Die zu starken Zügeleinwirkungen lassen sich nur durch einen unabhängigen Sitz und durch die richtige Vorstellung und Umsetzung der korrekten Hilfen vermeiden. Sämtliche Zügeleinwirkungen, die für den außen stehenden Betrachter sichtbar werden, außer dem Überstreichen und Seitwärtsweisen, fallen unter die Kategorie „zu stark". Wenn man mit der Vorstellung reitet, dass diese zu starken Einwirkungen richtig sind, dann muss man nicht nur seine Hilfengebung und meist auch seinen Sitz, sondern ebenso seine

richtig korrigieren

Vorstellung von den korrekten Hilfen korrigieren, um dem Pferd keinen Grund mehr für ein Durchgehen zu geben.

Weiß man von seinem Pferd, dass es sich mit Hilfe des Durchgehens bewusst zu entziehen versucht, darf man ihm grundsätzlich kein selbständiges Zulegen des Tempos gestatten. Meist kann man an der zunehmenden Verspannung im Pferd erfühlen, dass es durchgehen möchte. Durch diese Verspannung geht es gegen die regulierenden Einwirkungen des Reiters an, um sich von ihnen immer weiter zu befreien. Achtet man bereits an dieser Stelle darauf, dass es die Einwirkungen wieder annimmt, lässt sich ein Durchgehen vermeiden. Das heißt, man erhält das Pferd durch halbe Paraden, Wendungen und Übergänge zu niedrigeren Gangarten durchlässig und ruhig. Niemals darf man mit den Zügeln zu ziehen beginnen. Das Pferd würde sich nämlich auf die Hand legen und den Reiter vornüber ziehen, sodass es alle Freiheit bekäme, um durchgehen zu können.

Ist es dem Pferd einmal gelungen durchzugehen, muss man versuchen, es durch halbe Paraden wieder aufzunehmen. Gleichzeitig wendet man es auf einen Zirkel ab, den man so lange verkleinert, bis es durchpariert.

Steigen

Der häufigste Grund für das Steigen eines Pferdes unter dem Reiter ist eine Überforderung in Verbindung mit falschen oder zu starken Zügeleinwirkungen. Damit liegt die Problemlösung auf der Hand. Sie lautet: Herunterschrauben der Anforderungen auf ein Maß, das dem derzeitigen Ausbildungsstand des Pferdes entspricht, und gefühlvolleres und korrektes Einwirken mit der Hand in Übereinstimmung mit den treibenden Einwirkungen. Unter Umständen kann das bedeuten, dass man mit seinem Pferd bis an den Anfang der Ausbildung zurückkehren und sich selbst einer Sitzschulung unterziehen muss.

Es kann natürlich auch der Fall auftreten, dass ein Pferd bewusst steigt, um sich der Arbeit zu entziehen. Das Pferd braucht dazu nur einige wenige Male gemerkt haben, dass der Reiter keine Kontrolle mehr über es hat, wenn es steigt.

Eine Korrektur kann nur über ein entschlossenes Vorwärtsreiten erfolgen. In der Vorwärtsbewegung ist ein Steigen für das Pferd unmöglich. Verhält es sich aber auf der Stelle und steigt daraufhin, muss man mit dem Oberkörper weit genug nach vorne gehen, um mit dem Pferd im Gleichgewicht zu bleiben, und darf keinesfalls an den Zügeln ziehen, sonst würde ein Überschlagen drohen. Erhebt sich das Pferd nur leicht mit der Vorhand, kann man ein weiteres Steigen durch energisches Vorwärtstreiben verhindern. Es könnte dabei zu einem Vorwärtssprung kommen, deshalb Knie zu und mitgehen!

Nach dem Steigen ist für ein energisches Vorwärtsgehen zu sorgen. Notfalls muss man es einleiten, wie es im Abschnitt „Verhalten auf der Stelle" beschrieben worden ist.

Buckeln

Ursachen für ein Buckeln beim Reiten können sein: Stallmut, Schmerzen, tatsächlicher Ungehorsam, allgemeine Angst vor dem Reiter und Empfindlichkeit gegenüber anliegenden Waden.

Der Stallmut lässt sich nur vermeiden, wenn das Pferd genügend Bewegung erhält. Weidegang und Ablongieren vor dem Reiten werden das Problem in der Regel lösen. So genannte Freudenbuckler lassen sich bei einem jungen Pferd nie ganz verhindern. Erhält das junge Pferd genügend Auslauf, fallen sie meist nicht so stark aus, dass man ihnen nicht standhalten könnte.

Hat das Pferd Schmerzen im Rücken, dann muss es in Abstimmung mit einer medizinischen Behandlung so lange an der Longe oder wenn möglich an der Doppellonge in korrekter Dehnungshaltung gearbeitet werden, bis ein deutlicher Muskelzuwachs an der Oberlinie festzustellen ist. Dabei wird das Pferd einen Großteil seiner Schmerzen verlieren, sodass es das Buckeln unterlassen wird.

Versucht sich das Pferd durch das Buckeln bewusst von seinem Reiter zu trennen, um der Arbeit zu entgehen, muss man auf das gleiche Verfahren zurückgreifen, das ich für das Buckeln beim Aufsitzen beschrieben habe. Zunächst arbeitet der aufgesessene Reiter sein Pferd in Übergängen und Tempowechseln an der Longe und wird durch den Longenführer beim Aufrichten des Halses und Vorwärtstreiben unterstützt. Hierbei muss das Pferd auf die Einwirkungen, die das Buckeln unterbinden, so weit sensibilisiert werden, dass die Einwirkungen des Reiters beim Freireiten ausreichen, um das Buckeln zu verhindern.

Wesentlich häufiger widersetzen sich Pferde durch das Buckeln, weil sie Angst vor dem Reiter haben und empfindlich gegenüber dem Anlegen der Waden sind. Man muss ihnen diese Angst vor dem Reiter und vor sämtlichen Berührungen am ganzen Körper nehmen. Wie das in einem Fall ausgesehen hat, möchte ich Ihnen schildern:

Hier wird in einem weniger schwierigen Fall gezeigt, wie man das Pferd an das Aufsitzen gewöhnen kann.

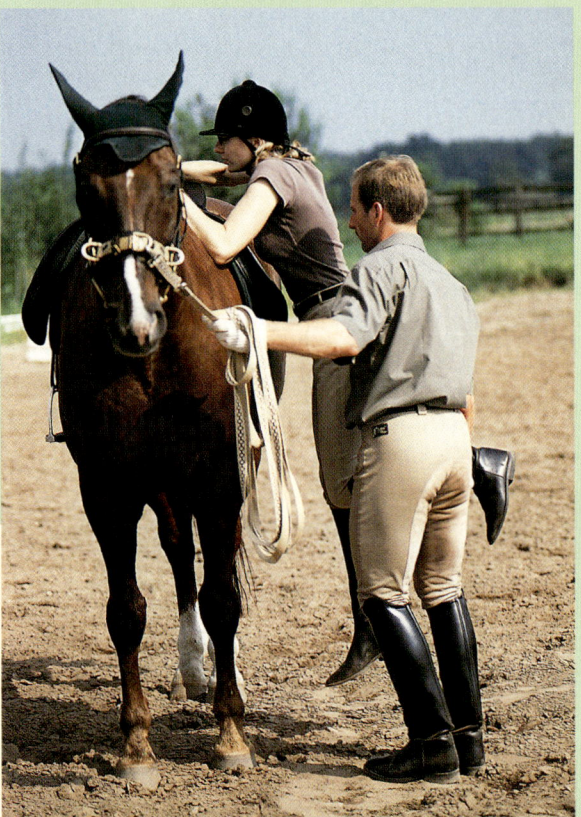

Beispiel Peter-Pan

Die Hauptrolle spielt in diesem Beispiel der junge Trakehner Peter-Pan. Im allgemeinen Umgang machte er gar keine Probleme. Er war weder besonders ängstlich noch verhielt er sich feindselig gegenüber dem Menschen. Er ließ sich bereits wie ein erfahrenes Pferd ohne Schwierigkeiten satteln und aufzäumen.

Allerdings hatte er große Angst vor der Longierpeitsche, was sich besonders zeigte, wenn man ihn beim Longieren nach außen auf den ersten Hufschlag des Longierzirkels weisen wollte. Wenn er erst einmal auf dem ersten Hufschlag des Longierzirkels war und dann halten sollte, drehte er sich immer zu mir hin. Ich hatte dabei den Eindruck, als wollte er dadurch den Menschen im Auge behalten, um sich schützend orientieren zu können. Kommandos nahm er beim Longieren weniger gut an.

Eine noch viel größere Angst als vor der Longierpeitsche hatte er vor allem, was sich ihm von hinten näherte und zugleich größer war als der Sattel, also alles, was über den Sattel hinausragte, wie der Reiter zum Beispiel.

Im Halten ließ er sich noch halbwegs an die Größe hinter und auf ihm gewöhnen, aber sobald die geringste Bewegung des Reiters stattfand, auch wenn diese Bewegung nur dadurch entstanden war, dass er sich selbst bewegt hatte, brach er in

Panik aus und entledigte sich meiner mit allen nur erdenklichen Mitteln. Bei diesem Ausbruch panischer Fluchtreaktionen ignorierte er den Menschen völlig. Der Mensch stellte für ihn nicht den Ruhepol dar, an dem er sich zu orientieren hatte und orientieren konnte. Ihm fehlte beim Reiten der Bezug zum Menschen als ein ranghöheres und zugleich freundliches Leittier, dem er in Sachen Reiten vertrauensvoll folgen konnte und musste. Allgemein zeigte er sich bei der Arbeit in der Reitbahn als ein kontaktscheues Pferd.

So fürchtete er sich vor sämtlichen Berührungen, die an ungewohnten Stellen stattfanden, wie zum Beispiel an der Kruppe, der Lende, dem Hinterbein, also an Stellen, die beim herkömmlichen Anreiten nicht berührt werden. Die herkömmliche Methode des Zureitens versagte beim ihm.

Ich begann die Arbeit mit Peter-Pan zunächst an der Longe. Dabei verwendete ich lang verschnallte Laufferzügel. Ziel war die strenge Überwachung des Gehorsams auf jegliche Kommandos. Dabei kam ich leider nicht umhin, einige Male die Kommandos energischer durchzusetzen, die ihn zu ruhigen Gängen und zum Halten parieren sollten.

Er lernte sehr schnell, die Kommandos und den Longenführer zu beachten, in ständiger Erwartung neuer Anweisungen.

Natürlich stand über allem absolute Ruhe und Gelassenheit meinerseits. Je unruhiger er werden wollte, umso ruhiger und langsamer bewegte ich mich. Sicherlich sah das für die Zuschauer recht interessant aus, wenn ich immer ruhiger und passiver wurde, je nervöser sich das Pferd neben mir verhielt. Selbstverständlich sparte ich nicht mit Lob. Der kleinste Erfolg wurde belohnt.

Besonders wenn ich ihn angehalten hatte, um die Hand zu wechseln, ließ ich mir beim Aufnehmen der Longe und dem Wenden des Pferdes sehr viel Zeit, ja mindestens so viel, bis er völlig gelassen neben mir stand und ich ganz ruhig die Ausrüstung richten konnte. Dabei versäumte ich es auch nicht, ihn in ruhigen Zügen gleichmäßig am Hals zu streicheln.

Die Angst vor der Gerte nahm ich Peter-Pan, wie es auch im Abschnitt „Angst vor der Gerte" beschrieben wird. Aufbauend auf dem bekannten Kontakt durch die Hand, legte ich die Gerte auf meine Hand und ließ sie danach von der ihn berührenden Hand auf seinen Körper gleiten, sodass er

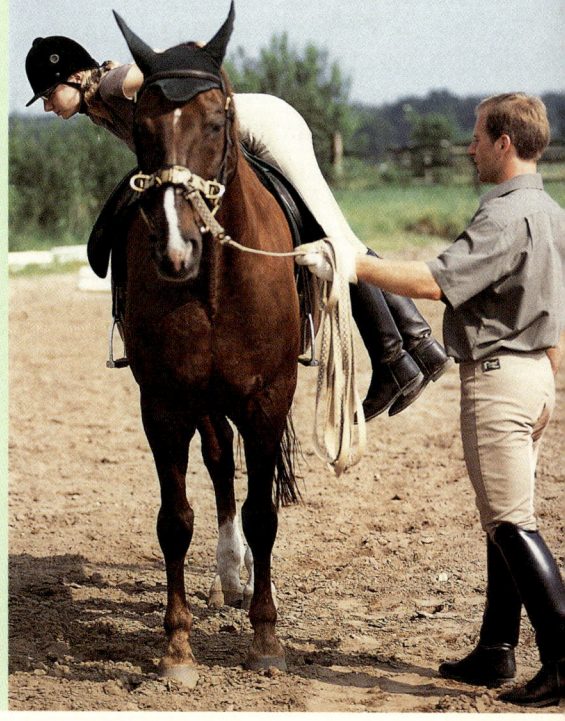

den Eindruck gewann, es sei immer noch der Kontakt meiner Hand allein. Natürlich stand ich dabei sehr dicht bei ihm und begann die Berührung an Stellen, an denen er sich widerstandslos berühren ließ, wie beispielsweise der Schulter. Dann entfernte ich meine Hand und behielt nur die Gerte angelegt.

Immer wenn Unruhe bei der Annäherung mit der Gerte auftrat, stellte ich die Ruhe her, indem ich zum Teil wieder einen Schritt zurück auf die nächsttiefere Stufe ging.

Da Peter-Pan auch all die Bewegungen und Berührungen fremd waren, wie sie beim Aufsitzen und danach vorkommen und vorkommen können, galt es, ihn an solche Bewegungen und Berührungen zu gewöhnen.

Dazu ließ ich ihn von meiner Frau einige Runden führen und danach anhalten. Während Peter-Pan stand, näherte ich mich leicht schräg von vorne, damit er mich deutlich sehen konnte. Im Abstand von etwa 3 Meter begann ich, sehr vorsichtig und langsam um ihn herumzuwandern. Dabei erhob ich zwischenzeitlich immer wieder ganz langsam meine Arme und bewegte sie erst in kleinen Bewegungen, später in größeren. Daraufhin ging ich einen Schritt weiter und näherte mich ihm wieder leicht schräg von vorne, bis ich ihn berühren konnte. Dann berührte ich Peter-Pan an für ihn gewohnten Stellen und tastete mich immer weiter zu allen anderen Körperstellen vor. Ich ging immer nur so weit, wie er gerade noch die Ruhe behielt.

Vorbereitende Arbeit zum Aufsitzen und Reiten: Da Peter-Pans Abwehrmaßnahmen gegen einen aufgesessenen Reiter derartig gefährlich für diesen ausfielen, wurde eine Art spanischer Reiter konstruiert. Er bestand aus einer Halterung, die auf den Sattel montiert wurde. In diese Halterung wurde ein Stab gesteckt, der mittels eines Splints gesichert wurde, sodass er Bocksprünge standhalten konnte. Um den nach oben ragenden Stab wurde ein mit Stroh gefüllter Kartoffelsack befestigt.

Sollten Sie jemals in die Situation geraten, dieses Verfahren anwenden zu müssen, sollten Sie unbedingt darauf achten, dass Sie einen splittersicheren Stab verwenden, der bei einem Sturz des Pferdes nachgibt. Am besten eignet sich ein flexibles Drainagerohr mit einem Durchmesser zwischen 5 und 7 Zentimeter, das mit Isolierschaum ausgefüllt wird. Seine Länge sollte etwa 70 bis 80 Zentimeter betragen, damit es nicht zu instabil ist.

Der Stab konnte leicht auf- und abmontiert werden. Dadurch war es möglich, den Sattel ohne Stab, so wie Peter-Pan es gewohnt war, aufzulegen. Dann erst kam der schwierige Teil: den nach oben hinausragenden Strohsack aufzusetzen.

Zunächst begab ich mich mit ihm in die Halle. Dort ließ ich ihn frei laufen. Ich stellte den Strohsack in der Mitte ab und wartete zunächst. Dann näherte ich mich ihm ohne den Strohsack auf Zickzack- Kursen, so als wollte ich gar nicht zu ihm. Irgendwann stand ich vor ihm. Doch anstatt ihn zu berühren, wie er es erwartete, wandte ich mich von ihm ab. Das Gleiche wiederholte ich mit dem Strohsack.

Niemals durfte Peter-Pan den Eindruck gewinnen, dass ich ihn mit dem Strohsack bedrängen wollte. Als er es duldete, dass dieser Strohsack in seiner Nähe herumwanderte, legte ich den Strohsack weg, um die Longe in den Kappzaum einzuschnallen. Danach nahm ich den Strohsack im Abstand von etwa 2 Meter auf meine Schulter. Dieser Abstand war nötig, damit er sich nicht bedrängt fühlte.

Daraufhin ließ ich ihn einfach hinter mir und dem Strohsack hergehen. Als er sich am dem Strohsack nicht mehr störte, ließ ich ihn halten. Nun näherte ich mich ihm mit dem Strohsack auf eine Weise, als wollte ich gar nicht zu ihm. Ich lief also wieder auf kleinen Zickzack-Kursen, blieb zwischenzeitlich stehen, ging auch wieder ein Stück zurück und so weiter, bis ich mit dem Strohsack direkt neben ihm stand und ihn hätte berühren können. Das tat ich aber nicht, sondern wandte mich ab, um ihn wieder hinter mir und dem Strohsack herzuführen.Das wiederholte sich so oft, bis ich ihn mit dem Strohsack berühren konnte, ohne dass er sich anspannte.

Schon am ersten Tag gelang es mir auf diese Weise, den Strohsack über dem Sattel hochzuhalten. Zwar versuchte er anfangs nach vorne und damit um mich herum loszulaufen. Aber je ruhiger ich dabei blieb, ohne mich ihm zunächst weiter zu nähern, umso eher beruhigte er sich wieder und ich konnte fortfahren.

Es war an manchen Stellen erforderlich, statt einen Schritt zurückzugehen, einfach nur beharrlich in der momentanen Position, vor der er gerade flüchten wollte, zu verharren, bis er sich an diese gewöhnt hatte. Dies war deshalb erforderlich, um ihm *zu zeigen, dass er sich der Sache nicht entziehen konnte. Wenn ich generell jedes Mal beim ersten Auftreten einer Fluchtreaktion zurückgewichen wäre, hätte ich mich ihm nie nähern können, weil seine Angst zu groß war.*

Ich ging in diesen Momenten zwar nur so weit, dass eine auftretende Fluchtreaktion geringstmöglich blieb, wich aber bei ihrem Auftreten nicht zurück, sondern verblieb ganz still stehend in dieser Haltung, um ihm Zeit zu geben einzusehen, wie ungefährlich das Ganze für ihn war. Ich ließ einfach die Zeit arbeiten, um ihn daran zu gewöhnen.

Als er sich an den aufsitzenden und daraufhin aufgesessenen Strohsack im Halten gewöhnt hatte, führte ich ihn unter großer Vorsicht im Zeitlupentempo an. Versuchte er zu fliehen, konnte ich ihn in einer Volte um mich herum recht schnell wieder dazu bringen durchzuparieren, da er mittlerweile meine Kommandos sehr genau beachtete. Beachten Sie, dass ich das Pferd die ganze Zeit an der Longe hatte.

So vorsichtig, wie ich ihn in den Schritt angehen ließ, forderte ich ihn auch zum Trab auf.

Nachdem er sich auch daran gewöhnt hatte, übergab ich die Longe meiner Frau. Danach begann ich damit, mich zunächst im Halten seitlich an den Sattel zu hängen, langsam größer werdend, bis ich aufrecht seitlich am Sattel hing. Das wiederholte sich dann im Schritt und in einigen Trabtritten. Als er dabei völlig ruhig blieb, folgte der nächste Schritt. Im Halten ließ ich mich nun in den Sattel gleiten. Dann kam der Schritt und darauf der Trab. Natürlich gingen diesen Aktionen sehr viele Streicheleinheiten voraus.

Das Ergebnis von allen Bemühungen war ein Pferd, das nicht mehr die geringste Angst vor der Gerte hatte, sodass man es mit ihr auch antreiben konnte, das peinlichst genau die Stimmkommandos beachtete und keine Angst mehr vor dem großen Reiter hinter ihm oder einer unbeabsichtigten Berührung hatte, auch im Galopp nicht.

Wie ich mich später überzeugen konnte, ließ sich Peter-Pan von seiner jungen Reiterin problemlos durch einen See reiten, und in einer Eignungsprüfung soll er völlig ruhig gewesen sein, selbst als die Richter bei strömendem Regen mit einem Regenschirm auftauchten.

Wälzen unter dem Reiter

Hinter dem Wälzen unter dem Reiter muss kein Vorsatz stehen, den Reiter loszuwerden. Es kann aus reiner Freude und reinem Wohlbefinden geschehen.

Natürlich drückt es aus, dass das Pferd seinen Reiter in diesem Moment nicht als beachtenswert empfindet.

Doch unabhängig davon, warum es auftritt, ist die Korrektur die gleiche:

Je nach Empfindsamkeit des Pferdes muss, noch bevor sich das Pferd niederlässt, ein energisches Vortreiben mit dem Schenkel und eventuell der Gerte erfolgen.

Kleben an anderen Pferden

Das Kleben an anderen Pferden geht aus dem Herdentrieb des Pferdes hervor. Es fühlt sich in einer Gruppe mit anderen Pferden sicherer. Folglich sieht es in seinem Reiter noch nicht das Leittier.

Dem kann nur dadurch abgeholfen werden, dass man die Durchlässigkeit und den Gehorsam des Pferdes durch eine dressurmäßige Ausbildung und einen korrekten Umgang erhöht und es systematisch daran gewöhnt, allein gearbeitet zu werden. Man beginnt zum Beispiel mit der Einzelarbeit in der Halle. Bleibt das Pferd ruhig, arbeitet man es allein auf einem Außenplatz.

Behält es auch hierbei seine Ruhe und bleibt völlig regulierbar, beginnt man bei Ausritten mit anderen Pferden, an der Tete zu reiten und sich mehr und mehr nach vorne von den anderen Pferden zu entfernen.

Wasserscheu

Um die Wasserscheu abzubauen, hilft nur eine systematische Gewöhnung an das Wasser im Zuge einer dressurmäßigen Ausbildung.

Man macht das Pferd mit dem natürlichen Nass beim Abspritzen der Beine vertraut, zeigt ihm Pfützen, geht mit ihm durch diese hindurch, dann reitet man es durch Pfützen, eventuell hilft man sich dabei mit einem vorausgehenden Pferd.

Allmählich wählt man immer größere Pfützen, bis man einen ersten Schritt in einen flaches stehendes Gewässer mit festem Untergrund tun kann, und so weiter.

Das Motto lautet also:
- vom Leichteren zum Schwierigeren
- weniges korrekt fordern, viel loben und aufhören, wenn es am besten ist
- Übung macht den Meister!

Probleme in fremder Umgebung und beim Turnier

Das wohl häufigste Problem bei einem Wechsel der Umgebung, wie es auch bei einem Turnierbesuch der Fall ist, besteht in der Unruhe und Verspannung, die ein Pferd dabei zeigt. Es kommt selten vor, dass Pferde in fremder Umgebung respektive auf dem Turnier rittiger sind als in der gewohnten Umgebung. Ein Wechseln von einer gewohnten in ein ungewohnte Umgebung und das Arbeiten in ungewohnter Atmosphäre ist in den meisten Fällen mit großem Stress für ein Pferd verbunden. Das ist auch der Grund, weshalb es sich verspannt. Es versetzt seine Sinne in erhöhte Alarmbereitschaft, um jede Gefahr, die ihm seiner Meinung nach in der fremden Umgebung drohen könnte, rechtzeitig zu erkennen.

Diese erhöhte Alarmbereitschaft der Sinne ist mit einer höheren Hals- und Kopfhaltung (besseres Sehen) verbunden, die leider auch einen gespannten Rücken nach sich zieht. Das verringert die Durchlässigkeit des Pferdes erheblich. Beseitigen lässt sich das Problem wiederum nur durch eine systematische und frühzeitige Gewöhnung an einen häufigeren Wechsel der Umgebungen und der Bedingungen, unter denen gearbeitet wird.

Das kann zum Beispiel bedeuten, dass man ein oder mindestens ein halbes Jahr vor dem ersten Turnierstart beginnt, mit einer gewissen Regelmäßigkeit sein Pferd in verschiedenen fremden Hallen und auf verschiedenen Reitplätzen zu arbeiten. Dieses Arbeiten muss nicht in einem Reiten bestehen. Es kann und wird sich am Anfang auf ein Vertrautmachen mit der fremden Umgebung beschränken.

Danach kann ein systematisches Arbeiten erfolgen. Auch sollte man darauf achten, dass man unter verschiedenen Bedingungen arbeitet, am Anfang alleine oder mit weniger Reitern in einer Halle oder auf einem Platz, später mit mehreren.

Manches Pferd ist überfordert, wenn es in der fremden Umgebung sofort mit vielen anderen Pferden in einer Bahn gehen muss. Deshalb gehe man schrittweise vom Leichteren zum Schwierigeren vor. Es ist sinnvoll, wenn Sie Ihr Pferd im Rahmen dieser vorbereitenden Arbeit auch an Regenschirme, Plastikplanen, Fahnen und Musik gewöhnen.

Setzt bei dieser Gewöhnungsarbeit allmählich eine Routine ein, kann man den ersten Versuch starten, an einer öffentlichen Veranstaltung teilzunehmen. Es muss nicht gleich ein Turnier sein, ein Reitertag ist mit seiner eher familiären Atmosphäre besser geeignet. Dort kann man sich in Ruhe damit beschäftigen, das Pferd mit dieser neuen Situation vertraut zu machen. Auf einem offiziellen Turnier hat man das Problem, dass man nicht außer Konkurrenz starten darf.

Wenn es Ihnen aber beim ersten Mal gleichgültig ist, mit welcher Wertnote Sie das Viereck verlassen, dann kann der erste Versuch auch ein Turnier sein. Ihnen muss natürlich klar sein, dass es bei einem ersten Versuch nicht bleiben wird. Bei aller Vorbereitung ist die Turnieratmosphäre eine ganz eigene, sodass auch hier erst eine Gewöhnung einsetzen muss, die einige Zeit in Anspruch nehmen wird. Doch lässt sie sich durch die vorbereitende Arbeit auf ein Minimum reduzieren. Ein bereits turniererfahrenes Pferd gleichzeitig mitzunehmen wird sicherlich zu Beginn eine Hilfe darstellen. Irgendwann aber kommt der Moment, da muss es auch ohne Hilfe gehen.

Bedenken Sie immer, dass es keinen Sinn hat, das Pferd für seine Unruhe und Spannung in fremder Umgebung zu strafen, auch wenn sie noch so groß sein sollte. Das Pferd muss lernen, dass Sie seinen Ruhepol darstellen, an dem es sich orientieren kann. Wenn Sie auch noch Stress verbreiten, wird Ihr Pferd niemals zur Ruhe kommen, schon gar nicht, wenn es sich um ein Korrekturpferd handelt.

Korrektur von Mängeln
in der Durchlässigkeit

Die Hufschlagfiguren

Da bei der Besprechung der verschiedenen Korrekturmöglichkeiten immer wieder die Hufschlagfiguren zur Sprache und Anwendung kommen werden, sollen sie an dieser Stelle dargestellt werden, damit eine einheitliche Vorstellung von ihrer Ausführung besteht.

„Halbe Bahn"

„Ganze Bahn"

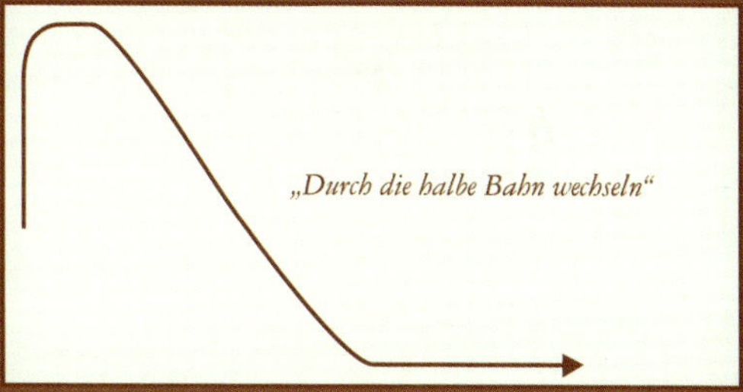

„Durch die halbe Bahn wechseln"

„Durch die ganze Bahn wechseln"

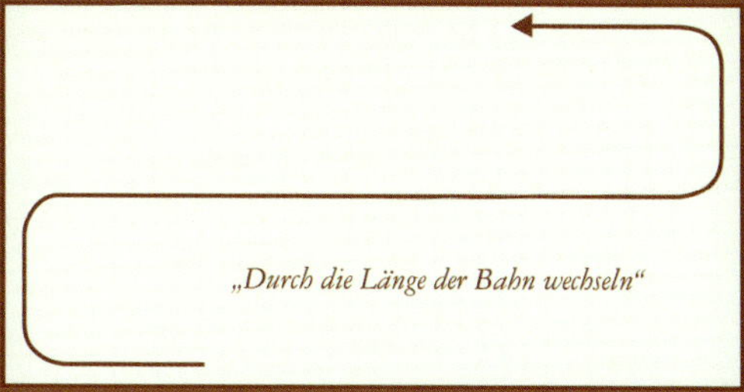

„Durch die Länge der Bahn wechseln"

„Durch die halbe Bahn wechseln"

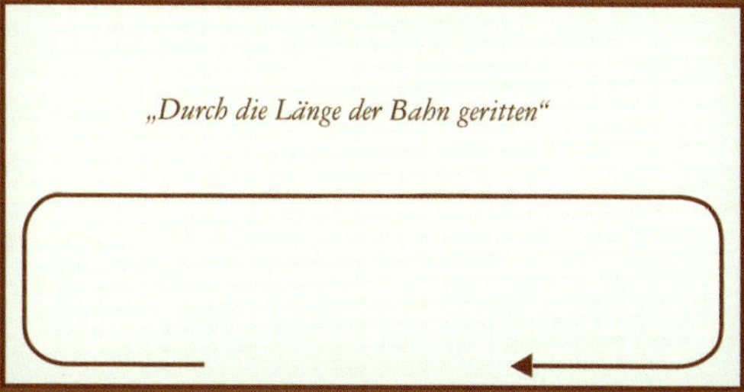

„Durch die Länge der Bahn geritten"

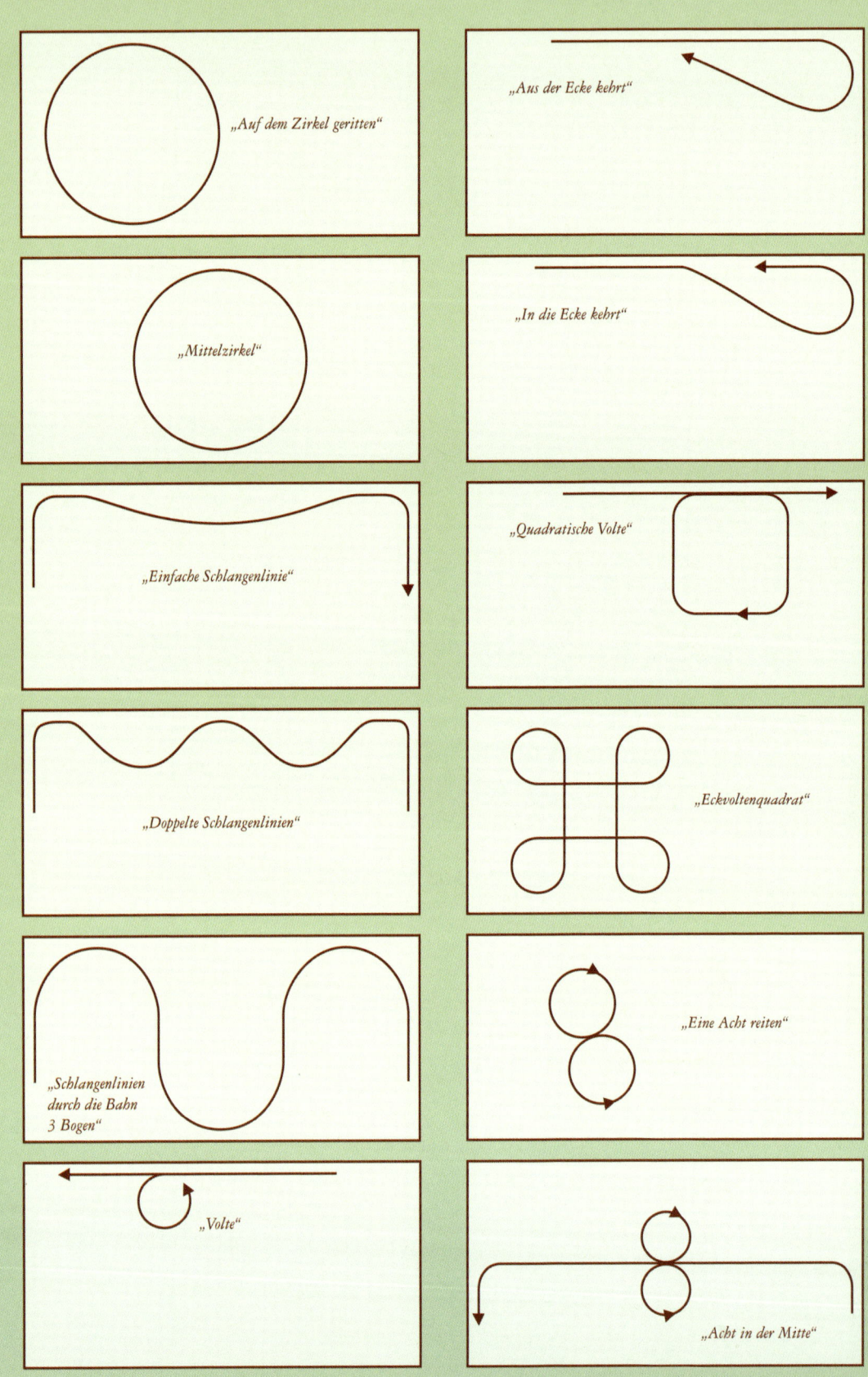

„Auf dem Zirkel geritten"

„Aus der Ecke kehrt"

„Mittelzirkel"

„In die Ecke kehrt"

„Einfache Schlangenlinie"

„Quadratische Volte"

„Doppelte Schlangenlinien"

„Eckvoltenquadrat"

„Schlangenlinien durch die Bahn 3 Bogen"

„Eine Acht reiten"

„Volte"

„Acht in der Mitte"

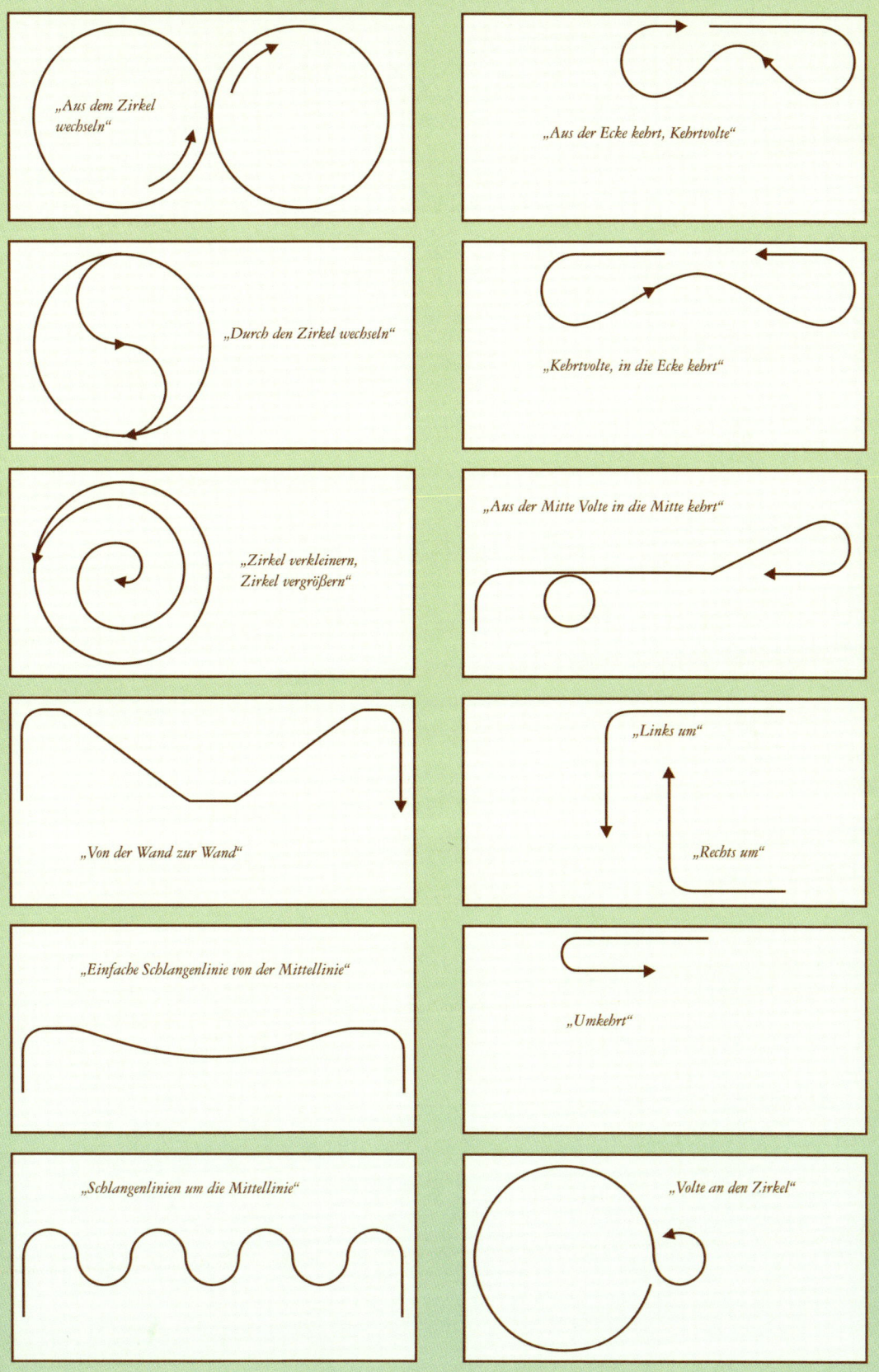

„Aus dem Zirkel wechseln"

„Aus der Ecke kehrt, Kehrtvolte"

„Durch den Zirkel wechseln"

„Kehrtvolte, in die Ecke kehrt"

„Zirkel verkleinern, Zirkel vergrößern"

„Aus der Mitte Volte in die Mitte kehrt"

„Von der Wand zur Wand"

„Links um"

„Rechts um"

„Einfache Schlangenlinie von der Mittellinie"

„Umkehrt"

„Schlangenlinien um die Mittellinie"

„Volte an den Zirkel"

151

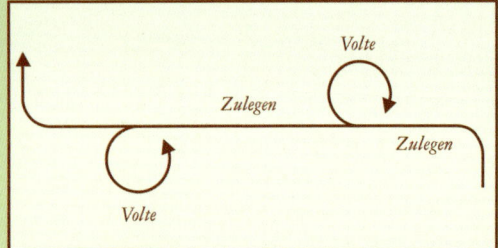
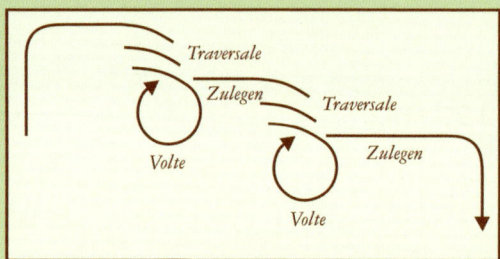

Korrektur von Mängeln im Gehorsam auf die Einwirkungen

Mangelnde Annahme der Zügel

Jedem Pferd ist von Natur aus eine mehr oder weniger schiefe Körperhaltung zu Eigen. Dazu macht es sich auf der einen Seite hohl, um mit dem gleichseitigen Hinterbein an der Körpermitte vorbeifußen zu können. Dagegen ist die andere Seite konvex gebogen. Das Hinterbein dieser Seite übernimmt den größeren Anteil der Last, die auf der Hinterhand ruht.

Die hohle Seite bezeichnet man als schwierige Seite. Auf dieser Seite weicht das Pferd jedem Zügelanzug aus, indem es den Kopf in diese Richtung wendet. Stehen beide Zügel gleichmäßig an, dann neigt das Pferd dazu, seinen Kopf und Hals etwas in die Richtung der schwierigen Seite gewendet zu halten. Es will sich an den Zügel der schwierigen Seite nicht anlehnen.

Die konvex gebogene Seite nennt man die steife Seite oder Zwangsseite. Auf ihr legt sich das Pferd auf den Zügel und verweigert so dessen Annahme.

Die Lösung des Problems besteht darin, eine gleichmäßige Anlehnung herzustellen. Das geschieht einerseits durch das so genannte Abdrücken (siehe „Arrêts zum Abdrücken", Seite 127) und andererseits über das Geraderichten mit Hilfe der gerade richtenden Biegearbeit.

Das Geraderichten

Das Geraderichten erfolgt im Rahmen der gerade richtenden Biegearbeit. Die gerade richtende Biegearbeit richtet sich nach dem Ausbildungsstand und besteht im Reiten von Hufschlagfiguren und eventuell Lektionen der entsprechenden Ausbildungsstufe. Von großer Bedeutung ist der häufige Wechsel zwischen geraden und gebogenen Linien.

Die gebogenen Linien müssen möglichst präzise ausgeritten werden. Auch wenn sich das Pferd dabei noch nicht korrekt stellen lassen möchte, verlangt man die Stellung vorsichtig, indem man das aushält, was das Pferd in die Hand legt, wenn man abwenden möchte. Viel wichtiger ist es, darauf zu achten, dass die Hinterhand nicht ausfällt und dass sich das Pferd auf den Wendungen vom inneren Beim zum äußeren Zügel treiben lässt. Dadurch zwingt man das Pferd allmählich zur Biegung seines Rumpfes, an der es den Hals automatisch teilhaben lassen wird. Die korrekte Stellung ergibt sich dann von selbst.

Auf den Geraden muss man das Pferd genügend vorwärts treiben und korrekt gerade stellen, damit es nicht schwankt und so weiterhin schief bleibt.

Mängel im Schenkelgehorsam

Das triebige Pferd

Ein immer wieder anzutreffendes Problem ist, dass ein Pferd die Annahme der treibenden Einwirkungen verweigert. Man muss unterscheiden zwischen einem Pferd, das vorübergehend die treibenden Einwirkungen nicht beachten möchte, und einem Pferd, das durch fehlerhafte Einwirkungen stumpf geworden ist.

Im ersten Fall erspart sich das Pferd die mühevolle Arbeit, die es verrichten müsste, um mit den Hinterbeinen an die Schwerelinie heranzutreten.

Im zweiten Fall ist die anfangs vorübergehend aufgetretene Triebigkeit zur zweiten Natur geworden. Das Pferd hat entweder gelernt, dass es sich auf diese Weise entziehen kann, oder es vermag den treibenden Einwirkungen keine Bedeutung zuzuordnen, weil sie durch einen unruhigen Sitz und eine falsche Handhabe nicht zu verstehen sind.

Fehlt der Gehorsam auf die treibenden Einwirkungen, kann eine gezielte Schwungentwicklung, wie sie zum Versammeln nötig ist, nicht stattfinden.

Für den Fall einer plötzlich auftretenden Triebigkeit, durch die sich das Pferd entziehen möchte, hilft meist eine Verstärkung der Hilfen, wenn nötig in Verbindung mit einem Gerteneinsatz, um das Pferd zum Gehorsam zu bringen. Reicht das nicht aus, dann hat man sein Pferd offensichtlich überfordert und man muss in der Ausbildung einen Schritt zurückgehen.

Der Prozess, in dem ein Pferd abstumpft, bringt es mit sich, dass das Pferd seine Kräfte nur zu einem Bruchteil einsetzt. Es geht daher matt und schwunglos auf der Vorhand und lässt sich zu keinerlei größeren Anstrengungen überreden. Es scheint, als würde es ihm von Woche zu Woche schwerer fallen, ein Bein vor das andere zu setzen. Dem Pferd fehlt mehr und mehr der unbefangene Gang in natürlicher Frische, der einem jungen Pferd von Natur aus mitgegeben ist.

Zur Korrektur einer solchen Triebigkeit muss der Reiter zuerst die natürliche Gehlust und die zwanglose Leichtigkeit der Bewegungen zurückgewinnen. Man befindet sich somit auf einer Stufe, die noch unter der liegt, an der die gezielte Arbeit an der Versammlung beginnt. Erst wenn die natürliche Gehlust und die zwanglose Leichtigkeit der Bewegungen wiederhergestellt sind, kann man sich höhere Ziele stecken.

Grundsätzliches zur Korrektur eines stumpfen Pferdes: Die Korrektur eines stumpfen Pferdes kann nur gelingen, wenn der Reiter zunächst alles meidet, was seinem Pferd das Gehen erschwert. Dazu gehört, dass alle besprochenen Grundsätze zum Sitz eingehalten werden. Um die Rückenschwingungen möglichst wenig zu behindern, arbeitet der Reiter im Entlastungssitz leicht vor der Senkrechten und trabt meist leicht. Stets muss er mit seinem Pferd in einem Gleichgewicht sein. Nie darf er hinter oder vor die Bewegung geraten. Jegliches Schieben, Wackeln oder Pressen muss vermieden werden. Wenn sich der Reiter die Leichtigkeit seiner Einwirkungen und seines Sitzes nicht uneingeschränkt erhalten kann, auch wenn das auf einem triebigen Pferd alles andere als leicht ist, wird er dieses nicht korrigieren können.

Alle Lektionen, die bei einem stumpfen Pferd aufgrund seiner Trägheit eine stärkere Anlehnung erfordern würden, müssen unterbleiben, bis die Leichtfüßigkeit wieder erreicht ist.

Natürlich wäre es gut, wenn der Takt schon zu Beginn der Korrektur ruhig geritten werden kann, aber in den meisten Fällen wird das die Korrektur nicht nur erschweren, sondern fast unmöglich machen. Anfangs muss eine höhere Trittfrequenz hingenommen und gleichmäßig durchgehalten werden.

Da sich ein stumpfes Pferd häufig auch auf die Hand legt und damit selbst ausbremst, sollte man es bei hergegebenem Genick in der Dehnungshaltung arbeiten. Weil dies im Trab meist schwieriger ist als im Galopp, liegt der Schwerpunkt auf der Galopparbeit. Sie erfordert sehr viel Gefühl, damit das Pferd im Genick nachgibt und dabei nicht seinen Schwung verliert. Wenn das Pferd allerdings zu stark im Gang ermüdet, wenn man von ihm die Dehnungshaltung fordert, so muss so lange auf sie verzichtet werden, bis genügend Gehlust vorhanden ist.

Am besten beginnt man die Arbeit mit einem stumpfen Pferd an der Longe. Dort wird es mit der nötigen Vorsicht an ein fleißiges Tempo im Trab und auch im Galopp gewöhnt. Dies geschieht am Anfang unausgebunden, dann am langen Ausbinder oder Dreieckszügel, der allmählich verkürzt wird, damit das Pferd lernt, aus dem fleißigen Vorwärts den Hals fallen zu lassen und das Genick herzugeben. Es ist sehr wichtig, die Beachtung der Stimmkommandos strengstens zu überwachen.

Das Pferd muss lernen, selbstständig sein fleißiges Tempo beizubehalten. Man darf nur treiben, wenn das Pferd im Tempo nachlässt, dann aber so, dass es dieses wieder annimmt. Je schneller man reagiert, umso geringer wird die treibende Einwirkung ausfallen müssen, um das fleißigere Tempo wiederherzustellen.

Gleiches gilt für die treibenden Einwirkungen beim Reiten. Es gilt immer: So viel wie nötig, aber so wenig wie möglich.

Oft verhält es bei einem stumpfen Pferd so, dass es sich beim Führen hinterherziehen lässt. Der Reiter wird dem Pferd klar machen müssen, dass es im fleißigen Schritt zu gehen hat. Dabei wird er anfangs nicht umhinkommen, die Gerte zu gebrauchen.

Die Longenarbeit und die Überwachung des korrekten Führens werden es dem Reiter erleichtern, das Pferd beim Reiten vorwärts zu treiben. Denn das Pferd hat an der Longe den Gehorsam auf die Stimme wiedergewonnen und es hat die treibende Einwirkung der Gerte wieder anerkannt. Außerdem ist es an ein fleißigeres Tempo gewöhnt.

Ziel bei der Arbeit unter dem Reiter ist, das Pferd auf die treibenden Einwirkungen aus dem Sitz zu sensibilisieren. Um dem Pferd klar zu machen, dass es schon auf ein verstärktes Anstellen des Kreuzes hin fleißiger gehen soll, muss man es grundsätzlich anwenden, wenn man das Pferd vorwärts treibt. Das wird natürlich nicht ausreichen, weil das Pferd die Bedeutung der Einwirkung nicht kennt. Deshalb folgt unverzüglich auf ein erfolglos verstärktes Anstellen des Kreuzes das Treiben mit den Waden. Auch diesen wird es keine Beachtung schenken. Nun aber greift die Vorarbeit. Denn Stimmkommandos und die Gerte hat es genau beachten gelernt. Diese ermahnen jetzt das Pferd, die treibenden Einwirkungen der Waden zu beachten, falls notwendig, mit entsprechendem Nachdruck. Dies ist keinesfalls eine Aufforderung dazu, das Pferd zu prügeln. Ein plumpes Draufhauen wird das Pferd nicht

Ein frischer Galopp im Gelände hilft,
das triebige Pferd etwas gehfreudiger werden zu lassen.

gehorsamer machen, im Gegenteil: Dadurch wurde es stumpf. Das Touchieren mit der Gerte erfolgt in kurzen Klapsen, die sich je nach Bedarf im Bruchteil einer Sekunde wiederholen und energischer werden können. Dabei wird hinter dem Schenkel des Reiters und auf keinen Fall auf der Kruppe des Pferdes touchiert, da das Pferd reflexartig ausschlagen oder die Kruppe hochwerfen könnte. Das Touchieren darf niemals die Anlehnung des Pferdes erschüttern. Deshalb erfolgt es auch aus einer kleinen seitlichen Drehbewegung des Handgelenkes, sodass die Hand nicht vor-, aber auch nicht zurückgeht.

Im Notfall nimmt man die Zügel in eine Hand und touchiert in Höhe des Sprunggelenks, aber Vorsicht: Es gibt Pferde, die gelernt haben, der energischeren Aufforderung zum Vorwärtsgehen durch ein Hüpfen mit der Kruppe oder durch ein Ausschlagen zu entgehen. Das ist natürlich für den Reiter gefährlich. Aber die einzige Möglichkeit, dem Pferd ein für alle Male zu zeigen, dass es sich dadurch nicht der Arbeit entziehen kann, ist, das Vorwärts dessen ungeachtet durchzusetzen. Das bedeutet nicht, dass man immer energischer touchiert. Es bedeutet vielmehr, dass man so lange nachdrücklich bleibt, bis das Pferd erkennt, dass es sich dem Treiben nur dadurch entziehen kann, dass es seinen Gang entsprechend beschleunigt.

Dieses Durchsetzen stellt eine große Gefahr für den Reiter dar; wenn Sie nicht über die dazu nötige Sicherheit im Sattel verfügen, lassen Sie sich besser von einem erfahrenen Ausbilder helfen, zu Ihrer eigenen Sicherheit.

Nach und nach wird das Pferd bereits auf das Treiben mit den Waden reagieren und schließlich schon auf das verstärkte Anstellen des Kreuzes.

Wenn es Ihnen gelungen ist, ein Grundmaß an Schenkelgehorsam im Trab zu erreichen, verlegen Sie den Schwerpunkt der Arbeit auf den Galopp. Über die ausgiebige Galopparbeit erhält man nicht nur die Möglichkeit, die Dehnungshaltung zu erarbeiten, sondern sie entwickelt auch die Kräfte des Pferdes am besten.

Kleine Hindernisreihen, womöglich auf einem großen Außenplatz, werden dabei die Rückentätigkeit deutlich verbessern. Auch längere, aber kontrollierte Galopps im Gelände werden die Gehfreude des Pferdes wieder anregen. Das Pferd darf dabei aber nicht zum Durchgänger werden!

Häufige Wechsel zwischen Trab und Galopp steigern ebenfalls die Rückentätigkeit. Da triebige Pferde beim Durchparieren aus dem Galopp am liebsten in den Schritt oder sogar zum Halten übergehen würden, stocken sie in den Übergangen erheblich.

Um dies zu korrigieren, ist es am besten, das Pferd noch im Stocken erneut anzugaloppieren, sodass es beim Parieren aus dem Galopp wieder den Galopp erwartet und nicht Schritt oder Halt. Dadurch wird es bald versuchen, seinem Reiter zuvorzukommen, indem es sich von alleine wieder in den Galopp setzen möchte, was Sie zum Zweck der Korrektur ausnutzen. Stets müssen Sie aber die Kontrolle über das Wann des Angaloppierens behalten. Sie nutzen nur den Willen des Pferdes, Ihnen zuvorzukommen. Wann es eine Lektion ausführt, bestimmen Sie.

Häufiges Zulegen im Trab und Galopp wird ebenfalls hilfreich sein, die Gehlust zu fördern.

Gleichermaßen dienlich ist das Reiten eines Pas de deux. Dabei ist man gezwungen, stets synchron zu reiten, und das triebige Pferd orientiert sich an dem fleißiger gehenden Partner.

Nutzen Sie jede Möglichkeit, von der Sie wissen, dass sie Ihr Pferd zu einem fleißigeren Vorwärtsgehen bringt, aber nutzen Sie diese kontrolliert. Wenn man die Zeit hat, sein Pferd zweimal am Tag zu arbeiten, so wird man in zwei bis drei Wochen schon einiges ändern können. Jedoch darf eine Arbeitseinheit mit dem Pferd nicht zu lange dauern. Wenn man spürt, dass das Pferd langsam schwächer wird, muss man sofort die Arbeit beenden. Das Pferd muss immer zwanglos und zufrieden nach der Arbeit in den Stall zurückkehren.

Zuletzt möchte ich noch etwas zum Gebrauch von Sporen und zum Nachtreiben von unten sagen. Sporen können natürlich das Treiben erleichtern, aber wenn sie der Reiter nicht kontrolliert einzusetzen vermag, weil ihm die Ruhe im Sitz fehlt, so richten sie nur Schaden an.

Auch das Nachtreiben von unten kann durchaus hilfreich sein, wenn der Helfer den Reiter in den richtigen Momenten unterstützt. Das Nachtreiben ist wertlos, sobald das Pferd glaubt, dass es nur auf den Helfer achten muss. Der Helfer ist dazu da, den Reiter zu unterstützen. Der erste Impuls muss vom Reiter ausgehen. Ein falsches Nachtreiben führt dazu, dass das Pferd nur dann fleißiger geht, wenn der Helfer mit der Peitsche in der Bahn steht. Das kann nicht im Sinne einer Hilfe für den Reiter sein.

Empfindlichkeit gegenüber dem Schenkel

Die Ursache für eine Empfindlichkeit gegenüber dem Schenkel können Berührungsängste oder eine Kitzligkeit sein. Beides lässt sich nur über eine systematische Gewöhnung an Berührungen beseitigen. Bei kitzligen Pferde ist besonders darauf zu achten, dass man keine unnötigen Bewegungen mit den Schenkeln ausführt.

Angst vor der Gerte

Die Angst vor der Gerte lässt sich durch eine systematische Gewöhnung an die Berührung mit der Gerte beseitigen. Dazu möchte ich Ihnen ein Beispiel geben. Im Mittelpunkt dieses Beispiels steht der Andalusier Amaranto.

Er hatte panische Angst vor der Gerte und vor dem Kappzaum. Seine Narben auf dem Nasenrücken zeigten, woher diese Ängste wohl rührten: Früher wurde bei ihm eine spanische Serreta verwendet.

Eine ebenso große Angst hatte er selbst vor der sanftesten Berührung mit der Hand. Noch bevor man ihn richtig berührt hatte, spannte er seinen Körper gewaltsam an, um der Berührung entgegenzuwirken. Dabei versuchte er auch, der Hand räumlich auszuweichen, indem er die Körperseite, an der die Berührung stattfinden sollte, krampfhaft hohl bog.

Wenn es einmal gelang, die Gerte anzulegen, dann verteidigte er sich gegen ihre Einwirkung durch ein starres Verhalten auf der Stelle, das er ganz plötzlich beendete, indem er rückwärts rannte und fast bis zum Sturz stieg. Während er zurückschoss, hörte man ihn gepresst ausatmen.

In seiner Vergangenheit hatte er einmal Rückenprobleme. Zusätzlich litt er an Sattelzwang und wenn man aufstieg, ohne ihn anzuführen, drohte er sich zu überschlagen. Sein gesamtes Verhalten erinnerte an das eines depressiven Menschen. Er schien in sich verloren und völlig eingeschüchtert. Außerdem war er ein Freikopper.

So viel zum Profil des Andalusiers. Er sollte damals anpiaffiert und anpassagiert werden. Die konventionelle Methode der Arbeit an der Hand mit Gerte und Kappzaum versagte dabei. Es stellte sich somit die Frage, ob es nicht noch einen anderen Weg gäbe, das gewünschte Ziel zu erreichen.

In der Tat gab es einen solchen.

Der folgende Text ist im Stil eines Berichts geschrieben und entstammt meinem Reitertagebuch.

„Nachdem ich Amaranto sehr sanft und ruhig geputzt hatte, legte ich ihm den Sattel vorsichtig auf. Natürlich gurtete ich nur so stark an, dass der Sattel auf der Strecke bis zur Halle nicht verrutschen konnte.

In der Halle angekommen, gurtete ich nochmals nach und band ihm die Zügel so hoch, dass sie ihn in keiner Weise beeinflussen konnten. Daraufhin ließ ich Amaranto einfach los, setzte mich in die Ecke und schaltete Musik an. Da ich immer alleine in der Halle arbeiten konnte, war es besonders ange-

nehm, diese Ruhe mit Musik zu genießen und abzuwarten, was wohl als Nächstes geschehen würde.

Zunächst stürmte er von mir weg, um an der Stelle stehen zu bleiben, die am weitesten von mir entfernt war. Er blieb wirklich immer genau an der mir gegenüberliegenden, kurzen Hallenwand stehen. Ich ließ ihn einfach gewähren, scheinbar ohne ihm Beachtung zu schenken.

Ich wartete regungslos darauf, dass er einsah, wie ungefährlich doch die Situation war, da ich nicht die geringsten Anzeichen von mir gab, ihm nachzusetzen, so wie er es sicher kannte, wenn er einmal entwischt war. Nachdem Amaranto aus eigenem Antrieb stehen geblieben war, wartete ich noch einmal ein Weilchen, um auch ganz sicher zu gehen, dass er völlig zur Ruhe gekommen war. Dann stand ich auf und setzte mich im Schneckentempo in Bewegung.

Sicher hatte er erwartet, dass ich zu ihm kommen würde, als er sah, dass ich mich bewegte. Aber genau das tat ich nicht. Zunächst ging ich in ganz ruhigen Schritten in die mir gegenüberliegende Ecke der kurzen Seite, an der ich mich ohnehin schon befand. Das heißt, ich blieb dabei parallel zum Pferd. Ich näherte mich ihm nicht.

Ziel war es, ihm zu zeigen, dass ein sich bewegender Mensch nicht unweigerlich zu ihm wollte. Dadurch sollte er die Unruhe verlieren, die er aufbaute, wenn man sich in Bewegung setzte. Er sollte den Eindruck gewinnen, dass ich mich gar nicht für ihn interessierte.

Nachdem ich in der Ecke angekommen war, wartete ich kurz, und ging dann auf dem gleichen Weg wieder zurück, wobei ich diesmal in der Hälfte des Weges kurz anhielt, so wie es Pferde tun, wenn sie anhalten, um ein Büschel Gras zu erwischen. Danach setzte ich meinen Weg fort.

Dieses Verfahren wiederholte ich so lange an der kurzen Seite, wobei ich immer öfter stehen blieb, um zu „grasen", bis ich merkte, dass Amaranto kein Interesse mehr an meinem Treiben hatte. Die eintretende Ruhe erkannte ich daran, dass er seinen Kopf von mir abwendete und auch die Ohren nicht mehr zu mir gerichtet hielt. Er stand dann teilnahmslos da.

Als er meinem Treiben keinerlei Aufmerksamkeit mehr schenkte, ging ich einen Schritt weiter, indem ich bei all dem Hin- und Hergehen die Distanz zwischen ihm und mir verkleinerte. Das heißt, ich bewegte mich auf einer Zickzacklinie beziehungsweise Schlangenlinie, auf der ich immer wieder stehen blieb und von der ich auch wieder ein Stück zurückwich, wenn ich merkte, dass er meinen Bewegungen ausweichen wollte. Ich verhielt mich immer so, dass er nie annehmen konnte, ich hätte tatsächlich zu ihm kommen wollen. Er sollte sich immer vor mir in Sicherheit wiegen, auch wenn ich ihm stückweise näher kam.

Wenn er bei einer neuen Annäherung nicht auszuweichen drohte, dann näherte ich mich aber dennoch nicht sofort weiter, sondern entfernte mich wieder, um danach an dieselbe Stelle zurückzukehren und dann wirklich wieder die Distanz zu verkleinern. Ich versuchte mich so zu verhalten wie ein Pferd, das geschäftig hin und her geht, um zu grasen, ohne dabei etwas von seinem Artgenossen zu wollen, auch wenn es sich ihm dabei einmal nähert.

Dieses Verfahren wendete ich solange an bis ich einen Meter frontal vor ihm stand. Nun versuchte ich das Verhalten eines Pferdes zu imitieren, das sich einem anderen Pferd genähert hat. Zwei fremde Pferde, die von Natur aus etwas scheu sind, beginnen die Kontaktaufnahme mit einer Annäherung der Nüstern, wobei sie sich mit kräftigen Atemzügen beriechen. Dabei weichen sie sich anfangs mit den Nüstern immer wieder aus, bis sie sich letztendlich länger mit den Nüstern berühren. Aber selbst dann kommt es noch vor, dass sie ihre Nüstern noch einmal scheu zurückziehen. Sind sie sich etwas vertrauter, so beginnen sie sich am Hals zu beriechen und zu berühren.

Genau auf diese scheue Art setzte ich die weitere Annäherung fort. Vorsichtig und etwas zögernd bewegte ich meine Hand so weit auf ihn zu, wie er es sich gefallen ließ ohne auszuweichen. Aber noch bevor er an ein Ausweichen denken konnte, zog ich meine Hand zurück, um sie erneut zu nähern. So tastete ich mich vor, bis wir uns das erste Mal direkt berührten. Kaum aber hatte die Berührung stattgefunden, da wendete ich mich einfach von ihm ab, gerade so wie es ein Pferd tut, das die Bekanntschaft angenommen hat und geschäftig weitergrast.

Dann geschah das Unerwartete: Er lief hinter mir her. Als ich aber unbeirrt und ruhig weiterlief, blieb er irgendwann wieder stehen. Ich entfernte mich dann noch ein Stück von ihm, und begann eine erneute Annäherung auf dieselbe Art.

Als wir uns wieder an den Nüstern berührt hatten und ich mich abwendete, lief er mir wieder hinterher, diesmal sogar länger. Das wiederholte sich noch einige Male, sodass ich sicher sein konnte, dass er hinter mir her laufen würde. Bei der nächsten Berührung

Pferde

richtig korrigieren

wagte ich es auf dieselbe sanfte und scheue Art, seine Backenknochen zu berühren, was er zuließ.

Während ich mit der einen Hand seine Backe berührte, ließ ich meine andere ganz unscheinbar zu dem noch hochgebundenen Zügel direkt hinter dem Trensenring gleiten. Daraufhin setzten wir uns beide in Bewegung, allerdings ohne dass ich auch nur den leisesten Zug am Zügel ausübte. Das war deshalb möglich, weil er sich mittlerweile schon mit dem kleinsten Schritt, den ich machte, mit mir in Bewegung setzte.

Daraufhin ließ ich ihn nach einer Weile des Führens im freien Raum halten, indem ich einfach stehen blieb. Dann begann ich ihn am Kopf, Hals und Rumpf vorsichtig zu berühren. Da er sich vor jeder Berührung krampfhaft auf der Seite zusammenzog, auf der die Berührung stattfinden sollte, hielt ich meine Hand so über sein Fell, dass ich ihn gerade noch nicht berührte. Erst nachdem er sich wieder entspannt hatte, berührte ich ihn ganz leise, ja geradezu hauchend.

Als er bei allem ruhig und entspannt blieb, führte ich ihn bis zur Bande, um ihn dort wieder halten zu lassen. Ich hielt ihn dabei nicht fest. Erneut berührte ich ihn an Kopf, Hals und Rumpf. Dann nahm ich eine Gerte und begann, nachdem ich sie ihm gezeigt hatte, auch mit dieser, ihn hauchend nach demselben System wie vorher zu berühren.

Als er auch dabei gelassen blieb, strich ich ihm sehr vorsichtig mit der Gerte über die Kruppe hinunter bis zum Fesselgelenk des Hinterbeines. Bei alldem streichelte ich ihn mit der anderen Hand und sprach beruhigend auf ihn ein. Immer wenn er sich bei einer Berührung verspannte, ging ich wieder einen oder alle Schritte zurück, um das Ganze zu wiederholen.

Zwischenzeitlich führte ich ihn einfach an, um danach nichts von ihm fordernd zu halten und bei Streicheleinheiten stehen zu lassen. Je vertrauter ihm die Berührung mit der Gerte wurde, umso mehr begann ich, seine Fessel zu touchieren, wobei ich so sanft touchierte, dass er sich nicht anspannte.

Je ruhiger er mit zunehmender Übung blieb, umso mehr steigerte ich die Intensität des Touchierens, aber immer nur so weit, dass er die Ruhe behielt. Das Touchieren steigerte ich, bis er sein inneres Hinterbein anhob. Ich kombinierte dabei das Touchieren mit Schnalzen. Zwischen jeder Reprise des Touchierens legte ich eine Pause ein, in der ich ihn streichelte und mit ihm sprach.

Das Entscheidende bei dem Berühren war, dass ich einen möglichst großflächigen direkten Kontakt zum ihm herstellte. Dieser großflächige Kontakt ermöglichte ihm ein besseres Einschätzen meiner Handlungen und meiner selbst, wodurch er weniger Angst

hatte. Später touchierte ich sein äußeres Hinterbein unter dem Bauch hindurch, bis er auch das anhob. Daraufhin vervollkommnete ich den Gehorsam auf das Schnalzen und Touchieren, sodass ein sehr leichtes Berühren und leises Schnalzen ausreichten, um ein Bein anheben zu lassen.

Nun erfasste ich die Zügel kurz hinter dem Trensenring und forderte ihn auf, genau einen Schritt zu gehen, indem ich das weiter zurückstehende Bein touchierte, dazu schnalzte und Anstalten machte, vorwärts zu gehen.

Nachdem er diesen einen Schritt mit dem Hinterbein gemacht hatte, ließ ich ihn halten, lobte und berührte ihn großflächig und ausgiebig. Dies wiederholte ich, wobei ich immer mehr darauf bedacht war, die Geschwindigkeit, mit der er einen Schritt machte, zu steigern. Dazu waren anfangs natürlich etwas intensivere Hilfen notwendig. Aber immer hielt ich das absolute Vertrauen und die völlige Ruhe des Pferdes aufrecht.

In diesem Stadium gewährte ich dem Pferd Erholung, indem ich ihn einfach ohne jegliche Anforderungen im Schritt und Trab neben mir herlaufen ließ. Nachdem ich ihn durch ein leichtes Touchieren an den Hinterbeinen und leises Schnalzen in einen recht zügigen Schritt versetzen konnte, begann ich im Schritt, ihn mit der Gerte ebenso sanft, wie ich es im Halten getan hatte, überall auf der Kruppe zu streicheln. Dabei war es wichtig, dass die Gerte dauerhaften Kontakt zum Pferd behielt, um eine schnippende Bewegung der Gerte, vor der sich das Pferd erschrocken hätte, zu vermeiden.

Als er sich dabei gelassen zeigte, ließ ich ihn wieder halten, um diesmal die Kruppe mit der Gertenspitze vorsichtig schnippend zu touchieren. Diese Übung dehnte ich dann auch auf den Schritt aus. Sobald er bei einer der Aktionen unruhig wurde, hielt ich ihn an und sorgte wieder für Ruhe und Vertrauen.

Wenn er sich passiv durch felsenfestes Stehenbleiben widersetzen wollte, holte ich ihn aus dieser Abwehrhaltung durch wechselseitiges Anheben-lassen der Hinterbeine bei gleichzeitigem Wachrufen einer Vorwärtstendenz wieder heraus.

Wollte er davonstürmen, so hinderte ich ihn konsequent, aber ruhig, indem ich die Zügel manchmal auch etwas stärker annahm und beruhigend auf ihn einredete. Gelang es ihm aber dennoch, für einige Schritte oder Tritte nach vorne zu entweichen, ließ ich ihn einfach auf eine Volte um mich herum ausweichen. Wenn er sich wieder beruhigt hatte, stellte ich ihn exakt an dieselbe Stelle, von der er entflohen war. Wichtig war es immer, die völlige Ruhe und Gelassenheit seiner Unruhe gegenüber zu bewahren.

Als ich ihn ohne jegliche Verzögerungen und ohne die geringste Verspannung anführen konnte und er im Schritt jedes Touchieren duldete, war es durch etwas energischeres Schnippen der Gerte auf der Kruppe möglich, ihn zu halben Tritten zu bewegen, die er bereits in guter Kadenz ausführte.

Dafür war es entscheidend, dass er vor und bei dem Touchieren im Schritt ganz entspannt blieb, da er sonst körperlich nicht in der Lage gewesen wäre, eine solch kadenzierte diagonale Trittfolge so leicht zu erreichen. Seine ihm eigene krampfhafte Anspannung hätte ihm alle Glieder regelrecht lahm gelegt. Deshalb war die völlige Zwanglosigkeit so wichtig.

Zunächst forderte ich immer nur ein bis zwei diagonale Tritte, um ihn danach entspannen zu lassen. Dies wiederholte ich, bis er fünf oder sechs Tritte zeigte. Dabei korrigierte ich seine etwas zu hohe Halshaltung, indem ich mit der Hand leicht nach unten wies.

Daraufhin kam der Reiter hinzu. Der Reiter durfte zunächst weder die Zügel aufnehmen noch treiben. Es kam lediglich darauf an, dass ein Reiter auf Amaranto saß, während er die halben Tritte ausführen sollte. Bevor ich die halben Tritte unter dem Reiter forderte, ließ ich ihn die Hinterbeine wechselseitig anheben, da er vor dem Antouchieren unter dem Reiter wieder etwas Angst hatte.

Um dabei zu verhindern, dass er plötzlich davonschoss, tat ich so, als wollte ich seine Beine zum Auskratzen der Hufe aufheben. Ich berührte die Hinterbeine, hielt sie dabei aber nicht fest, sondern schnalzte dazu, sodass er das Bein selbst anhob.

Folgte er meiner Aufforderung nicht, berührte ich etwas klopfend sein Hinterbein. Als er dabei ruhig blieb, nahm ich die Gerte hinzu. Dabei berührte ich ihn zuerst mit der Hand und legte direkt neben meiner Hand die Gerte an, um daraufhin meine Hand wegzunehmen, während ich den Kontakt mit der Gerte aufrecht erhielt. Es dauerte dann nicht mehr lange, und er zeigte dieselben halben Tritte auch unter dem Reiter.

Bei all der Arbeit musste ich feststellen, dass aus dem so furchtbar ängstlichen Pferd ein wesentlich selbstbewussteres und sogar etwas kämpferisches geworden war, das es sich auch einmal erlaubte, etwas keck und frech zu sein."

Zu bemerken ist, dass diese Arbeit nicht ungefährlich ist. Auch muss hervorgehoben werden, dass es nicht bei jedem Pferd derart einfach ist, halbe Tritte und erste Passagetritte zu entwickeln. Bei Pferden, die nicht dem Pferdetypus des Andalusiers entsprechen, wird dieses Verfahren sogar falsch sein. Es muss eine bestimmte Bewegungsmechanik und ein bestimmtes Temperament vorhanden sein, um nach diesem Verfahren zum Ziel zu gelangen.

Pferde, die nicht dem Typ des Andalusiers entsprechen, brauchen eine viel intensivere Vorbereitung, in der ihre Versammlung entsprechend hoch ausgebildet und gefestigt werden muss.

Korrektur von Mängeln in der Losgelassenheit

Wenn Mängel in der Durchlässigkeit auftreten, sind sie stets mit Verspannungen im Pferd verbunden. Mit ihnen geht daher der teilweise oder vollständige Verlust der Losgelassenheit einher.

> Mängel in der Durchlässigkeit gehen auf Mängel in der Losgelassenheit zurück.

Verspannungen und daher Mängel in der Losgelassenheit treten auf, wenn das Pferd eine Körperhaltung einnimmt, durch die sich die Belastungsverhältnisse in seinem Körper von den natürlichen Belastungsverhältnissen entfernen.

Solche fehlerhaften Haltungen sind entweder die Folge einer falschen Reitauffassung mit den falschen Hilfen oder das Pferd schützt sich mit ihrer Hilfe vor Überforderungen. Es weicht den Hilfen und ihrer Wirkung aus, indem es zum Beispiel über dem Zügel geht, sich hinter dem Zügel verhält, mit den Hinterbeinen nach hinten heraustritt oder in sich schief wird.

Die dabei zu Tage tretenden Verspannungen sind von flexibler Natur. Das Pferd weicht im richtigen Moment an der richtigen Stelle aus und muss sich dafür verspannen, weil es mit seinem Ausweichmanöver die Belastungsverhältnisse in seinem Körper ungünstiger gestaltet. Eine zweite Art der Verspannung äußert sich darin, dass das Pferd seinen ganzen Körper krampfhaft anspannt, obwohl es in einer Haltung bleibt, die möglichst natürliche Belastungsverhältnisse im Körper gewährleisten würde. Es versteift damit seinen ganzen Körper. Dadurch verliert das Pferd vor allem seine Längsbiegung.

Auch diese Art der Verspannung kann vom Pferd bewusst gesteuert werden. Allerdings geht mit ihr der Verlust der körperlichen Geschmeidigkeit umso mehr einher, je länger das Pferd die starre Verspannung beibehält. Kann sie nicht frühzeitig gelöst werden, dann wird sich der gesamte Muskelapparat wie ein Strumpf, der zu heiß gewaschen worden ist, einlaufen und damit dem Skelett wenig Bewegungsfreiraum lassen. Die Bewegungen des Pferdes werden deshalb matt und gebunden. Die zur schwungvollen und raumgreifenden Fortbewegung nötigen Schwingungen des Körpers sind in diesem Zustand nicht mehr möglich.

Aufgrund dieser Zusammenhänge lassen sich Haltungsfehler und Steifigkeiten des Pferdes nur dadurch beheben, dass man das Pferd zur Losgelassenheit bringt. Das kann bedeuten, dass man seine Hilfengebung und Trainingsmethoden korrigieren, die Anforderungen herunterschrauben oder das Pferd geschmeidiger machen muss.

In Anlehnung an die Darstellung der Auswirkungen von verschieden starken Verspannungen auf die einzelnen Punkte der Ausbildungsskala, wie sie im Abschnitt „Beurteilung" gegeben worden ist, werden im Folgenden die Mängel in Anlehnung, Schwung, Längsbiegung, Geraderichtung und Takt besprochen. Die Losgelassenheit braucht nicht als eigener Punkt aufgeführt zu werden, weil klar ist, dass mit dem Auftreten von Verspannungen die Losgelassenheit abnimmt, was man anhand der Mängel in den übrigen Punkten der Ausbildungsskala feststellen kann.

Fehler in der Anlehnung

Die Anlehnung wird in ihren nach außen hin sichtbaren Merkmalen durch die relative Aufrichtung, die Beizäumung und die Maultätigkeit bestimmt. Treten Verspannungen im Körper des Pferdes auf, so wirken sie sich auch auf die Anlehnung aus. Wir erinnern uns, dass die Muskeln, die für die Fortbewegung des Pferdes von großer Bedeutung sind, einen Ring bilden. An der Oberlinie des Pferdes liegen die Strecker, die zum Abschieben der Körpermasse nach vorn und oben verantwortlich sind, an der Unterseite die Beuger. Strecker und Beuger arbeiten zusammen, wenn sich das unbeeinflusste Pferd vorwärts bewegt. Ihr Zusammenspiel erzeugt die für den Reiter fühlbaren Körperschwingungen des Pferdes. Sie gehen im Idealfall von den Hinterbeinen aus und enden im Hinterhauptsbein.

Der Reiter empfängt diese Schwingungen über den federnden Kaumuskel. Das Genick des Pferdes ist daher der Umschlagpunkt für die Körperschwingungen. Das Pferd benutzt den Hals als Balancierstange, die es möglichst in waagrechter Haltung hält, um das Zusammenspiel der Beuger und Strecker zu vereinfachen. Mit ihrer Hilfe gleicht es aber auch das Reitergewicht aus, in dem es sich so lang wie möglich macht, ohne die Strecker und Beuger in ihrem Zusammenspiel zu stören. Gleichzeitig versetzt es seine Nackenmuskeln unter eine elastische und deshalb mit den Bewegungen schwingende Spannung, wodurch die federnde Anlehnung zustande kommt.

Eine höhere Aufrichtung und verstärkte Beizäumung der Balancierstange kann sich das Pferd ohne Verspannungen nur erlauben, wenn es mit gebeugten Hinterbeinen in der Stützphase nahe dem Hüftlot vermehrt zur Schwerelinie herantritt. Daher muss eine Arbeit, mit deren Hilfe die Anlehnung verbessert werden soll, stets von den treibenden Einwirkungen ausgehen. Richtet der Reiter den Hals des Pferdes auf, ohne für ein gleichzeitiges Herantreten der Hinterbeine zu sorgen, dann stört er die Arbeit des Muskelringes. Gleiches geschieht, wenn er den Hals zu tief oder zu eng einstellt. Die Folge ist immer eine unnatürliche Belastung des Pferdekörpers, auf die das Pferd mit Verspannungen reagiert.

Umgekehrt äußern sich Verspannungen in der Muskulatur der Rumpfmitte und der Hinterhand in einer Störung der normalen Hals- und Kopfhaltung.

Solche Verspannungen werden meist durch eine Überlastung der Hinterhand, durch fehlerhafte Einwirkungen mit der Wade oder einen schlechten Sitz ausgelöst.

Damit ist schon gesagt, wie sich die Mängel in der Anlehnung grundsätzlich lösen lassen:

Man beachte die drei goldenen Regeln:

- Treiben-Auffangen-Leichterwerden
- Man darf nur das auffangen, was man getrieben hat; man darf aber nicht mehr treiben, als man auffangen kann.
- Beizäumung und Hankenbeugung gehen Hand in Hand.

Man fordere stets nur den Versammlungsgrad, für den das Pferd vorbereitet ist.

Man korrigiere Sitz und Hilfengebung.

Die häufigsten Mängel in der Anlehnung sind in der folgenden Tabelle angegeben. Ihre speziellen Behandlungsmöglichkeiten sollen kurz beschrieben werden.

Anlehnung	Mängel
relative Aufrichtung	– absolute Aufrichtung
	– unruhige Stirnlinie
	– Genick nicht höchster Punkt
Beizäumung	– falscher Knick
	– hinter dem Zügel
	– über dem Zügel
	– auf dem Zügel
	– hinter der Senkrechten
	– seitlich pendelnder Kopf
	– Verwerfen im Genick
Maultätigkeit	– Zungenstrecken
	– Knirschen
	– offene Maulspalte
	– kein Schaum

Absolute Aufrichtung

Die absolute Aufrichtung entsteht, wenn der Reiter sein Pferd durch annehmende Zügeleinwirkungen versammeln möchte, obwohl das Pferd den verlangten Versammlungsgrad nicht annehmen kann.

Es verkürzt deshalb seinen Hals und richtet ihn zu stark auf. Aufrichtung und Hankenbeugung stimmen dann nicht mehr überein. Der Rücken des Pferdes drückt sich daher nach unten durch.

Ursache für eine absolute Aufrichtung können sein:

Überforderung der Hinterhand: Der Reiter verlangt vor allem mit der Hand eine Verkürzung des Pferdes, die nicht mit der bisher erarbeiteten Hankenbeugung korrespondiert.

Verspannungen des Rückens: Der Reiter sitzt nicht geschmeidig und „hämmert" mit dem Gesäß im Rücken, oder er gibt falsche und übertriebene Schenkelhilfen.

Eine Korrektur muss den festgestellten Mängeln Rechnung tragen.

Bei einer Überforderung der Hinterhand bedeutet das, die Anforderungen zu mäßigen und zu beachten, dass eine vermehrte Aufrichtung (und auch Beizäumung) nur unter Anwendung der obigen goldenen Regeln zu erreichen ist.

Leider tritt mit der absoluten Aufrichtung gleichzeitig ein Auflegen auf die Hand auf. Erlaubt man dem Pferd nach einer längeren Phase der absoluten Aufrichtung eine freiere und tiefere Haltung, kann es passieren, dass es davoneilen möchte. Damit dieser Drang zum Eilen nicht in ein unkontrollierbares Stürmen umschlägt, muss die Umstellung der Haltung in kleinen Schritten erfolgen. Das, was das Pferd bei diesen kleinen Schritten schneller werden will, lässt sich durch ein beruhigendes Eingehen in die Bewegungen und durch vorsichtig gegebene halbe Paraden einfangen.

Eine zusätzliche Möglichkeit, das Pferd am Eilen zu hindern, ist das Reiten von Wendungen und gebogenen Linien, die durch ihre räumliche Lage zu den Wänden der Reitbahn hin verbremsend wirken (Eckvoltenquadrat, in die Ecke kehrt, umgekehrte Kehrtvolte, Achten). Dadurch wird gleichzeitig die Längsbiegung verbessert, was sich positiv auf die Losgelassenheit und auf das Fallenlassen des Halses auswirkt.

Auch sollte man im Rahmen des Möglichen darum bemüht sein, das Viereck, auf dem man reitet, kleiner anzulegen, sodass ein Zirkel zum Beispiel nur 17 Meter Durchmesser hat, die lange Seite nur 30 Meter lang ist und die kurze 17 Meter. Das Pferd wird sich schon bald auf die veränderte Situation einstellen, indem es von sich aus ruhiger bleibt. Lange Linien verleiten das Pferd zum schnellen Vorwärtsgehen in einem eiligen Takt. Werden die Linien grundsätzlich kürzer geritten, vermeidet man eine solche Wirkung.

Von den beiden letzten Möglichkeiten, das Pferd vom Eilen abzubringen, muss besonders dann Gebrauch gemacht werden, wenn es über dem Zügel gehen möchte, sobald man die Zügel verlängert, um es aus der absoluten Aufrichtung zu entlassen. Das Zusammenspiel der halben Paraden mit dem Wechsel zwischen gebogenen und geraden Linien wird das Pferd zum Fallenlassen des Halses bringen.

Im zweiten Fall, bei Rückenverspannungen, heißt das, dass man seinen Sitz und seine Hilfengebung verbessern muss.

Da viele Pferde auch nach einer Korrektur von Sitz und Hilfengebung gewohnheitsmäßig dazu neigen werden, den Rücken weiterhin festzuhalten, ist eine vorübergehende Verlagerung der Arbeitsschwerpunkte zum Galopp, zu Übergängen zwischen Trab und Galopp, zu Tempowechseln und zum Springen von Gymnastikreihen zu empfehlen, um die Rückentätigkeit wieder anzuregen. Auch sollte bei der Trabarbeit darauf geachtet werden, etwas länger leichtzutraben und beim Aussitzen vermehrt im Entlastungssitz zu arbeiten, um den Rücken möglichst freizugeben, bis er zu schwingen beginnt. Darüber hinaus wird sich eine gerade richtende Biegearbeit im Rahmen der momentanen Ausbildungsstufe positiv auf die Geschmeidigkeit und damit Losgelassenheit auswirken. Dadurch lässt das Pferd seinen Hals vermehrt fallen und ist geneigt, ihn tiefer zu tragen

Ist das Ausmaß der Verspannungen im Rücken sehr groß, bleibt nichts anderes übrig, als dass man sein Pferd in nicht versammelten Tempi in Dehnungshaltung arbeitet, bis sich die Verspannungen gelöst haben. Dabei ist es wichtig, dass die Maulspalte keinesfalls unter die Höhe des Buggelenks absinkt.

Hierbei kann wiederum das Problem auftreten, dass das Pferd davoneilen und sich nach oben herausheben möchte. Man beseitigt es auf die gleiche Weise, wie es oben beschrieben worden ist.

Unruhige Stirnlinie

Die unruhige Stirnlinie besteht meist in einer Auf- und Abbewegung von Kopf und Hals, durch die das Pferd versucht, die Spannung in der Nackenmuskulatur zumindest kurzzeitig zu verringern. Dies kann sich bis zu einem ruckartigen Abwärtsstrecken des Halses steigern.

Eine unruhige Stirnlinie kann die Folge von der Ermüdung der Nackenmuskulatur sein. In diesem Falle hilft nur eins, nämlich abzusitzen und fünf Minuten zu führen, bis sich die Muskulatur einigermaßen erholt hat. In Zukunft sollte man kürzer arbeiten.

Ist aber eine Verspannung vor allem der Rückenmuskeln die Ursache, arbeitet man sein Pferd auf die gleiche Art wie im Falle der absoluten Aufrichtung durch Verspannungen im Rücken.

Eine unruhige Stirnlinie kann auch im Galopp auftreten. Sie ist die Folge von mangelnder Geschmeidigkeit des Pferdekörpers, sodass die Federmechanismen der Beine vermindert sind. Das Pferd hilft sich dann mit einer Schaukelpferdbewegung. Durch diese Pendelbewegung spart es Muskelkräfte. Im Rahmen dieser mangelnden Geschmeidigkeit wird auch die Hankenbeugung mangelhaft sein. Abhilfe kann nur über ein Geschmeidigmachen in der Längsachse und ein Beugen der Hanken geschafft werden. Man muss das Pferd zum Federn und Schwingen bringen. Das geschieht durch Übergänge zwischen Trab und Galopp, Tempowechsel, längere Galopparbeit, Springen von Gymnastikreihen und durch die gerade richtende Biegearbeit im Rahmen der jeweiligen Ausbildungsstufe.

Zu viel Beizäumung
und zu wenig Aufrichtung

Im Allgemeinen ist eine zu starke Beizäumung des Pferdes mit einer zu geringen Aufrichtung verbunden. Dabei kann das Pferd folgende fehlerhafte Kopf- und Halshaltungen annehmen:

- Genick ist nicht höchster Punkt
- hinter der Senkrechten
- hinter dem Zügel
- falscher Knick

Der Zusammenhang eines zu tiefen Genicks mit der Haltung hinter der Senkrechten, hinter dem Zügel oder mit falschen Knick:

Geht ein Pferd hinter der Senkrechten, hinter dem Zügel oder mit falschen Knick, dann ist sein Genick grundsätzlich nicht der höchste Punkt seines Körpers. Das bedeutet aber nicht, dass ein Pferd hinter der Senkrechten, hinter dem Zügel oder mit einem falschen Knick gehen muss, wenn sein Genick nicht den höchsten Punkt bildet.

Steht ein junges Pferd in der Dehnungshaltung mit seiner Stirnlinie in der Senkrechten, so liegt der höchste Punkt in fast allen Fällen nicht zwischen den Ohren. Dies ist ein Zeichen dafür, dass sich das Pferd nicht optimal an die Hand anlehnt. Es hat bereits begonnen, der Hand auszuweichen. Zwar hat das vorerst keine schwerwiegende negative Auswirkung auf den weiteren Verlauf der Ausbildung, weil das Pferd noch nicht hinter der Senkrechten steht, wenn es aber später um die Erarbeitung von höherer Versammlung geht, wird dieses Pferd wesentlich leichter dazu geneigt sein, hinter die Senkrechte auszuweichen. Natürlich muss das nicht geschehen. Eine Tendenz wird aber vorhanden sein.

Das Genick eines jungen Pferdes, das schon in der Dehnungshaltung in der Senkrechten steht, kann nur dann wieder den höchsten Punkt bilden, wenn es seine Stirnlinie vor die Senkrechte nimmt und sich eine Kleinigkeit mehr aufrichtet.

Genau der gleiche Zusammenhang gilt für jedes Pferd, das in einem Versammlungsgrad unterhalb der Piaffe geritten wird. Erst in der Piaffe richtet sich das

> In den Versammlungsgraden unterhalb der Piaffe muss die Stirnlinie vor der Senkrechten stehen, damit das Genick der höchste Punkt des Pferdes sein kann. Nur dann kann davon ausgegangen werden, dass eine optimale Anlehnung vorhanden ist und das Pferd nicht den Einwirkungen mit der Hand ausweichen möchte.

Pferd infolge starker Hankenbeugung so weit auf, dass die Stirnlinie in die Senkrechte kommt und das Genick trotzdem den höchsten Punkt darstellt.

Der Zusammenhang zwischen falschem Knick und der Haltung hinter der Senkrechten und hinter dem Zügel:

Häufig ist zu beobachten, dass Pferde mit schlankem Hals, viel Ganaschenfreiheit und einer verhältnismäßig elastischen Halsmuskulatur dazu neigen, mit der Stirnlinie hinter die Senkrechte abzukippen, um zu starken Zügeleinwirkungen oder zu hohen Forderungen bezüglich der Versammlung auszuweichen. Bei einer weiteren Verstärkung der Einwirkungen mit der Hand oder einem weiteren Erhöhen der Anforderungen überzäumen sie sich so stark, dass die Anlehnung an die Reiterhand verloren geht. Sie befinden sich dann hinter dem Zügel. Bei ihnen tritt der falsche Knick seltener auf.

Das Reiten auf Kappzaum hilft, eine sichere Anlehnung wiederherzustellen.

Wesentlich häufiger tritt der falsche Knick bei Pferden auf, die eine durch Verkrampfung verhärtete Halsmuskulatur haben und die mit entsprechend starken Zügeleinwirkungen zur Beizäumung gezwungen werden. Sie neigen dazu, ihren steifen Hals an der biegsamsten Stelle im Bereich zwischen dem zweiten bis vierten Halswirbel abzuknicken. Auf diese Weise entsteht der falsche Knick. Werden sie zu weiterer Beizäumung gezwungen, weichen auch sie hinter die Senkrechte oder gar hinter den Zügel aus. Falscher Knick und die Haltung hinter der Senkrechten oder hinter dem Zügel können gleichzeitig auftreten, müssen es aber nicht.

Erkennt der Reiter frühzeitig, dass das Genick nicht den höchsten Punkt bildet oder dass sein Pferd hinter der Senkrechten steht, lässt sich beides noch verhältnismäßig leicht korrigieren. Meistens reicht es schon aus, wenn man einhändig auf Trense aufnimmt und das Pferd zu einem vermehrten Herantreten der Hinterbeine veranlasst. Das vermehrte Herantreten bedingt eine verstärkte Aufrichtung. Durch das einhändige Aufnehmen auf Trense verringert man die Wirkung der Hände. Beide Maßnahmen führen zu einem Vornehmen der Stirnlinie und einer im

Genickbereich verstärkten Aufrichtung. Dies ist aber nur dann der Fall, wenn das Pferd seinen ruhigen Takt beim Herantreiben der Hinterbeine beibehält und sich weiterhin selbst trägt. Treibt man mehr, als man auffangen kann, ohne dass sich das Pferd eng macht, dann verschlimmert man die Situation.

In schwerwiegenderen Fällen muss man einen Schritt in der Ausbildung zurückgehen und bei einhändigem Aufnehmen auf Trense ein weniger versammeltes Tempo mit raumgreifenderen Tritten wählen. Dadurch regt man die Strecker des Muskelrings zu vermehrtem Einsatz an und löst die Streckung des Halses aus. Wichtig ist, dass das Pferd die treibenden Einwirkungen annimmt, damit es sich zu raumgreifenderen Tritten anhalten lässt. Wie im ersten Fall darf man auch hier nicht mehr treiben, als man auffangen kann, ohne dass das Pferd ausweicht.

In schweren Fällen muss man bis an den Anfang der Ausbildung zurück. Dort arbeitet man das Pferd in den nicht versammelten Tempi der ersten Phase der Grundausbildung und fördert durch eine intensivere Galopparbeit die Anlehnung an die Reiterhand. Dabei muss das Pferd bis in die Dehnungshaltung vorgelassen werden und mit der Stirnlinie deutlich vor der Senkrechten stehen. Eine Springgymnastik wird ebenfalls die Streckung des Pferdes in die Reiterhand unterstützen. Das Strecken des Halses nach vorwärts-abwärts in die Reiterhand wird dem Pferd umso leichter gemacht, je weniger das Pferd auf Trense aufgenommen wird. Stattdessen hilft es, mit angefasstem Kappzaum zu reiten. Durch seine Wirkung auf das

Nasenbein über ein breites Nasenband wirkt er milder als die Trense, sodass praktisch jedes Pferd mehr Anlehnung an den Kappzaum nimmt, ohne dass man es stärker hineintreiben muss.

Fehler wie der falsche Knick und die Haltung hinter dem Zügel sind so schwerwiegend, dass sie ebenfalls nur durch ein Zurückgehen bis an den Anfang der Ausbildung zu beheben sind. Hier besteht keine Hoffnung auf eine rasche Korrektur.

Lesen Sie dazu auch den Ausschnitt aus der Biografie von Felix Bürkner, in der er die Arbeit mit seinem jungen Herder beschreibt (Seite 44). Diese Arbeit ist für die Korrektur von schwerwiegenden Mängeln in der Anlehnung beispielhaft.

In der turnierorientierten Dressurreiterei wird leider häufig von der so genannten „Rollkur" Gebrauch gemacht, durch die die Rückentätigkeit verbessert werden soll. Doch sie stört das Zusammenspiel der Strecker und Beuger des Muskelrings und verursacht Verspannungen. Sie bewirkt genau das Gegenteil von dem, was mit ihrer Hilfe erreicht werden soll.

Die schlimmste Folge solcher Rollkuren ist, dass die Pferde lernen, sich der Hankenbeugung durch das Einrollen entziehen zu können. Zwar sieht man Pferde, die im heimischen Training und auf dem Abreiteplatz regelmäßig einer Rollkur unterzogen und in der Prüfung wieder aufgerichtet werden, doch liegen sie ihren Reitern auf der Hand. Ihre Hanken halten sie dadurch weiterhin ungebeugt. Woher sollten auch die nötigen Tragkräfte kommen, wenn die Hinterbeine in der Rollkur unentwegt nach hinten herausgezogen werden?

Wie man das Einrollen, also die Haltung hinter dem Zügel, korrigiert, habe ich Ihnen bereits beschrieben. An diesem Vorgehen ändert sich nichts, auch wenn das Pferd, das vom Einrollen abgebracht werden soll, bereits die Lektionen der Klasse S erlernt hat. Auch mit ihm muss man bis an den allerersten Anfang der Ausbildung zurück. Andernfalls lässt sich nie eine korrekte Versammlung, die den Lektionen der Klasse S gerecht wird, erreichen.

Über dem Zügel

Wenn ein Pferd über dem Zügel geht, hält es seinen Hals zu hoch aufgerichtet und ist nicht ausreichend beigezäumt, um im Rücken schwingen zu können. Es drückt ihn nach unten durch. Seine Maulspalte befindet sich über einer gedachten Waagrechten durch eines seiner Hüftgelenke.

Solange das Pferd noch keine irreparablen inneren Schäden am Rücken durch diese Haltung erlitten hat, besteht die erste Korrektur in einer vermehrten Beizäumung. Hier stellt sich die Frage, wann von einem rückenkranken Pferd gesprochen werden kann. Eine Druckempfindlichkeit im Rücken zeigen viele Pferde, auch solche,

Das Pferd galoppiert in sich schief und dazu noch in falscher Stellung.

Hier sehen Sie das Pferd in verbesserter Stellung und gerade gerichtet.

bei denen noch keine irreparablen Annäherungen der Dornfortsätze stattgefunden haben. Würde man alle Pferde, die im Rücken auf Druck empfindlich reagieren, als rückenkrank bezeichnen, dann wären das so ziemlich alle Pferde, die Mängel in der Durchlässigkeit zeigen. Denn Mängel in der Durchlässigkeit sind mit Verspannungen verbunden. Diese Verspannungen wirken sich immer auf den gesamten Körper und insbesondere auf den Rücken aus. Ganz gleichgültig, wo eine Verspannung zuerst auftritt oder wie stark sie ist, stets beeinträchtigt sie die Rückentätigkeit, weil sie sich auf die Rückenmuskeln überträgt. Krampfhaft angespannte Muskeln beginnen irgendwann zu schmerzen, bleibt das ein Dauerzustand, entzünden sie sich. Dadurch entsteht die Druckempfindlichkeit im Rücken. Selbstverständlich ist mit einer Durchbiegung des Rückens eine Annäherung der Dornfortsätze verbunden. Der Rumpf des Pferdes besitzt aber über die Anordnung von Muskeln und Bändern an seinem Skelettsystems und der Tatsache, dass die Wirbelkörper ihre Querschnittsflächen unter Druck vergrößern, die Fähigkeit, über Jahre damit fertig zu werden. Bevor irreparable Schäden auftreten, hat man genügend Gelegenheit, das Ruder herumzureißen. Vorausgesetzt, man gesteht sich seine Fehler ein.

Doch zurück zur Verbesserung der Beizäumung unseres über dem Zügel gehenden Pferdes.

Ganz im Gegensatz zu der Vermutung, die der Begriff Beizäumung aufkommen lässt, beginnt eine Beizäumung des Pferdes nicht am Kopf. Da ein vermehrtes Herantreten der Hinterbeine eine verstärkte Aufrichtung und Beizäumung zur Folge hat, muss genau dort angesetzt werden. VON HEYDEBRECK 1936 hat es einmal so formuliert: „Hankenbeugung und Beizäumung gehen Hand in Hand." Nach diesem Grundsatz handelt man, wenn man halbe Paraden gibt, um das Pferd an die Zügel zu stellen.

In vielen Fällen wird das über dem Zügel gehende Pferd in sich schief sein und dadurch eine ungleiche Anlehnung nehmen.

Deshalb ist es angebracht, das Verfahren des Abdrückens anzuwenden, das eine Hintereinander-Ausführung von speziellen halben Paraden darstellt (siehe Seite 127).

Noch viel wichtiger als das Abdrücken ist die gerade richtende Biegearbeit im Rahmen des momentan Möglichen. Das abwechselnde Reiten von Wendungen und Geraden verlangt einen immer wiederkehrenden Wechsel zwischen dem Biegen auf der Wendung und dem Geraderichten auf der Geraden. Anfangs vornehmlich im Trab ausgeführt, unterstützt es das Fallenlassen des Halses viel stärker als das Abdrücken.

Damit diese Arbeit auf den Wendungen und Geraden ihre stärkste versammelnde, das heißt hankenbeugende Wirkung entfalten kann, muss das Pferd in einem Takt geritten werden, in dem es sich loslassen kann. Erst dadurch wird es dem Pferd möglich sein, in allen Gelenken und damit auch in den Hanken zu federn und sie zu beugen. Außerdem nimmt ein losgelassenes Pferd die Hilfen besser an. Gleichzeitig wird der Reiter in diesem Takt zum Sitzen kommen, sodass er müheloser einzuwirken vermag.

Grundsätzlich muss das Pferd die treibenden Einwirkungen widerstandslos annehmen, damit der Reiter die Hinterbeine seines Pferdes herantreiben und dadurch verhindern kann, dass es auf der Wendung nach hinten heraustritt. So könnte es nämlich die versammelnde Wirkung der Wendungen herabsetzen. Geht das Pferd beim Reiten einer Wendung auf eine stellende Zügeleinwirkung nicht ein, darf sie nicht verstärkt werden. Der Reiter muss das aushalten, was ihm das Pferd in die Hand gibt, und nicht mehr. Allenfalls darf er die Zügeleinwirkung im Rahmen des Abdrückens wiederholen.

Er muss sich vielmehr um die Annahme des verwahrenden äußeren und des inneren Schenkels beim Biegen bemühen, um ein Ausfallen der Hinterhand zu verhindern. Notfalls wird er die Annahme der Schenkeleinwirkungen herbeiführen müssen, wie es im Abschnitt über die Schenkeleinwirkungen beschrieben ist. Die Folge der Biegung wird neben der Beizäumung auch eine verbesserte Stellung sein.

Es ist wichtig zu beachten, dass die Anforderungen hinsichtlich der Biegung nur langsam erhöht werden dürfen. Zwar muss man stets darum bemüht sein, die körperlichen Grenzen des Pferdes Stück für Stück zu erweitern. Das darf aber niemals zu einer Überlastung des Bewegungsapparates führen.

Trainingswirksame Reize ja – Überforderung nein!

Man muss ein Gefühl dafür entwickeln, wie weit man mit seinen Forderungen gehen kann. Das Pferd lässt sich durchaus überreden, eine unangenehme Biegearbeit über sich ergehen zu lassen. Jeder weiß, dass ungewohnte Dehnübungen unangenehm sind. Erst wenn man sie übertreibt, verursachen sie Schmerzen und werden unerträglich. Solange man das Pferd knapp unterhalb dieser Grenze hält, werden sich trainingswirksame Reize erzeugen lassen. Spätestens mit dem Überschreiten dieser Grenze wird sich das Pferd widersetzen, weil die Anforderungen mit unerträglichen Belastungen verbunden sind.

Natürlich stellt das genaue Reiten von Hufschlagfiguren mit einem über dem Zügel gehenden Pferd eine besondere Schwierigkeit dar und es ist klar, dass sich das Pferd anfangs wenig bereit zeigen wird, auf diese Arbeit einzugehen, weil sie eine anstrengende Umformung des Muskelapparates verlangt, der vor allem die Psyche widerstreben wird. Wenn man jedoch konsequent weiterarbeitet, wird das Pferd zu verstehen beginnen und einsehen, dass sein Widerstand zwecklos ist.

Je mehr sich das Pferd dabei beizäumt, umso mehr kann man an eine vermehrte Schwungentwicklung durch Übergänge, Tempowechsel und eine ausgiebigere Galopparbeit denken, wodurch man auch die letzten kleineren Verspannungen im Rücken beseitigen wird. Auf diese Weise erreicht man die vollkommenste Art der Nachgiebigkeit im Genick ohne jegliche Manipulation mit der Hand. Das am schönsten anzusehende Resultat erhält man, wenn man diese Arbeit einhändig auf Trense aufgenommen ausführt.

Unterstützen kann man diese Arbeit durch das Longieren, bei dem man darauf achten sollte, dass das Pferd den Hals fallen lässt. Falsch ist ein Ausbinden hinter die Senkrechte, weil man damit ein Eigentor schießen würde. Zwar würde das Pferd vielleicht irgendwann nachgeben, aber dann so viel, dass es der Hand schon wieder ausweichen würde. Andererseits dürfen die Ausbinder nicht so lang sein, dass das Pferd weiterhin über dem Zügel gehen kann.

Auf dem Zügel

Im Grundsatz gestaltet sich die Korrektur eines auf dem Zügel liegenden Pferdes auf die gleiche Art wie im Falle des über dem Zügel gehenden Pferdes.

Es werden auch hier die halben Paraden, eventuell das Abdrücken und vor allem die gerade richtende Biegearbeit zum Einsatz kommen. Doch steht bei der gerade richtenden Biegearbeit nicht das Versammeln im Vordergrund, sondern das Geschmeidigmachen des Pferdes. Dadurch nimmt man dem Pferd die krampfhafte Spannung, die es veranlasst, die Hand des Reiters als Stütze zu benutzen. Man sollte das Pferd durchaus in einer etwas längeren Haltung reiten, um seine Entspannung zu erleichtern.

Trotzdem muss der Reiter das aushalten, was ihm das Pferd in die Hand legt. Würde er bei jedem Auflegen auf die Hand die Zügel aus der Hand kauen lassen, dann wüsste das Pferd bald, dass es nur einmal kräftiger zu ziehen braucht, um völlige Halsfreiheit zu erlangen und gar nicht mehr arbeiten zu müssen. Meist beginnen auf der Hand liegende Pferd zu eilen, wenn man ihnen die Zügel aus der Hand kauen lässt. Auch deshalb sollte man damit zunächst sparsam umgehen und dazu die Korrektur des Eilens im Abschnitt „Absolute Aufrichtung" (Seite 160) lesen.

Natürlich ist der Ausspruch: „Man muss aushalten, was das Pferd in die Hand legt", keinesfalls so zu verstehen, dass man an den Zügeln ziehen darf. Dies wäre fatal, weil es die Spannung im Pferd verstärken würde. Damit ist vielmehr gemeint, dass man dem Pferd nicht gestattet, den längeren Rahmen durch sein Ziehen zu sprengen. Man verhält sich also passiv durch Gegenhalten.

Das kann unter Umständen sehr anstrengend sein, weshalb man einen geschlossenen Sitz bewahren muss, um die Zügelspannung, für die nur das Pferd verantwortlich sein darf, auf den Rücken des Pferdes umzuleiten. Auf diese Weise treibt sich das Pferd selbst in die Hand und zwingt sich zum Abdrücken.

Seitlich pendelnder Kopf

Ein seitlich pendelnder Kopf ist die Folge einer riegelnden Hand. Selbst wenn der Reiter das Riegeln abstellt, kann es vorkommen, dass das Pferd weiterhin mit dem Kopf pendelt. In diesem Fall ist ihm dieses Pendeln zur Gewohnheit geworden. Mit dem Pendeln des Kopfes ist eine Verspannung im Hals verbunden, die sich auf Rücken und Hinterhand überträgt. Daher fallen die Grundgangarten meist gebunden aus.

Die Verspannung im Hals beruht auf einer Art von Gegenreflexen der Halsmuskulatur gegen das Riegeln. Sie lässt sich nur lösen, wenn man das Pferd in raumgreifenderen Tempi reitet und das so vermehrte Strecken in die Reiterhand nutzt, um die Pendelbewegungen aufzufangen. Auch die gerade richtende Biegearbeit wird helfen, wenn die verlangte Stellung im Hals ruhig aufrecht erhalten wird.

Verwerfen im Genick

Das Verwerfen im Genick tritt vorwiegend auf Wendungen auf. Auf einer Wendung sollte sich der Reiter mit seinem Schultergürtel in Richtung der Wendung mitdrehen, sodass seine Schultern parallel zu den Pferdeschultern stehen. Dadurch nimmt er den inneren Zügel zum Stellung- und Richtunggeben automatisch an und gibt den äußeren Zügel entsprechend nach, um die Stellung zuzulassen.

Das Verwerfen im Genick entsteht in dem Augenblick, in dem der Reiter seine Hände beim Mitdrehen nicht genau vor dem Körper hält oder bei zusätzlich verlangter Stellung mit dem inneren Zügel den äußeren ungenügend nachgibt. Auf diese Weise würde er vom Pferd eine Verkürzung des Halses verlangen. Besäße das Pferd eine ausreichende Durchlässigkeit, würde es dies als Hilfe zu einer verstärkten Hankenbeugung auffassen.

Solange ein Pferd aber über diese Durchlässigkeit nicht verfügt, wird es dieser künstlichen Verkürzung des Halses dadurch begegnen, dass es sich im Genick verwirft. Verwirft es sich im Genick nach rechts, dann steht das rechte Ohr tiefer als das linke, und umgekehrt.

Die Korrektur besteht in diesem Falle darin, dass der Reiter seine Handhaltung und Zügeleinwirkung korrigiert und sich klar macht, dass er vom Pferd eine Versammlung gefordert hat, zu der es noch nicht reif gewesen ist.

Es kann auch der Fall eintreten, dass sich das Pferd im Genick verwirft, obwohl man es bezüglich Durchlässigkeit und Versammlung nicht überfordert. Solche Pferde benutzen das Verwerfen als Abwehrmaßnahme gegen die reiterlichen Anforderungen. Hier hilft nur die gerade richtende Biegearbeit ungeachtet dessen, dass sich das Pferd verwirft. Dabei wird man das Pferd vermehrt vom inneren Schenkel in den äußeren Zügel treiben, sodass es sich biegen und seine Hanken beugen muss. Die Folge davon ist die Aufgabe des Verwerfens.

Mängel in der Maultätigkeit

Wenn der Reiter sein Pferd durch starke treibende und verhaltende Einwirkungen zu einen Herantreten der Hinterbeine an die Schwerelinie zwingt, das eine Beugung der Hanken verlangt, die das Pferd noch nicht erbringen kann, so treten erhebliche Verspannungen im gesamten Pferd auf, die ein Hochziehen der Zunge und ein Maulaufsperren zur Folge

haben können. Das Problem liegt dann in einer Überforderung der Tragkräfte der Hinterhand.

Es ist ebenfalls möglich, dass diese Mängel wegen zur starker Handeinwirkungen auftreten.

Manches Pferd reagiert auf solche Überforderungen mit einem lauten Zähneknirschen anstelle eines Hochziehens der Zunge oder eines Aufsperrens der Maulspalte. Beim Zähneknirschen beißt sich das Pferd infolge der Überforderungen auf der Hand fest. Sein Kaumuskel sowie alle Hals- und Rückenmuskeln sind krampfhaft gespannt.

Das Hochziehen der Zunge, Aufsperren des Mauls und das Zähneknirschen sind als schwerwiegende Mängel anzusehen, weil sie mit sehr großen Verspannungen einhergehen.

Bleibt bei der Arbeit mit dem Pferd eine Schaumentwicklung um die Maulspalte aus, dann liegt das ebenfalls an Verspannungen von Genick bis Hinterhand. Sie müssen jedoch nicht krampfhafter Natur sein. Sie können einfach die Folge von mangelnder Geschmeidigkeit sein.

Ein anfängliches Ausbleiben der Schaumentwicklung bedeutet nicht unbedingt, dass die Arbeit mit dem Pferd falsch ist. Denn wenn man sich daranmacht, ein korrekturbedürftiges Pferd zu korrigieren, so kann man nicht erwarten, dass das Pferd mit dem ersten Aufsitzen alle Verspannung und Steifheit fahren lässt und sich von nun an geschmeidig und elastisch mit genügender Losgelassenheit bewegt. Bis die völlige Losgelassenheit erarbeitet ist, dauert es eine Weile.

Falsch ist es sicherlich, wenn das Maul auf immer trocken bleibt. Mit sich verbessernder Losgelassenheit wird das Pferd immer stärker schäumen und die anfängliche Trockenheit verwandelt sich allmählich in das richtige feuchte Maß.

Korrektur von Mängeln in der Maultätigkeit

Jeder dieser Mängel kann in verschiedenen Ausprägungen anzutreffen sein. Sie bedeuten jedoch immer das Gleiche: einen Mangel an Losgelassenheit. Unter der Voraussetzung, dass Überforderungen und falsche Einwirkungen zukünftig ausgeschlossen sind, müssen die Verspannungen gelöst werden. Das geschieht durch lösende Arbeit.

Allgemein werden eine intensivere Galopparbeit, Tempowechsel, Übergänge zwischen Trab und Galopp, das längere Reiten in Dehnungshaltung und das Springen von Gymnastikreihen die Verspannungen lösen. Voraussetzung ist dabei, dass das Pferd in einem Takt geht, in dem es sich loslassen kann und sich selbst im Gleichgewicht trägt. Nur dadurch kommt man zum Treiben, ohne dass das Pferd davoneilt, was man durch stärkere Zügeleinwirkungen auffangen müsste, welche die Mängel nur verstärken würden.

Mängel im Schwung und Takt

Der Schwung wird vom Engagement der Hinterhand und der Rückentätigkeit bestimmt. Verspannt sich ein Pferd, so wirkt sich die Verspannung über den Muskelring auf alle Bereiche des Körpers aus, völlig unabhängig davon, wo der Ausgangspunkt der Verspannung gelegen hat. Da hierbei auch die Rückenmuskeln verspannt werden, verringert sich die Rückentätigkeit.

Als Reiter kann man Mängel im Schwung daran erkennen, wie gut das Pferd sitzen lässt. Nur wenn das Pferd im Rücken schwingt und auch in seinen übrigen Gelenken federt, kann der Reiter weich und angenehm sitzen.

Fleiß und Schwung	Mängel
Engagement der Hinterhand	– mangelndes Herantreten an die Schwerelinie – nachschleppende Hinterhand – ungleiche Tritte – in sich schief
Rückentätigkeit	– Verlust der reinen Fußfolge in einer Grundgangart – verhaltener werden im Takt (Schwebetritte) – eiliger werden im Takt – Reiter kommt nicht zum Sitzen – Mängel in der Anlehnung

Takt	Mängel
Reinheit	– Pass im Schritt – Vierschlag im Galopp
Regelmäßigkeit	– verhalten werdender Takt – eilig werdender Takt – ungleiche Trittlänge

Die Korrektur von Mängeln im Schwung und die Korrektur der Taktfehler läuft zunächst über die Anregung zu vermehrter Rückentätigkeit im Trab und Galopp.

Dies geschicht am besten in Dehnungshaltung durch eine intensivere Galopparbeit, durch Übergänge zwischen Trab und Galopp, durch Tempowechsel im Rahmen der bisher möglichen Tempi und durch das Springen von Gymnastikreihen. Dabei muss der Reiter darauf achten, dass er sein Pferd in einem Takt reitet, in dem es sich loslassen kann. Dies wird ein ruhiger Takt sein. Durch ihn wird sich das Pferd selbst tragen können, sodass der Reiter zum Vortreiben der Hinterbeine kommen kann.

Mit der Verbesserung der Rückentätigkeit wird ein verbessertes Engagement der Hinterhand einhergehen, sodass das Untertreten im Schritt und Trab sowie der Durchsprung im Galopp zunehmen werden. Kombiniert man diese Übungen mehr und mehr mit den Hufschlagfiguren, so erhöht sich im Zuge des verbesserten Untertretens und Durchspringens die Geraderichtung. Das bedeutet, dass die Versammlung aufgrund dieser Schwungentwicklung zwangsläufig zunehmen wird.

Nach dieser Phase steigert man die Schwungentwicklung durch das gezielte Ausnutzen der versammelnden Wirkung von Hufschlagfiguren in Verbindung mit den Tempowechseln. Später kommen die Seitengänge hinzu. Auf diese Weise lässt sich das Engagement der Hinterhand unter Erhalt der Rückentätigkeit so weit erhöhen, dass die Tempi der Klasse M und S erreicht werden. Die auf diesem Wege erreichte Rückentätigkeit wird auch im Schritt erhalten bleiben, sodass man einen Pass nicht im Schritt, sondern im Trab und Galopp korrigiert.

Grundsätzlich wird man den Schwung nach der beschriebenen Systematik verbessern. Jedoch gestaltet sich die spezielle Vorgehensweise bei jedem Pferd anders. Um Ihnen zu verdeutlichen, wie sich die Arbeitsschwerpunkte bei Pferden gestalten, die infolge von Mängeln im Schwung ihre Reiter nicht sitzen lassen, seien Ihnen die folgenden Beispiele gegeben. Es sind wiederum nur Beispiele und keine Universalrezepte!

In den Beispielen wird davon ausgegangen, dass der Reiter dem Pferd keinerlei Anlass gibt, sich im Rücken festzuhalten. Das Festhalten des Rückens ist für diese Pferde durch eine frühere mangelhafte Ausbildung normal geworden, sodass sie von dieser schlechten Gewohnheit abgebracht werden müssen.

Der Reiter kommt nicht zum Sitzen

Harter Wurf auf einem elastischen Pferd

Ein Pferd kann die von Natur aus mitgebrachte Elastizität seines Körpers als Waffe gegen die reiterlichen Anforderungen nutzen, um weiterhin nicht im Rücken schwingen zu müssen, was mit einem vermehrten Engagement der Hinterhand und damit mit Anstrengung verbunden wäre.

Es neigt dazu, sich durch die Hilfen hindurchzuschlängeln, es geht schief und schwankend. Nur zu leicht fällt es über die äußere Schulter aus und versucht, jeder neuen Anforderung durch ein Eilen oder seitliches Ausbrechen zu entgehen. Gelingt dies nicht, so versucht es nach hinten herauszutreten oder sogar rückwärts zu gehen. Ein solches Pferd ist alles andere, als weich und angenehm zu sitzen.

Das Hauptaugenmerk muss bei der Korrektur darauf liegen, ihm die nicht vorhandene Stabilität unter dem Reiter anzutrainieren und es dabei zum Schwingen zu bringen. Mit dem Antrainieren von Stabilität ist nicht ein Steifmachen des Pferdes gemeint. Das Pferd muss durch losgelassenes Schwingen seinen Gang und gerade Körperhaltung erzeugen. Dabei liegt der Schwerpunkt in der Hilfengebung auf den treibenden Einwirkungen, um das Pferd zu raumgreifenden Tritten und zu einem Strecken in die Reiterhand anzuhalten. Jedoch darf das Treiben niemals dazu führen, dass das Pferd seinen ruhigen Takt im Gleichgewicht verliert.

Lässt man die Zügel aus der Hand kauen, und das Pferd eilt daraufhin davon, so hat es sich nicht im Gleichgewicht befunden. Wie man das Pferd am Eilen hindern kann, finden Sie im Abschnitt über die absolute Aufrichtung (Seite 160).

Zunächst wird man auf größeren Linien (Zirkel, ganze und halbe Bahn, Mittellinien, von der Wand zur Wand) die besprochenen Übungen zur Verbesserung der Rückentätigkeit ausführen lassen. Dabei ist es ratsam, im freien Raum, also auf dem dritten oder vierten Hufschlag, zu arbeiten, um das Pferd daran zu gewöhnen, sich von der Anlehnung der Bande zu lösen und selbstständig die Balance zu halten. In den Wendungen darf die Biegung keinesfalls zu stark ausfallen, da das Pferd leicht über die Schulter ausfallen kann. Es ist deshalb besser, das Pferd anfangs etwas gerader zu halten, als es die Krümmung der Wendung verlangt.

Da Sie zu Beginn der Arbeit noch nicht zum Sitzen kommen werden, ist es gerechtfertigt, die Bügel wie beim Anreiten eines jungen Pferdes etwas kürzer zu verschnallen und etwas länger leichtzutraben.

Es kommt natürlich vor, dass das Pferd zwischenzeitlich gegen die Hand drückt und versucht, sich den durch den Reiter vorgegebenen Rahmen zu erweitern. Dies berechtigt aber nur, das zu halten, was das Pferd in die Hand legt, man darf sich dann nicht an den Zügeln festhalten. Um diesen Widerstand zu überwinden, werden halbe Paraden oder das Abdrücken nötig sein.

Je mehr sich das Pferd im Verlauf dieser Arbeit in raumgreifenden Tritten an die Hand anlehnt, umso weiter kann man in der Ausbildung fortfahren, wie man es nach der allgemeinen Systematik in der Ausbildung tun würde. Auf diese Weise wird es bald gelingen, solche Pferde gerade, stabil und im Rücken schwingend zu erhalten.

Harter Wurf auf einem steifen Pferd

Betrachten wir ein weiteres Pferd, das im Gegensatz zum ersten alles andere als elastisch ist: Die Hinterbeine scheinen gelähmt. Der Hals ist fest und das Maul alles andere als tätig. Bei jedem Tritt wird der Reiter hart geworfen.

Der Schwerpunkt der Korrekturarbeit wird zunächst auf der gerade richtenden Biegearbeit liegen.

Je nachdem, wie weit das Pferd in seiner Ausbildung vorangeschritten ist, werden es vornehmlich Volten, Achten, Zirkel verkleinern und vergrößern sowie die gebogenen Seitengänge, Schrittpirouetten und Vorhandwendungen im Renvers sein, welche die Biegung verbessern werden. Dabei ist der Kombination von Hufschlagfiguren und gebogenen Seitengängen keine Grenze gesetzt, solange das Pferd nicht überfordert wird.

> Biegearbeit darf nicht so verstanden werden, dass das Pferd instabil gemacht werden soll. Sie dient lediglich dazu, den Spielraum der Muskeln zu erhöhen, um die Losgelassenheit und die Elastizität der Gänge zu erreichen.

Man darf bei aller Biegearbeit nie vergessen, das Pferd immer wieder geradeaus gehen zu lassen, damit das Pferd im Gleichgewicht bleibt und beide Zügel gleichmäßig annimmt. Ebenso wenig darf vergessen gehen, das Pferd auf beiden Händen gleichmäßig biegsam zu machen.

Zu dieser Bearbeitung der Geschmeidigkeit in der Längsachse gesellen sich noch die bereits besprochenen Übungen zur Verbesserung der Rückentätigkeit. Übergänge zwischen Trab und Galopp, Tempoübergänge und der häufige Wechsel zwischen Zügel-aus-der-Hand-kauen-Lassen und erneutem Aufnehmen sind die entscheidenden Übungen zur direkten Verbesserung der Rückentätigkeit.

Wenn die nötige Elastizität erreicht ist, dann ist die Biegearbeit in dieser Weise überflüssig und man setzt die reguläre Ausbildung von dort aus fort.

Harter Wurf durch eine hüpfende Kruppe

Pferde, die hart zu sitzen sind, weil sie mit der Kruppe hüpfen und deshalb auf der Vorhand gehen, müssen durch die Entwicklung von entsprechenden Tragkräften dazu gebracht werden, ihre Hinterbeine zu belasten und die Kruppe zu senken.

Zur Korrektur wird daher alles zum Einsatz kommen, was die Hankenbeugung fördert. Das Hankenbeugen geschieht zuerst über die nun schon oft erwähnten Übungen zur Verbesserung der Rückentätigkeit in Verbindung mit einer gerade richtenden Biegearbeit auf kürzeren Linien, wie sie schon bei der Korrektur des Eilens dargestellt worden ist.

Sobald sich erste Erfolge hinsichtlich der Förderung der Rückentätigkeit einstellen, geht man dazu über, vermehrt versammelnde Lektionen (aus dem Halten antraben oder angaloppieren, angaloppieren aus dem Schritt, Kurzkehrtwendungen) zu reiten und die Tempoverstärkungen gezielt zu erarbeiten. Dadurch erzeugt man ein ausreichend großes Engagement der Hinterhand, um jegliches Hüpfen abzustellen.

Vor allem zu Beginn der Korrektur wird das Pferd geneigt sein, den Reiter in kleinen Rucken vornüberzuziehen. Dadurch nimmt es ihm die Möglichkeit, effektive Gegenmaßnahmen gegen das Hüpfen mit der Kruppe zu ergreifen. Der Reiter muss deshalb einen geschlossenen Sitz bewahren und sich darauf einstellen, dass das Pferd ihn schütteln und rütteln wird.

Der Reiter wird vornehmlich aussitzen, auch wenn das anfangs nicht angenehm ist. Er muss daher die Federmechanismen in seinem Sitz durch eine vermehrte Streckung seines Körpers ausnutzen. Dadurch hat er aber die Möglichkeit, das Pferd besser kontrollieren zu können. Außerdem verlagert er dabei sein Gewicht so wenig wie möglich auf die Vorhand.

Aus diesem geschlossenen Sitz muss der Reiter das Pferd einrahmen nach der bekannten Parole „Treiben-Auffangen-Leichterwerden". Er darf nur das abfangen, was er zusätzlich getrieben hat; er darf aber auch nicht mehr treiben, als er auffangen kann.

Jedes Stocken des Pferdes muss er durch ein entsprechendes, aber nicht übermäßiges Treiben ausgleichen, um den Bewegungsfluss und damit die Belastung der Hinterhand zu sichern.

Harter Wurf durch Schwebetritte

Ein Pferd, das den Reiter in schwebenden Tritten unsanft wirft, muss dazu gebracht werden, seine Kräfte wieder vermehrt in die Vorwärtsbewegung zu investieren, anstatt sie zum erhöhten Wurf nach oben zu gebrauchen. Schwebende Tritte entstehen im Allgemeinen dadurch, dass die ungebeugten Hinterbeine zu übermäßigem Schub nach vorne gegen eine entsprechend aushaltende Hand angehalten worden sind. Das Pferd entweicht daraufhin in krampfhafter Spannung nach oben und beginnt zu schweben.

Die Erste-Hilfe-Maßnahme zur Lösung dieses Problems besteht darin, das Pferd raumgreifende, nicht versammelte Tempi in Dehnungshaltung gehen zu lassen. Man muss dem Pferd den übermäßigen Hub nach oben nehmen und ihn in vermehrten Schub nach vorne umwandeln. Dadurch wird der Rücken des Pferdes wieder gleichmäßig in beide Richtungen schwingen können.

Meistens leidet ein solches Pferd auch unter den Symptomen der absoluten Aufrichtung. Zu ihrer Korrektur lesen Sie den entsprechenden Abschnitt über absolute Aufrichtung.

Zusätzlich zur Arbeit unter dem Reiter sollte das Pferd longiert werden. Dabei ist darauf zu achten, dass sich das Pferd zunächst unausgebunden in raumgreifenden Tempi bewegt. Erst dann kommen die Ausbinder dazu, die nach und nach kürzer geschnallt werden, bis das Pferd den Hals fallen lässt und sich an den Ausbindern vor der Senkrechten stehend anlehnt. Außerdem sollte dem Pferd nach und nach eine leichte Stellung nach innen gegeben werden.

Mängel in Längsbiegung und Geraderichtung

Unter dem Begriff der Längsbiegung versteht man die möglichst gleichmäßige Biegung der Längsachse des Pferdes zu einer Seite hin. Da die Längsachse des Pferdes an verschiedenen Stellen unterschiedlich biegsam ist, muss sich der Grad der gesamten Längsbiegung nach der Biegsamkeit des unbiegsamsten, aber noch zur Biegung fähigen Körperbereichs richten.

Verlangt wird diese Biegung vor allem auf Wendungen, in den gebogenen Seitengängen und in den Wendungen auf der Hinterhand (Hinterhandwendungen, Kurzkehrtwendungen und Pirouetten).

Auf einer Wendung soll die Längsbiegung des Pferdes der Krümmung der gerittenen Linie entsprechen. Auf die Frage, warum man eine solche Biegung fordert, gibt es drei Antworten.

- Die Längsbiegung zwingt das Pferd auf der Wendung dazu, mit den jeweils inneren Hinterbein vermehrt in Richtung zur Schwerelinie vorzutreten und es dicht am anderen Hinterbein vorbeizuführen. Sie ist damit ausschlaggebend dafür, dass die Wendung das Schmalspurtreten fördert und eine versammelnde Wirkung hat.
- Ist das Pferd fähig, sich nach beiden Seiten hin gleich gut zu biegen, dann kann es gezielt gerade gerichtet werden. Durch die Biegearbeit verbessert man die Geraderichtung.
- Die Folge einer verbesserten Längsbiegung zu beiden Seiten hin ist eine höhere Geschmeidigkeit des Pferdes, die sich positiv auf die Losgelassenheit und Elastizität der Bewegungen auswirkt.

Die Frage danach, weshalb die Biegung möglichst gleichmäßig sein muss, lässt sich durch einen Blick darauf beantworten, was passiert, wenn man die Biegung an einer Stelle übertreibt. Da der biegsame Teil der Längsachse im Halsbereich liegt und da der Mensch von Natur aus ein Handwerker ist, findet man viele Pferde mit übermäßiger Halsbiegung. Diese übermäßige Halsbiegung zieht dem Pferd die Kruppe nach außen heraus.

Schafft es der Reiter, die Kruppe mit dem äußeren Schenkel zu parieren, so wird das Pferd nunmehr mit der Schulter ausfallen. Gelingt es dem Reiter, auch dies in den Griff zu bekommen, dann bleibt dem Pferd nichts anderes übrig, als einen größeren Gewichtsanteil mit dem inneren Vorderbein zu tragen, weil ein starke Halsbiegung den Schwerpunkt in Richtung dieses Vorderbeins verlagert.

Dadurch beschränkt der Reiter den Vortritt dieses Vorderbeins und provoziert die so genannte Zügellahmheit. Um all diese Fehler zu vermeiden, darf die Halsbiegung nicht stärker ausfallen als die Biegung in der Rumpfmitte. Da das Pferd dort am unbiegsamsten ist, darf auch die Halsbiegung nur von geringem Ausmaß und nicht stärker sein als die Krümmung der gerittenen Linie.

Mangelnde Längsbiegung

Als häufigste Mängel in der Längsbiegung treten auf: das Hereindrängen in die Wendung, das Ausfallen der Hinterhand und das Ausfallen über die äußere Schulter.

Längsbiegung	Mängel
	— Hereindrängen in die Wendung
	— Ausfallen der Hinterhand
	— Ausfallen über die äußere Schulter

Das Hereindrängen in die Wendung und das Ausfallen der Hinterhand beruhen auf mangelnder Geschmeidigkeit in der Längsachse. Als Ursache kommt Steifheit in Frage, aber auch eine flexible Verspannung, mit der sich das Pferd vor der Belastung des inneren Hinterbeines schützen möchte.

Eine Korrektur beginnt auf dem Zirkel, auf dem man das Pferd zur Annahme des inneren Schenkels bringt. Da das Pferd auf dem Zirkel zur Zirkelmitte drängen möchte, treibt man es mit dem inneren Schenkel nach außen auf die Zirkellinie, wobei es sich innen hohl biegen wird. Dabei verlangt der innere Zügel das nötige Maß an Stellung. Der äußere Zügel kann anfangs noch keine Wirkung entfalten, weil sich das Pferd nicht an ihn anlehnt. Dies wird erst dann geschehen, wenn das Pferd den inneren Schenkel annimmt und sich hohl biegt.

Nimmt das Pferd den inneren Schenkel so weit an, dass es sich auf die Zirkellinie heraustreiben und dabei biegen lässt, übt man im nächsten Schritt das Zirkelverkleinern und -vergrößern. Hierbei liegt das Hauptaugenmerk auf dem Heraustreiben.

Mit dem Hereindrängen in die Wendung ist meist auch eine ungleiche Anlehnung auf der Geraden verbunden. Sie bekämpft man durch das Abdrücken. Beide Maßnahmen werden schließlich den gewünschten Erfolg bringen und dem Pferd darüber hinaus die diagonale Hilfengebung auf der Wendung begreiflich gemacht haben.

Fällt ein Pferd auf einer Wendung mit der Hinterhand aus, so muss man für die Annahme des verwahrenden Schenkels sorgen und außerdem vorübergehend die Stellung und Biegung verringern, bis das Pferd den verwahrenden Schenkel annimmt. Oft kann man feststellen, dass das Pferd nach dieser Korrektur versucht, nach innen zu drängen. Dies korrigiert man wie oben beschrieben.

Es kommt sogar vor, dass es zwischen beiden Fehlern hin und her springen möchte. Dies lässt sich nur durch ein konsequentes Biegen mit dem inneren Schenkel und Verwahren mit dem äußeren Schenkel beseitigen.

Das Ausfallen über die äußere Schulter hat seine Ursache ebenfalls darin, dass sich das Pferd nicht auf dem inneren Hinterbein tragen möchte und deshalb die Annahme des äußeren Zügels verweigert.

In einer Erste-Hilfe-Maßnahme stellt man das Pferd zunächst gerade und reitet ein Stück auf gerader Linie weiter, auch wenn man dadurch die Wendung verlässt, auf der das Pferd ausgefallen ist. Auf dieser kurzen Geraden muss man bemüht sein, das Pferd in die Hand zu treiben, ohne dass es zu eilen beginnt. Dadurch versucht man, sich die Annahme des äußeren Zügels zu sichern. Daraufhin führt man das Pferd eventuell mit einer seitwärts weisenden Zügeleinwirkung wieder auf die Wendung. Wichtig ist, den äußeren Zügel nicht mehr nachzugeben, als es die nötige Stellung im Genick verlangt. Sonst würde das Pferd seinen Hals nach innen verbiegen und das Seitwärtsweisen hätte keine Wirkung.

Eine zweite Sofortmaßnahme besteht darin, das Pferd mit einer Wendung nach außen zu überraschen, natürlich nur an einer Stelle, an der man den Platz dazu hat. Auf diese Weise kann man das Pferd in den alten inneren Zügel treiben, um mit ihm abzudrücken, sodass es den alten äußeren, jetzt inneren Zügel besser annimmt. Danach geht man wieder auf die ursprüngliche Wendung zurück. Dieses Verfahren kann man so weit steigern, dass man ein Eckvoltenquadrat reitet. Dabei ist unbedingt darauf zu achten, dass man das Pferd auf den Geraden gerade richtet und ein Schwanken verhindert, indem man es in ruhigem Takt vorwärts treibt. Anfangs wird das Pferd erwarten, wie üblich in die Richtung zur Bahnmitte hin abwenden zu müssen. Es wird dann ganz überrascht sein, wenn man ihm die Chance zum Ausfallen mit der Vorhand nimmt, indem man nach außen zur Wand hin abwendet.

Drängt ein Pferd mit der Vorhand so stark nach außen, dass dieses Verfahren zur Korrektur nicht ausreicht, muss man das Pferd so lange auf geraden Linien in die Hand treiben, dass es beide Zügel genügend annimmt, um wieder abwenden zu können.

Allgemeine Verbesserung der Längsbiegung

Die Anforderungen hinsichtlich der Biegung dürfen grundsätzlich nur langsam erhöht werden. Zwar muss man stets darum bemüht sein, die körperlichen Grenzen des Pferdes Stück für Stück zu erweitern. Das darf aber niemals zu einer Überlastung des Bewegungsapparates führen. Trainingswirksame Reize ja – Überforderung nein! Man muss ein Gefühl dafür entwickeln, wie weit man mit seinen Forderungen gehen kann. Das Pferd lässt sich durchaus überreden, eine unangenehme Biegearbeit über sich ergehen zu lassen.

Jeder weiß, dass ungewohnte Dehnübungen unangenehm sind. Erst wenn man sie übertreibt, verursachen sie Schmerzen und werden unerträglich. So lange man das Pferd knapp unterhalb dieser Grenze hält, werden sich trainingswirksame Reize erzeugen lassen. Spätestens mit dem Überschreiten dieser Grenze wird sich das Pferd widersetzen, weil die Anforderungen mit unerträglichen Belastungen verbunden sind.

Grundvoraussetzung für eine gymnastisch wirksame Biegearbeit ist die Überwachung des Schenkelgehorsams. Wie sonst auch stehen die Einwirkungen der Zügel an letzter Stelle. Erst kommt der Sitz mit seinem Kreuz und seinem Mitdrehen, dann die Schenkel und zuletzt die Zügel. Die Zügel verlangen bei der Biegearbeit anfangs nur das Maß an Stellung, was durch das Mitdrehen mit der Wendung erreicht wird. Eine stärkere Stellung über dieses Maß hinaus kann erst in einem späteren Ausbildungsstadium (ab Klasse M) verlangt werden.

In schwierigen Fällen, da sich ein Pferd weigert, die Biegung im Trab anzunehmen, muss man sie sich zuerst im Schritt erarbeiten. Allerdings birgt die Schrittarbeit eine große Gefahr. Wenn der Reiter nicht beachtet, dass nicht die Zügel die Biegung erreichen, sondern die Schenkel, kann es zum Verlust des Viertaktes im Schritt führen. Immer bedenke man, dass die Stellung im Genick die Folge einer erreichten Rumpfbiegung und nicht irgendwelcher zusätzlicher Handeinwirkungen ist.

Um die Biegung zu erhöhen, arbeitet man sich zunächst von größeren zu kleineren Wendungen vor. Dabei achtet man je nach Ausbildungsstand des Pferdes auf diagonale Hilfen. Da der Sinn der Biegearbeit nicht nur in einer Erhöhung der Elastizität des Körpers liegt, sondern in der Geraderichtung, muss man beide Seiten gleichermaßen geschmeidig machen. Hierfür eignen sich insbesondere Achten und Schlangenlinien. Allgemein sollte man auf häufige Handwechsel achten, um sich nicht auf einer Seite wegen einer Ermüdung des Pferdes festzufahren.

Kommen später die Seitengänge hinzu, so lassen sich die Wendungen mit den Seitengängen kombinieren. Die folgenden drei Übungsabfolgen eignen sich besonders gut, um die Längsbiegung zu verbessern.

Man geht auf die Mittellinie, stellt sein Pferd etwa eine Pferdelänge gerade und führt es in das Schulterherein zu der Seite, von der man auf die Mittellinie abgewendet ist. Das heißt, kommt man von der rechten Hand auf die Mittellinie, reitet man Schulterherein rechts und umgekehrt. Die Hinterhand muss unbedingt auf der Mittellinie verbleiben, wenn man die Schulter herüberführt. Im Mittelpunkt der Bahn angekommen, reitet man aus dem Schulterherein eine Volte zur Bande hin. Wiederum am Mittelpunkt hängt man an diese erste Volte eine zweite zur anderen Seite der Mittellinie. Nach Beendigung der zweiten Volte setzt man die Mittellinie in die ursprüngliche Richtung fort und lässt das Pferd aus der Volte heraus im Schulterherein nach der Seite der letzten Volte gehen. Am Ende der Mittellinie muss man natürlich in die Richtung der Biegung des letzten Schultereheins abwenden.

Um es noch etwas verständlicher zu machen, gebe ich die Abfolge der Kommandos an, wie man Sie Ihnen in einer Reitstunde für diese Übung geben würde, wenn Sie sich auf der linken Hand befinden: „Auf die Mittellinie abwenden. – Schulterherein nach links. – Bei X Volte nach links. – Bei X Volte nach rechts. – Daraus die Mittellinie beenden und Schulterherein nach rechts."

Aus der Biegung einer Ecke heraus lässt man das Pferd Schulterherein bis zur Mitte der langen Seite gehen, dort stellt und biegt man es um in den Renvers. Aus diesem Renvers reitet man ein In-die-Ecke-Kehrt und wiederholt die Übung auf der anderen Hand an der gleichen langen Seite.

Man begibt sich auf das Eckvoltenquadrat und lässt das Pferd auf den Geraden Renvers gehen. In den Volten hält man die Stellung und Biegung des Renvers bei. Da die Hinterhand des Pferdes dann zum Mittelpunkt der Volte zeigt, ist es genau genommen kein Renvers mehr, sondern ein Travers. Dies übt man auf beiden Händen.

Diese Übungen können in allen Gangarten ausgeführt werden. Beherrscht das Pferd noch nicht den fliegenden Galoppwechsel, dann wechselt man den Galopp über den Trab oder wenn möglich über den Schritt.

Mangelnde Geraderichtung

Folgende Tabelle zeigt, wie sich Mängel in der Geraderichtung äußern:

Geraderichtung	Mängel
	– ungleiche Zügelanlehnung – in sich schief – kein Schmalspurtreten

Die Schiefe in sich und ein mangelndes Schmalspurtreten beseitigt man mit Hilfe der Biegearbeit, wie sie nun schon mehrfach beschrieben worden ist. Sie heißt deshalb gerade richtende Biegearbeit. Grundvoraussetzung ist natürlich, dass ein gewisses Grundmaß an Geraderichtung geschaffen wird, indem man das Pferd dazu bringt, die treibenden Hilfen anzunehmen und sich schon im Vorfeld möglichst gleichmäßig an die Reiterhand anzulehnen. Dabei wird das Abdrücken helfen.

Korrektur von Mängeln in Lektionen

Übergänge

Häufige Fehler beim Reiten von Übergängen sind Herausheben, Übergänge auf der Vorhand, Überzäumen sowie Anspringen im falschen Galopp.

Übergänge	Mängel
	– Herausheben beim Übergang in eine höhere Gangart – stockender Übergang auf der Vorhand in eine niedrigere Gangart – Überzäumen beim Anspringen in den Galopp – falsches Angaloppieren

Herausheben beim Übergang in eine höhere Gangart

Dieser Fehler entsteht durch eine mangelhafte Schwungentwicklung Das Pferd nimmt daher keine sichere Anlehnung an die Reiterhand. Dadurch hat es die Möglichkeit, sich im Übergang nach oben frei zu machen. Auf diese Weise bleibt ihm die Entwicklung von Tragkräften erspart, die es im Übergang über den Rücken zur Vorhand weiterleiten müsste.

Die Korrektur besteht in einer vermehrten Schwungentwicklun und Sicherung der Anlehnung zunächst im Trab. Dabei sollten insbesondere Tempowechsel in Verbindung mit Hufschlagfiguren geritten werden. Das Pferd wird nämlich auch bei den Tempowechseln versucht sein, sich herauszuheben. Bringt man es durch die Hufschlagfiguren und das Abdrücken immer wieder zum Fallenlassen des Halses, verliert sich dieser Widerstand allmählich. Sobald dieser Widerstand überwunden ist, hat sich das Pferd daran gewöhnt, die treibenden Hilfen anzunehmen und dadurch die Anlehnung stets aufrechtzuerhalten. Auf diese Weise wird sich das Pferd bei den Übergängen vom Schritt in den Trab und vom Trab in den Galopp zusammenhalten lassen. Sollte es dennoch geschehen, dass das Pferd im Übergang auseinander fällt und womöglich noch davoneilt, bricht man den Übergang ab und sichert die Anlehnung und den Schwung beziehungsweise Fleiß im Schritt. Das wiederholt man konsequent, bis das Pferd einsieht, dass es nur auf die eine korrekte Art antraben oder angaloppieren darf. Im Schritt ist aber äußerste Vorsicht geboten. Niemals darf man das Pferd im Schritt mit den Zügeln zusammenstellen. Sonst geht der klare Viertakt verloren. Es muss zu einem solchen Fleiß angetrieben werden, dass es sich von der federnd gegenhaltenden Hand abstößt. Man kann dies durch das Übertreten, die Seitengänge und Kurzkehrtwendungen unterstützen. Dabei darf man den Zügel nicht zu kurz fassen. In schwierigen Fällen nimmt man einhändig auf Trense auf und regt das fleißige Vortreten der Hinterbeine zusätzlich durch das Touchieren mit der Gerte am Sprunggelenk an. Im Übergang selbst darf man auf keinen Fall die Gerte benutzen, weil das Pferd lernen soll, auf ein bloßes Aufrichten hin den Übergang auszuführen. Wichtig ist, die Gerte nicht arhythmisch zu benutzen, weil man sonst den Takt stört. Immer wenn das Hinterbein vorschwingt, touchiert man eventuell in mehreren kurzen Klapsen. Diese Phase erfüllt man am Heranfallen des eigenen Schenkels an die Bauchwand und am Sinken der eigenen Hüfte auf der Seite des vorschwingenden Hinterbeines.

Stockender Übergang auf der Vorhand in eine niedrigere Gangart

Ein stockender Übergang auf der Vorhand ist die Folge einer mangelhaften Vorbereitung. Dadurch lässt das Pferd die Hilfen zum Übergang nicht durch. Es pariert auf der Vorhand. Daher muss in der Vorbereitung zum Übergang die Durchlässigkeit verbessert werden. Im Grunde bedeutet das immer dasselbe: Schwungentwicklung ohne Taktverlust in ein gerades Pferd hinein.

Aus praktischer Sicht heißt das: Sicherstellung der Annahme der treibenden Einwirkungen, Tempowechsel, Hufschlagfiguren und wenn möglich Seitengänge. Dadurch muss das Pferd dazu gebracht werden, sich selbst zu tragen und sich in ungebundenen Tritten weich an die Reiterhand anzulehnen. Es muss eine schwingende Verbindung zwischen der Reiterhand und dem Hinterhuf am Erdboden über den Rücken geschaffen werden. Dann werden einige halbe Paraden das Pferd so weit aufnehmen, dass zuletzt ein verstärkt angestelltes Kreuz ausreichen wird, um das Pferd ohne ein Stocken durchzuparieren.

Falsches Angaloppieren

Ein Problem, das vor allem bei jüngeren, korrekturbedürftigen Pferd auftritt, ist das falsche Angaloppieren. Meist geschieht es auf der Hand der schwierigen Seite des Pferdes. Es versucht auf die Hilfen zum Angaloppieren davonzueilen und auch über die Vorhand auszufallen. Bevor man angaloppiert, muss man diese Fehler beseitigt haben (siehe dazu die Abschnitte über absolute Aufrichtung, Davoneilen und Ausfallen über die äußere Schulter).

Oft wird man bei dieser Korrekturarbeit genötigt sein, auch den Gehorsam auf die biegenden Schenkeleinwirkungen sicherzustellen. Dies ist wichtig, damit sich das Pferd beim Angaloppieren nicht gegen den inneren Schenkel wirft und somit falsch anspringen kann. Erst wenn sich das Pferd selbst ausbalanciert und sich dabei treiben lässt, ohne den Takt zu verlieren,

wird das Angaloppieren gelingen, vorausgesetzt, der Reiter gibt vorschriftsmäßige Hilfen und stört das Pferd nicht mit den Händen.

Das Angaloppieren selbst muss völlig unbefangen vonstatten gehen. Solange der Reiter das Gefühl hat, kräftige Hilfen geben zu müssen, war die Vorbereitung unzureichend.

Bei Pferden, mit denen eine solch differenzierte Arbeit noch nicht möglich ist, muss man vorgehen wie bei einem jungen Pferd, das zum ersten Mal unter dem Reiter angaloppiert wird. Man reitet es in dem Grundtempo, das es im Trab anbietet, sodass es sich selbstständig ausbalanciert. Dann lässt man die Tritte etwas verlängern, ohne den Takt zu verlieren, geht mit der Bewegung mit, sodass man das Gleichgewicht des Pferdes nicht stört, und gibt an der kurzen Seite auf gebogener Linie unbefangen die Galopphilfe. Manchmal hilft es auch, wenn man ein Führpferd vorausgehen oder im Pas de deux in ausreichendem Abstand nebenher gehen lässt. Das zu korrigierende Pferd wird sich von ihm in den richtigen Galopp abschleppen lassen.

Überzäumen beim Anspringen in den Galopp

Vor allem bei Pferden, die sich von der Belastung der Hinterhand beim Angaloppieren frei machen wollen, kommt es vor, dass sie sich im Anspringen überzäumen. Dort hilft nur ein aufrichtendes Nachtreiben mit den Waden. Notfalls muss man die Hände kurzzeitig etwas steigen lassen. Keinesfalls dürfen sie rückwärts wirken. Das würde das Überzäumen nur verstärken.

Wie gelingen Tempoverstärkungen?

Im Folgenden wird exemplarisch von der Erarbeitung der Trabverstärkungen ausgegangen. Nach der gleichen Systematik werden sie auch im Galopp erreicht. Im Galopp werden die Handwechsel je nach Ausbildungsstand über den Trab, den Schritt (einfacher Galoppwechsel) oder den fliegenden Galoppwechsel ausgeführt.

Die erste Trabarbeit des gerade angerittenen jungen Pferdes beginnt in dem Grundtempo, in dem sich das Pferd loslassen kann. In diesem Tempo werden die Hufschlagfiguren geritten, immer nach dem Grundsatz „Vom Leichteren zum Schwierigeren". Der Wechsel zwischen gerader und gebogener Linie zusammen mit dem Vorherrschen der treibenden Einwirkungen wird zu einer verbesserten Schwungentwicklung führen, die das Pferd zum Tritteverlängern befähigt.

Die Verbindung von nun leichten Tempoübergängen, Übergängen allgemein und Hufschlagfiguren führt dann im Laufe des ersten Ausbildungsjahres zu dem angestrebten Arbeitstrab. Aus diesem Arbeitstrab lässt sich bereits der Mitteltrab entwickeln. Das bedeu-

Zunächst wird das Pferd in einem ruhigen Grundtempo geritten, in dem der Reiter zum Sitzen und Treiben kommt.

tet, dass das Pferd im Arbeitstrab bereits eine gewisse Versammlungsbereitschaft und damit Schwungentwicklung zeigen muss. Denn sonst könnte es nicht die zum Mitteltrab nötigen Schub-, Trag- und Federkräfte aufbringen. Die im weiteren Verlauf der Ausbildung allmählich einsetzende Kombination von Hufschlagfiguren, den Tempoübergängen zwischen Arbeitstrab und Mitteltrab und den versammelnden Lektionen werden die Versammlung so weit erhöhen, dass endlich auch ein starker Trab möglich wird.

Dies ist der grundsätzliche Ausbildungsweg eines Pferdes, das von Natur aus mit einem gewissen Bewegungspotenzial ausgestattet worden ist.

Was aber tut man, wenn man ein Pferd besitzt, dessen Trabbewegung von Natur aus begrenzt ist? Schnell bekommt man dann zu hören, dass das betreffende Pferd nie eine Trabverstärkung gehen könne. Das ist aber nicht richtig!

Solange ein Pferd keine körperlichen Mängel hat, die ihm einen störungsfreien Bewegungsablauf unmöglich machen, lässt sich eine Trabverstärkung herausarbeiten.

Zwar kann es sein, dass der Raumgriff einer Trabverstärkung des weniger veranlagten Pferdes gerade dem Raumgriff des veranlagteren Pferdes in einem versammelteren Tempo entspricht. Dennoch kann ein Mittel- oder starker Trab beider Pferde qualitativ gleichwertig sein, wenn nämlich jedes Pferd einen seinen Anlagen entsprechenden Gewinn an Raumgriff zeigt, der auf die korrekte Erarbeitung von Schwung zurückgeht.

> Es geht darum, was der Reiter aus dem Pferd gemacht hat. Ob das Pferd nun einen Huf breit übertritt oder zwei spielt im Prinzip keine Rolle, solange ein sichtbarer Raumgewinn aufgrund einer entsprechenden Schwungentwicklung erkennbar wird. Letzten Endes steht doch die Rittigkeit aufgrund der Durchlässigkeit im Vordergrund. Erst diese Rittigkeit macht das Reiten angenehm.

Bei einem weniger veranlagten Pferd, aber auch beim Korrekturpferd sieht die Arbeit, mit der man Trabverstärkungen erreicht, so aus, dass man ein ruhiges Grundtempo mit einem entsprechenden Takt wählt, in dem sich das Pferd loslassen kann und man selbst zum Sitzen kommt.

Das Pferd muss die treibenden Einwirkungen so weit annehmen, dass es sicher am Zügel steht und auf ein Treiben mit einer klaren Vorwärtstendenz antwortet.

Während nun Takt, Grundtempo und Haltung zunächst erhalten bleiben, bemüht man sich um ein präzises Ausreiten der Hufschlagfiguren und fördert damit durch den Wechsel zwischen möglichst gebogen geradem Gehen und gerade gestelltem, geradem Gehen die Längsbiegung und Geraderichtung. Eine besondere Bedeutung gewinnt natürlich das Reiten von versammelnden Lektionen. Zu ihnen sind in diesem Ausbildungsstadium auch die gebogenen Seitengänge zu zählen.

Eine Übungseinheit sollte immer ein wohl dosiertes Konzentrat derjenigen momentan möglichen Hufschlagfiguren und Lektionen darstellen, welche die Versammlung am stärksten fördern. Denn die Versammlung entsteht in ihrer Vollkommenheit nicht durch eintöniges Arbeiten auf endlosen Linien in einer Gangart, sondern durch das Üben genau der speziellen Momente, in denen das Pferd allein schon durch die Art der geforderten Übung gezwungen ist,

Was man an Schwung in der Versammlung erarbeitet hat,
kann man für die Verstärkung vermehrt nach vorne herauslassen.

durch mäßiges Zulegen der Tempi immer wieder neu zu beleben, auch wenn dieses Zulegen noch nicht mit genügendem Ausdruck möglich ist. Es geht dabei darum, die Annahme der Schenkeleinwirkungen sicherzustellen und das Pferd zum stärkeren Untertreten der Hinterbeine zu bringen. Schwungentwicklung ist also angesagt.

Als versammelnde Übungen neben korrekt gerittenen Hufschlagfiguren sind zu betrachten:

- kurze Übergänge zwischen Schritt und Trab, durch die das Pferd lernt, zwar kürzer, aber vermehrt heranzutreten
- Übergänge zwischen Schritt und Galopp
- kurzes Rückwärtsrichten mit darauf folgendem Antraben oder Angaloppieren
- Kurzkehrtwendungen aus dem Trab oder Galopp
- die gebogenen Seitengänge in Verbindung mit Hufschlagfiguren und Zulegen des Tempos

Die wohl wirksamste und beste Methode, die Versammlung deutlich zu erhöhen, ist das Reiten von gebogenen Seitengängen in Verbindung mit Hufschlagfiguren und dem Zulegen des Tempos. Sie ist deshalb die beste Methode, weil das Pferd stets im Vorwärts gehalten wird.

Dadurch ist der Reiter weniger geneigt, mit den Händen zu arbeiten. Sie ist die wirksamste Methode, weil der häufige Wechsel zwischen vermehrtem Tragen und vermehrtem Schieben den Schwung drastisch erhöht.

In der Folge sollen drei Beispiele gegeben werden, wie gebogene Seitengänge, Hufschlagfiguren und Tempovariationen in einer der Versammlung durch Schwungentwicklung dienlichen Weise kombiniert werden können.

Schulterherein, Passade und *Renvers*: Aus der ersten Ecke der langen Seite wird Schulterherein bis etwa zum Halbe-Bahn-Punkt geritten. Dort wird das Pferd im Trab kurzkehrtartig gewendet (die Passade) und im Renvers, also mit der Kruppe zur Wand, zurückgeführt.

Vor der Wand wendet man dann aus dem Renvers in die Ecke hinein, stellt das Pferd gerade und legt das Tempo zu. Dies wiederholt

wesentlich mehr Tragkräfte zu entwickeln. Die konsequente Wiederholung eben dieser speziellen Momente bedingt die entscheidende Verbesserung der Versammlung.

Natürlich darf bei aller Versammlung niemals vergessen werden, die Grundgangarten des Pferdes

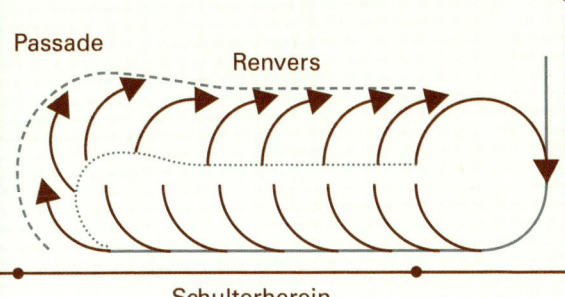

Passade

Renvers

Schulterherein

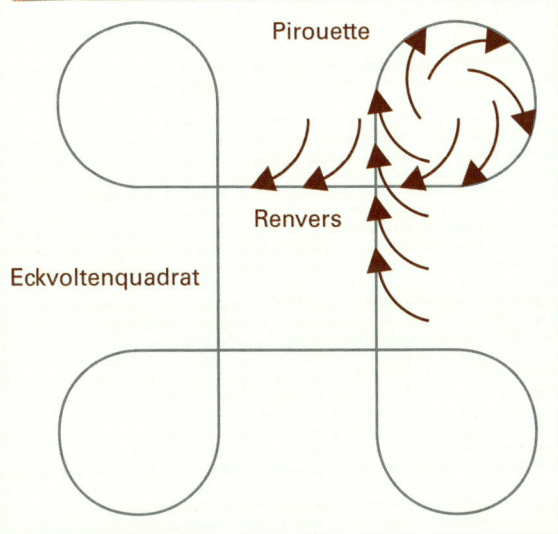

Pirouette

Renvers

Eckvoltenquadrat

Eckvoltenquadrat im Renvers

man am besten im Wechsel auf beiden Händen. Um die Hand zu wechseln, dreht man das Pferd aus dem Renvers vor der kurzen Wand mit der Kruppe parallel zu dieser, während die Vorhand fast auf der Stelle tritt.

Steht das Pferd parallel zur kurzen Wand, reitet man geradlinig weiter bis zur gegenüberliegenden Wand und beginnt die erste Übung auf der anderen Hand. Dieser Handwechsel wird „Steigern" genannt.

Eckvoltenquadrat im Renvers: Man reitet ein Quadrat mit Volten in den Ecken nach außen. Auf den geraden Linien lässt man das Pferd im Renvers gehen, der in der Volte der Ecke zum Travers wird, weil die Hinterhand zum Mittelpunkt der Volte zeigt. Stellung und Biegung bleiben also unverändert. Aus der jeder Volte wird der Renvers auf der Geraden fortgesetzt.

Dies muss wiederum auf beiden Händen geritten werden, immer wieder unterbrochen durch ein Tritteverlängern.

Traversale, Schulterherein und *Zulegen, Traversale*: Von der Mittellinie kommend beginnt man nach anfänglichem Geraderichten die Traversale. Nach etwa vier Tritten geht man aus der Traversale zum Schulterherein parallel zur langen Seite über, um daraus für einige wenige Tritte das Tempo zu verstärken. Daraus fängt man das Pferd ein und setzt die Traversale fort.

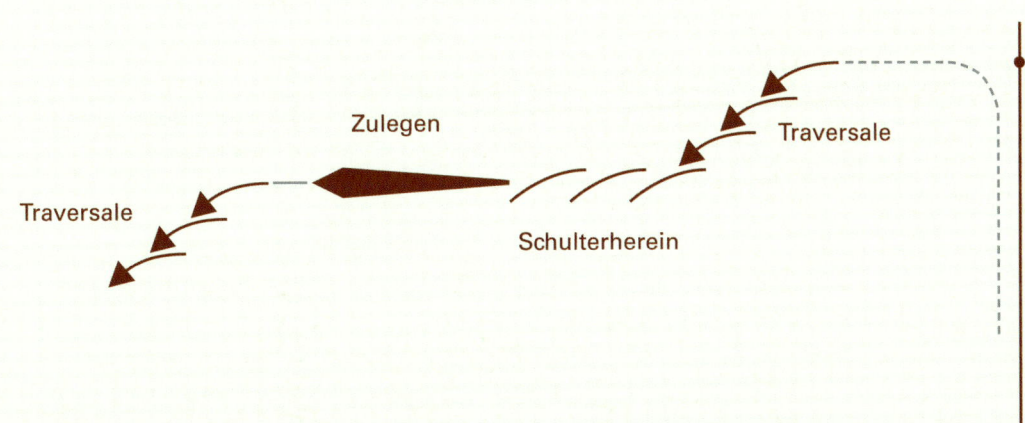

Zulegen

Traversale

Traversale

Schulterherein

Traversale, Schulterherein, Zulegen und Traversale

Grundsätzlich gilt, sich anfangs mit wenig zu begnügen und die Anforderungen nur allmählich zu steigern. Niemals dürfen Einwirkungen so stark werden, dass sich das Pferd gegen sie wehrt: Weniges korrekt fordern, viel loben und aufhören, wenn es am besten ist.

Sehr vorteilhaft ist es, das Pferd zweimal je eine halbe Stunde pro Tag zu arbeiten. Beginnt das Pferd zu schwitzen, sollte die Arbeit beendet werden, auch wenn eine halbe Stunde noch nicht voll ist. Dann lieber sogar dreimal reiten. Nach jeder halben Stunde führt man das Pferd in den Stall und reicht ihm Futter.

Dieses Verfahren verhindert Überforderung und sorgt dafür, dass das Pferd arbeitswilliger und aufnahmefähiger wird, denn es weiß, dass es nach nicht allzu langer Arbeit etwas Angenehmes erhält. Damit das Pferd jede Arbeitseinheit in guter Erinnerung behält, sollte sie immer mit einer Übung abschließen, die gut gelingt, sodass man loben kann.

Probleme bei ganzen Paraden, Rückwärtsrichten und einfachem Galoppwechsel

Die korrekte Ausführung der ganzen Parade und des Rückwärtsrichtens verlangt einen deutlich höheren Grad an Durchlässigkeit und Versammlung, als ihn ein junges Pferd am Anfang seiner Ausbildung aufbringen kann. Vor allem beim Rückwärtsrichten muss das Pferd bis zu 89 Prozent seines Gesamtgewichts auf den Hinterbeinen tragen. Daher stellen sie versammelte Lektionen dar, die vom jüngeren Pferd oder einem Korrekturpferd mit unzureichender Durchlässigkeit noch nicht in ihrer korrekten Form ausgeführt werden können. Es nützt der Durchlässigkeit wenig, wenn man versucht, diese Lektionen zu erzwingen. Das führt immer zu hässlichem Widerstand.

Sie ergeben sich stattdessen automatisch in korrekter Form, wenn man den Schwerpunkt auf die versammelnde Arbeit in der Vorwärtsbewegung legt und dabei die Durchlässigkeit ausreichend erhöht.

Es ist ohne weiteres möglich, den Versammlungsgrad eines Pferdes nur mit Hilfe der Kombination von halben Paraden, dem Schulterhervor, den Tempowechseln, den einfachen Übergängen und den Hufschlagfiguren bis zum Versammlungsgrad der Klasse L anzuheben. Dann wird es ein Leichtes sein, die Tritte oder Sprünge eines Pferdes vor der ganzen Parade immer stärker durch halbe Paraden aufzunehmen, sodass das Pferd so weit mit den Hinterbeinen an die Schwerelinie herantritt, dass man es durch ein letztes Kreuzanstellen zum Halten durchparieren kann. Daraufhin wird das Pferd gehorsam rückwärts gehen. Solange dies noch nicht möglich ist, wird die ganze Parade über einige Zwischenschritte nur aus dem Trab geritten. Auf das Rückwärtsrichten sollte man vorerst verzichten. Soll es aber trotzdem geübt werden, so muss klar sein, dass man keine Vollkommenheit verlangen darf. Zu bemerken ist, dass sich die ganze Parade im Laufe der Ausbildung bis zur Klasse S zur Schulparade steigern wird.

Wie auch im Falle der ganzen Parade und des Rückwärtsrichtens ist der einfache Galoppwechsel eine Lektion, für deren korrekte Ausführung das Pferd genügend durchlässig und versammelt sein muss. Solange dies nicht der Fall ist, darf er nur über einige Trabtritte verlangt werden.

Probleme bei der ganzen Parade

Da man ganze Paraden ganz zwangsläufig ausführen muss, auch wenn das Pferd noch nicht durchlässig genug ist, um sie in ihrer vollkommenen Form auszuführen, möchte ich das häufig auftretende Problem besprechen, das in diesem frühen Stadium vorkommt. Es dreht sich dabei um die gleichmäßige Aufstellung des Pferdes auf allen vier Beinen. Normalerweise stellt sich das Pferd von selbst gleichmäßig auf, sobald es durchlässig genug ist. Da durchaus die Notwendigkeit bestehen kann, eine gleichmäßige Aufstellung schon früher zu verlangen, lässt sie sich nur durch eine systematische Gewöhnung erreichen.

Diese Gewöhnung beginnt damit, dass man dem Pferd die Bedeutung eines Touchierens der Hinterbeine klar macht. Lesen Sie dazu unbedingt „Angst vor der Gerte". Das Pferd soll daraufhin das touchierte Hinterbein vorsetzen. Meistens wird man das durch ein leichtes Vorziehen mit den Zügeln unterstützen müssen. Dies darf aber nicht zu stark ausfallen, weil das Pferd sonst die Vorderbeine ebenfalls bewegt. Es muss so feinfühlig ausgeführt werden, dass man notfalls auch sofort auffangen kann, was das Pferd mit einem Vorderbein vorgehen möchte. Mit etwas Gefühl für das Zusammenspiel von Gerte und Hand wird sich das Pferd dazu anhalten lassen, stets geschlossen stehen zu bleiben. Daran muss das Pferd gewöhnt werden, bis es sich von selbst ohne jede Aufforderung geschlossen hinstellt. Diese Gewöhnungsarbeit leistet man vor jedem Aufsitzen und bei jeder Gelegenheit, in der man das Pferd führt und

Geschlossene Aufstellung in der ganzen Parade

lung in die Richtung in Frage, in die das Pferd mit der Hinterhand ausweichen möchte. Hebt sich das Pferd in der Parade aus der Anlehnung nach oben heraus, muss man die Parade abbrechen und das Pferd in der Bewegung wieder zusammenstellen. Das wird man anfangs viele Male wiederholen müssen.

Probleme beim Rückwärtsrichten

Das Rückwärtsrichten ist eine Bewegung im Zweitakt. Es fußen die diagonalen Beinpaare nacheinander ab, so wie es auch im Trab der Fall ist, nur mit den Unterschied, dass keine Schwebephasen entstehen. Wegen der diagonalen Fußfolge spricht man beim Rückwärtsrichten nicht von Schritten, sondern von Tritten. Das Rückwärtsrichten ist umso vollkommener, je besser das Pferd am Zügel und gerade gerichtet bleibt und je mehr die Beine eines diagonalen Beinpaares parallel zurückgesetzt werden.

In der Grundausbildung wird das Rückwärtsrichten so aussehen, wenn es denn unbedingt geübt werden soll, dass das Pferd die Beine eines diagonalen Beinpaares nicht exakt parallel zurücksetzt. Es beginnt meist mit dem Hinterbein zuerst. Innerhalb eines Bruchteils einer Sekunde folgt das Vorderbein. Obwohl sich eine solche zeitlich verschobene Fußung nachweisen lässt, ist sie für das menschliche Auge nur bei sehr genauer Beobachtung wahrnehmbar. Man hat dennoch den Eindruck eines parallelen Zurücksetzens.

Je weiter die Ausbildung voranschreitet, um geringer wird diese zeitliche Verschiebung. In Klasse M wird sie nicht mehr vorhanden sein. Dagegen tritt sie in der Klasse S wieder auf. Doch beginnt hier nicht das Hinterbein, sondern das Vorderbein.

Man leitet das Rückwärtsrichten dadurch ein, dass man das Pferd in die Hand treibt und das auffängt, was das Pferd nach vorne gehen möchte. Daher kommt der Ausspruch, dass man im Rückwärtsrich-

es dabei halten lässt. Ein solchermaßen vorbereitetes Pferd wird sich unter dem Reiter in den meisten Fällten von selbst geschlossen aufstellen. Da die Arbeit unter dem Sattel den ruhigen Gehorsam auf die vortreibenden Einwirkungen eines Hinterbeines fördert, wird es zusammen mit dieser Gewöhnungsarbeit und dem erreichten Gehorsam auf die treibenden Einwirkungen möglich sein, das Pferd nach dem Reiten geschlossen aufzustellen.

Auf diese Weise erübrigen sich sämtliche unschönen Einwirkungen, wie man sie oft zu sehen bekommt, wenn sich ein Pferd nicht geschlossen aufstellen möchte. Solche Einwirkungen führen nicht nur zu Verspannungen, sondern zerstören auch das Vertrauen des Pferdes in die Einwirkungen mit der Gerte.

Die Gerte hat für den Reiter in übertragenem Sinn die gleiche Bedeutung wie der Taktstock für einen Dirigenten. Wenn sich das Pferd vor dem Taktstock Gerte fürchtet, kann ihn der Dirigent Reiter nicht mehr gebrauchen, um den Takt zu unterstützen. Jeder Einsatz des Taktstocks würde wegen der aufkommenden Verspannung den Takt stören. Deshalb muss man solche hässlichen Gerteneinsätze unterlassen!

Ein weiteres Problem ist das Schiefwerden in der ganzen Parade. Letztendlich beseitigen kann man es nur durch eine verbesserte Durchlässigkeit und Versammlung in der Bewegung. Als Sofortmaßnahme kommt eine noch vor der Parade leicht vermehrte Stel-

Im Rückwärtsrichten sollen die diagonalen Beinpaare gleichzeitig zurückgesetzt werden.

Probleme beim einfachen Galoppwechsel

Der einfache Galoppwechsel ist im Prinzip nur ein Übergang vom Galopp in den Schritt mit darauf folgendem Angaloppieren zur anderen Hand. Häufige Fehler sind ein Durchparieren zum Schritt auf der Vorhand, Mängel in der Anlehnung, Taktfehler in der Schrittphase und das Angaloppieren auf zwei Hufschlägen.

Wenn ein Pferd den einfachen Galoppwechsel mit diesen Mängeln ausführt, obwohl der Reiter eine vorschriftsmäßige Hilfengebung anwendet, dann ist das Pferd nicht reif für den einfachen Galoppwechsel. Er setzt eine Versammlung voraus, wie sie erst in der fortgeschrittenen Grundausbildung erreicht werden kann.

Daher ist es in der Grundausbildung nicht als Fehler anzusehen, wenn man den einfachen Galoppwechsel über einige wenige Trabtritte ausführen lässt und das Pferd sonst aber im Rahmen der Ausbildungsklasse gerade gerichtet und in korrekter Anlehnung erhält. Der einfache Galoppwechsel ergibt sich in korrekter Form automatisch durch eine genügend vorangebrachte Durchlässigkeit und Versammlung in der Bewegung ohne den Galoppwechsel.

ten vorwärts reitet. Schließlich ist diese Hilfengebung die gleiche wie in der Bewegung bei der halben Parade: Man fängt auf, was man getrieben hat; man treibt aber nicht mehr, als man auffangen kann.

Für den Korrekturreiter stellt sich die Frage, wann eine zeitlich verschobene diagonale Fußsetzung als falsch anzusehen ist. Sie ist es dann, wenn Widerstände gegen die Anlehnung auftreten und das Rückwärtsrichten nicht mehr flüssig und gerade erfolgt. Dann wird die zeitlich verschobene diagonale Fußsetzung auch für den außen stehenden Beobachter sehr leicht erkennbar sein. Diese Fehler lassen sich minimieren, wenn es im Halten vor dem Rückwärtsrichten gelingt, das Pferd zum Abkauen durch das Abdrücken zu bringen und dabei die gesamten Pferdesinne auf die Hilfen auszurichten. Dadurch treibt man sich das Pferd im Halten an die Hand heran, hält es nachgiebig im Genick und kann durch eine leichte Stellung in die Richtung, zu der das Pferd mit der Hinterhand ausweichen möchte, die Hinterhand verwahren.

Gänzlich beheben kann man die Fehler nur durch eine bessere Vorbereitung in der Bewegung. Das Pferd muss einfach durchlässiger und versammelter werden.

Schwierigkeiten bei Wendungen auf der Hinterhand und gebogenen Seitengängen

Das Lehren oder Korrigieren von Wendungen auf der Hinterhand setzt eine Durchlässigkeit und Versammlung voraus, wie sie erst in der fortgeschrittenen Grundausbildung erreicht wird. Um die gebogenen Seitengänge Renvers, Travers und Traversale ausbilden oder korrigieren zu können, muss das Pferd sogar die fortgeschrittene Grundausbildung abgeschlossen haben.

Eine solche Vorbereitung ist in beiden Fällen deshalb nötig, weil die Art der Ausführung dieser Lektionen Tragkräfte voraussetzt, die ein unvorbereitetes Pferd nicht besitzen kann. Solange der Reiter das Gefühl hat, sie herauspressen, ja geradezu herausquälen zu müssen, ist sein Pferd nicht reif für sie. Er muss sich deshalb zunächst mit der Erarbeitung einer genügenden Durchlässigkeit und Versammlung ohne diese Lektionen befassen.

Es ist ohne weiteres möglich, den Versammlungsgrad eines Pferdes nur mit Hilfe der Kombination von halben Paraden, Schulterhervor, den Tempowechseln, den Übergängen und den Hufschlagfiguren bis zu dem Versammlungsgrad der Klasse L anzuheben. Dies sollte man insbesondere bei einem Korrekturpferd beachten und umsetzen, bevor man den Versuch unternimmt, Wendungen auf der Hinterhand und Seitengänge zu korrigieren. Dies ist die sinnvollste Vorgehensweise, Mängel in diesen Lektionen vollständig zu beseitigen. Man muss daher unter Umständen einen oder mehrere Schritte in der Ausbildung zurückgehen.

Selbstverständlich sind solche drastischen Maßnahmen nicht erforderlich, wenn das Pferd die Lektionen bereits kennt und dabei eine ausreichende Durchlässigkeit beibehält, um nicht das Gefühl zu haben, sie herauspressen zu müssen. Das heißt, dass die grobe Struktur schon steht und dass es nur um die Korrektur von kleineren Mängeln geht.

Was aber sind die Wendungen auf der Hinterhand?

Man kann Wendungen auf der Hinterhand aus dem Halten ausführen lassen. Dann nennt man sie Hinterhandwendungen. Reitet man sie aus dem Mittelschritt, ohne das Pferd vorher angehalten zu haben, heißen sie Kurzkehrtwendungen. Kurzkehrtwendungen können auch aus dem Trab geritten werden, nachdem das Pferd zum Mittelschritt durchpariert worden ist. Sobald das Pferd den ursprünglichen Hufschlag nach der Wendung erreicht, wird wieder angetrabt.

Kurzkehrtwendungen werden als halbe Schrittpirouetten bezeichnet, wenn man sie aus dem versammelten Schritt in höherer Versammlung und deshalb auf kleinstem Raum reitet. Sie können auch als Viertelpirouette (Wendung um 90 Grad) oder Sechstelpirouetten (Wendung um 60 Grad) geritten werden.

Hinterhandwendung

„Die Hinterhandwendung wird aus dem Halten begonnen. Bei der Einleitung der Wendung ist ein geringes Vortreten des Pferdes zulässig. Das Pferd ist in die Bewegungsrichtung gestellt und gebogen. Die Vorhand des Pferdes beschreibt einen Halbkreis um die Hinterhand. Der Wendepunkt liegt möglichst nahe am inneren Hinterfuß, der dabei taktmäßig auf- und abfußt. Der äußere Hinterfuß beschreibt einen kleinen Halbkreis um den inneren. Die Vorderbeine treten vorwärts-seitwärts und kreuzen. Die Hinterbeine dürfen nicht kreuzen. Der klare Viertakt bleibt jederzeit erhalten.

Da das Pferd wegen der Lage des Wendepunktes den Hufschlag um eine Pferdebreite verlässt, muss es zuletzt mit einem vorwärtsseitwärts gerichteten Schritt auf den Hufschlag zurückgeführt werden. Nur während dieses letzten Schritts darf der äußere Hinterfuß vorwärts-seitwärts übertreten.“ (§ 405 LPO).

Diese Beschreibung enthält fünf wichtige Informationen, die bei der Beurteilung des Schwierigkeitsgrades dieser Lektion im Allgemeinen nicht genau genug beachtet werden:

1. Das Pferd ist in die Bewegungsrichtung gestellt und gebogen.
2. Die Vorhand des Pferdes beschreibt einen Halbkreis um die Hinterhand.
3. Der Wendepunkt liegt möglichst nahe am inneren Hinterfuß.
4. Der innere Hinterfuß fußt dabei taktmäßig auf und ab.
5. Die Hinterbeine dürfen nicht kreuzen.

Punkt 1 verlangt vom Pferd, dass es sich stellen und biegen lässt. Es muss dafür die diagonalen Hilfen annehmen. Dabei steht es am äußeren Zügel und trägt sich vermehrt auf dem inneren Hinterbein. Die innere Hand könnte überstreichen, ohne dass das Pferd seine Stellung und Biegung verlieren würde.

Punkt 2 bedingt, dass das Pferd seinen Schwerpunkt vermehrt über den inneren Hinterfuß verlagern muss.

Punkt 3 und 4 setzen ein ausreichendes Engagement der Hinterhand und eine entsprechende Rückentätigkeit voraus, um mit der vermehrten Belastung des inneren Hinterbeines fertig zu werden, ohne den klaren Viertakt zu verlieren. Das Pferd braucht aber noch nicht mit dem inneren Hinterfuß auf der gleichen Stelle auf- und abzufußen.

Punkt 5 ist eine Folge aus der Forderung, dass die Hinterhandwendung nicht aus einem Travers entwickelt wird.

Das gestellte Pferd soll sich so sehr vom inneren Schenkel in den äußeren Zügel treiben und dadurch auf dem inneren Hinterbein versammeln lassen, dass man es zusammen mit dem Drehsitz zur Wendung bringt. Voraussetzung dafür ist, dass das Pferd das Schulterherein kennt, damit es weiß, dass es die Vorhand hereinnehmen und um die Hinterhand wenden soll. Die Einleitung der Wendung geschieht anfangs mit dem inneren Zügel in Übereinstimmung mit den übrigen Einwirkungen. Später erfolgt sie nur noch durch den äußeren Zügel in Verbindung mit dem treibenden inneren Schenkel, den Gewichtshilfen und dem Drehsitz. Diese Art der Ausführung einer Hinterhandwendung setzt einen Versammlungsgrad voraus, der in die fortgeschrittene Grundausbildung (Klasse L) fällt. Daher hat es keinen Sinn, Wendungen auf der Hinterhand zu lehren, solange sich das Pferd noch in der Grundausbildung befindet beziehungsweise über eine Durchlässigkeit verfügt, die in die Grundausbildung fällt.

Kurzkehrtwendung

Für die Kurzkehrtwendung gelten die gleichen Kriterien wie für die Hinterhandwendung. Der einzige Unterschied besteht darin, dass sie aus dem Mittelschritt geritten wird.

Schrittpirouette

Die Schrittpirouette stellt die vervollkommnete Kurzkehrtwendung dar; vervollkommnet in dem Sinn, dass der innere Hinterfuß auf der gleichen Stelle auf- und abfußt. Der Versammlungsgrad in der Schrittpirouette ist deutlich größer als in der Kurzkehrtwendung. Deshalb wird die Schrittpirouette aus dem versammelten Schritt geritten.

Korrektur von Fehlern
in Wendungen auf der Hinterhand

Die häufigsten Fehler in den Wendungen auf der Hinterhand sind fehlendes Mittreten des inneren Hinterfußes, Rückwärtstreten oder mangelnde Biegung.

Wendungen auf der Hinterhand	Mängel
	– innerer Hinterfuß tritt nicht mit
	– Rückwärtstreten
	– mangelnde Längsbiegung
	– zu wenig auf das innere Hinterbein zentriert (traversartig gewendet)
	– zu viel Vorwärtsbewegung, dadurch zu groß

Voraussetzung für eine erfolgreiche Korrektur dieser Fehler ist eine ausreichende Verbesserung der Durchlässigkeit und Versammlung im Trab und Galopp.

Nur dann wird das Pferd in einer Wendung auf der Hinterhand fähig sein, die Last auf dem inneren Hinterfuß zu tragen und regelmäßig auf- und abzufußen. Da das Pferd durch die Erhöhung des Versammlungsgrades die treibenden Einwirkungen besser annehmen wird, lässt sich auch das Rückwärtstreten verhindern. Eine mangelnde Längsbiegung korrigiert man nicht in der Wendung selbst, sondern durch die gerade richtende Biegearbeit in der Vorwärtsbewegung. Ein traversartiges Wenden lässt sich vermeiden, wenn man sich bewusst macht, dass die Wendung auf der Hinterhand nicht aus den gebogenen Seitengängen hervorgeht, sondern dass sie das kleinstmögliche Durchreiten einer Ecke vom inneren Schenkel zum äußeren Zügel darstellt, wobei die Vorhand vor die Hinterhand gerichtet wird. Das Problem eines übermäßigen Vorwärts wird sich im Zuge einer erhöhten Versammlung von selbst lösen.

Die gebogenen Seitengänge

Als gebogene Seitengänge bezeichnet man das Schulterherein, den Renvers, den Travers und die Traversale. Als Vorbereitung auf das Schulterherein erarbeitet man das Schulterhervor (auch als erste Stellung bezeichnet) und das Reiten in Stellung (auch als zweite Stellung bezeichnet).

Die Ausbildungsabfolge erfolgt vom Schulterhervor und Reiten in Stellung über das Schulterherein, den Renvers und Travers bis zur Traversale. Sie erfüllt damit den Grundsatz, vom Leichteren zum Schwierigeren vorzugehen. Mit den Schulterhervor, Reiten in Stellung und Schulterherein macht man das Pferd nacheinander im Schritt bekannt, danach in dem so genannten verkürzten Trab, dessen Versammlungsgrad zwischen dem Arbeitstrab und dem versammelten Trab liegt. Der verkürzte Trab ist kein Trabtempo, in dem das Pferd einfach kürzere Tritte macht. Das Pferd soll sich im verkürzten Trab bereits korrekt versammeln, aber noch nicht so stark, dass man von einem versammelten Trab im Rahmen der Klasse L sprechen kann. Auf diese Weise verhindert man Überforderung.

Hat das Pferd am Ende der fortgeschrittenen Grundausbildung den versammelten Trab erreicht, so verfügt es über die nötigen Tragkräfte, um die schwierigeren Seitengänge Renvers, Travers und Traversale zu lernen. Dabei geht man wie beim Schulterhervor, Reiten in Stellung und Schulterherein vor, indem man im Schritt beginnt und über den verkürzten Trab zum versammelten Trab in den Seitengängen selbst kommt.

Pferde

Probleme im Schulterhervor,
Reiten in Stellung und Schulterherein

„Beim Schulterhervor tritt das Pferd mit dem inneren Hinterbein in Richtung zwischen die beiden Vorderbeine, mit den äußeren Hinterbein aber auf der Spur des gleichseitigen äußeren Vorderbeins. Durch ein solches Einrichten der Vorhand auf die Hinterhand ergibt sich eine leichte Rippenbiegung. Diese geht verloren, wenn die Hinterhand ausfällt ... Beim Reiten in Stellung bewegt sich das Pferd mit dem inneren Beinpaar auf einer Hufschlaglinie. Das äußere Hinterbein fußt ein wenig (höchsten eine halbe Hufbreite) innerhalb der Hufspur des äußeren Vorderbeines, sodass von vorne betrachtet der äußere Hinterfuß zwischen den Vorderbeinen sichtbar wird. [Anmerkung des Verfassers: Der innere Hinterfuß muss weiterhin auf der Spur des inneren Vorderhufs auffußen.] Beim Reiten in Stellung auf gebogener Linie muss die Rippenbiegung, dem gebogenen Hufschlag entsprechend, etwas stärker sein.“ (RICHTLINIEN FÜR REITEN UND FAHREN, Band 2)

Beide Lektionen verfolgen das Ziel, die Längsbiegung des Pferdes und das Schmalspurtreten zu verbessern. Sie wirken daher gerade richtend und auf diese Weise im Zusammenhang mit einer ausreichenden Schwungentwicklung versammelnd.

Das Schulterhervor lehrt man in der Regel gegen Ende der Grundausbildung (Klasse A) und damit mit dem Beginn der fortgeschrittenen Grundausbildung (Klasse L). Das heißt, man hat bereits begonnen, die Wendungen mit einem Durchmesser zwischen 10 und 8 Meter zu reiten. Dabei wird das Pferd die diagonalen Hilfen so gut annehmen gelernt haben, dass es sich genügend auf dem inneren Hinterbein tragen kann, um der Belastung im Schulterhervor standzuhalten.

Es wird außerdem ein versammelteres Tempo gehen, als es der Arbeitstrab darstellt. Aus diesem verkürzten Trab kann man das Schulterhervor einleiten, indem man das Pferd aus der zweiten Ecke der kurzen Seite wie zu einer Volte mit der Vorhand entsprechend hereinführt und es mit dem inneren Schenkel in den (durch Arrêts) auffangenden äußeren Zügel treibt, damit es weiterhin der geraden Hufschlaglinie entlang der Wand folgt. Mit zunehmender Versammlung wird das Schulterhervor bis zum Schulterherein gesteigert. Das Schulterherein auf gerader Linie stellt damit nichts anderes dar als das fortgesetzte Reiten einer Ecke auf der Geraden.

Doch bevor das Schulterhervor zum Schulterherein gesteigert wird, fördert man die Versammlung zusätzlich durch das Reiten in Stellung. Man reitet es ebenfalls im verkürzten Trab und kann es wiederum aus einer Ecke heraus einleiten, indem man die nötige Längsbiegung aus der Ecke durch das verstärkte Treiben mit dem äußeren Schenkel aufrechterhält und so den äußeren Hinterfuß anregt, zur Körpermitte

Im Schulterherein ist das Pferd gegen die Bewegungsrichtung gestellt und gebogen. Die Vorhand wird nur so weit hereingeführt, dass das innere Hinterbein vom äußeren Vorderbein verdeckt wird.

vorzutreten. Da das Pferd das Übertreten und damit die verwahrenden und seitwärts treibenden Einwirkungen mit den Waden in der Grundausbildung kennen gelernt hat, wird es kaum Schwierigkeiten machen, den äußeren Schenkel anzunehmen.

Wenn ein Pferd die Angewohnheit hat, im Schulterherein mit der Hinterhand auszufallen und es diese Eigenart verteidigt, indem es seine Längsachse so versteift, dass auch ein zwischengeschaltetes Übertreten und Volten (vor allem das In-die-Ecke-Kehrt) nicht ausreichen, um die Hinterhand am Ausfallen zu hindern und mehr Längsbiegung zu erreichen, dann hat man keine andere Wahl, als mit Hilfe der Rückgewöhnung das Problem zu beseitigen.

Das bedeutet, man reitet das Schulterherein vorerst nicht mehr. Man geht in der Ausbildung einen Schritt zurück und fördert die Längsbiegung mit den bisher bekannten Übungen und Lektionen. Danach führt man das Schulterherein systematisch wieder ein, wie es auch in der regulären Ausbildung geschehen würde.

Als Sofortmaßnahme gegen ein Ausfallen der Vorhand, das meist mit einer zu starken Halsabstellung verbunden ist, kann man den äußeren Zügel mehr zur Wirkung bringen, um den Hals wieder vor die Vorhand zu richten. Gleichzeitig wird man das Pferd mit dem inneren Zügel daran erinnern müssen, mit der Vorhand in der Bahn zu bleiben. Reicht diese Korrekturmaßnahme nicht aus, dann sind auch hier die Mängel zu groß, sodass man einen Schritt zurückgehen muss.

Wie im Fall zuvor muss allgemein die Durchlässigkeit und vor allem die Versammlung auf dem inneren Hinterbein des Schulterhereins gefördert werden. Sie erinnern sich, dass das Pferd eine Zwangsseite und eine schwierige Seite hat. Die Zwangsseite ist die steife Seite, auf der sich das Pferd auf den Zügel legt. In die Richtung der Zwangsseite wird es leichter sein, das Schulterherein zu reiten, weil man die Vorhand mit dem gleichseitigen Zügel besser hereinführen kann. Auf dieser Seite ist auch das Hinterbein stärker entwickelt, sodass das Pferd deutlich weniger Schwierigkeiten im Schulterherein machen wird als auf der anderen Seite. Auf dieser anderen Seite, der schwierigen Seite, biegt sich das Pferd hohl, es weicht jedem Zügelanzug aus und tritt mit dem schwächeren Hinterfuß am Körper vorbei. Es wird daher den Hals im Schulterherein zu dieser Seite zu stark abstellen, um über die Vorhand zur Zwangsseite hin ausfallen zu können. Dadurch erspart es sich die vermehrte Belastung des schwächeren Hinterbeins. Die Korrektur besteht darin, die Anlehnung auszugleichen. Das geschieht am besten durch das Abdrücken in der Vorwärtsbewegung vorerst ohne das Schulterherein.

Um Takt- und Schwungverluste im Schulterherein zu vermeiden, sollte man alle Seitengänge anfangs nur kurzzeitig reiten. Treten sie dennoch auf, hilft im Falle des Schulterhereins nur ein Sichern von Takt und Schwung auf einer Volte, nach der man wieder ins Schulterherein übergeht, oder man muss in schwierigeren Fällen das Pferd gerade stellen und auf gerader Linie den Takt und Schwung wiederherstellen.

Travers

Probleme bei Travers, Renvers und Traversale

Da bei vielen Pferden die Tendenz festgestellt wird, mit der Vorhand zu der Wand zu drängen, an der man entlangreitet, ist es wenig sinnvoll, die damit verbundene Schiefe nach innen durch einen Travers zu fördern. Daher steht der Renvers im Vordergrund, mit dessen Hilfe gegen diese Tendenz angegangen werden kann.

Den Renvers kann man auf verschiedene Arten lehren. Da das Pferd das Reiten in Stellung und die Kurzkehrtwendung bereits beherrscht, wenn man mit der Ausbildung der Seitengänge beginnt, kann man den Renvers im Schritt aus der Kurzkehrtwendung lehren. Man leitet die Kurzkehrtwendung ein, reitet sie bis zu dem Punkt, an dem das Pferd mit seinem Kopf und Hals parallel zu der Wand steht, an der man sich gerade befindet, und treibt es dann mit dem äußeren Schenkel in den Renvers. Eine zweite Möglichkeit besteht darin, das Pferd aus einem Schulterherein auf vier Hufschlägen in den Renvers umzustellen und umzubiegen. Ferner ist es möglich, die Kruppe zum Renvers herauszutreiben, wenn man auf dem zweiten Hufschlag reitet.

Daraus den Travers zu entwickeln stellt dann keine Schwierigkeit mehr dar, weil der Unterschied zwischen dem Travers und Renvers sowieso nur eine Frage dessen ist, auf welcher Seite die Wand steht oder die Linie liegt, an der man den Seitengang anlegt.

Renvers

Traversale

Der Schritt zur Traversale ist danach nur noch ein kleiner. Aus dem Schulterherein lässt man das Pferd durch die halbe oder ganze Bahn wechseln, wobei man die Hinterhand in dem Augenblick hereintreibt, indem man auf die Wechsellinie geht, sodass das Pferd entlang der Wechsellinie den Travers ausführt.

Allmählich erhöht man die Abstellung von der Wechsellinie, sodass das Pferd eine Parallelverschiebung ausführt und dabei mit der Schulter minimal vorausgeht, sodass der äußere Hinterfuß stets in Richtung zur Schwerelinie vortritt. Verliert das Pferd an Takt oder Schwung, stellt man beides auf einer Volte sicher, die man aus der Traversale reiten kann. Notfalls stellt man das Pferd aus der Traversale gerade und verlängert die Tritte auf einer Geraden parallel zu der Wand, auf die sich das Pferd in der Traversale zubewegt hat. Um die Längsbiegung zu verbessern, eignet sich wiederum die Volte oder der Übergang ins Schulterherein auf der Geraden, auf der man aus der Traversale zulegen würde. Dabei wird das Schulterherein in die Richtung geritten, in die das Pferd traversierte. Das heißt Schulterherein links aus einer Traversalverschiebung nach links und umgekehrt. Danach kann die Traversale mit verbesserter Biegung fortgesetzt werden. Oftmals drängen die Pferde bei den letzten Tritten der Traversale auf den ersten Hufschlag und verlieren dabei die Abstellung von der Wechsellinie. Auch hier schafft das Schulterhe-

rein kurz vor der Wand Abhilfe. Spätestens in diesem Fall müsste man von einem Konterschulterherein anstelle eines Schultherheins sprechen.

Verliert das Pferd seine Abstellung schon in einem früheren Bereich der Wechsellinie, so müssen äußerer Zügel und Schenkel für ein verbessertes Mitnehmen der Hinterhand sorgen. Dabei darf nicht vergessen werden, dass die Wirksamkeit des äußeren Zügels darauf beruht, dass der innere Schenkel das Pferd in den äußeren Zügel treibt. Geht stattdessen die Hinterhand der Vorhand voraus, muss die Schulter des Pferdes mit Hilfen wie für das Schulterherein vor die Hinterhand gerichtet werden.

Schwierigkeiten im Außengalopp

Der Außengalopp gehört in die fortgeschrittene Grundausbildung. Um ihn ohne größere Mängel ausführen zu können, muss sich das Pferd im Galopp so weit versammeln lassen, dass es einen Versammlungsgrad zwischen dem Arbeitsgalopp und dem versammelten Galopp annimmt, wie er am Ende der fortgeschrittenen Grundausbildung erreicht wird. Solange das Pferd diese Voraussetzung nicht mitbringt, wird der Außengalopp immer mit deutlichen Mängeln wie dem Umspringen, Davoneilen und Herausheben aus der Anlehnung behaftet sein. Treten solche Fehler auf, so muss man einen Schritt zurückgehen und die Versammlung erst anderweitig erhöhen.

Hat diese Verbesserung der Versammlung stattgefunden, baut man den Außengalopp systematisch auf. Zuerst reitet man, aus dem Handgalopp kommend, einfache Schlangenlinien, deren Bögen zunächst sehr flach und mit zunehmender Sicherheit des Pferdes größer ausgeritten werden. Danach versucht man den Außengalopp auf der ganzen Bahn. Dabei flacht man die Ecken so weit ab, dass man auf einem großen Oval reitet. Je mehr Sicherheit das Pferd im Außengalopp erlangt, umso genauer reitet man die Ecken aus. Auf diese Weise kommt man irgendwann zum Außengalopp auf dem Zirkel. Sollte das Pferd versuchen, die Hinterhand nach außen zu drehen, richtet man es durch das Konterschulterherein gerade. Das heißt, dass der Außengalopp nach dem Schulterherein im Galopp gelehrt wird.

Schwierigkeiten beim fliegenden Galoppwechsel

Oft stellt der fliegende Galoppwechsel eine große Hürde in der Ausbildung eines Reiters dar. Viele Reiter sind geneigt, den Galoppwechsel mit kräftigen Hilfen zu erzwingen. Dadurch ergeben sich die üblichen Zerrbilder. Wahrscheinlich rührt diese falsche Vorstellung von der Ausführung eines fliegenden Galoppwechsels daher, dass er mit den Pferden im Allgemeinen viel zu früh geübt wird und daher den Reitern das Bewusstsein für die Voraussetzungen verloren gegangen ist, die gegeben sein müssen, damit er gelingen kann.

Von Natur aus beherrscht das Pferd den fliegenden Galoppwechsel. Das Problem besteht deshalb nicht darin, den Wechsel zu lehren, sondern dem Pferd begreiflich zu machen, dass es auf eine bestimmte Hilfe den Galoppwechsel ausführen soll. Es gibt verschiedene Verständigungsmöglichkeiten, durch die dem Pferd die Bedeutung der Hilfen zum fliegenden Galoppwechsel klar gemacht werden kann. Sie alle beruhen darauf, dass man das Pferd bis zu einem Punkt dirigiert, an dem es infolge des Gehorsams auf die treibenden Einwirkungen fast reflexartig richtig reagiert.

Die Möglichkeit, das Pferd an diesen bestimmten Punkt dirigieren und dort einen entsprechenden Gehorsam auf die treibenden Einwirkungen geltend machen zu können, ist das Ergebnis einer Durchlässigkeit und Versammlung, wie sie nur in der Klasse M erzielt werden kann. Solange der Reiter das Gefühl hat, den Wechsel mit kraftvollen Hilfen herausbringen zu müssen, ist das Pferd nicht reif für den fliegenden Galoppwechsel.

Voraussetzung für das Gelingen eines fliegenden Galoppwechsels ist mindestens der Versammlungsgrad, der den Außengalopp auf dem Zirkel, den einfachen Galoppwechsel ohne Zwischentritte und ein fast beliebig langes Verbleiben im versammelten Galopp ermöglicht. Das Pferd muss dabei vollkommen gerade gerichtet sein. Diese vollkommene Geraderichtung wird erst durch die Seitengänge möglich. Der fliegende Galoppwechsel kommt daher in der Ausbildungsabfolge im Allgemeinen nach den Seitengängen.

Grundsätzlich sollte man ihn bei den ersten Malen auf der Hand fordern, auf der das Pferd von Hause aus weniger gern gehen möchte. Es wird dann viel eher geneigt sein, der Hilfe zum Galoppwechsel in den Galopp zu folgen, der ihm leichter fällt. Galoppiert das Pferd zum Beispiel auf der linken Hand besser, verlangt man den Wechsel von rechts nach links.

Keinesfalls sollte man versuchen, den Galoppwechsel durch ein Herumwerfen des Pferdes oder durch das Überspringen einer Stange zu erreichen. Ersteres führt vor allem dazu, dass das Pferd den Wechsel stets schief springen und dabei gegen den neuen inneren Schenkel drängen wird. Oftmals wird dadurch auch das neue innere Hinterbein am Vorspringen gehindert. Letzteres provoziert insbesondere das Nachspringen des Pferdes mit dem neuen inneren Hinterbein.

Die Ausbildung des fliegenden Galoppwechsels wird sich je nach Veranlagung und Temperament des Pferdes verschieden gestalten. So muss der Reiter unter den Methoden, die ihm zu Gebote stehen, um den Wechsel zu erarbeiten, vorerst die auswählen, die das Pferd am leichtesten annimmt.

Die verschiedenen Methoden sehen wie folgt aus:

Fliegender Wechsel auf gerader Linie durch die einfachen Wechsel: Man beginnt auf gerader Linie mit einfachen Wechseln vom Handgalopp in den Außengalopp. Die Schrittphasen verkürzt man zunehmend, bis nur noch ein Zwischenschritt zu machen wäre. Meist wird man schon an dieser Stelle fühlen, dass das Pferd den Wechsel anbietet, den man nur noch herauslassen braucht. In schwierigeren Fällen ist man gezwungen, auch diesen einzelnen Zwischenschritt wegzuarbeiten. Es wird außerdem vor dem Verlangen des Wechsel nötig sein vorzufühlen, ob sich das Pferd geschmeidig umstellen lassen würde. Wäre das nicht der Fall, müsste man den Wechsel abbrechen, um die Geschmeidigkeit wiederherzustellen. Ohne sie würde das Pferd die Hilfen zum Galoppwechsel nicht annehmen. Schließlich bestehen diese Hilfen darin, dass man etwa im Moment der Einbeinstütze direkt vor der Schwebephase einfach zur anderen Seite neu angaloppiert, natürlich ohne vorher durchzuparieren. Das bedeutet aber, dass sich das Pferd in die neue Richtung umstellen und umbiegen muss, denn es führt den Galopp stets mit einer leichten Längsbiegung aus.

Genau dieses Umstellen und Umbiegen soll das Pferd zum Galoppwechsel zwingen. Nimmt es dabei die Hilfen nicht an, wird es ihn nicht ausführen. Deshalb muss man vorher darauf achten, dass das Pferd geschmeidig bleibt. Die Gründe, weshalb man auf gerader Linie vom Handgalopp in den Außengalopp wechselt, sind die, dass das Pferd auf gerader Linie mit dem neuen inneren Hinterbein besser vorspringen kann (Vermeidung eines Nachspringens der Hinterhand), dass es weniger davoneilt, weil es die Wand vor sich hat, und dass es wesentlich weniger dazu neigen wird, ohne Aufforderung aus dem Außengalopp in den Handgalopp zu wechseln, weil es das vorerst nicht kennen gelernt hat.

Fliegender Galoppwechsel vom Außengalopp in den Handgalopp auf dem Zirkel: Bei dieser Methode lässt man das Pferd zur geschlossenen Seite des Zirkels hin vom Außengalopp in den Handgalopp wechseln. Es setzt ein Pferd voraus, das den Außengalopp sicher beherrscht und das die Hilfen zum Umstellen annimmt.

Fliegender Galoppwechsel aus einer Traversale: Aus einer Traversale kommend lässt man das Pferd bei Erreichen des Hufschlages wechseln. Sind die Seitengänge noch nicht genügend gefestigt, kann es zu einem Nachspringen der Hinterhand und zu einem Davoneilen kommen.

Es gibt natürlich noch die Möglichkeit, das Pferd aus einer Kehrtvolte bei Erreichen des Hufschlages wechseln zu lassen. Dabei muss die Kehrtvolte unter sehr flachem Winkel zur Wand hin beendet werden, damit die Richtungsänderung nicht zu stark ausfällt. Täte sie das, würde sie ein Nachspringen der Hinterhand provozieren. Eine weitere Möglichkeit besteht darin, das Pferd durch das Umstellen und Umbiegen aus dem Schulterherein in den Renvers wechseln zu lassen. Die Gefahr hierbei besteht darin, dass sich das Pferd ein schiefes Wechseln angewöhnen kann, wenn man die Wechsel nicht rechtzeitig auf der Geraden verlangt.

Folgende Fehler treten bei dem fliegenden Galoppwechsel auf:

Fliegender Galoppwechsel	Mängel
	– Davonstürmen
	– Nachspringen des neuen inneren Hinterbeins
	– Nachspringen des neuen inneren Vorderbeins
	– Wechsel auf zwei Hufschlägen
	– Schwungverlust, knapp im Raumgewinn
	– hohe Kruppe

Diese Mängel sind in erster Linie die Folge einer unzureichenden Vorbereitung. Sie können aber genauso durch eine falsche Methodik oder durch falsche und unsaubere Hilfen verursacht werden. Es wird davon ausgegangen, dass der Reiter der korrekten Hilfen gibt. Dann gestalten sich die Korrekturen folgendermaßen:

Davonstürmen: Das Pferd ist mit dem fliegenden Galoppwechsel überfordert oder hat schlechte Erfahrungen hinsichtlich der Hilfengebung gemacht. Die Korrektur besteht darin, die Voraussetzungen zu verbessern. Auf den fliegenden Wechsel wird vorerst verzichtet, bis er nach der Erhöhung von Durchlässigkeit und Versammlung neu eingeführt werden kann.

Nachspringen des neuen inneren Hinterbeins, Schwungverlust, knapp im Raumgewinn: Bei den ersten Versuchen kann es vorkommen, dass das Pferd mit dem neuen inneren Hinterbein nachspringt. Dem muss man dadurch Abhilfe schaffen, indem man die Schwungentwicklung und Geraderichtung verbessert. Übergänge und Tempowechsel vor dem fliegenden Galoppwechsel werden den Galopp energischer machen und den Durchsprung des neuen inneren Hinterbeines verbessern. Auf die gleiche Weise korrigiert man Schwungverlust und knappen Durchsprung.

Nachspringen des neuen inneren Vorderbeins: Das Nachspringen des neuen inneren Vorderbeins ist das kleinste Übel, das sich im Zuge einer verbesserten

Schwungentwicklung von selbst löst, vorausgesetzt, der Reiter hindert das Pferd nicht am Vornehmen des Vorderbeins durch eine zu starke Handeinwirkung beim Umstellen.

Wechsel auf zwei Hufschlägen: Das Wechseln auf zwei Hufschlägen geht vor allem auf eine mangelnde Geraderichtung und ein mangelnde Schwungentwicklung zurück. Damit ist die Korrektur bereits klar. Die Geraderichtung lässt sich zu beiden Händen im Galopp sehr gut auf dem Eckvoltenquadrat im Renvers verbessern. Ansonsten muss man die Geraderichtung ohne die Seitengänge im Galopp verbessern oder warten, bis das Pferd sie auch im Galopp beherrscht.

Hohe Kruppe: Das Hochwerfen im Galoppwechsel lässt sich nur durch eine deutlich erhöhte Versammlung vor dem Galoppwechsel vermeiden. Durch sie senkt sich die Kruppe. Daher muss der Reiter die erhöhte Versammlung auch während dem Galoppwechsel aufrechterhalten, indem er einen geschlossenen Sitz bewahrt und sich keinesfalls aus dem Sattel katapultieren lässt.

In schwerwiegenden Fällen, in denen die Mängel zu Gewohnheiten geworden sind, hilft nur noch die Rückgewöhnung.

Schwierigkeiten in der Galopppirouette

„Für das Üben von Galopppirouetten ist das sichere Beherrschen des versammelten Galopps eine wesentliche Voraussetzung. Das Pferd muss bei entsprechender Hankenbeugung genügend Last mit der Hinterhand aufnehmen. Das Pferd sollte die Galopptraversalen sicher auf beiden Händen beherrschen. Das Heranspringen an den äußeren Zügel ist dabei besonders zu beachten, da dies eine wichtige Voraussetzung und ein wesentliches Kriterium für eine gut ausgeführte Galopppirouette ist. Weiterhin sollte das Pferd vor dem Üben von Galopppirouetten in der Lage sein, einige verkürzte Galoppsprünge in hoher Versammlung auszuführen. Dazu wird das Pferd, wenn es genügend Tragkraft entwickelt hat, für zwei bis drei Sprünge im

versammelten Galopp bei verringertem Bodengewinn vermehrt ‚gesetzt‘ (das heißt, es wird mehr oder weniger auf der Stelle galoppiert). Takt, Fleiß und Schwung müssen dabei unbedingt erhalten bleiben. Danach sollte wieder schwungvoll nach vorne geritten werden. Durch diese Vorübung werden Tragkraft und Hankenbeugung so weit gefördert, dass es dem Pferd leichter fällt, in der Pirouette Last aufzunehmen und im Gleichgewicht zu bleiben." (RICHTLINIEN FÜR REITEN UND FAHREN, Band 2)

Diese Ausbildungshinweise gibt das Standardwerk der FN zur Galopppirouette. Dabei wird die eigentlich entscheidende Voraussetzung erst an zweiter Stelle erwähnt. Das genannte „Setzen im Galopp" soll durch eine verstärkte Versammlung des versammelten Galopps erreicht werden.

Geht man in der Geschichte der klassischen Dressur etwa bis 1844 (LOUIS SEEGER) zurück, so stellt man fest, dass auch schon in dieser Zeit das Setzen im Galopp in einigen wenigen Sprüngen als Vorbereitung für Pirouetten verwendet wurde. Es wurde aber nicht durch ein Verkürzen des versammelten Galopps erreicht, sondern durch das Federnlassen der Hanken im Galopptakt, während sich das Pferd in der Schulstellung befand. Ganz genau betrachtet besteht ein Unterschied darin, ob man den Galopp für eine Pirouette verkürzt oder ob man sie aus dem Schulgalopp ausführt, den man vorher aus der Schulstellung herausgeritten hat.

Die heutige moderne Ansicht, den Galopp zu verkürzen, das heißt, ihn stark genug zu versammeln, sodass das Pferd wie bei der Vorarbeit zur Piaffe in „halben Sprüngen" gesetzt wird, hat leider in der alltäglichen Reiterpraxis dazu geführt, dass der Versammlungsgrad unterschätzt wird, der für die Ausführung einer korrekten Galopppirouette erforderlich ist. Das heißt nicht, dass die moderne Ansicht falsch ist, man muss sich bei ihrer Umsetzung nur bewusst machen, dass das Pferd die Versammlung eines Schulgalopps erreicht haben muss!

Dieser entsteht aus der Schulstellung, in der die Zügelanzüge direkt auf die Hanken wirken. Ein solch hohes Maß an Durchlässigkeit muss vorhanden sein. Ob man dazu nun tatsächlich die Schulstellung entwickelt oder ob man den Schulgalopp mit viel Geschick für die Kombination aller bisher erreichten Übungen durch ein weiteres Versammeln des versammelten Galopps erreicht, ist im Prinzip unerheblich; wohl bemerkt, im Prinzip.

Die vollkommenste Art ist natürlich die über die Schulstellung. Auch sie ist es, durch die man alle möglichen Fehler, die bei der Ausführung von Galopppirouetten auftreten können, vermeidet. Wenn die Campagnedressur (Klasse M) korrekt durchgeführt worden ist, wird sich durch eine weitere Schwungentwicklung die Schulstellung erreichen lassen.

Unter der Voraussetzung, dass der Versammlungsgrad ausreichend erhöht worden ist, kann eine Ausbildung der Galopppirouette auf folgende Weisen begonnen werden:

Wie auch im Falle der Wendungen auf der Hinterhand sollte man sich klar machen, dass es inneres Bein und äußerer Zügel sind, mit deren Hilfe die Galopppirouette erreicht wird. Zwar ist es möglich, die Galopppirouette durch ein traversartiges Verkleinern des Zirkels zu erreichen, es hat aber den Nachteil, dass sich das Pferd das Hereinschieben der Hinterhand sehr schnell angewöhnen und es als Waffe gebrauchen kann. Daher ist es ratsam, den Zirkel ohne eine Traversstellung zu verkleinern, bis man auf einer Sechs-Meter-Volte angelangt ist, auf der man mit minimaler Schulterhervorstellung versucht, vom inneren Bein zum äußeren Zügel eine möglichst kleine Ecke zu reiten. Ist dies einige Male in wenigen Sprüngen gelungen, geht man dazu über, anfangs noch größere Viertelpirouetten in den Ecken eines Quadrats zu reiten. Man gibt dabei die gleichen Hilfen wie im Fall davor. Allmählich strebt man danach, die Wendungen immer mehr auf das innere Hinterbein zu zentrieren. Mit zunehmender Sicherheit des Pferdes kann man die Pirouette in einer Ecke oder zur Wand hin verlangen, indem man In-die-Ecke-Kehrt reitet oder von einem weiter innen gelegenen Hufschlag zur Wand wendet. Beide Übungen setzen gewisse Sicherheit in den Viertelpirouetten voraus, damit sich das Pferd nicht ruckartig vor der Wand aufnehmen muss und sich nicht herumwirft.

Der häufigste Fehler in den Pirouetten ist der sichtbare Verlust des Dreitaktes und ein Absterben des Engagements der Hinterhand. Sobald man dies als Reiter feststellt, muss man die Pirouette abbrechen und auf größerer Linie Schwung entwickeln. Erst danach kann man einen erneuten Versuch starten. In schwierigen Fällen muss man einen ganzen Schritt zurückgehen und die Versammlung (das heißt vor allem das energische Durchspringen) durch eine vermehrte Schwungentwicklung verbessern. Das Herumwerfen in der Pirouette ist eine Reaktion des Pferdes auf mangelnde Tragkräfte, sie versuchen sich gegen den inneren Schenkel zu werfen. Hier helfen in weniger dramatischen Fällen die Viertelpirouetten in den Ecken eines Quadrats. Ansonsten heißt es auch hier, einen Schritt zurückzugehen.

Für eine Galopppirouette muss sich das Pferd bis zum Schulgalopp aufnehmen lassen.

Piaffe und Passage

Auch in der Piaffe und Passage gilt, dass sie nur dann gelingen können, wenn das Pferd über eine Hankenbeugung verfügen kann, die ihm eine Schulstellung ermöglicht oder ermöglichen könnte.

In dem so genannten Schultrab, der aus der Schulstellung durch abwechselnde Arrêts gegen die Hanken hervorgeht, wird entweder nach und nach die Schubkraft verringert, bis sich die Piaffe ergibt, oder ein möglichst gleichmäßiges Verhältnis zwischen Schub- und Tragkraft hergestellt, das dem Pferd eine ausgeprägte Kadenzierung seines Trabs bis zur Passage erlaubt. Die Piaffe und Passage stellen höchste Anforderungen an das Pferd. Sie verlangen die stufenlose Beherrschung der Trag- und Schubkräfte der Hinterhand. Ist die Ausbildung so weit fortgeschritten, dann werden die Piaffe und Passage keine sonderlich großen Schwierigkeiten bereiten.

Probleme in der Piaffe

Im Allgemeinen beginnt man die Ausbildung der Piaffe an der Hand. Dabei werden oft schwerwiegende Fehler begangen.

Da es das Ziel ist, das Pferd mit der diagonalen Fußfolge bei entsprechend starker Hankenbeugung vertraut zu machen, ohne dass es durch das Reitergewicht belastet wird, kann es nicht richtig sein, wenn man das Pferd durch Seitengänge an der Hand zum seitlichen Ausweichen mit der Hinterhand bringt. Führt man die Arbeit an der Hand allein durch, besitzt man keine ausreichende Möglichkeit, die Hinterhand zu kontrollieren, wenn man das Pferd Seitengänge ausführen lässt. Durch das seitliche Ausweichen geht jegliche Kontrolle über die Hankenbeugung verloren. Das kann sogar so weit gehen, dass sich das Pferd ein schiefes Piaffieren angewöhnt. Eine der obersten Regeln der Arbeit an der Hand lautet damit, das Pferd stets gerade gestellt und gerade gerichtet zu halten.

Ein weiterer Fehler besteht in der Art des Touchierens. Häufig ist zu beobachten, wie versucht wird, diagonale Tritte herauszutouchieren. Vor allem das Touchieren auf der Kruppe erfreut sich großer Beliebtheit. Doch das Ergebnis solcher Bemühungen sind ausschlagende oder mit der Kruppe hüpfende Pferde, die allmählich lernen, alle versammelnden Bemühungen des Reiters durch die gleichen Unarten zunichte machen zu können.

Korrekt muss sich die Arbeit an der Hand folgendermaßen gestalten: Das Pferd wird über einen Führzügel geführt, der in der Mitte des Kappzaumes eingeschnallt ist. Das Pferd ist bis in die Senkrechte ausgebunden. Dabei müssen die Ausbinder gleich lang und hoch genug verschnallt werden, damit das Pferd einerseits gerade gestellt ist und andererseits mit seinem Hals nicht nach unten abtauchen und die Kruppe hochwerfen kann. Der Ausbilder geht in Höhe der Schulter des Pferdes. Er hält den Führzügel in der linken Hand, wenn er sein Pferd auf der linken Hand arbeitet, und entsprechend auf der anderen Hand. Durch ein Drücken mit der Hand gegen die gleichseitige Backe kann er den Hals des Pferdes gerade richten und ein Hereindrängen des Pferdes rückgängig machen. In der anderen Hand hält er die Touchierpeitsche, die in Richtung der Hinterhand zeigt, ohne sie zu berühren.

Auf diese Weise hält der Ausbilder das Pferd gerade und zwischen Hand und Peitsche eingerahmt.

Nun lehrt er sein Pferd, Übergänge zwischen dem Trab und Schritt auszuführen. Diese muss das Pferd in einem solch versammelten Tempo gehen, dass der Ausbilder in ruhigen Schritten nebenhergehen kann. Die Anzahl der Trabtritte wird daher nur gering sein. Keinesfalls darf der Ausbilder dabei das Pferd mit der Gerte direkt berühren. Er darf mit ihr zwitschern oder auf den Boden klopfen, doch keinesfalls direkt touchieren. Das Pferd muss sich mehr an seiner Körperhaltung und -bewegung orientieren. Aufrichten und Verhalten des eigenen Körpers bedeutet für das Pferd das Gleiche, vermehrtes Nach-vorne-Richten und Ausschreiten bedeuten mehr Vorwärts für das Pferd. Dabei genügen die kleinsten Veränderungen in der Körperhaltung. Je mehr Übung das Pferd in der Ausführung der Übergänge erlangt, umso mehr baut man zusätzlich Übergänge zum Halten ein und lässt daraus rückwärts richten. Das wohl dosierte Zusammenspiel dieser verhaltenden und vortreibenden Übungen ergibt allmählich die halben Tritte. Erst jetzt, wenn eine vermehrte Belastung der Hinterhand einsetzt, darf man in Höhe der Hosen oder tiefer touchieren, um die Hankenbeugung und den Fleiß der Bewegung zu unterstützen. Insbesondere bei deutschen Warmblütern, die sich ohnehin mit der Versammlung wegen ihres Gebäudes schwer tun, sollte man auf ein Touchieren auf der Kruppe gänzlich verzichten. Man schießt sich damit ein glattes Eigentor.

Diese an der Hand erarbeiteten halben Tritte verlangt man später unter dem Reiter an der Hand. Hat das Pferd verstanden, worum es geht, sichert man sich die halben Tritte vom Sattel aus, indem man die Arbeit an der Hand noch einmal vom Sattel aus wiederholt. Sehr wirksam ist das wiederholte Antraben aus dem Rückwärtsrichten. Verringert man die Anzahl der Trabtritte aus dem Rückwärtsrichten und wiederholt es immer rascher, ergeben sich die halben Tritte fast von selbst.

Jegliche Fehler, wenn das Pferd zum Beispiel die diagonale Fußfolge verliert, den Rücken festhält, mit der Kruppe hochkommt, mit den Hinterbeinen breit tritt, unter den Körper kriecht oder am Boden klebt, sind immer die Folge einer falsch eingeleiteten oder zu früh begonnen Arbeit an der Piaffe. In allen Fällen bedeutet die Korrektur, einen oder mehrere Schritte in der Ausbildung zurückzugehen. Verbesserung des Schwunges und der Geraderichtung stellen die Problemlösung dar.

Probleme in der Passage

Die Passage lässt sich aus der Piaffe oder aus den halben Tritten entwickeln. Bei der Entwicklung der Passage aus der Piaffe arbeitet der Reiter sein Pferd wiederholt in Übergängen zwischen der Piaffe und den halben Tritten. Bei verstärkten treibenden Einwirkungen, die entsprechend aufgefangen werden, entstehen so erste Passagetritte.

Geht man nur von den halben Tritten aus, muss der Reiter die Federspannung der Hanken durch halbe Paraden derart steigern, dass er das Pferd zu einem energischen und federnden Abfußen der diagonalen Beinpaare bei geringer Vorwärtsbewegung bringt. Dabei darf die Losgelassenheit keinesfalls verloren gehen, weil sonst die fehlerhaften Schwebetritte entstehen.

Eine weitere Möglichkeit, die Passage auszubilden, bietet das Einfangen des Pferdes aus dem Mittel- oder sogar starken Trab innerhalb von zwei bis drei Tritten. In ihnen ist man mit den Hilfen für die Passage bestrebt, den Schwung aus der Verstärkung mitzunehmen und ihn in Richtung nach oben zu transformieren.

Häufige Fehler sind Taktstörungen, verursacht durch fehlerhaften Einsatz der Gerte und mangelnde Geraderichtung, schwankende Tritte, ebenfalls durch mangelnde Geraderichtung und auch durch mangelnde Schwungentwicklung ausgelöst, und Schwebetritte, die eine Folge von deutlicher Verspannung sind.

Damit sind die Korrekturen schon dargelegt: korrekter Einsatz der Hilfsmittel und Hilfen, Verbesserung von Schwung und Geraderichtung.

Zum Schluss

Dieses Buch erhebt natürlich nicht den Anspruch, alle möglichen Probleme mit Pferden behandelt zu haben. Ich bezweifle sogar, dass dies machbar ist. Jedes Pferd ist anders. Auch wenn Ähnlichkeiten zwischen Pferden bestehen, sind sie nie völlig gleich. Deshalb ist es wichtig, die Grundsätze der Pferdeausbildung zu kennen und zu verstehen. Wenn man sie mit etwas Kreativität anwendet, kommt man stets zu einer Lösung.

Darin liegt die Kunst in der Pferdeausbildung: sich vom starren Korsett eines Rezepts zu lösen und nach den allgemein gültigen Grundsätzen eine individuelle Problemlösung herbeizuführen. Dazu möchte ich Ihnen Mut machen.

Es ist selbstverständlich immer ratsam, sich Hilfe bei einem Ausbilder zu holen. Allerdings erspart dies einem nicht die Mühe, sich eigene Gedanken zu machen und sich vor allem zu fragen, ob das, was einem empfohlen wird, auch schlüssig ist und tatsächlich dem Wohle Ihres Pferdes dient. Gewaltmethoden erfüllen diesen Anspruch sicher nicht.

In diesem Sinne wünsche ich Ihnen viel Erfolg und Freude bei der Arbeit mit Ihrem Pferd.

Jonny Birkhan

Literaturverzeichnis

Albrecht, Kurt: Dressurlehre für Reiter und Turnierrichter.
Müller-Rüschlikon 1989

Bürger, Udo/Zietschmann, Otto: Der Reiter formt das Pferd.
FN-Verlag, Warendorf 1987

Bürkner, Felix: Ein Reiterleben. Olms-Verlag, Hildesheim 1979

Coenen, M./Vervuert, I.: Dem Pferd aufs Maul geschaut.
Institut für Tierernährung, Tierärztliche Hochschule Hannover 2000

Dawkins, Marian Stamp:
Die Entdeckung des tierischen Bewusstseins.
Rowohlt-Verlag, Reinbeck bei Hamburg 1996

Deutsche Reiterliche Vereinigung (Hrsg.):
Richtlinien für Reiten und Fahren.
Band 1: Grundausbildung für Reiter und Pferd.
FN-Verlag, Warendorf 1994
Band 2: Ausbildung für Fortgeschrittene.
FN-Verlag, Warendorf 1997
Band 3: Haltung, Fütterung, Gesundheit, Zucht.
FN-Verlag, Warendorf 1997

Drewes, Karin/Blobel, Dr. med. vet. Karl:
Kopper, Weber & Co.
Philippe-Verlag, Pinneberg bei Hamburg 2000

Gerweck, Gerhart: Die Psyche des Pferdes.
Kosmos-Verlag, Stuttgart 1997

Reitervorschrift (R.V.) vom 18.8.1937.
Verlag-Mittler, Herford 1983

Heydebreck, Hans v.:
Reitlehrer und Reiter.
FN-Verlag, Warendorf 1987
Das Gebrauchspferd und seine Ausbildung.
FN-Verlag, Warendorf 1987

Kappaun, Dr. Michael: Kinematische Messung des Einflusses
des Reiters auf das Bewegungsmuster des Pferdes.
Dissertation, Wien 1998

Knickel, Uwe R./Wilczek, Christa/Jöst, Kristine: MemoVet.
Schattauer Verlagsgesellschaft mbH, Stuttgart 1998

Langen, Carl Friedrich Frhr. von: Reiten über Hindernisse.
Olms-Verlag, Hildesheim 1983

Máday, Stefan von: Psychologie des Pferdes und der Dressur.
Olms-Verlag, Hildesheim 1991

Meyners, Eckart: Fit aufs Pferd. Jahr-Verlag, Hamburg 1986

McKibbin, Lloyd S.: Pferdekrankheiten im Überblick.
Enke-Verlag, Stuttgart 1981

Podhajsky, Alois: Die klassische Reitkunst.
Nymphenburger Verlagshandlung GmbH, München 1988

Preuschoft, Prof. Dr. Hoger et al.:
Studien zu den Bewegungen von Sportpferden. Wissenschaftliche
Publikationen 9. FN-Verlag, Warendorf 1987
Mit wie viel Kilogramm Gewicht hängt der Mensch dem Pferd im
Maul? Physikalisches über die Zügelführung.
Folgen I-IV. Reiten mit FS
Hilfszügel. Am richtigen Hebel? „Reiten"-St. Georg 1990
Zügelführung sensibler machen. Dossier, Pferdespiegel 1993
Die biomechanischen Grundprinzipien der Gangarten,
insbesondere des Galopps. Aus Knezevic:
Orthopädie bei Huf- und Klauentieren. Schattauer, Stuttgart 1995
Dynamik der Wirbelsäule: Nicht stehen – sondern gehen.
Medzin/Rubin 1997
Körpergestalt und Lokomotion bei großen Säugetieren.
Verh. Dtsch. Zool. Ges. 1994
Kraftakte. St.-Georg 1990
Wissenschaftliche Erkenntnisse zur Versammlung des Pferdes.
Pegasus 1994

Redwitz, Max Frhr. von:
Die deutsche Reitvorschrift 1912 im Lichte der Reitkunst,
Drittes Heft, Die Grundsätze der Dressur.
Georgi-GmbH, Aachen 1987

Rees, Lucy: Das Wesen des Pferdes. Müller-Rüschlikon 1986

Rossdale, Peter: Pferdepraxis. Enke-Verlag, Stuttgart 1981

Seeger, Louis: Das System der Reitkunst.
Olms-Verlag, Hildesheim 1981

Spohr, Peter: Die Logik in der Reitkunst.
Olms-Verlag, Hildesheim 1979

Steinbrecht, Gustav: Das Gymnasium des Pferdes.
Verlag Dr. R. Georgi, Aachen 1995

Stecken, Albert: Richten in Dressurprüfungen.
Reiten und Fahren 1989

Witte, Dr. Hartmut: Die Gangarten der Pferde:
Sind Schwingungsmechanismen entscheidend?
Teil I und II. Pferdeheilkunde 1995